海船船员交互式适任考试指南

主推进动力装置

ZHUTUIJIN DONGLI ZHUANGZHI

（二/三管轮）

主编 / 张英华 王虎镇 王建涛

2024版

图书在版编目(CIP)数据

主推进动力装置:二/三管轮 / 张英华，王虎镇，王建涛主编. —大连：大连海事大学出版社，2023.12
海船船员交互式适任考试指南
ISBN 978-7-5632-4521-5

Ⅰ. ①主… Ⅱ. ①张… ②王… ③王… Ⅲ. ①船舶推进—动力装置—资格考试—自学参考资料 Ⅳ. ①U664.1

中国国家版本馆 CIP 数据核字(2023)第 253133 号

大连海事大学出版社出版

地址:大连市黄浦路523号 邮编:116026 电话:0411-84729665(营销部) 84729480(总编室)
http://press.dlmu.edu.cn E-mail:dmupress@ dlmu.edu.cn

大连金华光彩色印刷有限公司印装 大连海事大学出版社发行

2023 年 12 月第 1 版 2023 年 12 月第 1 次印刷
幅面尺寸:184 mm×260 mm 字数:526 千 印张:21.25

出版人:刘明凯

责任编辑:陈青丽 责任校对:刘宝龙
封面设计:解瑶瑶 版式设计:解瑶瑶

ISBN 978-7-5632-4521-5 定价:65.00 元

前言

为实施高素质船员队伍建设，进一步提升海船船员适任能力，加强考试管理，根据《中华人民共和国海船船员适任考试和发证规则》和《海船船员培训大纲（2021 版）》，中华人民共和国海事局编制了《海船船员考试大纲（2022 版）》并于 2022 年 7 月发布。

本套教材严格按照《海船船员考试大纲（2022 版）》编写，符合培训大纲对船员适任培训的要求，具有权威、准确、交互、实用的特点，重点突出船员适任和航海实践需掌握的知识，旨在培养船员具备在实践中应用知识的能力，可作为船舶工具书使用。

为了更加有效地帮助考生理解和掌握《海船船员考试大纲（2022 版）》中所列考点，船员通联合青岛远洋船员职业学院、山东交通职业学院、江苏海事职业技术学院、江苏航运职业技术学院的优秀专业教师，在深入解读《海船船员培训大纲（2021 版）》、研究中华人民共和国海事局公布的海船船员培训大纲熟悉训练资源的基础上，针对海船船员适任考试的特点，共同编写了"海船船员交互式适任考试指南"。

本书由张英华、王虎镇、王建涛担任主编。青岛船长协会、青岛兴亚国际海事服务有限公司、洲际船员联合管理培训中心、青岛韦立国际船舶管理有限公司在本书的编写过程中给予了大力支持，在此表示感谢。

"海船船员交互式适任考试指南"基于考生实际学习应用需求，利用数字信息技术，使教材、试题、考试大纲相互关联，并对内容动态更新，同时支持教师在线建立班级、抽题成卷，及时掌握学生的学习状况，使教师、学生、系统连接互动，进而有针对性地辅导教学，使学生学习效果事半功倍。

"海船船员交互式适任考试指南"包括：

《航海学》（二/三副）

《船舶操纵与避碰》（二/三副）

《船舶结构与货运》（二/三副）

《船舶管理》（二/三副）

《航海英语》（二/三副）

《主推进动力装置》（二/三管轮）

《船舶辅机》（二/三管轮）

《船舶电气与自动化》（二/三管轮）

《船舶管理》（二/三管轮）

《轮机英语》（二/三管轮）

山东中航海事技术服务有限公司

2023 年 10 日

扫码学习《深入学习贯彻党的二十大精神　加快建设交通强国　当好中国式现代化开路先锋》

使用说明

一、教师端(PC 端)

教师在线建立班级,抽题成卷,查看学生学习报告,实时掌握学生的学习状况。

第一步　建立班级

登录 PC 端:www.chuanyuantong.com。注册认证后,即可新建、编辑“我的班级信息”。

第二步　抽题成卷、查看报告

教师可根据章节、考点等分类自行选题,生成试卷并分发给班级学生。学生练习后自动生成学习分析报告(未答题、做错题、班级易错题等),及时掌握学生的学习状况,进而有针对性地对其辅导教学。

二、学生端(移动端)

第一步　下载船员通 APP

IOS、安卓系统均可下载。

第二步　加入班级

点击“班级建群”,选择专业,按照操作提示,学生输入教师指定口令加入班级,即可查看教师分发的学习任务。

第三步　兑换权益

点击“二维码兑换”,兑换学习权益。

本套丛书一书一码,贴码见封底。

目　　录

第一章 柴油机的热力循环

第一节　柴油机的理论循环和实际循环

1.柴油机是一种________的装置。

A.传递运动　　B.能量交换

C.传递热量　　D.将热转换为功

2.燃油在柴油机气缸中燃烧发生了________能量转换。

A.4 次　　B.3 次

C.1 次　　D.2 次

3.燃油在柴油机气缸中燃烧,第一次能量转换是________。

A.机械能转换成化学能　　B.化学能转换成机械能

C.化学能转换成内能　　D.内能转换成机械能

4.燃油在柴油机气缸中燃烧,第二次能量转换是________。

A.化学能转换成内能　　B.化学能转换成机械能

C.机械能转换成化学能　　D.内能转换成机械能

5.柴油机与汽油机在工作原理上的最大区别在于________。

A.燃料不同　　B.用途不同

C.发火方式不同　　D.内部燃烧

6.柴油机与汽油机同属内燃机,它们在结构上的主要差异是________。

A.燃烧工质不同　　B.供油系统不同

C.燃烧室形状不同　　D.压缩比不同

7.柴油机与汽油机同属内燃机,它们在工作中的不同主要是________。

①使用燃料不同;②发火方式不同;③内部燃烧不同;④燃油与空气混合方式不同;⑤供油系统不同;⑥低温启动性不同

A.②③④⑥　　B.①②④⑤

C.②④⑤⑥　　D.①③⑤⑥

8.热机循环是________。

A.可逆循环　　B.正循环

C.热循环　　　　D.逆循环

9.热机循环是一个________。

A.净热为±∞的循环　　　　B.净热为正的循环

C.净热为负的循环　　　　D.净热为零的循环

10.________是热机。

A.锅炉　　　　B.冷凝器

C.柴油机　　　　D.制冷器

11.热机循环的一个循环中，吸热量________对外做功量。

A.大于　　　　B.等于

C.小于　　　　D.不大于

12.船舶柴油机所进行的循环是________，实现的方式是燃油的化学能通过燃烧转换为热能，热能通过机械装置转换为________对外做功。

A.热机循环；机械能　　　　B.定压循环；机械能

C.卡诺循环；电能　　　　D.定容循环；机械能

13.________不能提高热机循环热效率。

A.提高高温热源温度　　　　B.降低低温热源温度

C.减少各种摩擦损失　　　　D.减小高低温热源温差

14.对于热机循环，若循环的吸热量不变，则循环的放热量越大，循环的热效率________。

A.保持不变或略微增大　　　　B.越大

C.越小　　　　D.保持不变

15.对于热机循环，若循环的吸热量不变，则循环的净功越大，循环的热效率________。

A.越大　　　　B.越小

C.保持不变　　　　D.保持不变或略微减小

16.若循环的目的是将热能持续地转化为机械能，则该循环是________。

A.制冷循环　　　　B.热机循环

C.逆循环　　　　D.热泵循环

17.通常，在热机中，内燃机的热效率高的原因是________。

A.液体燃料热值高　　　　B.内部燃烧

C.内部混合　　　　D.外部混合

18.通常，在热机中，柴油机的热效率高的原因是________。

①柴油热值高；②内部燃烧；③压缩发火

A.①　　　　B.①③

C.③　　　　D.②③

19.热机的最理想循环是________。

A.卡诺循环　　　　B.逆卡诺循环

C.回热循环　　　　D.奥托循环

20.下列关于热机的说法中，错误的是________。

A.焦耳循环的定压加热中的压力是该循环工质的最高压力状态点

B.狄塞尔循环的定压加热中的压力是该循环工质的最高压力状态点

C.混合加热循环的加热过程的终了点是该循环工质的最高温度状态点

D.狄塞尔循环的绝热膨胀过程的终了点是该循环工质的最高温度状态点

21.内燃机是热机的一种,它是________。

A.在气缸内燃烧并利用某中间工质对外做功的动力机械

B.在气缸内进行二次能量转换并利用某中间工质对外做功的动力机械

C.在气缸内燃烧并利用燃烧产物对外做功的动力机械

D.在气缸内燃烧并利用燃烧产物对外做功的往复式动力机械

22.内燃机是一种________的装置。

A.传递运动　　B.将能量部分地转换为机械功

C.能量交换　　D.传递热量

23.在下列装置中,属于内燃机的是________。

①燃气轮机;②蒸汽轮机;③柴油机;④汽油机

A.①③④　　B.②③④

C.②④　　D.①②③

24.在下列装置中,属于内燃机的是________。

①燃气轮机;②蒸汽轮机;③煤气机;④汽油机;⑤柴油机;⑥蒸汽机

A.①③⑤⑥　　B.②④⑤⑥

C.①③④⑤　　D.②③④⑥

25.在内燃机中柴油机的本质特征是________。

A.用柴油作燃料　　B.外部混合

C.内部燃烧　　D.压缩发火

26.提高内燃机功率的有效方法是________。

A.减小循环的平均压力　　B.减小气缸的工作容积

C.增大气缸的工作容积　　D.增大循环的平均压力

27.内燃机与外燃机相比,其主要优点是________。

①能量损失小,热效率高;②热能不需要中间工质传递;③整个装置结构简单;④尺寸和重量比较大

A.①②④　　B.①②③

C.①③④　　D.②③④

28.在下列装置中,属于外燃机的是________。

①锅炉;②空气压缩机;③蒸汽机;④煤气机;⑤蒸汽轮机;⑥电动机

A.①②④　　B.③⑤

C.①③⑤⑥　　D.②③④⑥

29.热力学所研究的工质一般都是________物质。

A.固态　　B.液态

C.液晶态　　D.气态

30.把热量转化为功的媒介物称为________。

A.热媒　　B.功媒
C.工质　　D.功质

31.工质从初态出发,经过一系列状态变化又回到初态,这种闭合过程称为________。
A.循环　　B.轮回
C.可逆过程　　D.闭合过程

32.工质膨胀时工质对外界做的容积功称为________。
A.压缩功　　B.膨胀功
C.速度能　　D.压力能

33.在柴油机实际工作循环中,工质经过一个循环后,其________及________发生变化。
A.比容;化学性质　　B.压力;化学性质
C.温度;组成成分　　D.组成成分;化学性质

34.一个循环中如果有工质消耗外界功的过程,工质经过一个这样的循环后的热力学能________。
A.没有变化　　B.会增大
C.会减小　　D.不确定

35.船舶上的蒸汽轮机、锅炉、冷凝器和压缩机等热力设备均由工质流入和流出,但对于这类有工质流入和流出的热力设备,应作为________进行分析与研究。
A.封闭系统　　B.开口系统
C.循环系统　　D.孤立系统

36.在某工质的定容吸热过程中,吸收的热量________。
A.一部分转化为对外输出的功,另一部分转化为工质的热力学能
B.全部转化为工质的热力学能
C.一部分转化为工质的热力学能,另一部分转化为对外放出热量
D.全部转化为对外输出的功

37.在柴油机实际工作循环中,缸内的工质是________。
A.可燃混合气　　B.燃气
C.空气　　D.燃气、空气

38.在工质的热力状态参数中,不能直接测量的参数是________。
A.压强　　B.温度
C.比容　　D.内能

39.柴油机理想循环的绝热压缩是________、工质温度和压力________的热力过程。
A.对外做功;升高　　B.消耗功量;下降
C.对外做功;下降　　D.消耗功量;升高

40.内燃机动力装置的工质是________。
A.燃气　　B.蒸汽
C.水　　D.燃油

41.燃气轮机动力装置的做功工质是________。
A.燃气　　B.蒸汽

C.氧气　　D.水

42.实现热能与机械能相互转换的媒介质就是工质,工质应该具备良好的________、________。

A.压缩性;流动性　　B.可燃性;膨胀性

C.膨胀性;流动性　　D.可燃性;流动性

43.在柴油机的压缩冲程中,工质的________是增加的。

①比体积;②温度;③压力;④比热力学能

A.①②④　　B.①②③

C.①③④　　D.②③④

44.在无外界影响的条件下,若热力系统内部各处的压强、温度都不随时间而变化,则工质处于________状态。

A.平衡　　B.均匀

C.稳定　　D.一般

45.某内部工质的________,则封闭系统处于热力学平衡状态。

A.压强到处均匀一致　　B.温度到处均匀一致

C.压强和温度到处都均匀一致　　D.比容到处均匀一致

46.________可看作理想气体。

A.R22 蒸汽　　B.湿空气

C.R134a 蒸汽　　D.锅炉里的水蒸气

47.________可看作理想气体。

A.常压氧气　　B.R134a 蒸汽

C.高压水蒸气　　D.R22 蒸汽

48.理想气体封闭系统定容过程中所减少的热力学能________。

A.为零,即定容过程中热力学不变化

B.全部用于对外做功

C.部分用于对外放热,部分用于对外做功

D.全部用于对外放热

49.理想气体可逆绝热过程是________。

A.定压过程　　B.定容过程

C.定温过程　　D.定熵过程

50.同一种气体,它的________,越接近理想气体。

A.温度或压力越低　　B.温度越高或压力越低

C.温度越低或压力越高　　D.温度或压力越高

51.由热力学第一定律可知,理想气体在________过程的内能是减少的。

A.绝热压缩　　B.绝热膨胀

C.定温加热　　D.定温放热

52.由热力学第一定律可知,理想气体在________过程的内能是增加的。

A.定温加热　　B.绝热膨胀

C.定压放热　　D.定容加热

53.由热力学第一定律可知,理想气体在________过程的温度是升高的。

A.绝热压缩　　B.绝热膨胀

C.定容放热　　D.定压放热

54.由热力学第一定律可知,气体在________过程的比容是增加的。

A.绝热压缩　　B.绝热膨胀

C.定温放热　　D.定压放热

55.柴油机的理想循环中,将柴油机实际工作循环的排气过程________。

A.视为绝热过程　　B.视为定容过程

C.视为定温过程　　D.视为定压过程

56.柴油机的实际工作循环为________。

A.非动力循环　　B.可逆循环

C.封闭循环　　D.非封闭循环

57.柴油机理想循环为混合加热循环或定压加热循环,如柴油机按定压加热循环工作,则其循环组成依次为绝热压缩、________、绝热膨胀、________。

A.定容加热;定容放热　　B.定压加热;定容放热

C.定压加热;定压放热　　D.等温加热;定容放热

58.柴油机理想循环中的放热过程为________。

A.定温放热　　B.定压放热

C.多变放热　　D.定容放热

59.船舶柴油机一般采用________,而汽车用高速柴油机则大多采用________。

A.焦耳循环;定压加热循环　　B.混合加热循环;定容加热循环

C.混合加热循环;定压加热循环　　D.混合加热循环;焦耳循环

60.当内燃机混合加热循环的其他条件不变时,其压缩比越________、压强升高比越________、预胀比越小,热效率越高。

A.小;大　　B.大;大

C.大;小　　D.小;小

61.当压缩比和加热量一定时,热效率最低的内燃机理想循环为________。

A.定熵加热循环　　B.混合加热循环

C.定容加热循环　　D.定压加热循环

62.当压缩比和加热量一定时,热效率最高的内燃机理想循环为________。

A.定容加热循环　　B.定压加热循环

C.定熵加热循环　　D.混合加热循环

63.低速柴油机的理想循环称为________。

A.狄塞尔循环　　B.朗肯循环

C.焦耳循环　　D.奥托循环

64.定容加热理想循环的热效率只与________有关,并随其增大而提高。

A.压缩比　　B.压强升高比

C.预胀比　　D.质量

65.定压加热理想循环的热效率与________无关。

A.压缩比　　B.压强升高比

C.预胀比　　D.绝热指数

66.对于朗肯循环,若提高初温,则其热效率________;若提高初压,则其热效率________。

A.降低;降低　　B.降低;提高

C.提高;降低　　D.提高;提高

67.对于内燃机混合加热循环过程,在________的极短条件下,为定容加热循环。

A.压力升高比为0　　B.初期膨胀比为0

C.压力升高比为1　　D.初期膨胀比为1

68.对于内燃机混合加热循环过程,在________的极短条件下,为定压加热循环。

A.压力升高比为0　　B.初期膨胀比为0

C.压力升高比为1　　D.初期膨胀比为1

69.根据可逆过程必须同时满足的条件,可认定内燃机的实际工作过程为________过程。

A.可逆　　B.不可逆

C.准静态　　D.内部平衡

70.混合加热循环的吸热过程是________。

①定容过程;②定压过程;③定温过程

A.①　　B.②

C.①②　　D.③

71.混合加热循环中不包含________。

A.定容过程　　B.定压过程

C.定温过程　　D.绝热过程

72.机械驱动的气缸注油器的注油量与柴油机的________成正比。

A.负荷　　B.转速

C.功率　　D.润滑油的压力

73.焦耳循环的吸热过程和放热过程分别是________吸热、________放热。

A.定压;定压　　B.定容;定压

C.定容;定容　　D.定压;定容

74.焦耳循环的吸热与放热过程分别是________。

A.定容吸热、定压放热　　B.定容吸热、定容放热

C.定压吸热、定容放热　　D.定压吸热、定压放热

75.焦耳循环由________组成。

①定容过程;②定压过程;③绝热过程;④多变过程

A.③④　　B.①②

C.②③　　D.②④

76.内燃机奥托循环、狄塞尔循环、焦耳循环和混合加热循环中,________的热效率最低。

A.奥托循环　　B.狄塞尔循环

C.焦耳循环　　D.混合循环

77.图示为焦耳循环的 T-s 图,其中________是吸热过程。

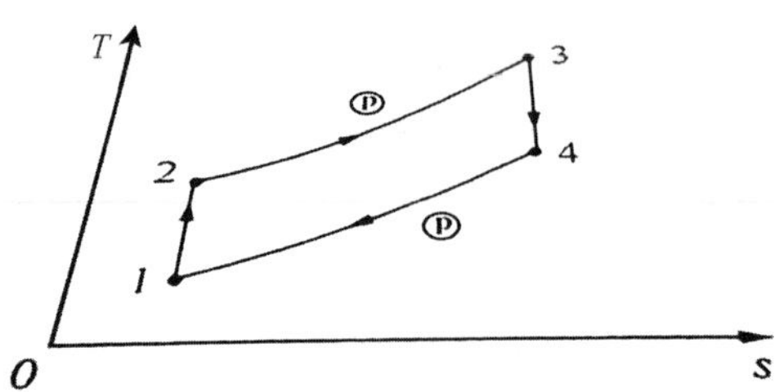

A.3→4　　B.2→3

C.1→2　　D.4→1

78.图示为焦耳循环的 p-V 图,其中________是放热过程。

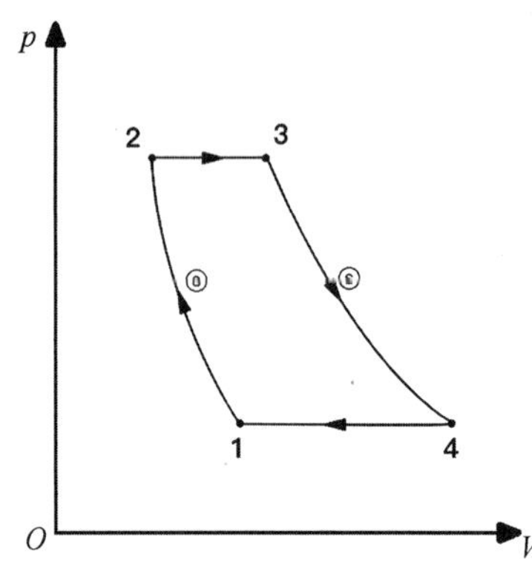

A.3→4　　B.2→3

C.1→2　　D.4→1

79.一般________按照奥托循环工作。

A.压燃式内燃机　　B.点燃式内燃机

C.空气喷射式柴油机　　D.现代高增压柴油机

80.一般________按照狄塞尔循环工作。

A.压燃式内燃机　　B.点燃式内燃机

C.空气喷射式柴油机　　D.现代高增压柴油机

81.内燃机的奥托循环可认为是________。

A.定容加热循环　　B.混合加热循环

C.定压加热循环　　D.绝热加热循环

82.下列中,________是奥托循环的 p-V 图。

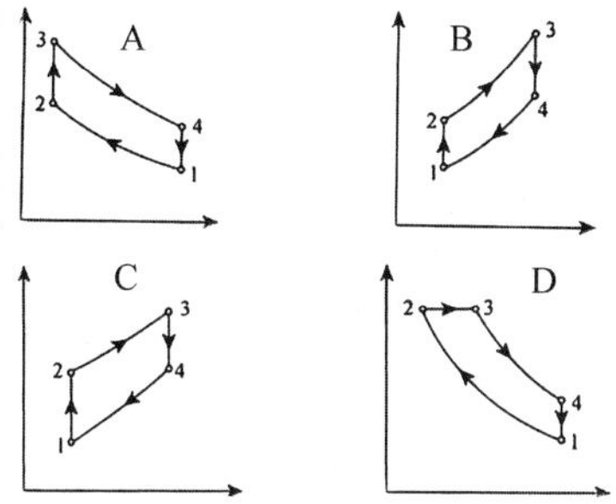

A.B　　B.A

C.C　　D.D

83.内燃机的狄塞尔循环可认为是________。

A.定容加热循环　　B.混合加热循环

C.定压加热循环　　D.绝热加热循环

84.狄塞尔循环中的加热过程和放热过程分别是________加热、________放热。

A.定压;定容　　B.定压;定压

C.定容;定容　　D.定容;定压

85.下列选项中,________是采用狄塞尔循环的发动机。

A.喷气发动机　　B.柴油机

C.汽油机　　D.蒸汽机

86.内燃机的循环的平均压力代表着内燃机________。

A.所承受的平均工作压力　　B.热功转换的效率

C.单位气缸容积的做功能力　　D.所能耐受的最大爆发压力

87.内燃机混合加热理想循环的组成依次为绝热压缩过程、定容加热过程、定压加热过程、绝热膨胀过程和________。

A.定容排气过程　　B.定压放热过程

C.定压排气过程　　D.定容放热过程

88.燃气轮机理想循环的组成依次为绝热压缩过程、定压吸热过程、绝热膨胀过程和________。

A.定容放热过程　　B.定压放热过程

C.定容排气过程　　D.定压排气过程

89.由两个等压过程和两个绝热过程组成的内燃机循环称为________。

A.奥托循环　　B.狄塞尔循环

C.焦耳循环　　D.混合循环

90.内燃机混合加热理想循环中不包括________。

A.绝热过程　　B.定压过程

C.定容过程　　D.定温过程

91.降低________不能提高内燃机混合加热理想循环的热效率。

A.预胀比　　B.定压加热量

C.放热量　　D.定容加热量

92.混合加热理想循环的热效率与________无关。

A.压缩比　　B.压强升高比
C.预胀比　　D.质量

93.图示为混合加热循环 $p-V$ 图,其中________是吸热过程。

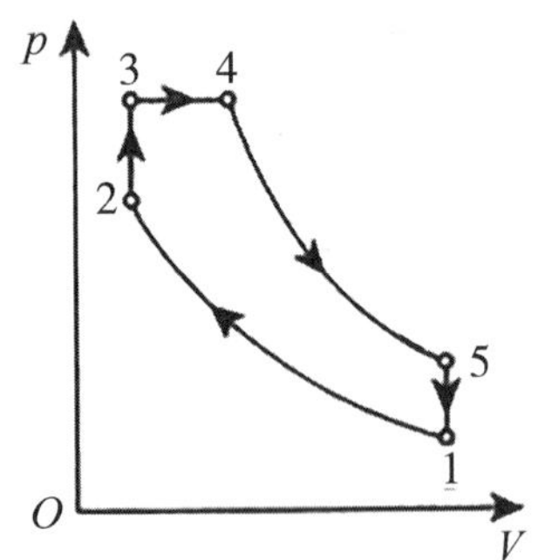

A.1→2　　B.2→3
C.4→5　　D.5→1

94.影响混合加热理想循环的热效率的主要因素是循环的压缩比、定容升压比和定压预胀比。当________,提高压缩比,混合加热理想循环的热效率提高。
A.定容升压比和定压预胀比不变时
B.定容升压比和定压预胀比升高时
C.定容升压比和定压预胀比降低时
D.定容升压比升高和定压预胀比降低时

95.________压缩比,________定容加热量,可以提高内燃机混合加热理想循环的热效率。
A.提高;提高　　B.提高;降低
C.降低;提高　　D.降低;降低

96.________压缩比,________定压加热量,都不能提高内燃机混合加热理想循环的热效率。
A.提高;提高　　B.提高;降低
C.降低;提高　　D.降低;降低

97.________压缩比,________预胀比,可以提高内燃机混合加热理想循环的热效率。
A.提高;提高　　B.提高;降低
C.降低;提高　　D.降低;降低

98.________压缩比或________压强升高比,都不能提高内燃机混合加热理想循环的热效率。
A.提高;提高　　B.提高;降低
C.降低;提高　　D.降低;降低

99.内燃机循环的平均压力是衡量各类内燃机________的一个重要指标。
A.热效率　　B.做功能力
C.气缸壁强度　　D.气缸壁刚度

100.实际气体的比热与________因素有关。
①气体的性质;②加热过程的性质;③气体的温度;④气体的压力

A.②③④　　B.③④

C.②④　　D.①②③④

101.四冲程柴油机实际循环的膨胀过程初期是空气向气缸壁________,后期是空气向气缸壁________。

A.放热;放热　　B.吸热;放热

C.放热;吸热　　D.吸热;吸热

102.四冲程柴油机实际循环的压缩过程初期是空气向气缸壁________,后期是空气向气缸壁________。

A.吸热;放热　　B.吸热;吸热

C.放热;吸热　　D.放热;放热

103.同一种气态物质,其容积随________而增大,分子间的内聚力也随之相应地进一步减小。

A.温度和压力的降低　　B.温度和压力的升高

C.温度的降低和压力的升高　　D.温度的升高和压力的降低

104.现代船用低速柴油机的工作循环基本属于________。

A.定压加热循环　　B.定容加热循环

C.混合加热循环　　D.焦耳循环

105.对于现代新型超长行程柴油机,为使其工作循环趋向等压加热,循环的主要措施之一是________。

A.增大喷油提前角　　B.采用高增压

C.采用短连杆　　D.大幅度提高压缩比

106.由于汽油机的压缩比比柴油机的压缩比________,因而汽油机循环热效率一般比柴油机循环热效率________。

A.低;低　　B.低;高

C.高;低　　D.高;高

107.柴油机燃烧过程的后期,可近似地看作________。

A.等温过程　　B.等压过程

C.等容过程　　D.绝热过程

108.柴油机燃烧过程的前期,可近似地看作________。

A.等温过程　　B.等压过程

C.等容过程　　D.绝热过程

109.在柴油机的缓燃期中,由于活塞已下行,其缸内仍发生燃烧,因而可近似认为该燃烧阶段为________。

A.等压燃烧　　B.等容燃烧

C.等温燃烧　　D.混合燃烧

110.在柴油机的理想循环中,在喷入一定量燃油的条件下,应该使燃油尽可能地在上止点附近燃烧,这是为了________。

A.提高压缩比　　B.提高定容升压比

C.提高预胀比　　D.降低排气温度

111.在加热量相同、压缩比相同、内燃机相同三种理想循环中,定容加热理想循环平均吸热温度________,平均放热温度________;定压加热理想循环的平均吸热温度________,平均放热温度________。

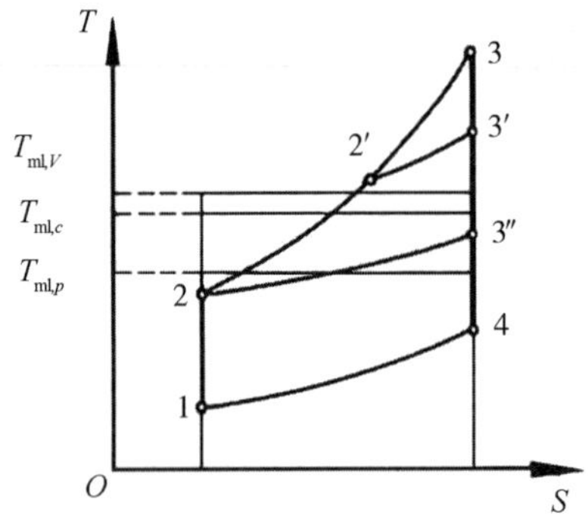

A.最高;最低;最高;最低　　B.最高;最低;最低;最高

C.最低;最高;最高;最低　　D.最低;最高;最低;最高

第二节　示功图

1.________不能用作机械示功器的传动机构。

A.杠杆式传动机构　　B.凸轮式传动机构

C.曲柄式传动机构　　D.皮带式传动机构

2.________示功图可用来计算柴油机的功率。

A.$P-\Phi$　　B.梳形

C.弱弹簧　　D.$p-V$

3.________示功图能用来计算柴油机的指示功率。

A.$p-V$ 转角　　B.梳形

C.弱弹簧　　D.$p-V$

4.________为电子示功器需要标定的内容。

A.上止点位置　　B.电阻值

C.电流值　　D.电容值

5.测得燃烧太晚的畸形示功图,有关燃烧太晚的原因中不正确的说法是________。

A.喷油泵供油定时太晚

B.启阀压力太低

C.喷油泵凸轮相对凸轮轴向倒车方向转一角度

D.启阀压力太高

6.测录示功图时,将会导致________的变化。

A.压缩比　　B.喷油提前角

C.行程缸径比　　D.进气压力

7.测取示功图时,下列说法错误的是________。

A.示功图纸应与转筒底边靠齐

B.在测示功图过程中发现某缸示功阀漏气时,可将示功器固定于其他缸示功阀上画出大气压力线

C.在测示功图过程中发现某缸示功阀漏气时,应停车更换示功阀后再测

D.在测示功图过程中发现某缸示功阀漏气时,不影响测取示功图

8.柴油机采用单缸熄火法时可测取该缸的________。

A.p-V 示功图　　B.纯压缩图

C.p-f 示功图　　D.梳形示功图

9.柴油机说明书或试航报告中所给标准示功图用于________。

A.计算柴油机实际运行功率

B.判断柴油机工作过程

C.查取柴油机各性能指标和运行参数

D.判断柴油机的机械负荷和热负荷

10.当喷油太晚时,测取的 p-V 示功图的特征是________。

①最高爆发压力过低;②发火点后移;③示功图头部尖瘦;④膨胀线较高

A.①②④　　B.①③④

C.①②③　　D.②③④

11.当喷油提前角太大时,测取的 p-V 示功图的特征是________。

①最高爆发压力过高;②示功图头部尖瘦;③发火点后移;④膨胀线较高;⑤膨胀线较低

A.①②④　　B.②③⑤

C.①②⑤　　D.①②③⑤

12.电子示功装置与机械示功器比较,其突出的优点是________。

A.结构简单　　B.稳定性好

C.频响特性好　　D.使用方便

13.电子示功装置的组成为________。

①传感器;②测量电路;③转筒;④记录显示装置;⑤传动装置;⑥划笔

A.①②③　　B.①②④

C.②③⑥　　D.③⑤⑥

14.对测录的示功图进行分析计算,不能得到的是________。

A.平均指示压力　　B.指示功率

C.最高爆发压力　　D.有效功率

15.关于测示功图操作,不正确的说法是________。

A.应在尽可能短的同一时间段内测完各缸

B.测 5~6 张示功图后应拆下示功器冷却

C.测示功图后,为热工计算和示功图分析,应测量和记录油耗量、油门刻度、排气温度等参数

D.测量过程中发现某缸示功阀关不严时,不能测该缸示功图

16.关于使用示功图对多缸柴油机功率进行计算,以下正确的是________。

A.在设计时,多缸柴油机的功率计算可用简化公式:$P_i = c \cdot p_i \cdot n \cdot i$

B.校准面积仪,只可使用专用的模板

C.用面积仪测示功图面积时,在膨胀线上做出一个起点标志,拉动测量点沿示功图慢慢走一圈后在游标卡尺上读数

D.用十等分法求得示功图的平均高度,其结果误差较大

17.关于示功器小活塞和弹簧选用的正确说法是________。

A.通常测换气过程示功图使用 1/5 小活塞

B.弹簧应根据小活塞直径和最高爆发压力来选择

C.测压缩压力时选用软弹簧

D.测爆压时选用的弹簧越硬越好

18.关于用机械示功器测量纯压缩图,正确的说法是________。

①应在柴油机额定工况下测量纯压缩图;②由于气体和气缸壁的热交换损失,纯压缩图中的压缩线比膨胀线略低些;③纯压缩图可用来校验示功器传动机构的定时是否恰当

A.③　　B.②

C.①③　　D.①②③

19.下述情况不符合正常示功图的基本特征的是________。

A.工作过程各主要点数值符合说明书要求

B.工作过程曲线比较圆滑,曲线过渡处无锐角或突变形状

C.尾部形状应符合不同扫气形式的正常轨迹

D.工作曲线为不规则的波浪线

20.活塞与气缸间漏气在示功图上的表现为________。

A.压缩线降低而膨胀线升高　　B.压缩线与膨胀线均降低

C.整个示功图低而胖　　D.整个示功图尖而瘦

21.机械示功器是利用机械位移方法测量________的。

A.缸内压力和活塞位移　　B.缸内压力和指示功率

C.缸内容积和指示功率　　D.缸内容积和活塞位移

22.机械式示功器的转筒转动的弧长代表按比例缩小的________。

A.示功器绳索的长度　　B.柴油机活塞行程的长度

C.最高爆发压力的大小　　D.平均指示功率的大小

23.卷簧式机械示功器一般不适用于中、高速柴油机的原因在于________。

A.示功器弹簧刚度太大　　B.示功器自振频率较低

C.中、高速柴油机为四冲程　　D.示功器较小,活塞较大

24.能够测取 $p-\Phi$ 示功图的示功器有________。

①机械示功器;②气电示功器;③电子示功器

A.①②③　　B.①②

C.①③　　D.②③

25.判断柴油机发火时刻的早晚,可以通过分析________。

A.手拉示功图　　B.弱弹簧示功图

C.梳形示功图　　D.纯压缩示功图

26.喷油器漏油异常示功图的形态特征是________。
①最高燃烧压力降低;②膨胀线高于正常示功图;③膨胀线上有锯齿形
A.①　　B.②
C.③　　D.①②③

27.喷油器漏油异常示功图的形态特征中哪一项是不正确的?
A.最高燃烧压力高于正常值　　B.压缩压力正常
C.膨胀线上有锯齿形　　D.膨胀线高于正常值

28.喷油器喷孔部分堵塞,在示功图上表现为________。
A.膨胀线较高,且有波动　　B.膨胀线较低,且有波动
C.着火时刻后移　　D.燃烧压力基本不变

29.喷油太晚所形成的畸形示功图特征之一是________。
A.爆发压力升高　　B.压缩线比正常压缩线低
C.压缩线与燃烧线分界点后移　　D.膨胀线比正常膨胀线低

30.燃烧太晚所形成的畸形示功图特征之一是________。
A.爆发压力降低　　B.膨胀线降低
C.压缩压力降低　　D.排气温度降低

31.燃烧太早所形成的示功图形态特征之一是________。
A.最高燃烧压力比正常压力高　　B.示功图头部变胖
C.膨胀线比正常线高　　D.示功图尾部短于正常图

32.如果气缸内最高爆发压力约为 8.0 MPa,示功图纸高度为 50 mm,则选用弹簧比例应为________。
A.8 mm/MPa　　B.7 mm/MPa
C.6 mm/MPa　　D.5 mm/MPa

33.如图所示的畸形示功图最有可能是由________引起的。(虚线为正常示功图)

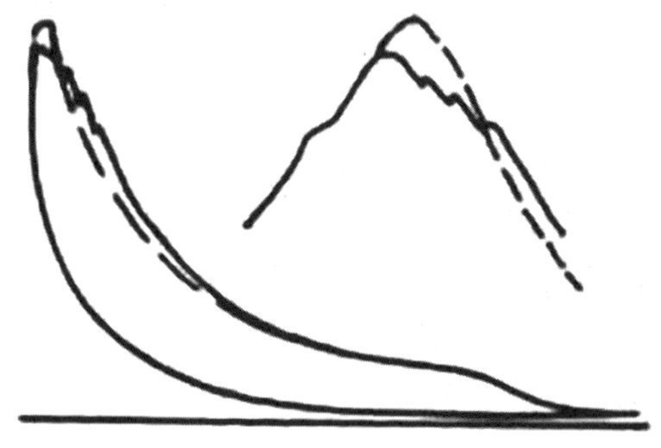

A.喷油器漏油　　B.喷油泵漏油
C.喷油器喷孔部分堵塞　　D.气缸漏气

34.如图所示的畸形示功图最有可能是由________引起的。(虚线为正常示功图)

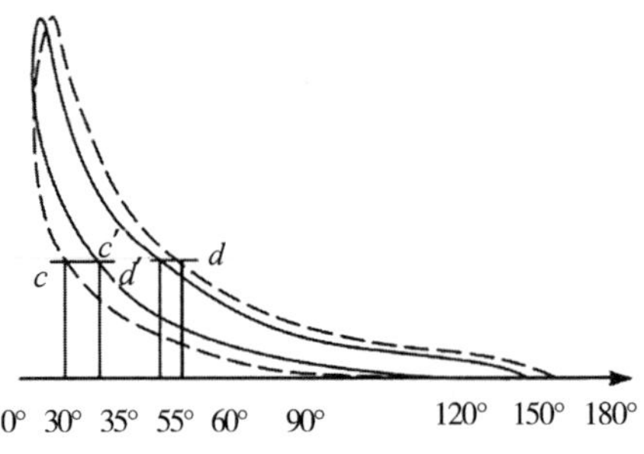

A.燃烧太晚　　B.示功器传动机构定时滞后

C.喷油器喷孔部分堵塞　　D.喷油泵漏油

35.若要求测量纯压缩压力，应选测________。

A.梳形示功图　　B.弱弹簧示功图

C.p-V 转角示功图　　D.p-V 示功图

36.实际使用中所测得的示功图与柴油机说明书或试航报告所给标准示功图比较________。

A.示功图面积相同　　B.示功图尾部形状相同

C.示功图膨胀线高度相同　　D.示功图压缩线高度相同

37.关于示功器传动机构定时超前所测取的畸形示功图的特征，说法错误的是________。

A.压缩线低于正常示功图的压缩线　　B.膨胀线低于正常示功图的膨胀线

C.在上止点附近提前回转　　D.整个示功图变得肥大

38.示功器根据其工作原理可分为三类，以下________不属于其中之一。

A.光电示功器　　B.电子示功器

C.机械示功器　　D.气电示功器

39.示功图传动机构定时滞后所引起的畸形示功图的特征是整个示功图________。

A.变瘦　　B.变胖

C.变短　　D.变长

40.示功图是表征柴油机工作时气缸内________随气缸容积或曲轴转角变化而变化的图形。

A.温度　　B.压力

C.内能　　D.比容

41.四冲程柴油机与二冲程柴油机 p-V 示功图的明显区别是四冲程柴油机示功图________。

A.高度较高　　B.压缩曲线较高

C.膨胀线较高　　D.尾部圆滑

42.为了判断柴油机各缸间的负荷均匀性，应测取________示功图。

A.p-V 转角　　B.梳形

C.手拉　　D.p-V

43.为了在示功图上能正确反映柴油机活塞位移的变化，必须________。

A.示功器小活塞选择正确　　B.示功器弹簧选择正确

C.示功器具有转筒部分　　D.示功器传动机构定时正确

44.为了准确起见，用示功图计算某多缸柴油机整台柴油机功率时，应通过________计算得出。

A.以某缸功率乘以气缸数

B.分别计算每缸功率,再相加求和

C.先分别计算半数气缸的指示功率,再求和,最后乘 2 倍

D.最高爆发压力

45.下列各选项中,示功器的种类不包括________。

A.机械示功器　　B.液压示功器

C.气电示功器　　D.电子示功器

46.下述哪一种示功图一般用来研究柴油机的换气过程?

A.$p-V$ 转角示功图　　B.梳形示功图

C.弱弹簧示功图　　D.$p-V$ 示功图

47.下图中实线为示功器故障时测得的畸形示功图,虚线为正常示功图,产生①或②畸形示功图的原因是________。

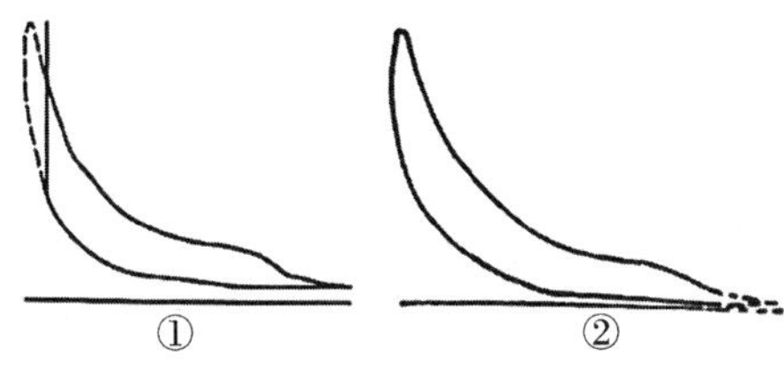

A.示功器小、活塞卡紧　　B.示功图太长

C.示功器转筒拉绳长短不合适　　D.示功器活塞漏气

48.下图中头部虚线为正常示功图,实线为畸形示功图,造成如此畸形的原因是________。

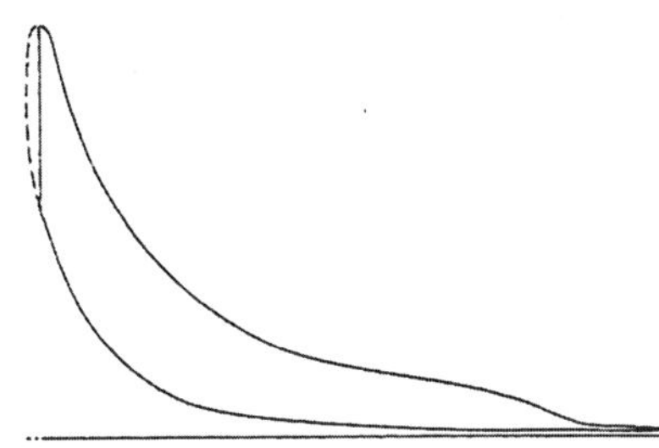

A.燃烧太晚　　B.燃烧太早

C.示功器绳索太长　　D.示功器绳索太短

49.用机械示功器测得的正常 $p-V$ 示功图中最下方的一段曲线,对于四冲程机增压机,此段曲线在大气压力线________;对于非增压机,此段曲线在大气压力线________。

A.以下;以上　　B.以上;以下

C.以上;以上　　D.以下;以下

50.用机械示功器测取 $p-V$ 示功图时,应选用________。

A.1/1 小活塞　　B.1/5 小活塞

C.1/2 小活塞　　D.随意选用

51.用机械示功器测取换气过程示功图时,应选用________。

A.1/1 小活塞　　B.1/2 小活塞

C.1/3 小活塞　　D.1/5 小活塞

52.用机械示功器测取 $p-V$ 转角示功图时，选用示功弹簧的依据之一是________。

A.最大燃烧压力　　B.最大压缩压力

C.最大扫气压力　　D.最大压力升高率

53.用机械式示功器测取的 $p-V$ 示功图的用途有________。

①计算柴油机的指示功率；②比较各缸负荷的均匀性；③量取最高爆发压力；④计算缸内瞬时温度

A.①②③　　B.①③④

C.②③④　　D.①②③④

54.用螺旋弹簧式机械示功器能测取________。

①船用低速主柴油机的 $p-\Phi$ 示功图；②船用发电柴油机的 $p-V$ 示功图；③船用低速主柴油机的 $p-V$ 示功图

A.②　　B.③

C.②③　　D.①②③

55.由示功器测得柴油机某缸示功图面积为 648 mm^2，示功图长度 $L=120$ mm，示功器弹簧比例 $m=6$ mm/MPa，则该缸的平均指示压力为________。

A.1.9 MPa　　B.0.9 MPa

C.1.4 MPa　　D.1.8 MPa

56.由于喷油定时太晚，从测得的示功图上可以看出________。

A.爆发压力升高　　B.排气温度降低

C.膨胀线比正常膨胀线高　　D.压缩线比正常压缩线高

57.由气缸严重漏气所造成的异常示功图的特点是________。

A.压缩线降低　　B.爆发压力升高

C.膨胀线升高　　D.压缩压力升高

58.在纯压缩图中，如果压缩线与膨胀线明显分离且压缩线在膨胀线上面，说明传动定时________。

A.正确　　B.超前

C.滞后　　D.不确定

59.在纯压缩图中，如果压缩线与膨胀线明显分离且压缩线在膨胀线下面，说明传动定时________。

A.正确　　B.超前

C.滞后　　D.不确定

60.电子式示功装置的核心是________。

A.压力传感器　　B.放大器

C.记录显示装置　　D.速度测量装置

61.在缺少正常示功图的情况下，可将________与试航报告规定的参考值进行比较。

A.各特性点　　B.最高爆发压力

C.平均指示压力　　D.压缩压力

62.在示功器中，频响特性最好的示功装置是________。

A.卷簧式示功装置　　B.柱簧式示功装置

C.电阻应变式电子示功装置　　D.压电石英式电子示功装置

63.正常示功图是在柴油机技术状态良好时测取的,通常由柴油机说明书或________提供。

A.台架试验报告

B.试航报告

C.轮机长按相关技术要求测取示功图

D.船舶公司机务经理根据经验值

参考答案

第一节　柴油机的理论循环和实际循环

1.D	2.D	3.C	4.D	5.C	6.B	7.B	8.B	9.B	10.C
11.A	12.A	13.D	14.C	15.A	16.B	17.B	18.D	19.A	20.D
21.C	22.B	23.A	24.C	25.D	26.D	27.B	28.B	29.D	30.C
31.A	32.B	33.D	34.B	35.B	36.B	37.D	38.D	39.D	40.A
41.A	42.C	43.D	44.A	45.C	46.B	47.A	48.D	49.D	50.B
51.B	52.D	53.A	54.B	55.B	56.D	57.B	58.D	59.C	60.B
61.D	62.A	63.A	64.A	65.B	66.D	67.D	68.C	69.B	70.C
71.C	72.B	73.A	74.D	75.C	76.A	77.B	78.D	79.B	80.C
81.A	82.B	83.C	84.A	85.B	86.C	87.D	88.B	89.C	90.D
91.D	92.D	93.B	94.A	95.A	96.C	97.B	98.D	99.B	100.D
101.A	102.A	103.D	104.A	105.D	106.A	107.B	108.C	109.A	110.B
111.B									

第二节　示功图

1.D	2.D	3.D	4.A	5.B	6.A	7.C	8.B	9.B	10.A
11.C	12.C	13.B	14.D	15.D	16.D	17.B	18.A	19.D	20.B
21.A	22.B	23.B	24.D	25.A	26.D	27.A	28.A	29.C	30.A
31.A	32.C	33.A	34.B	35.A	36.B	37.B	38.A	39.A	40.B
41.D	42.D	43.D	44.B	45.B	46.C	47.C	48.C	49.B	50.B
51.A	52.A	53.D	54.C	55.B	56.C	57.A	58.C	59.B	60.A
61.A	62.D	63.B							

第二章 柴油机基础

第一节 柴油机的类型

1.柴油机的大小通常是以________来区分的。

A.功率　　B.缸径

C.重量　　D.体积

2.根据柴油机工作循环的不同，柴油机可分为________柴油机。

①十字头式；②二冲程；③筒形活塞式；④四冲程；⑤直列式；⑥V 型

A.①②　　B.②④

C.⑤⑥　　D.①③

3.根据柴油机结构的不同，柴油机可分为________柴油机。

①十字头式；②二冲程；③筒形活塞式；④四冲程；⑤增压式；⑥非增压式

A.②⑥　　B.④⑤

C.①③　　D.⑤⑥

4.我国有关规定中右旋柴油机的定义是________。

A.由自由端向输出端看顺时针旋转为正车方向

B.由自由端向输出端看逆时针旋转为倒车方向

C.由功率输出端向自由端看顺时针旋转为正车方向

D.由功率输出端向自由端看逆时针旋转为正车方向

5.对于双机桨船舶，布置在机舱右舷的主机为________柴油机。

A.左旋　　B.右旋

C.1 号　　D.2 号

6.由柴油机功率输出端向自由端看，正车时按顺时针方向旋转的柴油机称为右旋柴油机，双机双桨布置的船舶主柴油机通常为________。

A.均为右旋机　　B.均为左旋机

C.左机右旋，右机左旋　　D.左机左旋，右机右旋

7.耗油率最低的船舶动力装置为________。

A.低速柴油机　　B.中速柴油机

C.汽轮机　　D.燃气轮机

8.表征柴油机强化程度的参数是________。

A.柴油机的平均有效压力

B.柴油机的增压压力

C.柴油机的转速

D.活塞平均速度与平均有效压力的乘积

9.下列关于柴油机的大小的说法中,正确的是________。

A.柴油机的大小通常是以功率区分的

B.柴油机的大小通常是以缸径区分的

C.柴油机按大小分为大型和小型

D.柴油机的大小通常是以重量区分的

10.船舶主机多采用________柴油机,发电柴油机多采用________柴油机。

A.低速;高速　　B.中速;中速

C.低、中速;中、高速　　D.中速;中、高速

11.现代船用发电柴油机组一般均属于________柴油机。

A.往复式单作用　　B.往复式双作用

C.回转式单作用　　D.回转式双作用

12.某增压柴油机的增压比为2.0,该柴油机属于________。

A.高增压　　B.超高增压

C.中增压　　D.低增压

13.小缸径柴油机的结构特点包括________。

①结构简单;②轻巧;③适于高速;④寿命较短

A.①②③　　B.①②③④

C.②③④　　D.①②④

14.下列哪一选项不是柴油机的优点?

A.经济性好　　B.尺寸小,重量小

C.机动性好　　D.机身振动小

15.目前低速二冲程柴油机多用作船舶主机,主要原因是________。

A.尺寸小　　B.结构简单

C.寿命长　　D.重量小

16.柴油机下止点是指________。

A.气缸的最低位置　　B.工作空间的最低位置

C.曲柄处于最低位置　　D.活塞离曲轴中心线的最近位置

17.活塞在气缸内从上止点到下止点所扫过的容积称为________。

A.气缸工作容积　　B.存气容积

C.燃烧室容积　　D.气缸总容积

18.柴油机的气缸总容积与压缩室容积之比称为________。

A.有效压缩比　　B.几何压缩比

C.实际压缩比　　D.行程失效系数

19.柴油机的压缩比表示________。

A.气缸容积的大小　　B.工作行程的长短

C.缸内工质被活塞压缩的程度　　D.柴油机的结构形式

20.柴油机当扫气口、排气阀关闭瞬时的气缸容积与压缩室容积之比，称为________。

A.几何压缩比　　B.有效压缩比

C.容积效率　　D.行程失效系数

21.二冲程柴油机的失效容积与几何工作容积之比，称为________。

A.几何压缩比　　B.有效压缩比

C.名义压缩比　　D.行程失效系数

22.柴油机气缸工作容积是指________。

A.活塞从上止点移至下止点所扫过的容积

B.活塞在下止点时活塞顶上方的全部容积

C.活塞在上止点时活塞顶上方的气缸容积

D.活塞在运转时活塞顶上方的气缸容积

23.气缸总容积与压缩容积之比在二冲程柴油机中称为________。

A.有效压缩比　　B.几何压缩比

C.实际压缩比　　D.行程失效系数

24.活塞在气缸内上止点时，活塞顶上部的空间（活塞顶、气缸盖底面与气缸套表面所包围的空间）称为________。

①燃烧室容积；②余隙容积；③气缸工作容积；④气缸总容积

A.①或②　　B.③

C.④　　D.①或③

25.根据柴油机转速的不同，柴油机可分为________柴油机。

①低速；②中速；③筒形活塞式；④高速；⑤十字头式

A.②④　　B.①②

C.①②④　　D.①②⑤

26.低速柴油机的转速小于或等于________ r/min。

A.500　　B.300

C.1 000　　D.100

27.低速柴油机的活塞平均速度 V_m 一般为________。

A.V_m>9 m/s　　B.V_m<6 m/s

C.V_m<5 m/s　　D.V_m=6~9 m/s

28.中速柴油机的转速 n 与活塞平均速度 V_m 一般的范围是________。

A.300 r/min<n≤1 000 r/min，V_m=6~9 m/s

B.n≤300 r/min，V_m<6 m/s

C.n≥1 000 r/min，V_m>9 m/s

D.300 r/min<n≤1 000 r/min，V_m>6 m/s

29.按我国的国家标准,高速柴油机的转速范围是________。

A.$n>900$ r/min　　B.$n>800$ r/min

C.$n>1\ 000$ r/min　　D.$n>600$ r/min

30.柴油机的速度通常用________转速来表示。

A.活塞　　B.连杆

C.主轴承　　D.曲轴

31.柴油机的活塞平均速度 V_m 和行程 S、转速 n 之间的关系应符合________。

A.$V_m=30\times n\times S$　　B.$V_m\times S=30\times n$

C.$V_m\times n=30\times S$　　D.$V_m\times 30=n\times S$

32.某柴油机的气缸直径为 700 mm,$S/D=2$,标定转速为 120 r/min,则该机的活塞平均速度是________。

A.3.5 m/s　　B.5.6 m/s

C.4.8 m/s　　D.8.4 m/s

33.发电用柴油机多采用四冲程筒形活塞式柴油机,主要是因为其________。

①工作可靠;②结构简单;③转速较高

A.①　　B.②

C.③　　D.②③

34.超长行程柴油机的优点有________。

①提高螺旋桨效率;②提高机械效率;③提高柴油机转速;④增加燃气的膨胀功;⑤降低活塞平均速度;⑥改善燃烧质量

A.①④⑥　　B.③④⑥

C.①③⑥　　D.②⑤⑥

35.一般直列式柴油机曲轴的连杆大端轴承负荷________主轴承负荷,所以曲柄销颈的磨损________主轴颈的磨损。

A.大于;大于　　B.小于;小于

C.大于;小于　　D.小于;大于

36.________不是 V 型柴油机的特点。

A.缩短气缸间距和整机长度　　B.可采用叉形连杆

C.有较低的单机功率　　D.有较小的比重

37.________柴油机的强化系数数值最高。

A.低速　　B.二冲程中速

C.四冲程中速　　D.高速

38.V 型柴油机的气缸中心夹角通常有________。

A.90°、60°、45°　　B.90°、60°、30°

C.120°、60°、30°　　D.120°、90°、45°

39.V 型柴油机曲轴的主轴承负荷________连杆大端轴承负荷,所以曲柄销颈的磨损________主轴颈的磨损。

A.大于;大于　　B.小于;小于

C.大于;小于　　D.小于;大于

40.V 型柴油机在________柴油机中用得较多。

A.发电　　B.中、高速

C.筒形　　D.中速

41.V 型柴油机在拆装活塞时,最容易出现的损伤是________。

A.活塞环断裂　　B.连杆大端碰伤气缸套

C.活塞卡在气缸套内　　D.连杆大端碰伤曲轴

42.四冲程柴油机运转时凸轮轴转速与曲轴转速之比为________。

A.2∶1　　B.1∶1

C.1∶2　　D.1∶4

43.按增压压力的高低,超高增压的增压力(绝对压力)为________。

A.>0.35 MPa　　B.>0.37 MPa

C.>0.40 MPa　　D.>0.42 MPa

44.按增压压力的高低,低增压的增压力(绝对压力)为________。

A.≤0.15 MPa　　B.≤0.20 MPa

C.≤0.22 MPa　　D.≤0.25 MPa

45.按增压压力的高低,高增压的增压力(绝对压力)为________。

A.0.25~0.35 MPa　　B.0.27~0.37 MPa

C.0.30~0.40 MPa　　D.0.32~0.42 MPa

46.按增压压力的高低,中增压的增压力(绝对压力)为________。

A.0.15~0.25 MPa　　B.0.20~0.27 MPa

C.0.22~0.30 MPa　　D.0.25~0.32 MPa

47.对于不同机型压缩比的大小,一般地说________。

A.增压度越高,压缩比越大

B.小型高速机的压缩比较低速机的小

C.现代新型低速柴油机的压缩比越来越大

D.二冲程柴油机比四冲程机压缩比大

48.柴油机压缩比的最低要求应满足________。

A.柴油机冷车启动与低负荷正常运转

B.柴油机较高的经济性

C.燃烧室具有一定的高度以利于燃油的雾化与油气混合

D.达到规定的最高爆发压力

49.大型低速柴油机曾采取限制或降低压缩比的目的是________。

A.限制机械负荷　　B.限制曲轴最大扭矩

C.限制往复惯性力　　D.限制离心惯性力

50.当前新型超长行程柴油机均采用独立气缸润滑系统,其气缸滑油量的变化规律是________。

A.随转速的下降而减小注油量　　B.随负荷的降低而减小注油量

C.随负荷的降低而增大注油量　　D.随转速的下降而增大注油量

51.低速柴油机与高速柴油机在压缩比上的比较，一般规律是________。

A.相等　　B.高速机较大

C.低速机较大　　D.随机

52.低速二冲程十字头式柴油机广泛用于船用主机，主要原因是其________。

A.重量和尺寸较小　　B.结构简单，管理方便

C.操纵简单，管理方便　　D.寿命长，经济而可靠

53.柴油机几何压缩比的数学表达式是________。(V_s 为气缸工作容积；V_c 为压缩室容积)

A.V_s/V_c　　B.$1+V_s/V_c$

C.V_s/V_c-1　　D.$1-V_s/V_c$

54.二冲程柴油机有效压缩比 ε_e 的正确表达式为________。

A.$\varepsilon_e=1-(1-\varphi_s)V_s/V_c$

B.$\varepsilon_e=[V_c+(1-\varphi_s)V_s]/V_c$

C.$\varepsilon_e=1+(1+\varphi_s)$

D.$\varepsilon_e=1+V_s/V_c$

55.在下列压缩比的表达式中，错误的是________。(V_a 为气缸总容积；V_c 为气缸压缩容积，V_s 为气缸工作容积)

A.$\varepsilon=V_c/V_a$　　B.$\varepsilon=V_a/V_c$

C.$\varepsilon=(V_s+V_c)/Vc$　　D.$\varepsilon=1+V_s/V_c$

56.发电用柴油机多采用四冲程筒形活塞式柴油机，主要是因为其________。

A.工作可靠　　B.转速满足发电机要求

C.单机功率大　　D.结构简单

57.活塞只在上止点附近发火对外做功的发电机原动机属于________柴油机。

A.双作用往复式　　B.双作用回转式

C.单作用回转式　　D.单作用往复式

58.活塞在上、下止点附近均发火对外做功的发电机原动机属于________柴油机。

A.单作用回转式　　B.双作用回转式

C.单作用往复式　　D.双作用往复式

59.通常，高速柴油机的压缩比一般比低速机的大些，其主要原因是________。

A.满足经济性要求　　B.机械负荷低

C.出于结构特点　　D.满足启动性能要求

60.通常柴油机的压缩比越大，________。

A.增压度越小　　B.热效率越高

C.机械负荷越小　　D.功率越大

61.图中 V_a 所表示的容积称为________；V_h 所表示的容积称为________；V_c 所表示的容积称为________。

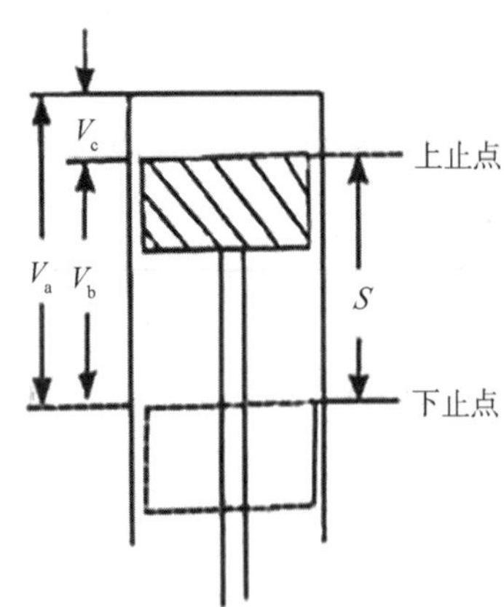

A.燃烧室容积;气缸工作容积;压缩容积

B.气缸总容积;气缸工作容积;压缩容积

C.气缸工作容积;气缸总容积;压缩容积

D.存气容积;压缩容积;气缸总容积

62.对活塞行程的错误认识是________。

A.活塞行程等于主轴颈中心线到曲柄销中心线的距离

B.活塞行程是活塞在上、下止点间的运行距离

C.活塞行程等于主轴颈中心线到曲柄销中心线的距离的 2 倍

D.活塞行程等于曲柄半径的 2 倍

63.图中实线活塞所在位置称为________,S 表示________。

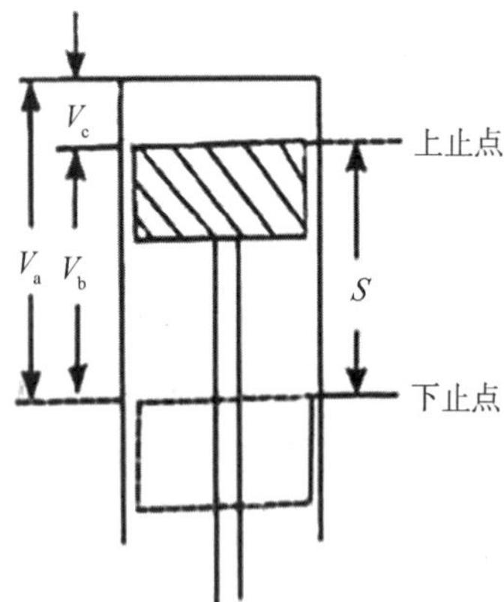

A.上止点;行程　　B.下止点;行程

C.气缸总容积;行程　　D.气缸工作容积;行程

64.下列关于影响柴油机压缩比的因素,说法错误的是________。

①抽减连杆大端的调节垫片,压缩比变小;②增加连杆大端的垫片,压缩比变小;③轴承磨损,活塞装置下沉,压缩比变小;④气缸漏气,理论压缩比变小;⑤活塞顶烧蚀,压缩比变小;⑥减小气缸盖垫片厚度,压缩比变小

A.②⑤　　B.①③⑤

C.①②④　　D.②④⑥

65.限制柴油机压缩比的上限和下限分别是________。

A.强化程度和扫气效果　　B.机械负荷和启动性

C.热负荷和经济性　　D.爆发压力和压缩压力

66.压缩比逐渐变小的主要原因有________。

①气缸盖垫床太薄;②缸内结炭过多;③活塞、连杆、曲轴装置中轴承磨损;④压缩余隙过大;⑤连杆大端垫片加厚;⑥气缸盖底或活塞顶烧损过大

A.③④⑥　　B.①②④

C.②④⑤　　D.③⑤⑥

67.通常提高已有船用柴油机压缩比的措施是________。

A.提高增压压力

B.加大转速

C.增大缸径

D.增厚船用连杆杆身与大端间的调整垫片

68.在提高柴油机压缩比中的主要限制是________。

①限制机械负荷;②限制热负荷;③限制曲轴上的最大扭矩

A.①③　　B.②③

C.③　　D.①②

69.下列压缩比大小对柴油机影响的一个不正确论述是________。

A.压缩比越小,启动性能越差　　B.压缩比增大,膨胀功增大

C.压缩比增大,热效率提高　　D.压缩比越大,机械效率越高

70.增压柴油机比非增压柴油机单位重量的功率________,而单位功率的重量________。

A.增大;增大　　B.增大;减小

C.减小;减小　　D.减小;增大

71.最高爆发压力直接反映柴油机的________。

A.经济性　　B.动力性

C.机械负荷　　D.热负荷

第二节　柴油机的基本工作过程

1.不会影响压缩比的操作是________。

A.刮削连杆轴瓦

B.增减连杆轴承垫片

C.增减连杆大端轴承座与杆身间的垫片

D.改变燃烧室密封垫片的厚度

2.不是由于排气倒灌导致扫气箱着火的原因的是________。

A.喷油压力过高　　B.低速航行时鼓风机失效

C.扫气压力过低　　D.排气系统堵塞

3.柴油机采用增压措施后,进气始点工质的温度压力值较高,工作过程各阶段的压力和温度随之升高,压缩终点压力可达到________。

A.3~6 MPa　　B.5~8 MPa
C.8~12 MPa　　D.15~20 MPa

4.柴油机的机械负荷主要来源于________。

A.气体压力　　B.气体压力和惯性力
C.惯性力和预紧力　　D.往复惯性力

5.气缸进气阀开启瞬时,曲柄位置与上止点之间的曲轴转角称为________。

A.进气提前角　　B.进气定时角
C.进气延时角　　D.进气持续角

6.柴油机的有效压缩比总是小于几何压缩比,其原因是________。

①进气阀在下止点后关闭,使压缩始点滞后;②气缸套下部设气口,使有效压缩行程减少;③气缸盖、活塞顶烧蚀及轴承磨损的影响

A.①②　　B.①③
C.②③　　D.①②③

7.柴油机的正时圆图是________绘制的。

A.以曲柄与其上、下止点的曲轴转角为准
B.以活塞所在位置为准
C.以凸轮所在位置为准
D.以飞轮上的记号为准

8.柴油机的最高爆发压力是指________过程中气缸内工质的最高压力。

A.进气　　B.压缩
C.燃烧　　D.膨胀

9.柴油机对外做功的行程是________。

A.进气行程　　B.压缩行程
C.膨胀行程　　D.排气行程

10.柴油机启动时,启动空气应在________进入气缸。

A.压缩行程　　B.膨胀行程
C.进气行程　　D.排气行程

11.柴油机活塞行程是指________。

A.活塞位移或曲柄半径 R 的 2 倍　　B.活塞上止点至气缸下端的长度
C.活塞下止点至气缸底面的长度　　D.气缸空间的总长度

12.柴油机进、排气阀正时的规律是________。

A.早开,早关　　B.早开,晚关
C.晚开,早关　　D.晚开,晚关

13.柴油机排气阀在下止点前打开,其主要目的是________。

A.排尽废气、多进新气　　B.减少排气冲程耗功
C.减少新气与废气掺混　　D.减少涡轮废气能量

14.柴油机压缩终了时的温度升高到________℃。

A.800~1 000　　B.200~300

C.300~500　　D.600~700

15.柴油机在排气过程中,气缸内的压力________。

A.略高于大气压力

B.略低于大气压力

C.与大气压力相等

D.四冲程机低于大气压力,二冲程机高于大气压力

16.船用四冲程柴油机气缸内燃烧产生的最高温度一般出现在________。

A.不超过上止点后 40°CA 位置

B.上止点前某一曲柄转角位置

C.上止点后 60°CA 位置

D.发火时

17.对气阀重叠角的错误认识是________。

A.利用气阀重叠角可实现燃烧室扫气

B.只有四冲程柴油机才有气阀重叠角

C.增压柴油机的气阀重叠角比非增压机的大

D.上止点气阀重叠角大于下止点气阀重叠角

18.对气阀重叠角的正确认识是________。

①可实现燃烧室扫气;②有利于新鲜空气吸入;③只有四冲程柴油机才有;④只有二冲程柴油机才有;⑤非增压机大于增压机;⑥增压机大于非增压机

A.①②③④　　B.②③④⑤

C.①②③⑥　　D.③④⑤⑥

19.对于同一台四冲程柴油机,一般地说________。

A.排气阀面积大于进气阀面积

B.排气阀面积小于或等于进气阀面积

C.排气阀寿命大于进气阀寿命

D.进气阀有阀壳

20.对于四冲程柴油机实际工作循环的排气行程,描述正确的是________。

A.排气阀在下止点后开启,在换气上止点后关闭

B.排气阀在下止点前开启,在换气上止点后关闭

C.排气阀在下止点开启,在换气上止点关闭

D.排气阀在下止点前开启,在换气上止点关闭

21.对于增压式和非增压式四冲程柴油机,一般________。

①增压式四冲程柴油机气阀重叠角较大;②增压式四冲程柴油机气阀重叠角较小;③增压式四冲程柴油机气阀喷油提前角较大

A.①③　　B.②

C.①　　D.③

22.二冲程柴油机的压缩行程所占曲轴转角大于________,小于________。

A.90°;180°　　B.90°;160°

C.45°;90°　　D.60°;120°

23.二冲程柴油机气缸套下部的扫气口有纵横两个方向的倾斜度,其目的是________。

A.增加气缸套强度　　B.有利于冷却

C.改善扫气效果　　D.增加进气量

24.二冲程柴油机换气过程所占曲轴转角一般为________。

A.120°~150°　　B.60°~90°

C.150°~180°　　D.90°~120°

25.二冲程柴油机控制扫气定时的设备是________。

A.进气凸轮　　B.活塞头部

C.活塞裙部　　D.活塞环

26.二冲程柴油机气缸套上的扫气口在纵横方向上均有一定的倾斜度,其目的是________。

A.增加气缸强度　　B.有利于气缸冷却

C.控制气流方向　　D.增加进气量

27.二冲程柴油机与四冲程柴油机比较,不正确的是________。

A.转矩比四冲程柴油机均匀

B.功率为四冲程柴油机的 2 倍

C.换气质量比四冲程柴油机差

D.同功率时,尺寸与重量比四冲程柴油机小

28.二冲程柴油机在________方面比四冲程柴油机优越。

A.提高强化程度　　B.提高功率

C.提高转速　　D.换气质量

29.二冲程直流换气柴油机的优点有________。

①换气质量好;②气缸套下部受热均匀;③经济性好;④管理方便;⑤适于发展超长行程;⑥利于废气涡轮增压

A.①②④⑤⑥　　B.①③④⑤⑥

C.①②③④⑤　　D.①②③⑤⑥

30.二冲程直流扫气柴油机的排气阀定时为________。

A.下止点后开,上止点后关　　B.下止点前开,上止点前关

C.下止点后开,上止点前关　　D.下止点前开,下止点后关

31.四冲程柴油机的排气阀正时为________。

A.下止点前开,上止点前关　　B.下止点后开,上止点前关

C.下止点后开,上止点后关　　D.下止点前开,上止点后关

32.二冲程直流扫气式柴油机在气缸套扫气口上有纵横两个方向的倾斜角度,其目的是________。

A.增加气缸套强度　　B.提高扫气速度

C.有利于气缸冷却　　D.形成气垫,改善扫气效果

33.非增压四冲程柴油机,在第二冲程结束时,气缸内压力增高到________,温度升高到600~700 ℃(燃油的自燃温度210~270 ℃),雾化好的燃油喷入燃烧室后自行发火燃烧。

A.8~12 MPa　　B.3~6 MPa

C.5~8 MPa　　D.15~20 MPa

34.非增压四冲程柴油机的进气阀在下止点后关闭,其目的是________。

A.利用进气空气的流动惯性,向气缸多进气

B.利用进气空气的热能,向气缸多进气

C.利用进气空气的流动惯性,驱扫废气

D.减少新废气的掺混

35.根据柴油机的工作原理,在一个工作循环中其工作过程次序必须是________。

A.进气、燃气、膨胀、压缩、排气

B.进气、压缩、燃烧、排气、膨胀

C.进气、燃烧、排气、压缩、膨胀

D.进气、压缩、燃烧、膨胀、排气

36.根据柴油机的基本工作原理,下列哪一种定义最准确?

A.柴油机是一种在气缸中进行二次能量转换的内燃机

B.柴油机是一种压缩发火的往复式内燃机

C.柴油机是一种压缩发火的回转式内燃机

D.柴油机是一种往复式内燃机

37.根据柴油机排气中有害成分 SO_2 的生成机理,其生成的最大影响因素是________。

A.燃油的化学成分　　B.燃油的硫分

C.空气中含硫量　　D.缸内燃烧质量

38.根据二冲程柴油机的定时圆图,其真正的压缩始点________。

A.不在上止点,而在上止点后附近　　B.在上止点

C.在下止点　　D.不在下止点,而在下止点后附近

39.根据扫气箱着火的原因分析,弯流扫气与直流扫气比较,易发生扫气箱着火的是________柴油机。

A.弯流扫气　　B.排气阀-扫气口直流扫气

C.排气口-扫气口直流扫气　　D.直流扫气

40.关于二冲程柴油机工作过程,说法正确的是________。

A.扫气过程中排气管内压力可略高于扫气压力

B.没有吸气过程

C.没有排气过程

D.扫、排气定时不可控

41.关于二冲程柴油机扫气的不正确说法是________。

A.扫、排气存在气阀重叠角　　B.弯流扫气的气缸套下部受热不均匀

C.直流扫气的换气质量最好　　D.换气质量取决于扫气压力的高低

42.关于气阀定时的错误认识是________。

A.进气阀应在上止点时开

B.进气阀间隙不适当,将影响其定时

C.进气阀关得太晚,部分新气将从进气阀排出

D.进气阀开得过早,将产生废气倒灌

43.关于气阀重叠角的错误论述是________。

A.气阀重叠角有利于燃烧室扫气

B.非增压机的气阀重叠角比增压机的小

C.所有型号的柴油机都存在气阀重叠角

D.气阀重叠角在四冲程机的上止点附近

44.关于直流扫气二冲程柴油机换气定时,说法正确的是________。

A.进、排气定时可调

B.柴油机工作时进、排气定时不随转速变化

C.进气定时是关于下止点对称的,排气定时不能对称

D.仅排气阀定时可调,可以调整在进气之前开,也可以调整在进气之后开

45.活塞环环槽中的运动形态是由________决定的。

①气体力;②惯性力;③摩擦力

A.①② B.①③

C.②③ D.①②③

46.进、排气阀不在上、下止点位置启闭,其目的主要是________。

A.提高压缩压力 B.扫气干净

C.充分利用热能 D.提高换气质量

47.进、排气阀启闭时刻与________因素无关。

A.进、排气阀凸轮形状 B.气缸内压力

C.柴油机转速 D.柴油机类型

48.某船采用二冲程主机,额定工作转速为120 r/min,属于________柴油机。

A.高速 B.低速

C.小型 D.中速

49.某船采用二冲程主机,额定工作转速为600 r/min,属于________柴油机。

A.低速 B.高速

C.中速 D.小型

50.某四冲程六缸柴油机,发火顺序为1→2→3→6→5→4→1,当第2缸活塞位于进、排气上止点时,第1缸活塞位于________位置。

A.进气 B.压缩

C.膨胀 D.排气

51.燃油在柴油机气缸中燃烧做功,完成一个工作循环必须经过5个过程,其顺序为________。

A.进气、燃烧、膨胀、压缩、排气

B.进气、压缩、燃烧、排气、膨胀

C.进气、压缩、排气、燃烧、膨胀

D.进气、压缩、燃烧、膨胀、排气

52.如图所示，可知进气提前角为________CA（曲轴转角）。

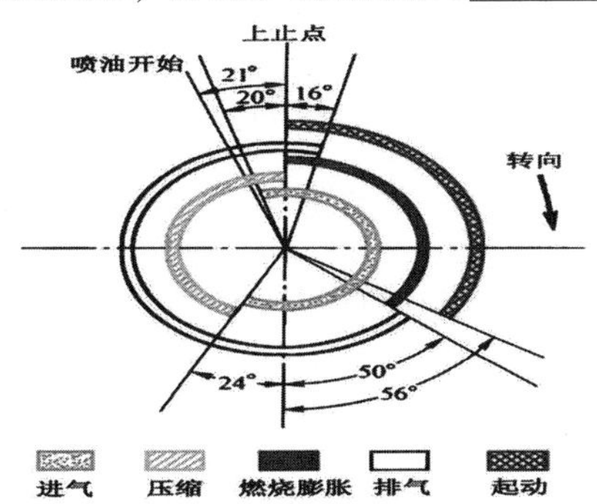

某四冲程柴油机定时图

A.16°　　B.20°

C.21°　　D.24°

53.如图所示，可知进气延迟角为________CA（曲轴转角）。

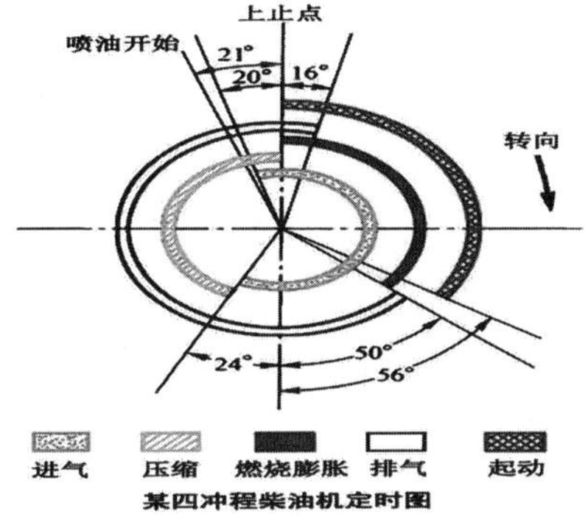

某四冲程柴油机定时图

A.16°　　B.20°

C.21°　　D.24°

54.如图所示，可知排气延迟角为________CA（曲轴转角）。

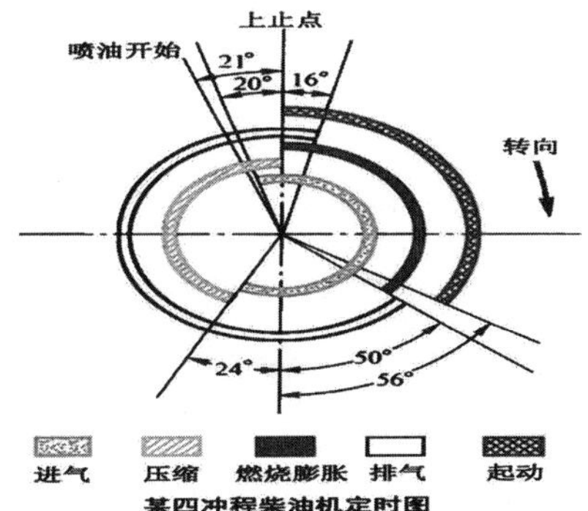

某四冲程柴油机定时图

A.16°　　B.24°

C.50°　　D.56°

55.如图所示，可知压缩过程为________CA（曲轴转角）。

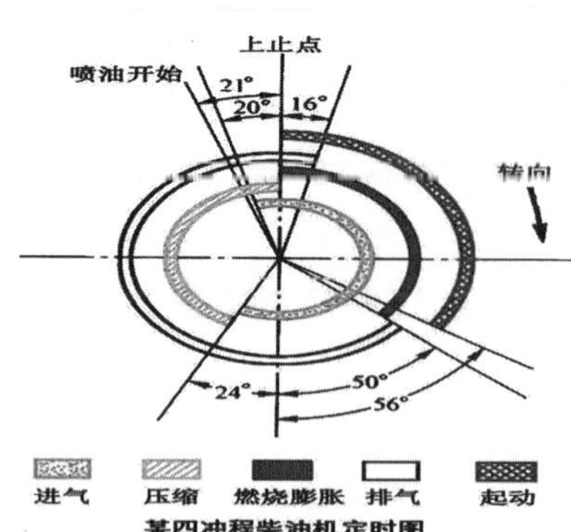

A.224°　　B.156°

C.130°　　D.246°

56.如图所示,可知燃烧膨胀过程为________CA(曲轴转角)。

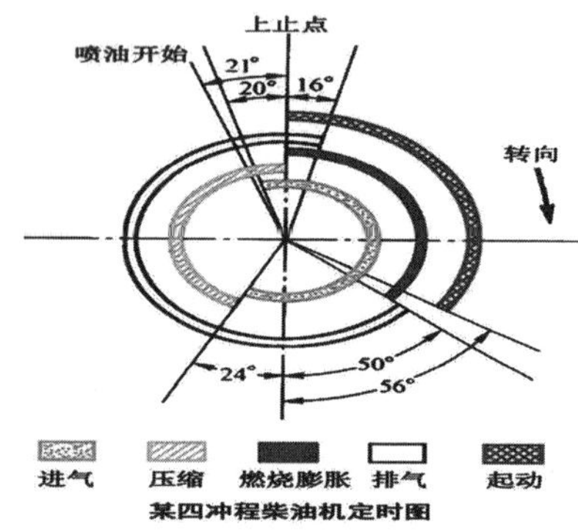

A.224°　　B.156°

C.130°　　D.246°

57.如图所示,可知启动过程为________CA(曲轴转角)。

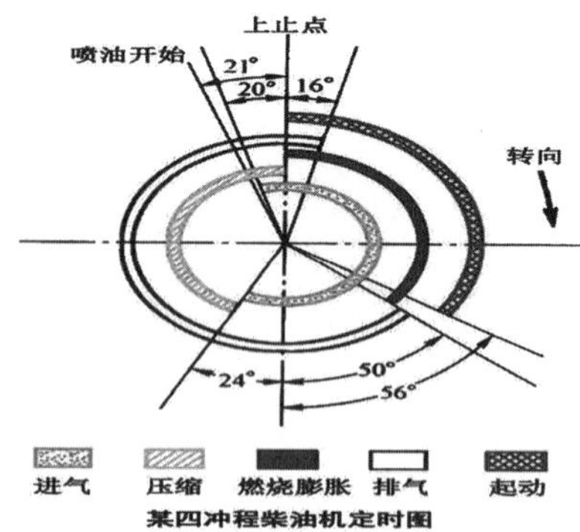

A.224°　　B.156°

C.130°　　D.124°

58.如图所示,可知喷油提前角为________CA(曲轴转角)。

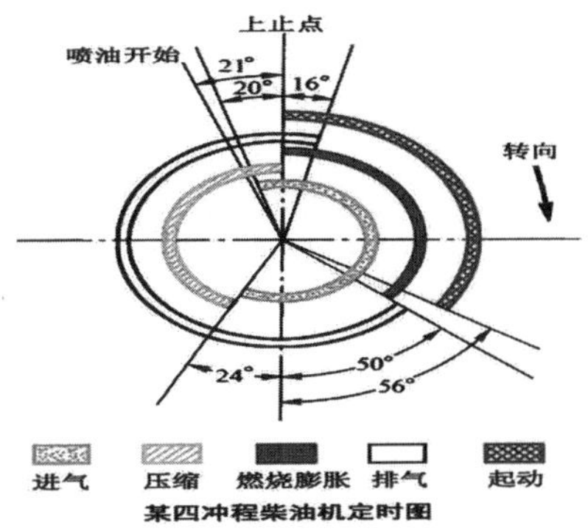

A.16°　　　　B.20°

C.21°　　　　D.24°

59.如图所示,四冲程柴油机工作过程大于 180°CA(曲轴转角)的是________。

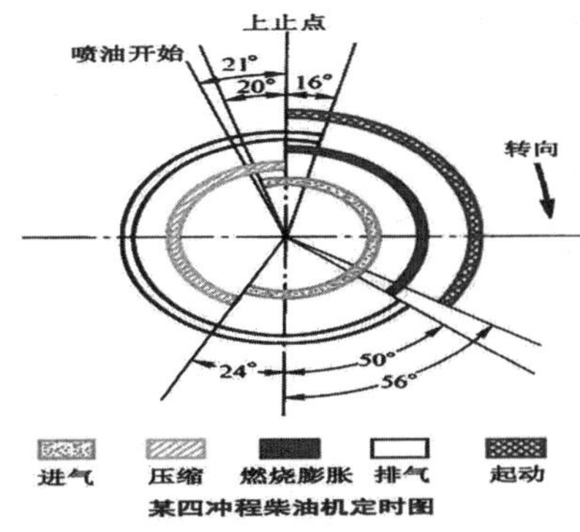

①进气;②压缩;③膨胀;④排气

A.①②　　　　B.③④

C.②③　　　　D.①④

60.如图所示,四冲程柴油机进气阀在________CA(曲轴转角)开始打开。

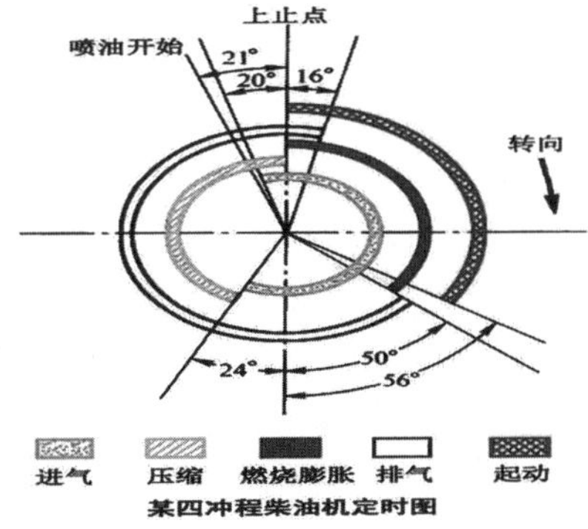

A.上止点前 21°　　　　B.下止点前 50°

C.上止点前 20°　　　　D.下止点前 56°

61.如图所示,四冲程柴油机工作过程小于 180°CA(曲轴转角)的是________。

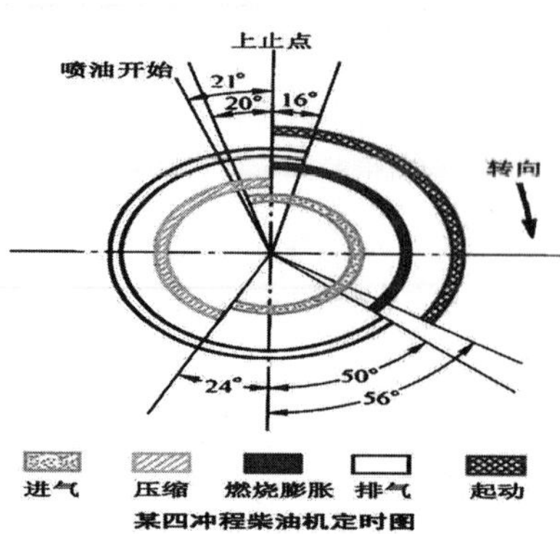

某四冲程柴油机定时图

①进气;②压缩;③膨胀;④排气

A.①②　　B.③④

C.②③　　D.①④

62.如图所示,四冲程柴油机排气阀在________ CA(曲轴转角)开始打开。

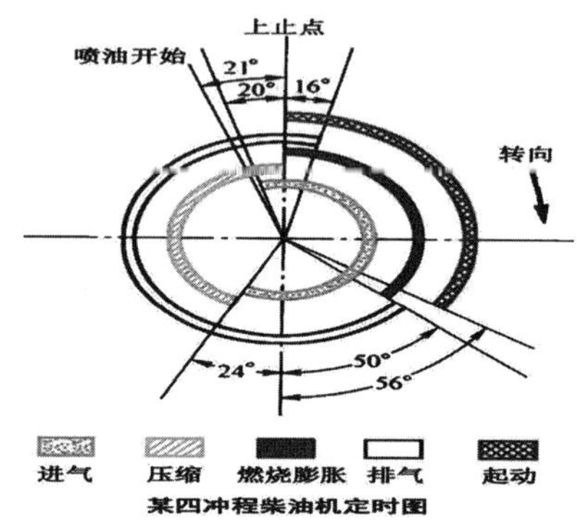

某四冲程柴油机定时图

A.上止点前20°　　B.上止点前21°

C.下止点前50°　　D.下止点前56°

63.如图所示,四冲程柴油机排气阀在________ CA(曲轴转角)完全关闭。

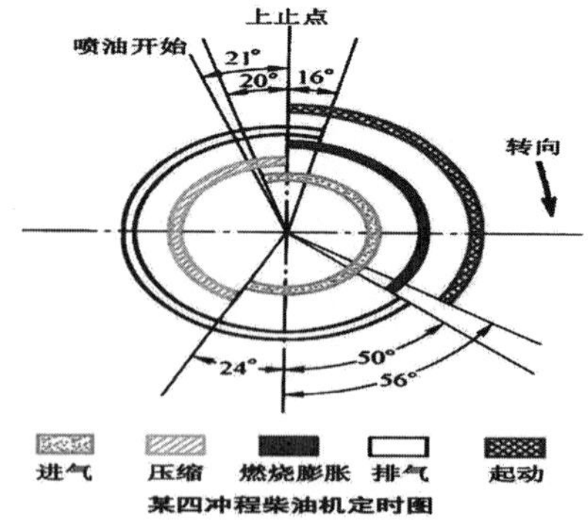

某四冲程柴油机定时图

A.上止点前20°　　B.上止点后16°

C.下止点前50°　　D.下止点后24°

64.如图所示,可知排气提前角为________ CA(曲轴转角)。

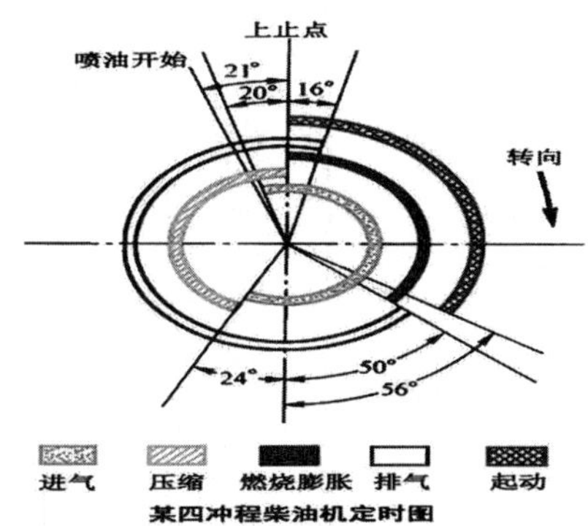

某四冲程柴油机定时图

A.16°　　　　B.24°

C.50°　　　　D.56°

65.如图所示,可知进气过程为________ CA(曲轴转角)。

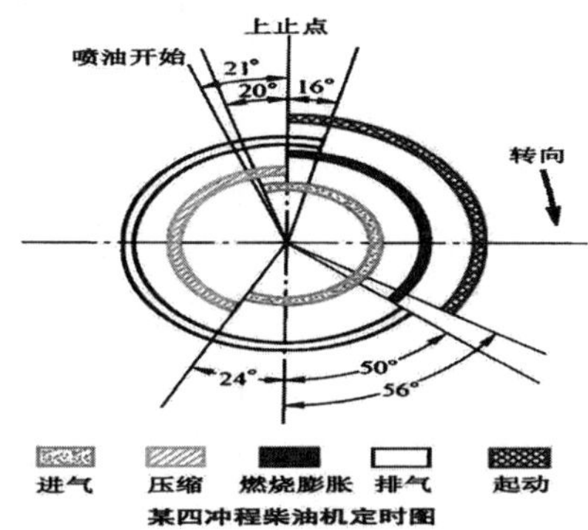

某四冲程柴油机定时图

A.224°　　　　B.156°

C.130°　　　　D.246°

66.如图所示,可知排气过程为________ CA(曲轴转角)。

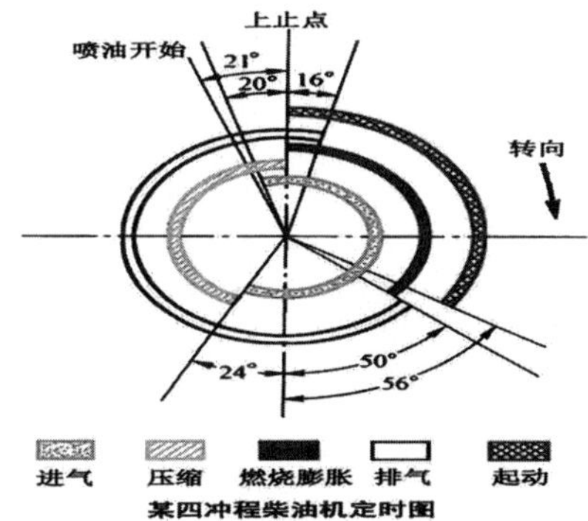

某四冲程柴油机定时图

A.224°　　　　B.156°

C.130°　　　　D.246°

67.四冲程柴油机的工质最高压力状态点位于________冲程内。

A.排气　　　　B.吸气

C.膨胀　　　　D.压缩

68.四冲程柴油机的排气阀在排气过程中,当活塞位于上止点时,排气阀应________。

A.开始关闭　　B.开始开启
C.保持开启　　D.保持关闭

69.四冲程柴油机的膨胀冲程进行到________为止。
A.进气阀开　　B.进气阀关
C.排气阀开　　D.排气阀关

70.四冲程柴油机的气阀重叠角等于________。
A.进气提前角+排气提前角　　B.进气提前角+排气滞后角
C.进气滞后角+排气提前角　　D.进气滞后角+排气滞后角

71.四冲程柴油机的气阀重叠角是指________。
A.下止点前后，进、排气阀同时开启的曲轴转角
B.下止点前后，进、排气阀同时开启的凸轮轴转角
C.上止点前后，进、排气阀同时开启的曲轴转角
D.上止点前后，进、排气阀同时开启的凸轮轴转角

72.四冲程柴油机换气质量比二冲程柴油机好，其原因是________。
①二冲程没有进气阀；②四冲程换气占两个多冲程；③四冲程靠扫气压力把废气压出；④二冲程新气与废气容易掺混；⑤二冲程没有气阀重叠角；⑥二冲程进、排气几乎同时进行
A.①②③　　B.②④⑥
C.②③④　　D.②⑤⑥

73.四冲程柴油机换气总曲轴转角一般为________。
A.220°~250°　　B.230°~260°
C.300°~400°　　D.450°~500°

74.四冲程柴油机活塞位于压缩上止点时，进、排气阀________。
A.全部关闭　　B.全部打开
C.进气阀打开，排气阀关闭　　D.排气阀打开，进气阀关闭

75.四冲程柴油机活塞运动________个行程完成1个工作循环。
A.4　　B.3
C.2　　D.1

76.四冲程柴油机进气阀定时通常为________。
A.上止点前开，下止点前关　　B.上止点后开，下止点后关
C.上止点前开，下止点后关　　D.上止点后开，下止点前关

77.四冲程柴油机进气阀在________打开。
A.上止点前　　B.上止点后
C.下止点前　　D.下止点后

78.四冲程柴油机每完成1个工作循环，曲轴要回转________。
A.360°　　B.540°
C.180°　　D.720°

79.四冲程柴油机排气阀在________打开。
A.上止点前　　B.上止点后

C.下止点前　　D.下止点后

80.四冲程柴油机排气阀在________关闭。

A.上止点前　　B.上止点后

C.下止点前　　D.下止点后

81.四冲程柴油机气阀重叠角的作用是________。

①有利于新鲜空气吸入;②有利于缸内废气排除干净;③实现燃烧室扫气

A.①②　　B.①③

C.②③　　D.①②③

82.四冲程非增压与增压柴油机比较,其进、排气阀重叠角一般是________。

A.相等　　B.非增压机大于增压机

C.增压机大于非增压机　　D.无规律

83.四冲程机与二冲程机相比具有的优点是________。

A.回转均匀、平衡性好　　B.飞轮尺寸较小

C.换气质量较好　　D.结构简单

84.四冲程增压柴油机的实际进气始点是在________。

A.上止点　　B.上止点之前

C.上止点之后　　D.排气结束后

85.通过测量柴油机的最高爆发压力能分析________。

A.活塞环密封性是否良好　　B.喷油正时是否正确

C.配气是否调整适当　　D.气缸套是否磨损

86.下列左侧图表示的换气形式称为________。

A.直流　　B.回流

C.横流　　D.半回流

87.下列关于柴油机气阀重叠角的论述,正确的是________。

①有利于新鲜空气吸入;②有利于缸内废气排除干净;③可实现燃烧室扫气;④增压柴油机的气阀重叠角比非增压机的大;⑤二冲程、四冲程柴油机都有气阀重叠角

A.①③④⑤　　B.①②④⑤

C.①②③④　　D.①②③④⑤

88.下列关于四冲程柴油机工作过程中气缸内压力和温度的说法中，错误的是________。

A.膨胀终了时的压力高于进气压力

B.压缩后的温度远高于燃油自燃温度

C.最高压力出现在上止点附近

D.膨胀终了时的温度就是排温表测量的温度

89.下列关于四冲程柴油机工作特点的说法中，错误的是________。

A.活塞四个行程完成一个工作循环　B.进、排气过程比二冲程的长

C.多采用筒形活塞式结构　D.曲轴转一周，凸轮轴也转一周

90.下列关于四冲程柴油机进气阀定时的说法中，________是正确的。

A.在进气行程的下止点前关闭　B.在膨胀行程的上止点前关闭

C.在膨胀行程的上止点后关闭　D.在进气行程的下止点后关闭

91.下列关于四冲程柴油机排气阀定时的说法中，________是正确的。

A.在膨胀行程的下止点前打开　B.在排气行程的上止点前关闭

C.在排气行程的上止点后关闭　D.在膨胀行程的上止点前打开

92.下列选项中，易产生废气倒灌的是________。

A.进气凸轮严重磨损　B.排气凸轮严重磨损

C.进气道堵塞　D.排气阀漏气

93.下述关于压缩比的说法中不正确的是________。（V_a 为气缸总容积；V_c 为气缸压缩容积；V_s 为气缸工作容积）

A.缸内工质经活塞压缩后，温度与压力均增高

B.压缩比对柴油机的燃烧、效率、机动性与机械负荷等均有影响

C.压缩比 $\varepsilon=V_s/V_c$

D.压缩比降低，经济性也降低

94.现代船用大型二冲程柴油机换气形式向气口-气阀直流换气发展的主要原因是________。

A.结构简单　B.行程缸径比增大

C.管理方便　D.气阀可靠性提高

95.现代二冲程柴油机换气形式的发展趋势是________。

A.气口-气口横流　B.气口-气口弯流

C.气口-气口回流　D.气口-气阀直流

96.行程失效系数最大的柴油机应是________柴油机。

A.四冲程　B.二冲程

C.二冲程直流扫气　D.二冲程弯流扫气

97.一般来说，增压四冲程柴油机的气阀重叠角比非增压四冲程柴油机的要大，原因之一是________。

A.增压四冲程柴油机的进气温度高

B.增压四冲程柴油机的进气压力高

C.增压四冲程柴油机的燃烧室容积大

D.增压四冲程柴油机的转速高

98.以上、下止点为基准,气阀启、闭时刻称为________。

A.配气定时　　B.喷油定时

C.供油定时　　D.启动定时

99.以下哪一项不是四冲程柴油机气阀提前开启与延后关闭的直接目的?

A.有利于将废气排除干净　　B.有利于增加空气的吸入量

C.有利于减少排气功耗　　D.有利于增加燃气膨胀功

100.影响柴油机压缩终点温度和压力的因素主要是________。

A.进气密度　　B.压缩比

C.进气量　　D.缸径大小

101.影响柴油机最大压缩压力大小的因素有________。

①压缩比;②气缸状态;③进气压力

A.①②③　　B.②③

C.①②　　D.①③

102.影响柴油机最大压缩压力大小的因素中,不包括________。

A.压缩比　　B.气缸密封状态

C.进气温度　　D.排气压力

103.影响柴油机最高压缩温度大小的因素有________。

①压缩比;②气缸状态;③进气温度

A.②③　　B.①③

C.①②③　　D.①②

104.用曲柄转角表示进、排气阀启、闭时刻的图称为________。

A.p-V 图　　B.示功图

C.柴油机定时图　　D.气阀定时图

105.由四冲程增压柴油机的换气过程特点可知,在进气阀打开瞬时,气缸内压力________。

A.低于进气压力　　B.高于进气压力

C.等于进气压力　　D.忽高忽低

106.与四冲程柴油机相比较,在二冲程柴油机的优点中,下列哪一项叙述是错误的?

A.换气质量好　　B.回转均匀

C.换气机构简单　　D.维修保养方便

107.在柴油机的膨胀冲程中,工质的________是增加的。

A.比体积　　B.温度

C.压力　　D.比热力学能

108.在柴油机中,对外做功的工质是________。

A.燃油　　B.空气

C.燃烧产物　　D.可燃混合气

109.在二冲程柴油机的各种扫气形式中,换气质量最好的是________。

A.半回流扫气　　B.回流扫气

C.直流扫气　　D.横流扫气

110.在某些四冲程和二冲程柴油机中,为了形成进气涡流,可采用________。

①深心形活塞顶;②倒心形气缸盖;③斜切进气口;④螺旋进气道;⑤切向进气道;⑥导气屏进气阀

A.①②③⑤　　B.②③④⑤

C.①③④⑥　　D.③④⑤⑥

111.在气缸容积与转速相同的情况下,二冲程机功率不能达到四冲程机功率的 2 倍的原因是________。

①换气质量差;②有效膨胀行程缩短;③扫气泵消耗轴功

A.①②　　B.①③

C.②③　　D.①②③

112.在四冲程柴油机的工作循环中,________工质做负功。

A.进气冲程　　B.压缩冲程

C.膨胀冲程　　D.排气冲程

113.在四冲程柴油机理论工作循环的进气行程中,进气阀和排气阀的启闭状态为________。

A.进气阀关闭,排气阀开启　　B.进气阀和排气阀均开启

C.进气阀开启,排气阀关闭　　D.进气阀和排气阀均关闭

114.在四冲程柴油机中,发生缸内废气倒灌进气管的原因是________。

A.进气阀提前开启角太小　　B.进气阀提前开启角太大

C.排气阀提前开启角太小　　D.排气阀提前开启角太大

115.在四冲程柴油机中,排至废气管中的废气又重新被吸入气缸,其原因是________。

A.进气阀提前开启角太大　　B.排气阀延后关闭角太小

C.排气阀延后关闭角太大　　D.进气阀提前开启角太小

116.在四冲程柴油机中,压缩终点的压力和温度下降的原因是________。

A.排气阀提前开启角太小　　B.排气阀提前开启角太大

C.进气阀延后关闭角太小　　D.进气阀延后关闭角太大

117.增压四冲程柴油机排气阀提前开启的目的是________。

①排气排除干净;②减少排气阀节流;③实现燃烧室扫气;④减少膨胀功损失;⑤减少排气耗功;⑥增加进气量

A.②③④⑥　　B.②④⑤

C.②④⑤⑥　　D.①②⑤⑥

118.对直流扫气柴油机的错误认识是________。

A.必为气口-气阀直流　　B.换气质量好

C.缸内无空气短路　　D.缸内气流有涡流运动

119.柴油机运转测量气缸内压缩压力的主要用途是________。

A.判断气口是否堵塞　　B.判断气阀正时

C.判断燃烧是否良好　　D.判断气缸密封性

120.柴油机运转中,检查活塞环漏气的最有效方法是________。

A.测最高爆发压力　　B.测压缩压力

C.测排气温度　　D.测气缸套冷却水温度

第三节　柴油机功率的计算及热平衡

1.________是最常用的衡量柴油机经济性的指标。

A.指示燃油消耗率　　B.有效燃油消耗率

C.机械效率　　D.有效热效率

2.按我国有关规定,柴油机的指示功率是指________。

A.燃气在单位时间内对活塞所做的功

B.燃气在单位时间内对单位活塞面积所做的功

C.柴油机对外输出的功率

D.螺旋桨所吸收的功率

3.表示柴油机做功能力的性能指标是________。

A.平均指示压力　　B.指示功率

C.平均有效压力　　D.有效功率

4.柴油机的摩擦损失主要发生在________。

A.泵气损失　　B.气阀

C.活塞与气缸套　　D.轴承

5.柴油机的气缸盖上没有________。

A.喷油器　　B.安全阀

C.点火塞　　D.启动阀

6.柴油机的输出功是由________产生的。

A.往复惯性力　　B.离心惯性力

C.气体力　　D.侧推力

7.柴油机机械损失功率 P_m 不包括________。

A.燃气损失功率　　B.泵气损失功率

C.拖动损失功率　　D.摩擦损失功率

8.对于柴油机机械效率的比较,一般规律是________。

A.高速机比低速机高　　B.小型机比大型机高

C.非增压机比增压机高　　D.全负荷时比低负荷时高

9.柴油机平均指示压力的影响因素主要是________。

A.柴油机转速　　B.气缸容积

C.气缸数　　D.循环供油量或负荷

10.柴油机气缸盖上所安装的附件有________。

①喷油器;②气阀;③气缸启动阀;④示功阀;⑤安全阀;⑥火花塞

A.①②③④⑤　　B.②③④⑤⑥

C.①③④⑤⑥　　D.①②③⑤⑥

11.在柴油机运行时的摩擦损失中,占比最大的是________。

A.活塞、活塞环和气缸套之间的摩擦损失
B.各轴承处的摩擦损失
C.曲柄连杆机构的摩擦损失
D.驱动机械的摩擦损失

12.柴油机在空载运行时，它的机械效率 η_m 值为________。
A.$\eta_m=0.85\sim0.90$　B.$\eta_m=0.78\sim0.85$
C.$\eta_m=1$　D.$\eta_m=0$

13.柴油机指示功率 P_i 与有效功率 P_e 的关系是________。
A.$P_i<P_e$　B.两者没有任何关系
C.$P_i>P_e$　D.$P_i=P_e$

14.船舶主柴油机的输出功率可根据________计算。
A.示功图　B.柴油机转速和输出轴扭矩
C.燃油消耗量　D.气缸爆发压力

15.大型二冲程弯流扫气柴油机的活塞裙具有长裙，其作用是________。
A.导向　B.承担侧推力
C.防止新气经排气口流失　D.散热

16.当柴油机在最大持续功率下运行时，其最大热损失是________的热损失。
A.滑油冷却器　B.气缸套冷却器
C.热辐射　D.废气

17.当柴油机转速不变，负荷升高时，机械效率________。
A.升高　B.降低
C.不变　D.不确定

18.当负荷增加时，发电柴油机机械效率 η_m 的变化规律是________。
A.升高　B.降低
C.不变　D.随机

19.对于活塞环材料的要求，不正确的是________。
A.材料硬度为 HB180~250
B.同一活塞环上硬度差不超过 HB20
C.可用 HT250、HT300 或合金铸铁
D.气缸套的硬度要求比活塞环高 HB10~20

20.多缸柴油机功率的简化公式是功率等于________的积。
①气缸常数；②单缸的平均指示压力；③转速；④气缸数
A.①②③④　B.①②④
C.①②③　D.②③④

21.二冲程柴油机的气缸盖上没有________。
A.进气阀　B.气缸启动阀
C.安全阀　D.排气阀

22.在二冲程柴油机滑油系统中，活塞冷却滑油属于________油，十字头滑油属于________油。

A.低压;低压　　B.低压;高压

C.高压;低压　　D.高压;高压

23.二冲程和四冲程柴油机相比,在相同工作条件下________。

A.回转均匀,换气质量好　　B.换气质量差,做功能力差

C.输出功率大,回转均匀　　D.输出功率大,回转不均匀

24.根据内燃机理论,为了提高船舶柴油机的热效率,在运行和维护管理中错误的是________。

A.恰当地选择喷油提前角,在保证安全可靠的前提下使定容加热量尽可能多

B.应使压缩比保持在设计时所选定的恰当的数值,不能任意改变

C.尽可能使柴油机实际工作过程接近理想循环,以减少不可逆损失

D.尽量降低冷却水和滑油温度,以确保良好的润滑和密封

25.根据气缸盖上哪一附件可区别二冲程柴油机和四冲程柴油机?

A.启动阀　　B.进气阀

C.喷油器　　D.示功阀

26.根据示功图计算柴油机某气缸的平均指示压力值的方法有________。

①面积仪法;②十等分法;③拼接法

A.①　　B.①②

C.①③　　D.①②③

27.关于柴油机平均指示压力 p_i,说法错误的是________。

A.p_i 的影响因素主要是循环供油量或负荷

B.p_i 值大,说明单位气缸工作容积的做功能力大

C.p_i 数值与气缸容积有关

D.一般来说,四冲程机 p_i 高于二冲程机 p_i

28.关于柴油机有效功率,以下说法错误的是________。

A.指示功率减去机械损失功率就是有效功率

B.柴油机的有效功率与输出的有效扭矩成反比

C.柴油机的有效功率在船上可用扭力计测出

D.从柴油机曲轴飞轮端传出的功率称为有效功率

29.关于机械效率的变化规律,不正确的是________。

A.发电柴油机在负荷降低时,机械效率降低

B.船舶主机转速升高时,机械效率降低

C.机械效率随气缸冷却水温度的降低而降低

D.负荷不变而转速升高时,机械效率降低

30.关于平均有效压力 p_e,说法不正确的是________。

A.它是一个工作循环中每单位气缸工作容积的有效功

B.它的大小与工作循环的完善性有关

C.机械效率越高,p_e 越大

D.它与增压度无关

31.关于平均指示压力 p_i 的不正确说法是________。

A.它是柴油机每一工作循环中作用在活塞上的不变压力

B.它的大小与气缸容积无关

C.增压机的 p_i 比非增压机的大

D.p_i 值最大的柴油机是四冲程增压柴油机

32.关于最高爆发压力的分析,说法错误的是________。

A.最高爆发压力增大,气缸盖螺栓拉力相应增大

B.测量最高爆发压力用来分析气缸的密封性

C.最高爆发压力表征柴油机的机械负荷

D.适当提高最高爆发压力可提高柴油机的热效率

33.会使燃烧室部件机械负荷过大的是________。

A.排气温度过高　　B.喷油提前角过大

C.喷油器雾化不良　　D.启动定时提前

34.内燃机循环的平均压力是指________。

A.气缸内气体在吸气过程中的压力平均值

B.气缸内气体在排气过程中的压力平均值

C.气缸壁在每一循环中所受压力的平均值

D.单位气缸容积在每一循环中所做的功

35.气缸的平均指示压力表示________。

A.作用在活塞上的一个恒定压力　　B.单位气缸工作容积所做的指示功

C.单位气缸容积所做的指示功　　D.气缸内的平均压力

36.气缸盖上无进、排气阀,这种气缸盖的机型是________。

A.四冲程柴油机　　B.二冲程柴油机

C.二冲程直流扫气式柴油机　　D.二冲程弯流扫气式柴油机

37.水对船的总阻力与船速的________成正比。

A.1 次方　　B.2 次方

C.3 次方　　D.4 次方

38.随着压缩比的提高,工质的压缩温度________,膨胀比________,热效率________,热效率的提高率________。

A.升高;增大;提高;降低　　B.升高;减小;提高;降低

C.升高;减小;提高;提高　　D.升高;增大;提高;提高

39.提高内燃机循环平均压力的有效方法之一是降低________。

A.进气量　　B.进气压力

C.进气温度　　D.进气含氧量

40.提高内燃机循环平均压力的有效方法之一是提高________。

A.进气压力　　B.进气温度

C.排气压力　　D.排气温度

41.提高内燃机循环平均指示压强的方法是在压缩始点________。

A.提高空气密度　　B.提高燃油黏度

C.降低空气密度　　D.降低燃油黏度

42.通过柴油机热平衡要表明的是________。

A.计算能量损失比例

B.燃油燃烧所放出的总热量

C.有效功及各项损失在总热量中的比例

D.有效功在总热量中的比例

43.往复式内燃机的平均压力指的是________。

A.柴油机加速性能　　B.柴油机经济性能

C.柴油机功率大小　　D.柴油机做功能力

44.为确保燃烧室部件和连杆小端不受到过大的气体力的作用,气缸盖上应安装________。

A.气缸安全阀　　B.气缸泄压阀

C.气缸安全膜片　　D.气缸保护阀

45.下列关于 MAN B&WS-MC-C 型柴油机气缸盖的说法中,正确的是________。

①气缸盖高度较大;②气缸盖上的排气阀独立冷却;③气缸盖和气缸套之间设软钢垫圈以密封高压燃气;④气缸盖底面是圆柱面;⑤气缸盖上安装主启动阀

A.①③④　　B.①③

C.②③④　　D.①②③④⑤

46.下列关于平均指示压力的说法中,错误的是________。

A.循环供油量越大,平均指示压力越大

B.工质混合完善程度提高,平均指示压力相应提高

C.过量空气系数越大,平均指示压力越大

D.增压机平均指示压力高于非增压机

47.研究绝热发动机主要可以减少________。

A.排气热损失　　B.冷却热损失

C.中冷器热损失　　D.滑油热损失

48.与二冲程柴油机相比,在相同工作条件下四冲程柴油机________。

A.热负荷大,强化度低　　B.结构简单,换气质量差

C.输出功率大,回转均匀　　D.热负荷较小,转速较高

49.与四冲程柴油机相比,在相同工作条件下二冲程柴油机________。

A.回转均匀,换气质量好　　B.换气质量差,做功能力差

C.热负荷较大,转速较低　　D.输出功率大,回转不均匀

50.与压缩环相比,关于刮油环的特点,说法错误的是________。

A.刮油环天地间隙较小　　B.刮油环与气缸壁接触面积大

C.刮油环槽底部有泄油孔　　D.刮油环主要作用是向下刮油

51.在柴油机气缸内燃油燃烧所放的热量中,未能转化为曲轴有效功的热量所占比例为________。

A.30%~40%　　B.45%~60%

C.60%~65%　　D.40%~45%

52.在柴油机气缸内燃油燃烧所放的热量中,转化为曲轴有效功的热量占其总放热量的份额为________。

A.30%~40%　　B.40%~55%

C.45%~60%　　D.60%~65%

53.在船上常用于测量柴油机输出功率的设备是________。

A.扭矩仪　　B.水力测功器

C.示功器　　D.电涡流测功器

54.与对柴油机经济性分析有关的性能指标是________。

①有效功率;②有效热效率;③有效油耗率;④机械效率;⑤指示热效率;⑥指示油耗率

A.②③④⑥　　B.①②④⑤⑥

C.②④⑤⑥　　D.②③④⑤⑥

55.在确定柴油机运转功率的限制范围时,常用的限制参数是________。

A.排气温度、最高爆发压力　　B.过量空气系数、平均有效压力

C.过量空气系数、涡轮增压器转速　　D.排气温度、曲轴扭矩

56.在燃烧室部件中,通常表面温度最高的部件是________,最低的部件是________。

A.活塞;气缸套　　B.活塞;排气阀

C.排气阀;活塞　　D.排气阀;气缸套

57.在下列论述中,错误的是________。

A.机械效率升高,指示功率也升高

B.在低负荷运转时,机械效率降低

C.增大喷油量,平均有效压力相应增大

D.在相同条件下,增压柴油机的平均指示压力较非增压机的大

58.直接反映柴油机做功能力的指标是________。

A.燃油消耗量　　B.平均指示压力

C.平均有效压力　　D.燃油消耗率

59.主机输出功率 P_e 与船舶有效功率 P_r 的关系是________。

A.$P_e<P_r$　　B.$P_e>P_r$

C.两者没有关系　　D.$P_e=P_r$

60.在柴油机运转中测算绝对压力与绝对扫气压力的比值,然后与试航报告标准值进行比较可判断________。

A.增压系统流道是否阻塞　　B.增压器效率是否下降

C.扫气压力是否足够　　D.气缸密封性是否良好

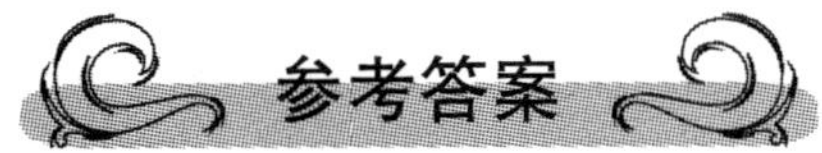

参考答案

第一节　柴油机的类型

1.B　2.B　3.C　4.C　5.B　6.B　7.A　8.D　9.B　10.C
11.A　12.C　13.B　14.D　15.C　16.D　17.A　18.B　19.C　20.B
21.D　22.A　23.B　24.A　25.C　26.B　27.B　28.A　29.C　30.D
31.D　32.B　33.D　34.A　35.A　36.D　37.D　38.A　39.C　40.B
41.B　42.C　43.A　44.A　45.A　46.A　47.C　48.A　49.A　50.B
51.B　52.D　53.B　54.B　55.A　56.B　57.D　58.D　59.D　60.B
61.B　62.A　63.A　64.D　65.B　66.A　67.D　68.D　69.D　70.B
71.C

第二节　柴油机的基本工作过程

1.B　2.A　3.C　4.B　5.A　6.D　7.A　8.C　9.C　10.B
11.A　12.B　13.A　14.D　15.A　16.A　17.D　18.C　19.B　20.B
21.C　22.A　23.C　24.A　25.B　26.C　27.B　28.B　29.D　30.D
31.D　32.D　33.A　34.A　35.D　36.B　37.B　38.D　39.A　40.B
41.A　42.A　43.C　44.B　45.D　46.D　47.B　48.B　49.C　50.A
51.D　52.B　53.D　54.A　55.B　56.C　57.D　58.C　59.D　60.C
61.C　62.C　63.B　64.C　65.A　66.D　67.C　68.C　69.C　70.B
71.C　72.B　73.D　74.A　75.A　76.C　77.A　78.D　79.C　80.B
81.D　82.C　83.C　84.B　85.B　86.C　87.C　88.D　89.D　90.D
91.A　92.B　93.C　94.B　95.D　96.D　97.B　98.A　99.D　100.B
101.A　102.D　103.C　104.D　105.B　106.A　107.A　108.C　109.C　110.D
111.D　112.B　113.C　114.B　115.C　116.D　117.D　118.A　119.D　120.B

第三节　柴油机功率的计算及热平衡

1.B　2.A　3.A　4.C　5.C　6.C　7.A　8.D　9.D　10.A
11.A　12.D　13.C　14.B　15.C　16.D　17.A　18.A　19.D　20.A
21.A　22.B　23.C　24.D　25.B　26.B　27.C　28.B　29.B　30.D
31.A　32.B　33.B　34.D　35.B　36.D　37.B　38.A　39.C　40.A

41.A　42.C　43.D　44.A　45.B　46.C　47.B　48.D　49.C　50.B
51.B　52.B　53.A　54.D　55.D　56.D　57.A　58.B　59.B　60.D

第三章
柴油机的基本结构

第一节　柴油机的结构特点

1.Wärtsilä 32 型柴油机属于________柴油机。

A.可逆转　　B.中型

C.大型　　D.电控

2.采用________来提高现代船用柴油机的经济性已不可取。

A.增大压缩比　　B.增大行程缸径比

C.提高增压器的效率　　D.增大喷油提前角

3.柴油机采用增压的根本目的是提高柴油机的________。

A.进气密度　　B.输出功率

C.经济性　　D.进气压力

4.柴油机提高行程缸径比 S/D 后，对柴油机的影响有________。

①宽度、高度增大；②对混合气的形成有利；③机械负荷减小；④有利于弯流扫气；⑤对曲轴刚度要求高；⑥轴系纵振与扭振加重

A.②③④⑤⑥　　B.①②③⑤⑥

C.①②④⑤⑥　　D.①②③④⑤

5.船舶发电柴油机多采用________柴油机。

A.大型　　B.高速

C.中速　　D.中、高速

6.通常二冲程低速柴油机属于________柴油机，四冲程柴油机属于________柴油机。

①大型；②中型；③中、小型

A.②；③　　B.①；③

C.③；①　　D.①；②

7.关于柴油机增压，下列说法正确的是________。

A.增压是为了提高柴油机的经济性　　B.增压是为了提高换气质量

C.增压是为了提高柴油机的动力性　　D.增压是为了提高柴油机的可靠性

8.关于船用柴油机，不适当的论述是________。

A.船用主机的可靠性与寿命是第一位的

B.四冲程中速机较适于滚装船主机

C.中速机仅用于发电柴油机

D.四冲程中速机较适于驱动调距桨

9.关于十字头式柴油机的结构，下列说法错误的是________。

A.机座、机架和气缸体是分开制造的

B.气缸下部设中隔板将气缸与曲轴箱分开

C.采用正置式主轴承和薄壁轴瓦结构

D.活塞承受侧推力的作用

10.关于十字头式柴油机的说法，不正确的是________。

A.曲轴箱空间与气缸空间普遍采用横隔板分开

B.横隔板处有活塞杆填料函

C.双侧导板性能优于单侧导板，现代低速机普遍采用双侧导板十字头

D.导板采用飞溅润滑，气缸采用注油润滑

11.关于十字头式柴油机的正确说法是________。

①活塞杆只做往复直线运动；②气缸采用飞溅润滑；③十字头起导向作用；④气缸与活塞的间隙很小；⑤气缸与曲轴箱用横隔板隔开；⑥活塞不对气缸套产生侧推力

A.①③④⑥　　B.①②④⑤

C.②④⑤⑥　　D.①③⑤⑥

12.关于现代柴油机的特点，说法错误的是________。

A.曲轴上增设轴向减振器

B.增大行程缸径比 S/D，使燃气膨胀更加充分

C.增大喷油提前角，提高爆发压力以降低油耗

D.采用焊接式曲轴

13.关于现代筒形活塞式船用柴油机结构，下列说法不正确的是________。

A.柴油机无机座　　B.气缸体与机架铸成一体

C.气缸套与气缸体铸成一体　　D.主轴承采用倒挂式结构

14.目前，弯流扫气的二冲程柴油机已不再生产，原因是现在船用低速柴油机已向________发展。

A.长行程方向　　B.大缸径

C.多缸数　　D.高增压

15.十字头式柴油机的结构特点有________。

①机座、机架和气缸体是分开制造的；②采用正置式主轴承；③曲轴是整体锻造的；④侧推力由导板承受；⑤活塞通过活塞销与连杆相连

A.①②③　　B.①②④

C.②③④　　D.②④⑤

16.关于十字头式柴油机的主要结构特点，描述不正确的是________。

A.设有活塞杆，通过十字头与连杆相连，气缸下部设有中隔板，将气缸与曲轴箱分开

B.十字头的滑块在导板间滑动，为活塞导向并承受侧推力

C.机座、机架与气缸体分开制造,采用正置式主轴承,将曲轴安放在基座上

D.十字头式柴油机工作可靠,但是重量和高度增大,结构复杂,使用寿命短

17.提高柴油机单缸功率的途径之一是________。

A.提高压缩比　　B.采用增压技术

C.增大过量空气系数　　D.降低转速

18.通常,中、高速柴油机的筒形活塞有________特点。

①活塞为单体或组合式结构;②中、小型机的活塞多为铝合金制造;③具有厚壁长活塞裙;④活塞裙多为耐磨合金制造;⑤活塞上装有压缩环和刮油环;⑥多采用浮动式活塞销连接活塞与连杆

A.②③④⑤　　B.①②③④⑤

C.①②③⑤⑥　　D.①③⑤⑥

19.筒形活塞式柴油机目前主要向模块化方向发展,下列不属于气缸单元组成部分的是________。

A.连杆　　B.气缸盖

C.气缸体　　D.活塞

20.筒形活塞式柴油机目前主要的发展方向是________。

A.采用气口-气阀直流扫气

B.模块化,采用倒挂式主轴承

C.采用独立的气缸润滑系统

D.采用柴油机泵浦,冷却器由机舱系统替代

21.下面对现代低速柴油机结构特点的叙述中,________是不正确的。

A.燃烧室部件采用钻孔冷却　　B.采用薄壁轴瓦

C.曲轴上装轴向减振器　　D.采用铸造曲轴

22.下述筒形活塞式柴油机的特点中,错误的是________。

A.活塞在左右方向上的磨损小　　B.活塞起导向作用

C.使用连杆连接活塞与曲轴　　D.中、高速柴油机均使用筒形活塞

23.现代船用柴油机的结构特点有________。

①活塞环数量减少;②燃烧室部件采用薄壁强背结构;③低速机采用焊接式整体曲轴;④中速机采用锻造整体曲轴;⑤中速机普遍采用倒挂式主轴承;⑥低速机气缸盖采用锻造结构

A.①②④⑥　　B.①②③⑤

C.③④⑤⑥　　D.①②③④⑤⑥

24.现代船用大型柴油机的结构特点有________。

①采用液压式气阀传动机构;②采用厚壁轴承;③燃烧室部件采用钻孔冷却结构;④采用独立的气缸润滑系统;⑤曲轴上增设轴向减振器;⑥焊接曲轴

A.①③④⑤⑥　　B.①②③④⑤

C.①②④⑤⑥　　D.①②③⑤⑥

25.现代船用低速柴油机的发展特点有________。

①增大行程缸径比 S/D;②提高转速,增大功率;③减小行程缸径比 S/D;④燃烧室部件采用

钻孔冷却；⑤增大缸径，提高功率；⑥广泛采用等压增压

A.②③⑥　　B.①④⑤

C.②⑤⑥　　D.①④⑥

26.现代船用低速柴油机的结构特点有________。

①采用钻孔冷却；②电子控制式柴油机无凸轮轴；③电子控制式柴油机无喷油泵；④采用薄壁瓦轴承；⑤采用独立气缸润滑系统；⑥采用旋转排气阀

A.①②④⑤⑥　　B.①③④⑤

C.①②③④　　D.①④⑤⑥

27.现代船用低速主机的最高爆发压力已增高至 15 MPa，为提高十字头轴承的可靠性，普遍采用了________。

①厚壁轴瓦；②高锡铝薄壁轴瓦；③全支撑式连杆小端结构

A.①③　　B.②③

C.①②③　　D.①②

28.现代船用低速主机行程不断加长，能够提高________。

①柴油机本身的经济性；②船舶动力装置总体的经济性；③螺旋桨的经济性

A.②　　B.①

C.①②　　D.①②③

29.现代船用低速主机主要分为机械控制式柴油机和________两大系列。

A.直流扫气柴油机　　B.电子控制式柴油机

C.超长行程柴油机　　D.不带凸轮轴的柴油机

30.新型的 MAN B&W 柴油机的最主要的特点是气缸体已从以前的铸造结构改为焊接式结构，关于这种结构，说法错误的是________。

A.可以减小气缸体的重量　　B.使得柴油机的检修更加方便

C.可以提高机械性能　　D.气缸体内设置冷却水空间

31.液压式气缸注油器的注油量是根据柴油机的________调节的。

A.负荷　　B.转速

C.功率　　D.润滑油的压力

32.以下不是十字头式柴油机主要特点的是________。

A.比较笨重

B.可靠性好

C.寿命长

D.中、高速强载的柴油机普遍采用这种结构

33.与筒形活塞式柴油机相比，大型低速柴油机特有的运动部件是________。

①活塞；②活塞杆；③连杆；④十字头；⑤曲轴；⑥滑块

A.①②③　　B.②④⑥

C.①③⑤　　D.③④⑤

34.在柴油机的管理上应保证各缸爆发压力和功率均等，这属于________。

A.消除振源或减弱振动　　B.避开共振区

C.减小振幅　　D.改善系统的固有频率

35.在气缸直径与活塞行程相同的条件下,十字头式柴油机的高度比筒形活塞式柴油机________。

A.高　　B.两者相同

C.低　　D.随机型而定

第二节　燃烧室部件

1.________表面上有纵向拉痕,是由燃油中硬质颗粒造成的。

A.活塞杆　　B.活塞环

C.活塞顶　　D.环槽

2.________不是柴油机单体式气缸盖的优点。

A.气缸盖密封性好　　B.有利于缩小柴油机长度

C.制造、拆装方便　　D.容易解决热变形

3.________不是二冲程柴油机气缸盖的功用。

A.与气缸套、活塞构成燃烧室空间

B.安装喷油器、安全阀和启动阀等附件

C.组成冷却水通道

D.组成进、排气通道

4.________不是四冲程柴油机气缸盖的功用。

A.与气缸套、活塞构成燃烧室空间　　B.安装喷油器、安全阀等附件

C.支承气缸套　　D.组成进、排气通道

5.________不是四冲程柴油机气缸套的功用。

A.与气缸盖、活塞组成燃烧室　　B.承担活塞的侧推力

C.开有气口构成扫气通道　　D.与气缸体形成冷却水通道

6.________可以使燃烧室部件的热应力降低。

A.壁厚增大　　B.温差增大

C.壁面热阻减小　　D.热传导系数减小

7.MAN B&W LMC 型柴油机气缸套的材料是________。

A.气缸体为耐磨合金铸铁,气缸套为灰铸铁

B.气缸体为灰铸铁,气缸套为耐磨合金铸铁

C.气缸体为氮化钢,气缸套为灰铸铁

D.气缸体为耐磨合金铸铁,气缸套也为耐磨合金铸铁

8.MAN B&W MC-C 型柴油机的第一道活塞环采用重叠搭口,其与气缸套接触的工作面上开有倾斜浅槽,此槽的作用是________。

A.减小活塞环的热应力　　B.有利于活塞环周向膨胀

C.减小第一道所承受的气体力　　D.使注进气缸套内表面上的滑油均布

9.MAN B&W MC 型主机采用的 Oros(小山)型燃烧室,其活塞________。

A.顶部距离喷油器更近,降低热负荷
B.顶板中部凸起
C.采用冷却水冷却
D.采用三道活塞环

10.MAN B S50MC-C 型柴油机中活塞顶岸高度的增大有助于________。
A.减小柴油机的高度　B.降低活塞环的温度
C.升高气缸盖与气缸套的结合面　D.降低气缸盖的热负荷

11.Wärtsilä 32 型柴油机的活塞裙部设有径向润滑油孔,其作用是________。
A.将刮油环刮下的滑油泄回曲轴箱　B.向气缸套摩擦表面输送滑油
C.向活塞冷却腔输送滑油　D.向连杆小端轴套输送滑油

12.把压缩环直搭口改为45°斜搭口的目的是________。
A.提高压缩环寿命　B.减少压缩环磨损
C.加强气缸的密封　D.加工方便

13.不能说明活塞环产生异常磨损的是________。
A.磨损速率超过正常值　B.磨损量超限
C.产生明显不均匀磨损　D.截面尺寸减小过快

14.不是二冲程柴油机活塞功用的是________。
A.承受侧推力　B.启闭气口
C.传递燃气动力　D.组成燃烧室

15.不是气缸盖应该具有足够高的强度和刚度原因的是其________。
A.触火面易产生热疲劳裂纹　B.冷却面易产生机械疲劳裂纹
C.易变形而产生泄漏　D.需要安装附件

16.不是热负荷过高对燃烧室所造成的危害的是________。
A.使受热部件受热变形
B.使一些部件受热面烧蚀
C.对曲轴连杆机构产生很大的拉应力
D.使润滑表面滑油迅速变质

17.柴油机的气缸分为湿式和干式两种,目前,柴油机广泛使用的是________气缸套结构。
A.不确定　B.湿式和干式
C.湿式　D.干式

18.柴油机的燃烧室部件采用薄壁强背设计的结构的依据是:欲降低机械负荷应采用________;欲降低热负荷应采用________。
A.厚壁结构;薄壁结构　B.薄壁结构;厚壁结构
C.厚壁结构;厚壁结构　D.薄壁结构;薄壁结构

19.柴油机第一道活塞环在环槽中的运动有________。
①轴向运动;②轴向振动;③刮削运动;④回转运动;⑤扭曲振动;⑥径向振动
A.①③⑤　B.②③⑤⑥
C.①②④⑤⑥　D.①②③④⑤⑥

20.柴油机吊缸时对活塞环进行检查和测量的项目有________。

①径向厚度(磨损)测量;②搭口间隙测量;③天地间隙测量;④环背间隙测量;⑤环弹力检查;⑥表面损伤检查

A.①③⑤　　B.②③⑤⑥

C.①②③⑤⑥　　D.①②③④⑤⑥

21.柴油机气缸套受力分析时,受到最大应力的是________。

A.触火面的径向应力　　B.触火面的切向应力

C.冷却面的切向应力　　D.冷却面的径向应力

22.柴油机高频应力引起的疲劳破坏与________有关。

A.启动次数　　B.停车次数

C.负荷大小　　D.累计转数

23.柴油机活塞的振荡冷却效果好坏,取决于________。

①冷却液的循环流动速度;②冷却液的惯性振荡速度;③冷却空间的容积

A.②③　　B.①③

C.①②　　D.③

24.柴油机活塞上的活塞环具有________的作用。

①密封;②传热;③减振;④减磨;⑤改善磨合;⑥刮油、布油

A.①②⑥　　B.②③⑤

C.③④⑥　　D.③⑤⑥

25.柴油机启动、停车和变工况运转时,燃烧室零件上产生的热应力为________热应力。

A.定常　　B.高频

C.低频　　D.蠕变

26.柴油机气缸安全阀安装在________上。

A.气缸盖　　B.气缸

C.排气阀　　D.机架

27.柴油机气缸安全阀的作用是________。

A.确保气缸盖不受到过大的气体力的作用

B.确保气缸套不受到过大的气体力的作用

C.确保活塞不受到过大的气体力的作用

D.确保燃烧室部件和连杆小端不受到过大的气体力的作用

28.柴油机气缸盖工作条件恶劣主要是由于________。

①高温、高压燃气的作用;②气缸盖螺栓的预紧力;③冷却水的腐蚀

A.③　　B.①②③

C.①　　D.②

29.柴油机气缸套产生穴蚀的部位是________。

A.内圆表面　　B.外圆表面

C.外部凸缘　　D.端面

30.柴油机气缸套的腐蚀主要有________。

①气缸套内表面低温腐蚀;②气缸套内表面高温腐蚀;③气缸套外表面电化腐蚀;④气缸套外表面应力腐蚀;⑤气缸套存在微观小孔裂纹或沟槽引起的穴蚀;⑥冷却水空间局部水流不畅,含氧浓度不同而形成氧浓差腐蚀

A.①②③④ B.①③④⑥

C.①③⑤⑥ D.①②③⑤

31.柴油机气缸套穴蚀与下列因素中________有关。

①柴油机的类型;②使用管理;③所用燃油品种;④冷却水压力;⑤冷却腔布置;⑥气缸套内、外表面处理技术

A.①④⑤⑥ B.①⑤⑥

C.①②④⑤⑥ D.②③④

32.柴油机气缸套在第一道活塞环对应位置通常容易发生异常磨损,原因是________。

①与第一道活塞环之间存在高压;②高温使得油膜不容易形成;③此处活塞速度为零,不容易形成油膜;④此处容易形成积炭

A.①②③ B.①②④

C.①③④ D.①②③④

33.柴油机燃烧室部件产生热疲劳通常会引起________。

A.冷却水通道的裂纹 B.触火面上的裂纹

C.触火面上的高温烧熔 D.气缸壁的拉缸现象

34.柴油机燃烧室部件的冷却水温度________,部件产生的热应力________。

A.越低;越小 B.越高;越大

C.越低;越大 D.增高;不变

35.柴油机十字头活塞上的活塞环在气缸中起着密封、散热和________的作用。

A.导向 B.冷却

C.布油 D.传递力矩

36.柴油机受热部件壁面________,其部件的热应力________。

A.温度越高;越大 B.温度越低;越大

C.温差越大;越小 D.温差越大;越大

37.柴油机受热部件的热应力与________。

A.受热部件的热应变成反比 B.受热部件的壁厚成反比

C.受热部件的热流密度成正比 D.受热部件的壁面温差成反比

38.柴油机铸铁气缸套的正常磨损率一般应不大于________。

A.0.1 mm/kh B.0.01~0.03 mm/kh

C.0.3~0.5 mm/kh D.0.05 mm/kh

39.柴油机组合式活塞的特点是________。

A.头部直径小,裙部直径大 B.采用长裙部结构

C.头部、裙部的材料不同 D.便于拆装

40.承磨环在________的情况下不必换新。

A.环已在环槽中松动 B.环已被磨平

C.更换气缸套　　D.严重偏磨或碎裂

41.船舶柴油机气缸安全阀开启压力应不超过________。

A.柴油机最大爆发压力　　B.高压油管内燃油压力

C.1.4 倍的最高爆发压力　　D.1.4 倍的高压油管燃油压力

42.船舶柴油机气缸安全阀位于________。

A.气缸内　　B.活塞上

C.气缸盖上　　D.气缸体上

43.船用大、中型柴油机活塞头与活塞裙的材质分别是________。

A.耐热合金钢、耐磨合金铸铁　　B.优质合金钢、锻钢

C.锻钢、优质合金钢　　D.耐磨合金钢、耐热合金铸铁

44.船用大型柴油机的气缸盖结构通常采用________。

①钻孔冷却;②厚壳结构;③薄壁强背结构

A.①③　　B.②

C.③　　D.①

45.船用大型低速二冲程柴油机的气缸盖按结构形式特点一般有________。

①单体式;②整体式;③分组式;④单体上、下气缸盖组合式;⑤单体内、外气缸盖组合式;⑥风冷式

A.①③⑤　　B.②④⑥

C.①④⑤　　D.④⑤⑥

46.船用高速柴油机活塞通常采用________材料制造。

A.巴氏合金　　B.青铜

C.铸铁　　D.铸造铝合金

47.船用湿式气缸套工作条件的恶劣性主要是________。

①内表面高温高压燃气;②内表面的摩擦与磨损;③内表面燃气的腐蚀;④活塞的侧推力与敲击;⑤外表面水空间的腐蚀和穴蚀;⑥气缸盖安装预紧力

A.①③⑤　　B.②③⑤⑥

C.①②③⑤⑥　　D.①②③④⑤⑥

48.船用中、高速柴油机的活塞环分为________。

A.气密环、承磨环　　B.刮油环、承磨环

C.压缩环、刮油环　　D.压缩环、承磨环

49.通过对柴油机活塞环断面形状分析可知,适用于在较高温度环槽中工作的环是________。

A.矩形环　　B.梯形环

C.倒角环　　D.扭曲环

50.适用于气缸壁硬度较高,易于磨合,且有利于在环与气缸壁之间形成油楔的活塞环断面的形状是________。

A.梯形环　　B.矩形环

C.倒角环　　D.锥形环

51.船舶轮机人员判断热负荷高低所使用的方法是________。

A.热应力　　B.温度场
C.排气温度　　D.热流密度

52.从柴油机热负荷的定义出发,准确表示受热部件热负荷的方法是________。
A.热流密度　　B.热应力
C.排气温度　　D.温度场

53.温度场是表示受热部件热负荷高低的方法之一,它表示________。
A.受热部件的温度分布图　　B.受热部件的最高温度
C.受热部件的温度均布图　　D.受热部件的平均温度场

54.下列不能表示柴油机热负荷的是________。
A.热应力　　B.温度场
C.冷却水温度　　D.热流密度

55.大、中型柴油机的活塞的冷却多采用________方式,以提高对活塞顶的冷却效果。
A.自由喷射冷却　　B.径向散热冷却
C.循环冷却　　D.振荡冷却

56.大功率柴油机活塞头与活塞裙分开制造的目的是________。
A.形成薄壁强背结构　　B.减小重量
C.合理使用材料　　D.提高散热效果

57.大型柴油机的单体式气缸盖曾广泛采用组合式结构,其主要优点是________。
A.结构简单　　B.加工方便
C.节省材料　　D.合理使用材料

58.大功率中速柴油机的活塞裙部一般加工成椭圆形,这种设计能够________。
A.便于活塞的安装　　B.提高裙部的强度
C.补偿工作时产生的不均匀变形　　D.便于与气缸套的磨合

59.大型低速二冲程柴油机的活塞顶采用下凹形有利于________。
①扫气;②自由膨胀;③燃油与空气混合
A.①②③　　B.①③
C.②③　　D.①②

60.大型低速二冲程柴油机的活塞均有________特点。
①采用活塞头与活塞裙分开制造的组合式结构;②活塞裙上装有压缩环与承磨环;③活塞头、活塞裙和活塞杆用柔性螺栓连接;④活塞头采用薄壁强背内部支撑结构;⑤活塞均为冷却式且均采用套管机构;⑥采用长活塞裙控制气口
A.②③⑤　　B.①③④
C.①③⑤　　D.③⑤⑥

61.大型低速二冲程柴油机的活塞由________组成。
①活塞头;②活塞裙;③活塞销;④活塞杆;⑤柔性螺栓;⑥十字头
A.①②④⑤　　B.②③④⑥
C.②③④⑤　　D.②③⑤⑥

62.大型低速二冲程柴油机的活塞由哪些不同材料的部件组成?

①耐热合金钢活塞头；②合金铸铁活塞头；③合金铸铁活塞裙；④优质碳钢活塞裙；⑤优质碳钢活塞杆；⑥耐热合金钢活塞杆

A.①②⑥　　B.①③⑤

C.②⑤⑥　　D.②④⑥

63.大型二冲程柴油机常采取________和适度增加平面间隙的措施来防止活塞环卡死在环槽中。

A.降低气缸热负荷　　B.提高气缸热负荷

C.加强气缸冷却　　D.加强活塞冷却

64.大型十字头式柴油机活塞外圆表面的磨损在正常运转中不会产生，只在________等异常情况下发生。

A.运转　　B.磨损

C.配合　　D.拉缸

65.单体上、下组合式气缸盖所使用的材料为________。

A.上气缸盖由碳素钢铸成，下气缸盖由耐热合金钢铸成

B.上、下气缸盖均由耐热合金钢铸成

C.上气缸盖由耐热合金钢铸成，下气缸盖由碳素钢铸成

D.上、下气缸盖均由碳素钢铸成

66.当代新型超长行程柴油机的活塞冷却介质大多选用________。

A.曲轴箱滑油　　B.淡水

C.海水　　D.柴油

67.当活塞采用浮动式活塞销时，相应地________。

A.在连杆小端要采用滚针轴承　　B.采用定位销固定，防止轴向移动

C.采用卡环，防止销轴向窜动　　D.不能采用强压润滑

68.低速机为了改善气缸套润滑性能，表面一般采用________。

A.回火　　B.淬火

C.镀铬　　D.波纹切削工艺

69.关于对活塞材料的要求，下列说法不正确的是________。

A.钢的机械强度高，但耐磨性差，成本较高

B.合金铸铁具有较高的机械强度、较小的热膨胀系数以及良好的耐磨和耐腐蚀性能

C.铝合金的比重小，导热系数大，高温强度好，线膨胀系数大

D.球墨铸铁和耐热合金材料具有更高的机械强度。在强载柴油机中，常用这种材料制成薄壁式的活塞结构，以增强其承受热负荷的综合能力

70.对活塞材料的要求是________。

①强度大；②刚度大；③散热性好；④摩擦损失小；⑤耐磨损；⑥密度小

A.①②③④⑤⑥　　B.②③④⑥

C.①③⑤　　D.②③⑤⑥

71.关于对活塞的工作条件和要求，下列说法不正确的是________。

A.顶板刚度必须靠顶板厚度来保证

B.为满足散热和强度要求，顶板多采用薄壁强背结构

C.活塞尺寸大,热负荷相对就大

D.活塞尺寸大,与气缸的间隙就大

72.对活塞的基本要求包括________。

①足够的强度和刚度;②散热和冷却效果好;③摩擦损失小;④耐磨损;⑤线膨胀系数大;⑥重量小

A.①②③④⑤ B.②③④⑤⑥

C.①②④⑤⑥ D.①②③④⑥

73.对活塞销的要求是在保证足够的强度与刚度下________。

A.越硬越好 B.越软越好

C.表面硬,芯部软 D.热强度高

74.对活塞销的主要要求有________。

①强度高;②刚性好;③抗高温腐蚀;④耐磨损;⑤表面光洁;⑥抗低温腐蚀

A.②③④⑥ B.①②④⑤

C.③④⑤⑥ D.②③⑤⑥

75.对气缸盖材料要求不当的是________。

A.强度高 B.刚性好

C.膨胀系数大 D.塑性变形小

76.对气缸盖的要求主要有________。

①抗腐性好;②抗穴蚀;③热疲劳强度高;④刚性好;⑤抗磨性好;⑥机械疲劳强度高

A.②③⑤⑥ B.①③④⑥

C.②③④⑤ D.①②③⑤⑥

77.下述关于气缸盖工作条件的错误论述是________。

A.是一个受约束的构件

B.气缸盖各部分温差很大

C.工作时气缸盖底板下面产生拉应力,上面产生压应力

D.气缸盖各部位的应力集中严重

78.对中、高速柴油机活塞的特殊要求是________。

A.加工方便 B.降低成本

C.减小热应力 D.重量小

79.二冲程柴油机气缸套磨损不均,形成圆度误差的原因是________。

A.超负荷长期运行 B.活塞组件不对中

C.环的径向弹力太大 D.气缸油质不佳

80.二冲程柴油机活塞裙采用________材料生产。

A.灰口铸铁 B.铝合金

C.高碳钢 D.合金调质钢

81.二冲程柴油机气缸盖本体采用________材料生产。

A.合金钢 B.球墨铸铁

C.低碳钢 D.高碳钢

82.二冲程柴油机气缸套的功用是________。

A.安装进气阀　　B.承担活塞的侧推力

C.布置气流通道　　D.传递惯性力

83.四冲程柴油机气缸套的功用是________。

A.承担活塞的侧推力　　B.布置气流通道

C.安装排气阀　　D.辅助扫气泵

84.二冲程柴油机铸铁气缸套搭配的活塞环的材料是________。

A.白口铸铁　　B.可锻铸铁

C.球墨铸铁　　D.孕育铸铁

85.二冲程船用主柴油机油冷活塞通常采用________结构。

①铰链式;②插管式;③套管式;④暗管式

A.①②　　B.①③④

C.②③④　　D.①③

86.浮动式活塞销的主要优点是________。

①降低销与连杆小端轴承和活塞销座的相对速度,减少磨损;②使磨损均匀;③加大承压面积,减小比压

A.①②　　B.①③

C.②③　　D.③

87.气缸套冷却水压力波动,膨胀水箱冒泡,这种情况可能是________。

A.气缸盖或气缸套有裂纹　　B.活塞有裂纹

C.气缸套出水温度过高　　D.水泵有故障

88.根据传热学理论,燃烧室部件的热应力随________的增大而增大。

①热流密度;②热传导系数;③壁面厚度;④材料的膨胀系数;⑤材料的弹性系数;⑥最高爆发压力

A.①③④⑤　　B.②③⑤⑥

C.②③④⑥　　D.①③⑤⑥

89.根据刮油环的作用,刮油环的结构和安装特点包括________。

①环与气缸壁接触面积小;②环自身弹性大;③环的天地间隙小;④环的工作表面多为矩形;⑤双刀环之间有泄油孔;⑥安装时刮刀尖端向下

A.①③⑤　　B.②③⑤⑥

C.①②③⑤⑥　　D.①②③④⑤⑥

90.根据活塞销的工作条件,对它的要求是________。

①有足够的强度与刚度;②耐冲击,表面耐磨性好;③较高的尺寸精度与表面粗糙度

A.①　　B.②

C.③　　D.①②③

91.根据我国《钢质海船入级规范》的要求,气缸冷却水空间的水压试验压力应为________。

A.0.8 MPa　　B.0.6 MPa

C.0.9 MPa　　D.0.7 MPa

92.刮油环的作用是________。

A.散热　　B.气密

C.刮油、布油　　D.磨合

93.关于 MAN B&W MC 型柴油机活塞冷却油的说法中,正确的是________。

A.活塞冷却油来自曲轴

B.活塞冷却油回油进入连杆大端轴承

C.活塞冷却油回油通过专用的回油管流入曲轴箱,能够检查回油温度

D.活塞冷却油回油直接流入曲轴箱,不能检查回油温度

94.关于柴油机活塞的工作条件的描述,错误的是________。

A.承受机械负荷　　B.承受侧推力

C.承受离心惯性力　　D.热负荷很高

95.关于柴油机活塞的材料,正确的选择是________。

A.中、高速柴油机选用铝合金　　B.低速柴油机选用球墨铸铁

C.选用铸钢　　D.选用孕育铸铁

96.关于柴油机活塞环的材料,正确的选择是________。

A.中、高速柴油机选用球墨铸铁　　B.低速柴油机选用可锻铸铁

C.低速柴油机选用白口铸铁　　D.选用孕育灰口铸铁

97.关于柴油机活塞销的材料,正确的选择是________。

A.铸钢　　B.碳钢

C.渗碳钢　　D.铸铁

98.关于柴油机气缸盖与活塞顶的受力分析,正确的是________。

A.气缸盖触火面受拉应力　　B.气缸盖水冷面受压应力

C.活塞顶触火面受拉应力　　D.活塞顶触火面受压应力

99.关于柴油机气缸套,不正确的叙述是________。

A.镀铬的气缸套可以与镀铬活塞环相配

B.镀铬的气缸套不能配镀铬活塞环

C.活塞环比气缸套硬 10HBW~20HBW

D.活塞环与气缸套均采用石墨灰口铸铁

100.关于柴油机气缸套的工作条件的论述,不正确的是________。

A.气缸套都受活塞的侧推力作用

B.气缸套都受活塞的敲击作用

C.气缸套受到熔着磨损、磨料磨损和腐蚀磨损的作用

D.气缸套外表面受冷却水的腐蚀作用

101.关于柴油机气缸套的设计,正确的选择是________。

A.石墨只有割裂基体的作用　　B.采用可锻铸铁锻造

C.外表面镀铬防腐　　D.内表面珩磨,具有减磨效果

102.关于柴油机气缸套冷却的论述,正确的是________。

A.气缸套过热时应尽快通入大量冷却水,使其迅速降温

B.柴油机启动后应缓慢增加负荷,以免燃烧室部件产生过大的热应力

C.气缸套冷却水温度低,热应力减小

D.气缸套冷却水进口在冷却腔高处,出口在低处

103.关于气缸套冷却的理论是________。

A.气缸套过热时应尽快通入大量冷却水,使其迅速降温

B.柴油机启动后应迅速增加负荷,以免燃烧室部件产生过大的热应力

C.气缸套冷却水温度低,热应力减小

D.气缸套冷却水进口在冷却腔低处,出口在高处

104.关于柴油机运转时气缸套的机械应力,说法不正确的是________。

A.内表面切向应力最大　　B.内表面切向应力为压应力

C.内表面径向应力最大　　D.外表面径向应力为零

105.关于承磨环的说法,不正确的是________。

A.专为活塞与气缸的磨合而设置

B.承磨环分为几段,并采用青铜材质

C.当承磨环磨平时,应予以换新

D.某些大尺寸的筒形活塞有时也装承磨环

106.关于承磨环的说法,错误的是________。

A.为青铜环

B.由 3~4 段青铜条分别敲入燕尾槽中

C.各段青铜条应不存在间隙

D.其外径应稍大于活塞裙外径

107.关于单体式气缸盖的特点,下列说法错误的是________。

A.普遍应用在缸径较大的柴油机上　　B.密封性好

C.气缸中心距加大　　D.柴油机的刚度提高

108.关于气缸壁温度的论述,正确的是________。

A.为防止滑油膜破坏,壁温越低越好

B.为防止低温腐蚀,壁温越高越好

C.为防止高温腐蚀,壁温应不高于 500 ℃

D.壁温应略高于硫酸的露点,以 200 ℃左右为宜

109.关于气缸套的热应力的说法,正确的是________。

A.内、外表面温差越大,热应力也越大

B.气缸壁越厚,热应力越小

C.直流或弯流扫气式气缸套的热应力的分布是均匀的

D.扫气口处的热应力大于排气口处的

110.关于气缸套穴蚀的论述,正确的是________。

A.气缸套穴蚀是气缸内漏水造成的

B.二冲程柴油机气缸套穴蚀没有明确的方向性

C.筒形活塞式柴油机气缸套穴蚀没有明确的方向性

D.穴蚀是由冷却水压力不稳定引起的

111.关于刮油环,不正确的说法是________。

A.其作用是刮下气缸壁上多余的滑油 B.天地间隙较小

C.刮油环的刮刀尖端安装无方向性 D.有单刀与双刀两种形式

112.关于活塞的材料,下列各项说法中正确的是________。

①组合式活塞的头部和裙部用不同的材料制造;②组合式活塞的活塞头用耐热合金钢;③组合式活塞的活塞裙用锻钢;④小型柴油机多用铝合金活塞;⑤铝活塞与气缸的安装间隙大

A.①②③④⑤ B.①②④⑤

C.①③④ D.①②③④

113.关于活塞的刮油环,下列说法正确的是________。

A.只是刮下气缸壁剩余滑油,没有泵油作用

B.不但有刮油作用,还有布油作用

C.只有当刮刃的尖端朝上时,才有泵油作用;当刮刃的尖端朝下时,没有泵油作用

D.与活塞杆填料函的刮油环形式相同

114.关于活塞的作用,说法不正确的是________。

A.压缩气缸内的空气 B.在二冲程柴油机中启闭气口

C.组成燃烧室 D.在二冲程柴油机中排出气缸内废气

115.关于活塞刮油环能把气缸套上多余的滑油刮下来的理由,错误的是________。

A.有特殊的结构可输送刮下的滑油 B.与气缸套接触面积小,比压大

C.环背气体压力大提高了刮油效果 D.天地间隙小减小了泵油作用

116.关于活塞环气密机理的说法,不正确的是________。

A.第一次密封只能使环压向气缸壁形成滑动表面密封

B.第二次密封在轴向不平衡力的作用下,将环压向环槽下侧;在径向不平衡力的作用下,将环压在滑动表面气缸壁上

C.第二次密封比第一次密封更重要

D.没有第一次密封,仍然可以形成第二次密封

117.关于活塞冷却的说法,错误的是________。

A.由于活塞受高温燃气作用,所以应当冷却

B.活塞冷却温度越低越好

C.振荡冷却是活塞的一种冷却方式

D.活塞冷却液有淡水和滑油两种

118.关于活塞冷却的说法,正确的是________。

A.强制冷却式活塞冷却主要是径向散热

B.强制冷却式活塞冷却主要是轴向散热

C.径向散热活塞用于高增压中、小型柴油机

D.径向散热的活塞,其顶部很薄

119.关于活塞销的材料、结构与表面处理的说法,正确的有________。

①铸铁;②合金钢;③中空结构;④实心结构;⑤表面退火;⑥表面淬火

A.③④⑥　　B.①②③

C.④⑤⑥　　D.②③⑥

120.关于气缸套的穴蚀,说法错误的是________。

A.气缸套穴蚀与气缸结构有关　　B.气缸套穴蚀与管理无关

C.气缸套穴蚀与燃油品种无关　　D.气缸套穴蚀与转速有关

121.关于气缸套冷却,以下哪种说法正确?

A.适当提高冷却水进口温度,可减少气缸套低温腐蚀,但会使柴油机热效率下降

B.气缸冷却水温度降低,热应力将增大

C.柴油机启动后应迅速增加负荷以减少气缸套低温腐蚀

D.应控制气缸套内表面温度高于燃油中钒和钠燃烧产物的熔点以减少低温腐蚀

122.关于燃烧室部件,下列说法中错误的是________。

A.燃烧室是当活塞处在上止点时,由气缸盖底面、气缸体内表面及活塞顶共同组成的空间

B.燃烧室是燃料与空气混合和燃烧的空间

C.燃烧室部件包括活塞组件、气缸盖组件和气缸组件

D.燃烧室部件是柴油机中工作条件最恶劣的部件

123.关于燃烧室部件的工作条件,下列说法错误的是________。

A.受到燃气的高温、高压和腐蚀作用

B.受到活塞的摩擦、敲击和侧推力作用

C.受到运动机构的惯性力和离心力作用

D.受到冷却水的腐蚀和穴蚀作用

124.关于燃烧室部件的机械负荷,论述不当的是________。

A.高频气体力的变化周期为一个工作循环的时间

B.气缸套和气缸盖的机械负荷主要来自气体力和摩擦力

C.惯性力变化的周期为曲轴一转的时间

D.活塞的机械负荷主要来自气体力和惯性力

125.关于燃烧室部件热疲劳的说法,错误的是________。

A.热疲劳裂纹一般出现在触火面

B.热疲劳裂纹的出现主要取决于柴油机累计转数

C.是由于长时间超负荷工作

D.突加、突卸负荷过于频繁

126.关于套管式活塞冷却机构,说法错误的是________。

A.动管和固定管间靠精密的配合间隙保证密封

B.动管和固定管间允许吸入少量空气

C.套管式活塞冷却机构有动管和固定管

D.新型低速机动管多固定在十字头上

127.关于现代柴油机气缸的特点,以下哪种说法错误?

A.气缸上部承受气缸盖安装预紧力

B.气缸套必须有足够的强度和刚度

C.气缸的气封和水封常采用紫铜垫床来达到
D.非贯穿螺栓结构中,气缸体承受拉应力

128.活塞按________方式可分为非冷却式活塞和冷却式活塞。
A.散热　　B.结构
C.功能　　D.作用

129.活塞顶部因积炭严重而过热,将导致________。
A.穴蚀　　B.低温腐蚀
C.烧蚀　　D.电化学腐蚀

130.活塞刮油环的天地间隙小,其主要目的是________。
A.防止活塞刮油环窜动　　B.利于散热
C.防止刮油环轴向磨损太大　　D.减少泵油作用

131.活塞环表面镀铬的目的是________。
A.降低表面粗糙度　　B.磨合容易
C.提高润滑性能　　D.提高表面硬度以提高其耐磨性

132.活塞环表面干燥发黑,且气缸壁上有大面积干燥发黑表面,表明________。
A.气缸油过多　　B.气缸油碱性太强
C.气缸油碱值太低　　D.活塞环漏气

133.活塞环表面喷钼的目的是________。
A.提高耐磨性　　B.提高弹性
C.加速磨合　　D.防止黏着磨损

134.活塞环采用松孔镀铬的目的是________。
A.提高耐磨性　　B.提高弹性
C.防止黏着磨损　　D.提高表面润滑性

135.活塞环内表面刻痕的目的是________。
A.提高耐磨性　　B.提高弹性
C.防止黏着磨损　　D.利于磨合

136.活塞环槽最常见的失效形式是________。
A.磨损　　B.烧蚀
C.裂纹　　D.断裂

137.活塞环的表面为了耐磨,高速大功率机多采用________。
A.喷钼　　B.镀铁
C.镀铬　　D.镀锌

138.活塞环的搭口形式有________。
①直搭口;②斜搭口;③重叠搭口
A.①②　　B.①③
C.②③　　D.①②③

139.活塞环的弹力取决于________。
A.搭口间隙的大小　　B.天地间隙的大小

C.环背间隙的大小　　　　　　　　　D.环截面积尺寸的大小

140.活塞环的天地间隙和搭口间隙的一般规律是________。

A.第一、第二道环最大,依次减小　　　B.刮油环应最大

C.下面的环大于上面的环　　　　　　D.上、下各环都一样

141.活塞环磨损后不会产生的情况是________。

A.活塞环各工作间隙都增大　　　　　B.活塞环自由开口间隙增大

C.活塞环截面积减小　　　　　　　　D.活塞环与气缸壁贴合变差

142.活塞环是柴油机燃烧室的组成零件,具有________的作用。

①密封;②冷却;③散热;④导向;⑤布油

A.①②④　　　　　　　　　　　　　B.①④⑤

C.①③⑤　　　　　　　　　　　　　D.①④

143.活塞环与气缸套相比,通常磨损率较大的是________。

A.活塞环　　　　　　　　　　　　　B.气缸套

C.不一定　　　　　　　　　　　　　D.两者一样

144.活塞环在工作过程中所受的气体力的大小为________。

①环的上、下平面一样大;②环的上平面比下平面大;③环的上平面比下平面小;④环的径向内、外表面一样大;⑤环的径向内表面比外表面大;⑥环的径向内表面比外表面小

A.①③⑤　　　　　　　　　　　　　B.②⑤

C.①②④⑥　　　　　　　　　　　　D.①③⑤⑥

145.活塞环在工作时会产生泵油作用,原因是活塞环________。

A.与气缸套间隙的存在　　　　　　　B.搭扣间隙的存在

C.背隙的存在　　　　　　　　　　　D.天地间隙的存在

146.活塞环在工作中产生“压入”现象会造成活塞环________。

A.漏气　　　　　　　　　　　　　　B.断裂

C.黏着　　　　　　　　　　　　　　D.环槽严重磨损

147.活塞环在工作中产生的“跳环”现象会造成活塞环________。

A.漏气　　　　　　　　　　　　　　B.断裂

C.黏着　　　　　　　　　　　　　　D.环槽严重磨损

148.活塞冷却液的流动路线是________。

A.先冷却四周,后冷却活塞中央

B.先冷却活塞中央,后冷却活塞四周

C.先冷却温度最高部件

D.由设计机型而定

149.活塞裂纹及裂缝故障多数出现在________。

①活塞顶部;②活塞裙部;③销孔及环槽

A.①②　　　　　　　　　　　　　　B.②③

C.③　　　　　　　　　　　　　　　D.①③

150.活塞上的承磨环的作用是________。

A.有利于活塞与气缸磨合　　B.减少磨损
C.防止活塞环磨损　　D.防止活塞裙部磨损

151.活塞销可相对活塞销座孔和连杆小端衬套转动，这种连接方式称为________。活塞销与连杆小端紧固，这种连接方式称为________。活塞销固定在活塞销座孔内，这种连接方式称为________。
A.浮动式；半浮动式；固定式　　B.半浮动式；半浮动式；固定式
C.固定式；半浮动式；固定式　　D.嵌入式；浮动式；固定式

152.活塞销外圆表面过度磨损时，常采用________工艺修复。
A.镀铬　　B.渗碳
C.表面淬火　　D.堆焊

153.活塞销座的磨损规律一般是________。
A.上下方向直径增大　　B.左右方向直径增大
C.上下、左右直径都增大　　D.销孔磨损但中心线不变

154.活塞与气缸套的磨损有________。
①熔着磨损；②高温腐蚀磨损；③低温腐蚀磨损；④磨料磨损；⑤穴蚀磨损；⑥电化腐蚀磨损
A.①②③　　B.②⑤⑥
C.②③④　　D.①③④

155.活塞在工作时活塞顶上下表面因温差而在上表面产生的热应力是________。
A.拉应力　　B.压应力
C.交变应力　　D.剪应力

156.活塞在工作中活塞顶下表面（冷却侧）的热应力是________。
A.压应力　　B.拉应力
C.交变应力　　D.剪应力

157.将活塞环安装到环槽中采用的工具是________。
A.扩张器　　B.拉伸器
C.扳手　　D.拉马

158.铰链式活塞冷却机构根据其工作特点，适用于________。
A.大型低速机油冷式活塞　　B.大、中型柴油机水冷式活塞
C.大型低速机水冷式活塞　　D.中、小型柴油机油冷式活塞

159.铝合金活塞的缺点是________。
A.导热性好　　B.摩擦系数小
C.膨胀系数大　　D.密度小，重量小

160.铝合金活塞在低负荷时气缸套振动会增强的主要原因是________。
A.低负荷时燃烧不良，工作粗暴
B.合金热膨胀系数大
C.铝合金活塞多用于小型高速机，转速高、振动强
D.低负荷时气缸套润滑不良

161.某些柴油机活塞采用滑油作为冷却剂，其主要优点是________。

A.热容量大　　B.不易结炭

C.输送方便　　D.对输送机构密封性要求不高

162.某些二冲程十字头式柴油机活塞采用套管式冷却机构,其不动管上端装导套和喷管式抽吸器的作用是________。

①导向;②密封;③减轻水击;④减轻穴蚀

A.①②　　B.①②③

C.①②③④　　D.②

163.目前柴油机几乎均采用________活塞销,它的两端用________定位。

A.固定式;定位销　　B.浮动式;定位销

C.固定式;卡簧　　D.浮动式;卡簧

164.能够提高铸铁活塞环耐磨性的工艺措施有________。

①表面镀铬;②表面镀金属陶瓷层;③表面喷钼;④表面镀铝层

A.②③④　　B.①②③

C.①②　　D.①③④

165.排气温度是船舶轮机人员判断________高低所使用的方法。

A.经济性　　B.动力性

C.机械负荷　　D.热负荷

166.判断柴油机活塞环磨损的指标有哪些?

①搭口间隙;②平面间隙;③环外圆表面的磨损率;④圆度和圆柱度

A.①③④　　B.②③④

C.①②③　　D.①②③④

167.气缸安全阀是启闭件,在外力作用下处于________状态。

A.半开　　B.随意

C.常闭　　D.常开

168.气缸盖承受的机械应力和热应力与壁厚的关系是________。

A.机械应力和热应力均与壁厚成反比

B.机械应力与壁厚成反比,热应力与壁厚成正比

C.机械应力与壁厚成正比,热应力与壁厚成反比

D.机械应力和热应力均与壁厚成正比

169.气缸盖的工作条件很恶劣,以下不是其工作条件的是________。

A.受高温高压作用　　B.受螺栓预紧力作用

C.受冷却水的穴蚀作用　　D.受气缸套支撑反力作用

170.气缸盖底面上的脉动应力的性质是________。

A.上表面为拉,下表面为压　　B.上、下表面均为压

C.上表面为压,下表面为拉　　D.上、下表面均为拉

171.气缸盖缺乏足够高的热疲劳强度,可能产生的故障是________。

A.气缸盖底座孔之间出现裂纹　　B.气缸盖冷却腔裂纹

C.冷却腔泄漏　　D.穴蚀

172.气缸盖由于应力腐蚀而造成冷却腔侧裂纹的主要原因是________。
①水蒸气在高温下与金属作用产生金属氧化物与氢,氢渗透进金属材料而使其脆化自动开裂;
②因应力集中而产生应力腐蚀;③机械疲劳与热疲劳叠加
A.③　B.②
C.①　D.①②

173.气缸盖在高频应力作用下产生的疲劳裂纹一般出现在________。
A.气缸盖周缘　B.气缸盖底板触火面的气阀孔周围
C.气缸盖底板的触火面　D.气缸盖底板的水冷面

174.气缸缸径较大、强化度较高的四冲程柴油机的气缸盖一般为________。
A.单体式气缸盖　B.组合式气缸盖
C.整体式气缸盖　D.组合式或整体式气缸盖

175.气缸套的安装状态为________。
A.上部固定,下部可自由膨胀　B.下部固定,上部可自由膨胀
C.径向固定,轴向也固定　D.轴向固定,径向可自由膨胀

176.气缸套内壁表面气缸油槽的布置通常________。
A.由注油孔两侧向下倾斜　B.由注油孔两侧向上倾斜
C.与注油孔连线平行　D.随机型的不同而异

177.气缸套内表面上的布油槽与注油孔呈________。
A.水平方向布置　B.倾斜向上布置
C.倾斜向下布置　D.垂直方向布置

178.气缸套内表面受到的腐蚀通常是________。
A.高温腐蚀　B.低温腐蚀
C.电化学腐蚀　D.穴蚀

179.气缸套内表面在最大燃烧压力作用下,承受的机械应力是________。
A.切向压应力、径向压应力　B.切向拉应力、径向压应力
C.切向压应力、径向拉应力　D.切向拉应力、径向拉应力

180.气缸套水侧出现穴蚀的特征是________。
A.裂纹　B.锈斑
C.水垢　D.光亮的孔穴

181.气缸套外表面机械应力为________,热应力为________。
A.压应力;拉应力　B.压应力;压应力
C.拉应力;压应力　D.拉应力;拉应力

182.气缸套正常磨损最严重的位置是________。
A.第一道环上止点
B.十字头机在行程中间活塞速度最大,磨损最大
C.第一道环上止点和下止点
D.筒形活塞在行程中间侧推力最大,磨损最大

183.气缸体与气缸套液压试验时,其试验水压应为________。

A.0.5 MPa　　B.0.7 MPa

C.1.1 倍冷却介质压力　　D.1.5 倍冷却介质压力

184.气密性最好的活塞环搭口形式是________。

A.直搭口　　B.斜搭口

C.重叠搭口　　D.平搭口

185.强化程度不高的筒形柴油机活塞多采用________。

A.自由喷射冷却　　B.振荡冷却

C.循环冷却　　D.径向冷却

186.燃烧室壁面产生的热应力,其规律是________。

A.触火面为压应力,水冷面为拉应力

B.两表面均为压应力

C.触火面为拉应力,水冷面为压应力

D.两表面均为拉应力

187.燃烧室部件采用的薄壁强背结构中,薄壁的目的是________,强背的目的是________。

A.减少热应力;减少机械应力　　B.减少热应力;增加机械应力

C.增加热应力;减少机械应力　　D.增加热应力;增加机械应力

188.燃烧室部件采用钻孔冷却,实际上将它们分为冷热两部分,冷区很________,热区很________。

A.薄;薄　　B.薄;厚

C.厚;薄　　D.厚;厚

189.燃烧室部件是柴油机中最重要的部件,包括________组件、________组件和________组件。

①机架;②连杆;③活塞;④曲轴;⑤气缸;⑥气缸盖

A.①;②;③　　B.④;⑤;⑥

C.①;②;④　　D.③;⑤;⑥

190.燃烧室部件所采用的各种薄壁强背结构中,一种最理想的形式是________。

A.高温淡水冷却　　B.低温淡水冷却

C.钻孔冷却　　D.海水冷却

191.燃烧室部件由气体力产生的机械应力按其变化属性而言,称为________。

A.高频应力　　B.中频应力

C.低频应力　　D.定常应力

192.燃烧室是指当活塞处在________时,由气缸盖、气缸套及活塞共同组成的空间。

A.上止点　　B.下止点

C.气缸中部　　D.扫气口

193.燃油中的矾和钠燃烧产物产生危害的条件是气缸套内表面温度________。

A.低于该产物的露点　　B.高于该产物的露点

C.低于该产物的熔点　　D.高于该产物的熔点

194.热疲劳现象多出现在燃烧室触火面,这主要是由于在触火面发生了________。

A.高温腐蚀　　B.高温烧损
C.高温蠕变　　D.高温下材料强度下降

195.如果活塞环搭口间隙过小，工作时容易导致________，故不可安装，要换用合适的活塞环。
A.磨损　　B.卡死或折断
C.燃气泄漏　　D.弹力丧失

196.如果活塞有两道刮油环，安装时应注意使两道环的刀口________。
A.都向上　　B.相对安装
C.相反安装　　D.都向下

197.如图所示为筒形活塞结构，把活塞和连杆连接到一起的部件是________。

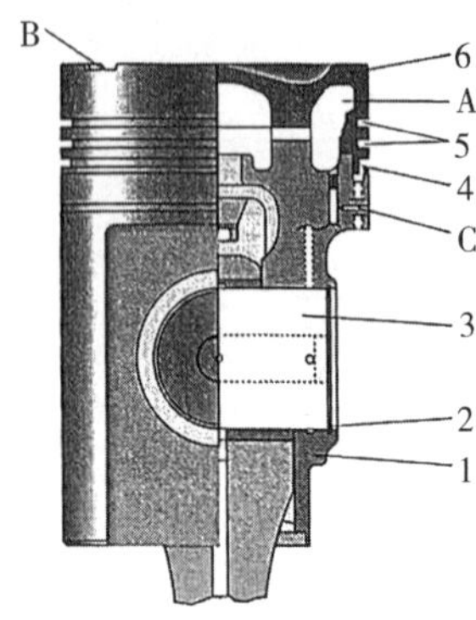

A.1 活塞裙　　B.2 卡簧
C.3 活塞销　　D.6 活塞头

198.某筒形柴油机活塞结构如图所示，下列关于活塞的说法中，正确的是________。
①安装两道密封环和一道刮油环；②冷却方式为振荡冷却；③活塞销为半浮动式；④C 孔是润滑油孔；⑤部件 2 用来密封连杆小端润滑油

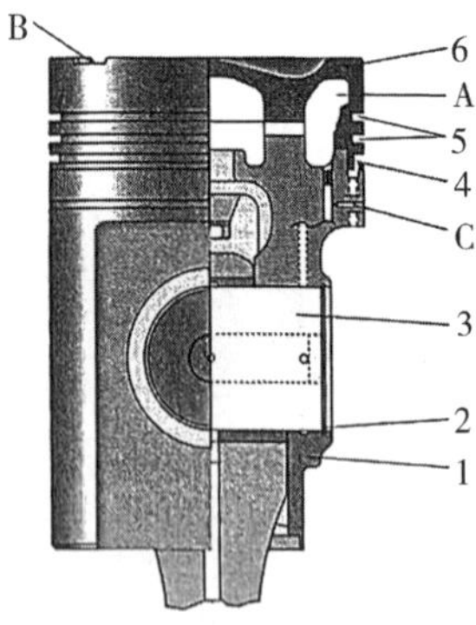

A.①②③④⑤　　B.①②④
C.②③④⑤　　D.①②③④

199.如图所示为筒形活塞结构，图中 A、B、C 分别为________。

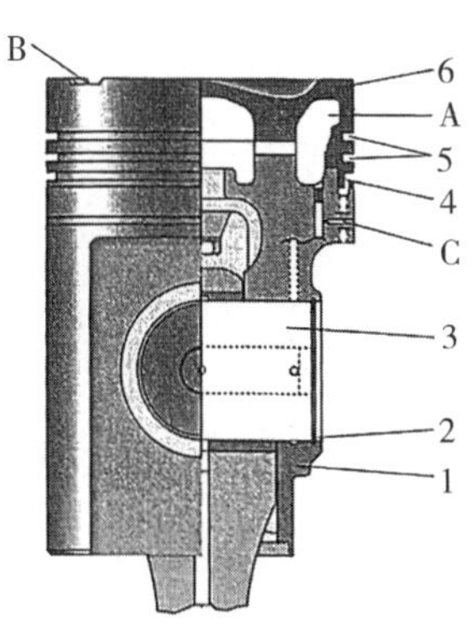

A.冷却腔、注油孔、避让坑　　B.避让坑、注油孔、冷却腔

C.冷却腔、避让坑、注油孔　　D.注油孔、避让坑、冷却腔

200.如图所示为筒形活塞结构,图中和活塞裙连接在一起的部件为________。

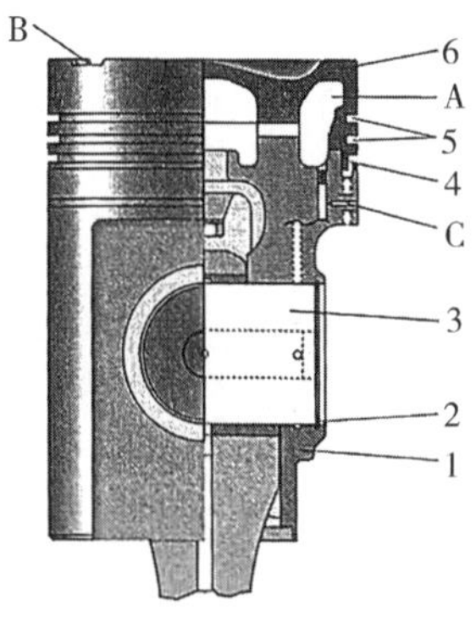

A.活塞环　　B.活塞头

C.活塞销座　　D.活塞销

201.下图为筒形活塞结构,图中 3 属于________结构形式。

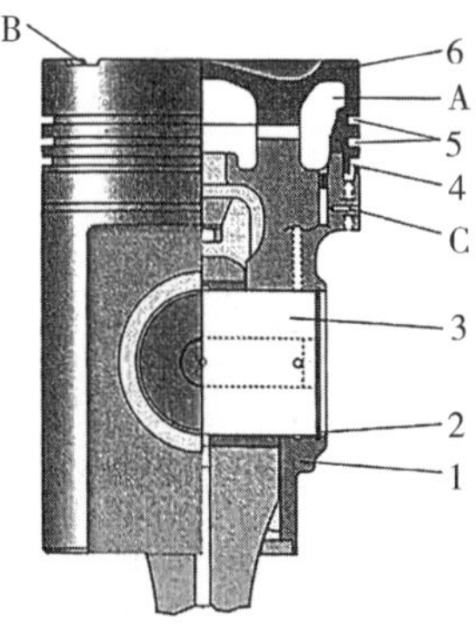

A.浮动式　　B.半浮动式

C.固定式　　D.半固定式

202.如图所示,其中热负荷最高的位置在________。

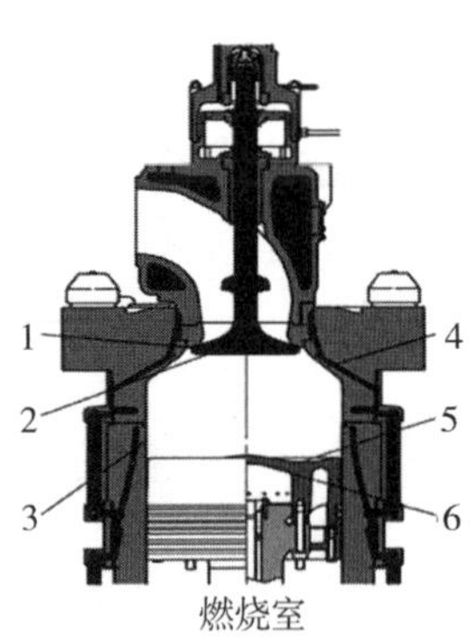

燃烧室

A.6　　B.2

C.3　　D.4

203.十字头式柴油机的连杆材料一般是________。

A.中碳钢　　B.优质碳钢

C.合金钢　　D.高碳钢

204.关于十字头式柴油机活塞结构特点的说法,不正确的是________。

A.活塞多采用四道活塞环

B.活塞环设在头部,承磨环设在裙部

C.活塞裙部外径大于活塞头部外径

D.环带应尽量靠近燃烧室

205.十字头式柴油机活塞冷却油和连杆大端润滑油来自________。

A.曲轴　　B.套管供应

C.独立的润滑油系统　　D.十字头

206.十字头式柴油机活塞裙部的承磨环在________情况下应予以换新。

①磨合期或运转中承磨环已磨平;②气缸套、活塞换新;③气缸套不正常磨损或擦伤经修整后

A.②③　　B.①③

C.①②③　　D.①②

207.十字头式柴油机活塞上通常装有________。

A.压缩环与承磨环　　B.压缩环与刮油环

C.刮油环与承磨环　　D.压缩环、刮油环与承磨环

208.筒形活塞式柴油机的活塞上通常装有________。

A.压缩环与承磨环　　B.压缩环与刮油环

C.刮油环与承磨环　　D.压缩环、刮油环与承磨环

209.如图所示,气缸套内部上端设有部件1,其内径________气缸套直径,可以去除活塞头顶岸的积炭。

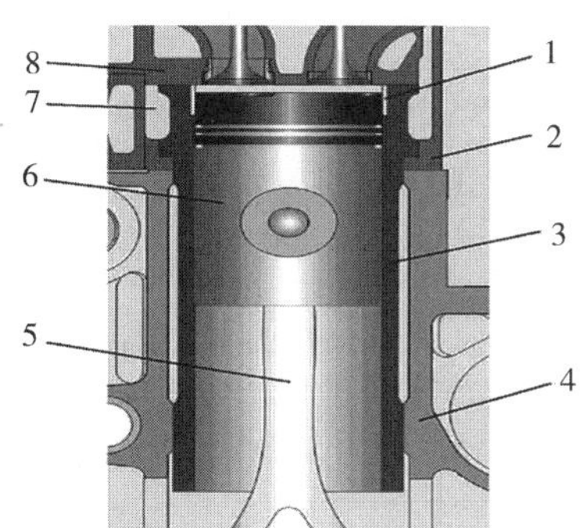

A.略小于　　B.略大于

C.等于　　D.远大于

210.下图为筒形柴油机的气缸结构图,其中________和机架制成一体,称为机体。

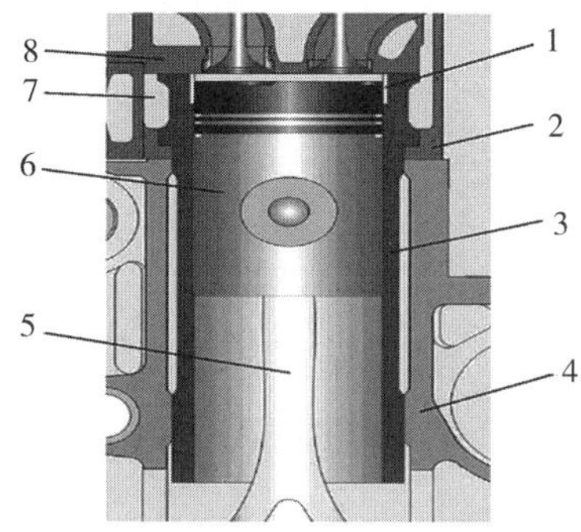

A.3　　B.4

C.7　　D.8

211.某筒形柴油机的气缸结构如图所示,下列关于此气缸的说法中,正确的是________。

①气缸由部件 3 和部件 4 构成;②气缸套下部不进行冷却;③气缸盖和气缸套之间取消了垫片;④气缸套为干式气缸套;⑤气缸套内部上端安装除炭环

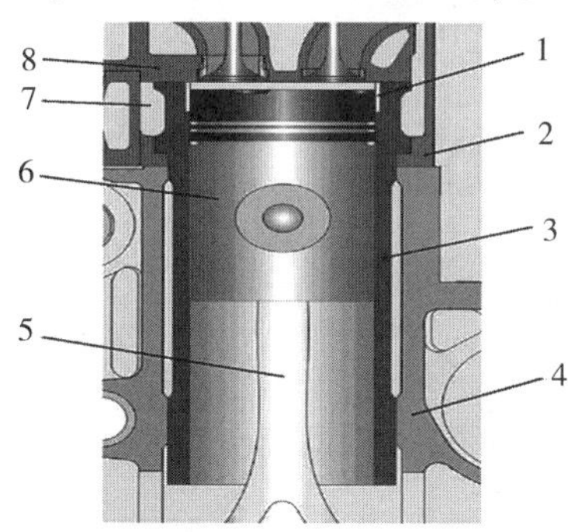

A.①②③④⑤　　B.①②③

C.②③④⑤　　D.①②⑤

212.某筒形柴油机的气缸如图所示,部件 1 和部件 2 分别是________。

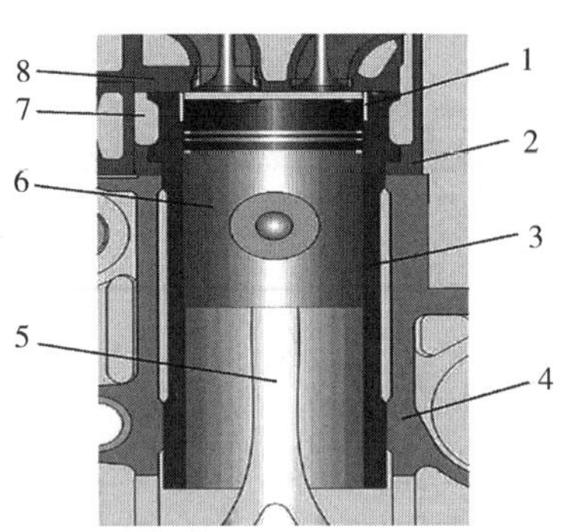

A.除炭环和水套　　B.气缸套和气缸盖

C.气缸套和气缸体　　D.气缸密封环和机架

213.十字头式柴油机运转中判断某缸气缸套、气缸盖是否有贯穿性裂纹时，下列方法中不正确的是________。

A.运转中冲车，观察有无水分从示功阀中冲出

B.观察冷却水压力是否有波动

C.观察冷却水出口温度是否异常升高

D.曲轴箱油位是否不降反升

214.四冲程柴油机活塞的作用包括________。

①组成燃烧室；②承受气缸内气体压力；③承受侧推力；④起往复运动的导向作用；⑤启闭气口；⑥将热能转化为机械能

A.①②③④⑥　　B.①②③④

C.①②③④⑤　　D.①②③④⑤⑥

215.四冲程柴油机活塞冷却滑油的输送方式是________。

A.通过曲轴、连杆中钻孔送至连杆小端，再经过活塞销和活塞销座孔道送至活塞头冷却空间，冷却后的滑油泄回曲轴箱

B.通过曲轴、连杆中钻孔送至十字头组件，再经过活塞杆孔道送至活塞头冷却空间，冷却后的滑油泄回曲轴箱

C.通过滑油泵直接送至活塞头冷却空间，冷却后的滑油泄回曲轴箱

D.通过刮油环直接送至曲轴箱

216.四冲程柴油机活塞与气缸壁的间隙增大的原因主要是气缸套________。

A.被活塞环磨损　　B.被活塞头部磨损

C.被活塞裙部磨损　　D.被活塞顶部及裙部磨损

217.如图所示为 MAN B&W S-MC-C 型柴油机的气缸盖，图中 4 是________。

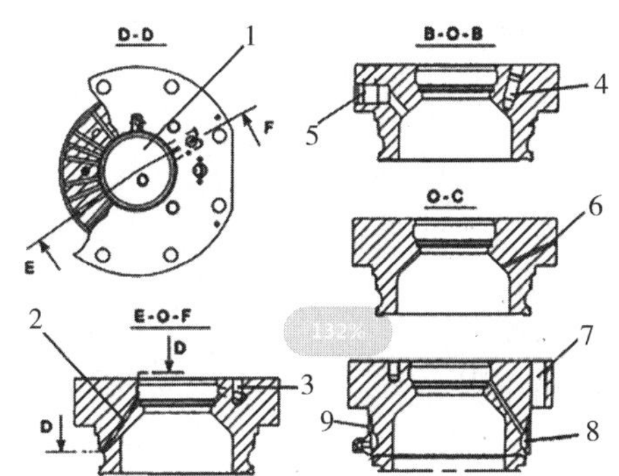

A.喷油器孔　　B.启动阀孔

C.冷却腔　　D.排气阀孔

218.图示之气缸盖的特点有________。

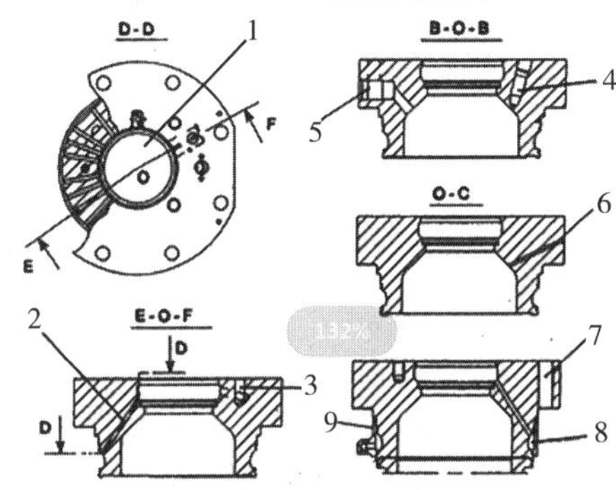

①用于二冲程弯流扫气柴油机;②用于二冲程直流扫气柴油机;③用于四冲程柴油机;④薄壁强背结构;⑤单体式结构;⑥钻孔水冷结构;⑦钻孔油冷结构

A.③④⑥　　B.②④⑤⑦

C.②④⑤⑥　　D.①④⑤⑥

219.四冲程柴油机气缸盖触火面的裂纹最容易发生的部位是________。

A.气缸盖周边　　B.阀孔间区域(俗称鼻梁处)

C.排气阀孔周边　　D.启动阀周边

220.套管式或铰链式活塞冷却机构常用于________。

A.高速四冲程柴油机　　B.发电用柴油机

C.四冲程筒形活塞式柴油机　　D.大型二冲程十字头式柴油机

221.通常船用四冲程柴油机的气缸油注油孔位大多位于________。

A.气缸套上部　　B.气缸套中部

C.气缸套中上部　　D.气缸套下部

222.通常气缸套的穴蚀多发生在________。

A.十字头机气缸套外表面　　B.十字头机气缸套内表面

C.筒形活塞机气缸套外表面　　D.筒形活塞机气缸套内表面

223.通常活塞环的硬度与气缸套硬度相比,一般规律是________。

A.活塞环稍高　　B.气缸套稍高

C.两者相同　　D.随机型而异

224.通常活塞环与气缸套之间的拉缸发生的时期大多是________。

A.投入运转初期　　B.磨合期之后

C.稳定运转期　　D.工作数千小时后

225.通常活塞上均装有多道压缩环,其目的是________。

A.保证可靠密封,延长吊缸周期　　B.防止活塞环断裂

C.加强布油效果　　D.加强刮油作用

226.通常影响活塞环泵油作用的各种因素是________。

①环的天地间隙;②环的回转运动;③环运动时与气缸壁间的摩擦力;④燃烧室的气体力;⑤活塞运动的惯性力;⑥环的扭曲运动

A.③④⑤⑥　　B.①③④⑤

C.①②③⑤　　D.②③⑤⑥

227.通常在十字头式柴油机的活塞裙部装有承磨环,它的材料是________。

A.青铜　　B.铝合金

C.铸铁　　D.铸钢

228.通过________检查活塞环是获取气缸工作信息的经济方法。

A.吊缸　　B.拆卸气缸盖

C.扫气口　　D.排气口

229.筒形柴油机活塞销的磨损一般用外径千分尺沿活塞销轴线________个部位进行测量。

A.1　　B.2

C.3　　D.4

230.筒形活塞式柴油机,会产生穴蚀的部件是________。

A.排烟管　　B.连杆

C.活塞　　D.气缸套

231.筒形活塞式柴油机的活塞裙部通常加工成________,而且________。

A.椭圆形;长轴在垂直于活塞销轴线的方向上

B.椭圆形;长轴在沿活塞销轴线的方向上

C.圆柱形;上面直径大于下面

D.圆柱形;上面直径小于下面

232.筒形活塞式柴油机的气缸盖中央为________孔。

A.进气阀　　B.排气阀

C.喷油器　　D.安全阀

233.筒形活塞式柴油机在日常检查和检修过程中需要测量的间隙有________。

①气阀间隙;②连杆小端轴承间隙;③连杆大端轴承间隙;④气阀阀杆和气阀导管间隙;⑤气缸盖和气缸套间隙

A.①②③④⑤　　B.①②③⑤

C.①②③④　　D.①②③

234.在筒形柴油机的结构中,用来除去活塞头部的积炭且安装在气缸套内部上端的结构

是________。

A.除炭环　　B.压缩环

C.刮油环　　D.承磨环

235.筒形柴油机活塞的冷却方式大致分为以下三种:________。

A.自由喷射冷却、循环冷却和振荡冷却

B.非冷却式、自由喷射冷却和振荡冷却

C.气缸套水冷却、循环冷却和振荡冷却

D.自由冷却、循环冷却和振荡冷却

236.筒形活塞的裙部在工作中产生的变形是________。

①在侧推力作用下使裙部直径沿活塞销轴线方向伸长;②裙带销座附近金属堆积多,受热后沿销轴方向有较大的热胀变形;③作用在活塞顶部的气体力使裙部直径沿销轴线方向伸长

A.②③　　B.①②③

C.①③　　D.①②

237.筒形活塞的结构特点是________。

A.活塞头外径小于活塞裙部外径

B.活塞裙部截面为椭圆,长轴在活塞销轴线方向

C.活塞裙的壁厚比活塞头部侧板小

D.活塞头部截面为椭圆,长轴与活塞销垂直

238.筒形活塞式柴油机的连杆材料一般是________。

A.合金钢　　B.灰铸铁

C.中碳钢　　D.高碳钢

239.为达到活塞销表面硬、内部韧的性能,不需要对表面________。

A.渗碳　　B.淬火

C.低温退火　　D.低温回火

240.为防止柴油机气缸套穴蚀,下列采取的措施中不正确的是________。

A.选用合适的燃油品牌

B.增大气缸套壁厚

C.减小气缸套轴向间距

D.提高气缸套支承刚度及增加支承数量

241.减少气缸套振动,提高其抗穴蚀能力的错误做法是________。

A.减小活塞与气缸套的装配间隙　　B.提高气缸套支承刚度

C.增大气缸套壁厚　　D.增大气缸套的轴向支承距离

242.为了避免气缸套内壁表面的低温腐蚀,应控制气缸套内表面的温度________。

A.低于燃油中钒和钠燃烧产物的熔点

B.低于燃油中硫燃烧产物的露点

C.高于燃油中硫燃烧产物的露点

D.高于燃油中钒和钠燃烧产物的熔点

243.为了承受不断增长的机械负荷和热负荷,柴油机燃烧室部件通常采用________。

A.薄壁强化结构　　B.薄壳支撑结构
C.厚壁强力结构　　D.薄壁强背结构

244.为了防止气缸套的低温腐蚀,常采用的预防措施是________。
A.尽可能选用高硫分的优质燃油　　B.选用高黏度、高品质的气缸油
C.避免长时间低负荷运行　　D.提高冷却水质

245.稳定运转的柴油机燃烧室部件的温度可视为不变化,所产生的热应力为________。
A.随机热应力　　B.高频热应力
C.定常热应力　　D.稳定热应力

246.下列________气缸油的特性与减少气缸套的腐蚀磨损有关。
A.比重　　B.总碱值
C.情境性　　D.黏度

247.下列防止气缸套外表面穴蚀的各种措施中最关键的是________。
A.减小气缸套振动　　B.增大气缸套壁厚
C.改进水流的流动状况　　D.彻底排除冷却腔内的空气

248.下列关于气缸套所受的温差热应力的说法中,错误的是________。
A.内表面的切向热应力为压应力,其大小与温差成正比
B.外表面的切向热应力为拉应力,其大小与温差成正比
C.内表面的径向热应力最大,外表面的径向热应力最小
D.内、外表面的径向热应力均为零

249.下列关于柴油机安全阀,说法正确的是________。
①柴油机可能由于缸内燃烧故障导致缸内压力过高,因此需要安装安全阀;②安全阀应在不超过1.4倍最大燃烧压力时开启;③所有柴油机都要求安装安全阀;④安全阀控制了缸内最高燃烧压力;⑤气缸安全阀是一个弹簧预紧阀,当气体压力超过设定值时就会开启,并放出气体使缸内压力降低
A.①②③⑤　　B.①②⑤
C.①②③④　　D.①②③④⑤

250.下列关于柴油机安全阀的说法中,正确的是________。
①柴油机可能由于缸内燃烧故障而导致最高燃烧压力过高,因此需要安装安全阀;②安全阀安装在柴油机气缸盖上;③所有柴油机都要求安装安全阀;④安全阀的起跳压力是1.1倍最高燃烧压力;⑤安全阀是一个弹簧预紧阀
A.①②③④⑤　　B.①②⑤
C.①②③　　D.①②③⑤

251.下列关于柴油机气缸安全阀的说法中,错误的是________。
A.安全阀能够保护燃烧室部件和连杆小端不受过大的气体力的作用
B.安全阀安装在气缸盖上
C.按照我国《钢质海船入级规范》,所有柴油机都要求安装安全阀
D.安全阀起跳时泄放少量的气体

252.下列关于柴油机气缸体的说法中,错误的是________。

A.气缸体仅承受压力

B.大尺寸的柴油机多采用单体式或分组式气缸体

C.中、小型柴油机气缸体与机架制成一体

D.十字头式柴油机气缸体下部有底板分隔气缸和曲轴箱

253.下列关于防止气缸套穴蚀的方法中,错误的是________。

A.冷却水温度适当

B.冷却水压力正常

C.冷却水中添加剂可提高冷却水的消振性能

D.增大活塞与气缸套的装配间隙

254.下列关于活塞环的各种说法中,错误的是________。

A.压缩环的主要作用是密封与散热　　B.重叠搭口的气密性最好

C.压缩环的硬度比气缸套稍低　　D.活塞环全部换新后应进行磨合

255.下列关于四冲程柴油机活塞的描述中,错误的是________。

A.其活塞分为非冷却式活塞和冷却式活塞

B.非冷却式活塞属于径向散热式活塞

C.冷却式活塞属于轴向散热式活塞

D.冷却式活塞吸收的热量主要是通过气缸套冷却水带走的

256.下列关于整体式非冷却活塞的描述中,错误的是________。

A.不采用冷却措施

B.活塞热量主要通过活塞顶部轴向传递

C.活塞头部有多道密封环,保证密封

D.头部尺寸小于裙部尺寸

257.下列关于组合式筒形活塞结构特点的说法中,正确的是________。

A.在活塞头和活塞裙之间布置冷却腔

B.活塞头部和活塞裙部用刚性好的螺栓连接,防止惯性力作用使两者分离

C.裙部各处的壁厚是相等的

D.裙部不能开环槽

258.在下列活塞的作用中,仅二冲程柴油机的活塞具有的是________。

A.活塞是燃烧室部件之一　　B.活塞是运动机构之一

C.活塞将气体力经连杆传给曲轴　　D.活塞控制扫气定时

259.在下列活塞的作用中,仅筒形活塞式柴油机的活塞具有的是________。

A.活塞是燃烧室部件之一　　B.活塞是运动机构之一

C.活塞将气体力经连杆传给曲轴　　D.活塞承受侧推力

260.下列哪一项不是 MAN B-S50MC-C 型柴油机活塞的特点?

A.活塞顶岸的高度增加

B.活塞环组的位置降低

C.活塞头内部支撑采用薄壁强背结构

D.活塞头的顶部呈平顶

261.下列属于柴油机燃烧室部件的是________。

①连杆;②气缸盖;③气缸体;④气缸套

A.①②③④　　B.①②③

C.②③④　　D.②④

262.下列影响活塞环弹力的因素是________。

A.天地间隙　　B.搭口间隙

C.环的高度　　D.环的径向厚度与高度

263.下列有关腐蚀的说法中,正确的是________。

A.活塞顶的腐蚀是低温腐蚀　　B.排气阀是低温腐蚀

C.气缸套内壁是高温腐蚀　　D.气缸套外表面冷却壁上是空泡腐蚀

264.下列哪种原因促进了低速、二冲程、十字头式柴油机越来越多地采用短裙或超短裙活塞?

A.活塞材料加工工艺的提高　　B.直流扫气形式的广泛应用

C.柴油机输出功率的提高　　D.柴油机增压压力的提高

265.现代船用二冲程超长行程柴油机的气缸套中,下部不用水冷却,其目的是________。

A.简化气缸结构　　B.减小冷却水流阻,保证良好冷却

C.避免气口处水密困难　　D.保证气缸套最佳工作状况

266.现代大型超长行程柴油机气缸油注油孔的位置大多采用________。

A.高位注油孔　　B.中位注油孔

C.低位注油孔　　D.气口附近

267.现代大型船舶柴油机气缸盖和气缸套之间的密封垫材料一般采用________。

A.青铜　　B.石棉

C.软钢　　D.橡胶

268.现代二冲程长行程柴油机的气缸盖的材料大多采用________。

A.灰口铸铁　　B.铸钢

C.锻钢　　D.白口铸铁

269.现代高增压超长行程新型低速柴油机的气缸盖特点是________。

A.单体铸钢钻孔冷却式结构　　B.单体组合式铸铁结构

C.单体组合式铸钢结构　　D.单体锻钢钻孔冷却式结构

270.现代新型十字头式柴油机活塞冷却方式普遍采用________。

A.振动式冷却　　B.喷射式冷却

C.腔室式冷却　　D.喷射-振荡式冷却

271.斜搭口活塞环的搭口间隙是________。

A.自由状态下切口的垂直距离　　B.自由状态下切口的周向开度

C.工作状态下切口的垂直距离　　D.工作状态下切口的周向开度

272.新型柴油机在气缸套与气缸盖的密封面处设置了一道除炭环,关于除炭环说法错误的是________。

A.它的直径比气缸套的内径略小　　B.可以除去活塞头顶岸的积炭

C.可以防止低温腐蚀　　D.可以减少气缸套的磨损

273.新型直流扫气柴油机活塞顶部呈下凹形,主要是为了________。

A.有利于扫气　　B.有利于燃油喷射

C.有利于燃油与空气混合　　D.承受热应力的能力大

274.穴蚀的特征是在零件________。

A.端面上分布着孔洞

B.表面上的孔穴有铁锈

C.孔洞自表面向内扩展

D.表面上有蜂窝状或分散状的小孔群

275.压缩环的密封作用主要来自________。

①自身弹性;②环的材料;③气体对环背的作用力

A.①②　　B.②③

C.①②③　　D.①③

276.压缩环的密封作用主要依靠________。

①环的径向弹力;②燃气对环的轴向压力;③环内圆柱面的径向燃气压力;④与气缸壁的摩擦力

A.①②　　B.①②③

C.①②③④　　D.①③

277.压缩环的主要作用有________。

①密封;②散热;③导向

A.①③　　B.②③

C.①②③　　D.①②

278.压缩环与刮油环的搭口间隙数值应该是________。

A.相同　　B.压缩环较大

C.刮油环较大　　D.随机型而异

279.要求活塞环材料的硬度略高于气缸套材料的硬度,不仅可使环的寿命增加,而且可________。

A.提高环的弹力　　B.加快气缸套磨损

C.保护气缸套不被很快磨损　　D.提高环的强度

280.气缸应具有足够的________。

①强度;②韧性;③刚度

A.①　　B.③

C.②③　　D.①③

281.一般闭式循环淡水冷却的柴油机中,气缸套穴蚀主要由________引起。

A.空泡腐蚀　　B.电化学腐蚀

C.低温腐蚀　　D.应力腐蚀

282.一般来说,冷却水温度过低,会加重气缸套的________;冷却水温度过高,会导致气缸套的________。

A.腐蚀磨损;黏着磨损　　B.腐蚀磨损;磨料磨损

C.黏着磨损;腐蚀磨损　　D.磨料磨损;黏着磨损

283.引起活塞与气缸过热的原因主要有________。
①长期超负荷;②冷却不良;③活塞环漏气;④燃烧不良;⑤后燃严重;⑥排气阀漏气
A.①③④⑤　　B.②③⑤⑥
C.①②③④⑥　　D.①②③④⑤⑥

284.有关柴油机活塞环的功能,说法不正确的是________。
A.活塞环是活塞组件中最易磨损的零件
B.活塞环既密封又导热
C.活塞环在环槽内不应有回转运动
D.活塞上的密封环通常有4~5道,以形成“迷宫效应”

285.欲降低燃烧室部件的机械负荷和热负荷,在结构上应该采用________。
A.厚壁强背结构　　B.薄壁结构
C.厚壁结构　　D.薄壁强背结构

286.在测量活塞环搭口间隙时,正确的做法是把活塞环放在气缸________。
A.行程中直径最大处测量　　B.行程中直径最小处测量
C.二冲程机放在气口处测量　　D.活塞位于上止点处测量

287.在柴油机运转时,气缸盖螺栓所受的应力是________。
A.热应力　　B.压应力
C.拉应力　　D.弯曲应力

288.在柴油机中承受热负荷的部件主要有________。
①气缸盖;②活塞杆;③进、排气阀;④气缸套;⑤连杆;⑥活塞
A.①③⑤⑥　　B.②③⑤
C.①③④⑥　　D.③⑤⑥

289.在船舶上,轮机管理人员判断受热部件热负荷高低最实用的方法是________。
A.柴油机的排气温度　　B.燃烧室部件的温度
C.喷油量　　D.进气量

290.在船上检查活塞环弹力可采用________等方法。
①对比法;②测量搭口间隙法;③测量自由开口法;④测量变形后的自由开口法
A.①②④　　B.①④
C.①③　　D.①③④

291.在船体钢板上或气缸套外表面安装锌块属于________。
A.电极保护法　　B.阳极保护法
C.牺牲阳极保护法　　D.牺牲阴极保护法

292.在船用柴油机中湿式气缸套应用普遍,与干式气缸套相比其存在的主要问题是________。
A.容易产生穴蚀　　B.加工要求高
C.刚性较差　　D.散热性较差

293.在防止气缸套穴蚀的下述各种方法中,管理中最实用的方法是________。
A.减小活塞与气缸套间隙　　B.增大气缸套壁厚

C.减小气缸套轴向支撑距离　　　　　　D.平顺冷却水

294.在对气缸套表面承受的机械应力分析中,下列说法中正确的是________。

A.内表面承受的切向应力最大,径向应力最小

B.内表面承受的切向应力最小,径向应力最大

C.内表面承受的切向应力最大,径向应力最大

D.内表面承受的切向应力最小,径向应力最小

295.在活塞环上一般都划刻有生产批号或生产年月或材质代号等一些符号,在安装活塞环时,这些符号应朝向________。

A.活塞的上面　　　　　　B.活塞的下面

C.活塞的侧面　　　　　　D.哪一面都可以

296.在气缸盖与气缸套之间装有铜质或软钢垫片,它的厚度影响柴油机的________。

A.压缩比　　　　　　B.连杆比

C.冲程缸径比　　　　　　D.平均压力增长率

297.在气缸直径与最高气体爆炸压力一定的条件下,采用十字头式柴油机的最大优点是________。

A.减少气体力的合力

B.使十字头销的直径不受气缸直径的限制

C.增大气体力的合力

D.使十字头销的直径受到气缸直径的限制

298.燃烧室各部件的裂纹故障一般多发生在________。

A.活塞水冷面　　　　　　B.气缸盖触火面

C.气缸盖水冷面　　　　　　D.气缸套水冷面

299.在四冲程中速柴油机中,气缸注油点位置一般应位于________。

A.上止点附近

B.2/3 行程处

C.下止点附近

D.下止点时第一、二道环之间的位置

300.在筒形活塞式柴油机上,应用最广泛的活塞销结构形式是________。

A.固定式　　　　　　B.半固定式

C.浮动式　　　　　　D.半浮动式

301.在下图中,新鲜空气是从________进入气缸的。

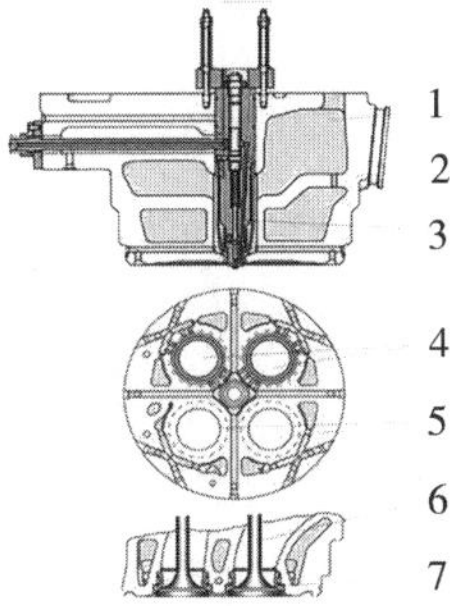

1
2
3
4
5
6
7

A.1　　B.3
C.4　　D.5

302.在现代长行程大型低速柴油机中,决定活塞环是否需要换新的主要依据是________。
A.搭口间隙的大小　　B.径向厚度磨损值
C.环槽的平面磨损值　　D.环上下平面磨损值

303.在正常情况下,活塞环的磨损率应不大于________。
A.0.1~0.3 mm/kh　　B.0.3~0.5 mm/kh
C.0.5~0.7 mm/kh　　D.0.7~1.0 mm/kh

304.下列关于单导板十字头组件结构特点的说法中,不正确的是________。
A.布置较紧凑,受力较合理　　B.工作条件与柴油机转向有关
C.导板结构简单,制造安装方便　　D.正、倒车导板的承压面相同

305.中、高速柴油机采用浮动式活塞销的主要目的是________。
A.提高结构刚度
B.加大承压面,减小比压
C.利于减小间隙,缩小变形
D.降低销与衬套之间的相对速度,减少磨损

306.中、小型柴油机的活塞材料一般选用________。
A.铸铁　　B.铝合金
C.铜合金　　D.球磨铸铁

307.中、小型柴油机的活塞多选用铝合金材料的主要原因是铝合金材料________。
A.导热系数大,散热性好　　B.摩擦系数小,耐磨性好
C.膨胀系数小,变形小　　D.重量小,惯性力大

308.中、小型高速柴油机的气缸盖常用的材料是________。
A.灰口铸铁　　B.铸钢
C.锰钢　　D.黄铜

309.主机燃油使用高硫油时,________可以降低低温腐蚀的危害。
A.选用高碱性气缸油　　B.提高气缸油的注油率
C.提高扫气温度　　D.降低气缸油的注油率

310.钻孔冷却使热流可以被限制在燃烧室壁表面与冷却水孔道之间的狭窄区域,形成良好的________结构。
A.薄壁　　B.中薄壁
C.中厚壁　　D.厚壁

311.最适宜的气缸油注油率应该根据________来确定。
①推荐的注油率;②活塞环的状态;③气缸套磨损率的大小;④柴油机部件的拆检周期
A.①②④　　B.①②③
C.①②③④　　D.②③④

312.最新的船用超长行程柴油机采用超短裙活塞,此时活塞上装设________。
A.压缩环与刮油环　　B.压缩环与承磨环

C.承磨环与刮油环　　D.压缩环

313.作用在活塞顶面上的高频应力的性质是________。

A.上、下表面均为压应力

B.上表面为压应力,下表面为拉应力

C.上表面为拉应力,下表面为压应力

D.上、下表面均为拉应力

314.承受柴油机热负荷的部件是________。

A.主轴承　　B.十字头销

C.导板　　D.气缸盖

315.活塞环搭口对侧折成两段的原因主要是________。

A.搭口间隙太小　　B.环槽结炭

C.环槽磨损　　D.活塞环受冲击

第三节　运动部件

1.________不是曲轴的检查内容。

A.轴颈表面擦伤　　B.轴颈腐蚀

C.平衡块的紧固　　D.轴颈失稳

2.下列不是曲轴检查的内容的是________。

A.低温腐蚀　　B.轴颈腐蚀

C.平衡块的紧固　　D.连接法兰的紧固

3.________不是筒形活塞式柴油机的运动部件。

①活塞;②活塞杆;③连杆;④十字头;⑤曲轴;⑥滑块

A.①②③　　B.②④⑥

C.①③⑤　　D.③④⑤

4.________材料不能用来制造柴油机的连杆。

A.合金钢　　B.优质碳钢

C.中碳钢　　D.高碳钢

5.________的垫片是用来调节十字头式柴油机的活塞横向对中的零件。

A.小导板与机架之间　　B.活塞杆与十字头之间

C.十字头导板背面　　D.导轨与机架之间

6.________是引起轴瓦烧熔的主要原因。

①轴承间隙过小;②油压不足或失压;③轴颈表面太粗糙;④轴颈几何形状误差过大

A.①②③④　　B.①④

C.②③　　D.①②④

7.MAN B&W L-MC 型柴油机的活塞杆与十字头的连接处装有调节垫片,其作用是________。

A.调节活塞对中　　B.调节压缩比

C.调节轴承间隙　　D.调节扭振节点

8.MAN B&W MC-C 型柴油机采用短连杆结构的主要目的是________。

A.降低柴油机的高度　　B.降低连杆的受力

C.提高柴油机的转速　　D.提高柴油机的经济性

9.关于 MAN B&W MC 型柴油机十字头润滑和主轴承润滑，说法正确的是________。

A.滑油供油管先向主轴承供油，然后向十字头供油

B.滑油供油管先向十字头供油，然后向主轴承供油

C.机外滑油总管分成支路，其中一路向十字头供油，一路向主轴承供油

D.曲轴钻孔，先润滑主轴承然后供入十字头

10.MAN B&W S-50MC-C 型柴油机十字头润滑油来自________。

A.铰链管　　B.外部的定管

C.连杆　　D.曲轴

11.按结构形式，曲轴可分为________。

①整体式；②组合式；③分段式；④混合式

A.②③④　　B.①②③

C.①②④　　D.①②③④

12.薄壁轴瓦磨损的检测方法是________。

A.测轴瓦厚度　　B.压铅丝测轴承间隙

C.比较内外径测轴承间隙　　D.测轴颈下沉量

13.保证滑动轴承形成流体动压润滑，不要求________。

A.保持一定的相对运动速度

B.具有合适的轴承间隙

C.连续供给品质和数量相适应的滑油

D.具有较高的滑油压力

14.不是减少轴瓦腐蚀的有效措施的是________。

A.防止燃烧产物混入滑油　　B.防止燃油中混入滑油

C.滑油定期化验　　D.滑油定期净化

15.采用比较法来测量轴承间隙时，下述不正确的是________。

A.用外径千分尺测轴（轴颈）直径　　B.用内径千分尺测孔（轴瓦）直径

C.轴承间隙值为孔直径减去轴直径　　D.测量位置可任意

16.采用弹性结构的十字头轴承主要是为了________。

A.减小比压　　B.使轴承受力均匀

C.提高轴承刚度　　D.提高轴承疲劳强度

17.柴油机工作时，气缸套承受爆发压力，其切向应力在触火面为________，在水冷面为________。

A.拉应力；压应力　　B.压应力；拉应力

C.拉应力；拉应力　　D.压应力；压应力

18.柴油机曲轴常用的材料有________。

A.合金钢、合金铸铁和球墨铸铁

B.优质碳钢、合金钢、合金铸铁和球墨铸铁
C.优质碳钢、耐热钢和球墨铸铁
D.优质碳钢、合金钢和球墨铸铁

19.柴油机曲轴的曲柄排列与下述________因素无关。
A.冲程数　　B.扫气方式
C.发火顺序　　D.气缸数

20.柴油机曲轴颈在轴向和周向的磨损一般是________。
A.均匀的　　B.不均匀的
C.轴向磨损大　　D.周向磨损大

21.柴油机曲轴在运行初期发生断裂,其原因通常是________。
A.倾覆力矩过大　　B.机座变形
C.轴承严重磨损　　D.扭振应力过大

22.柴油机曲轴轴颈在周向发生不均匀磨损,会产生________误差。
A.圆度　　B.圆柱度
C.锥度　　D.几何形状

23.柴油机曲轴轴颈在轴向发生不均匀磨损,会产生________误差。
A.圆度　　B.圆柱度
C.锥度　　D.几何形状

24.柴油机曲轴主轴承油槽开在________处。
A.下瓦面　　B.上瓦面
C.上瓦瓦口　　D.下瓦瓦口

25.柴油机运转时,曲轴主轴颈与主轴承之间可以形成楔形油膜,实现________润滑。
A.半液　　B.流体动压
C.流体静压　　D.混合

26.柴油机正常运转时,连杆大端轴承与曲柄销颈之间形成________润滑状态。
A.边界　　B.流体动压
C.流体静压　　D.混合

27.柴油机正常运转时,曲轴主轴颈与主轴承之间形成________润滑状态。
A.边界　　B.流体动压
C.流体静压　　D.混合

28.柴油机轴承发生烧熔的直接原因是________。
A.油中有杂质　　B.滑油量不足
C.间隙减小　　D.轴承过热

29.柴油机主轴承轴瓦上的油槽一般开在________上,而连杆大端轴承轴瓦上的油槽一般开在________上。
A.上瓦;上瓦　　B.上瓦;下瓦
C.下瓦;上瓦　　D.下瓦;下瓦

30.船舶柴油机连杆小端轴承与________配合。

A.活塞销　　B.十字头销
C.活塞销或十字头销　　D.曲柄销

31.船用柴油机的十字头轴承容易发生裂纹的主要原因是________。
A.最高爆发压力太大　　B.承受冲击负荷比压大
C.滑油压力小　　D.难以形成液体润滑

32.船轴工作轴颈磨损严重时，依据磨损程度不同可以采用________等方法予以修复。
①打磨；②光车；③喷涂恢复尺寸；④镀铁恢复尺寸；⑤镶钢套
A.②③④⑤　　B.①②④
C.③④　　D.①③④

33.大型柴油机气缸盖垫床的主要作用是________。
A.防止气缸套与气缸盖黏结，便于拆装　　B.调整压缩比，保证密封
C.调整压缩比　　D.保证密封

34.大型船用柴油机的十字头轴承表面出现细小裂纹时，正确的处理方法是________。
A.立即换新轴瓦　　B.立即修补裂纹
C.修刮十字头销颈　　D.降低负荷使用，注意观察

35.大型低速柴油机的连杆材料与杆身断面一般是________。
A.优质碳钢、圆形断面　　B.耐热合金钢、圆形断面
C.合金钢、“工”字形断面　　D.优质碳钢、“工”字形断面

36.中、高速强载筒形活塞式柴油机连杆的材料与杆身横断面通常是________。
A.优质碳钢、“工”字形断面　　B.合金钢、“工”字形断面
C.优质碳钢、圆形断面　　D.耐热合金钢、圆形断面

37.大型低速柴油机的主要固定部件有________。
①机体；②机架；③机座；④气缸体
A.①②③　　B.①②④
C.①③④　　D.②③④

38.大型低速柴油机曲轴常用材料是________。
A.锻钢　　B.铸钢
C.球墨铸铁　　D.灰铸铁

39.大型低速二冲程柴油机的主轴承一般采用________。
A.滑动轴承　　B.滚动轴承
C.滑动轴承或滚动轴承　　D.滑动轴承和滚动轴承

40.大型低速十字头式二冲程柴油机十字头滑油来自________。
A.曲轴　　B.连杆大端轴承
C.飞溅　　D.专设的滑油供给系统

41.当把薄壁轴瓦从轴承座中盘出时，应从________盘出。
A.有定位凸起端　　B.瓦口任意端
C.瓦口较薄端　　D.瓦口较厚端

42.当轴瓦发生________损坏时，均应换新。

①烧熔；②异常磨损；③严重擦伤；④脱壳或大面积剥落；⑤严重龟裂

A.①③④　　B.①④

C.①②③④⑤　　D.①⑤

43.关于对连杆的要求，不正确的是________。

A.两端轴孔中心线平行度要满足要求

B.杆身表面不能有细小裂纹

C.四冲程柴油机连杆大端横向尺寸要小于缸径

D.要尽量短

44.对连杆的主要要求有________。

①耐腐蚀疲劳；②足够的强度和刚度；③长度应尽量长；④拆装维修方便；⑤重量小，加工容易

A.①②③　　B.①②④

C.②③④　　D.②④⑤

45.关于对曲轴的要求，不正确的是________。

A.允许多次车削修理

B.主轴承高低不同时应能保持轴线平直

C.曲柄布置要使动力均匀

D.曲柄布置要使柴油机平衡性好，扭振轻

46.对曲轴的主要要求是________。

①疲劳强度高，工作安全可靠；②有足够的刚性，工作时变形小，使轴承负荷均匀；③有足够的轴颈承压面积，以保证较小的轴承比压；④曲轴的轴颈要有良好的耐磨性能，并允许多次车削修复

A.①②③　　B.①②③④

C.②③④　　D.①②④

47.对曲轴进行检查的内容有________。

①轴颈磨损；②法兰连接；③轴颈裂纹；④红套滑移；⑤平衡块连接；⑥曲轴中心线

A.②③⑤　　B.①③④⑤⑥

C.①②③④⑥　　D.①②③④⑤⑥

48.对于采用斜切口连杆的筒形活塞式柴油机，在吊缸检修时，不需要检查的是________。

A.连杆螺栓状态　　B.连杆切口锯齿磨损情况

C.连杆大端轴径的内径　　D.连杆大端垫片的厚度

49.多缸柴油机的曲柄排列原则与________有关。

①气缸数；②冲程数；③柴油机振动；④柴油机转速；⑤发火顺序；⑥主轴承负荷

A.①②③④⑤　　B.②③④⑤⑥

C.①③④⑤⑥　　D.①②③⑤⑥

50.二冲程柴油机连杆小端轴承的故障一般有________。

①轴瓦裂纹；②高温腐蚀；③轴颈偏磨；④轴颈变粗糙；⑤轴颈呈银白色；⑥活塞销裂纹

A.①②③④　　B.①③④⑥

C.①③④⑤　　D.①②③⑤

51.二冲程十字头式柴油机吊缸时，通常不检查________。
A.活塞环　　B.活塞材料成分
C.活塞　　D.气缸套

52.根据柴油机运动件受力分析可知，在正常工作时________。
A.四冲程机连杆受压力
B.四冲程机连杆受拉伸力
C.四冲程机连杆受交变力
D.四冲程机连杆受力与二冲程机连杆受力相似

53.刮削处理厚壁轴瓦时，下列要求不正确的是________。
A.依据轴和瓦的接触情况刮削
B.要保证轴和瓦的接触包角及瓦口形状
C.要保证轴承间隙
D.要保证轴承合金厚度

54.关于薄壁轴瓦，论述错误的是________。
A.不允许使用调隙垫片　　B.允许修刮瓦口以利安装
C.不允许拂刮合金表面　　D.损坏后应予换新

55.关于柴油机连杆受力，论述不正确的是________。
A.增压二冲程柴油机连杆受压应力作用
B.四冲程柴油机连杆受拉压交变应力作用
C.二冲程和四冲程柴油机连杆螺栓都受拉伸作用
D.连杆不受弯矩作用

56.关于柴油机主轴承采用撑杆螺栓结构，下列说法不正确的是________。
A.拆卸中应先拆卸贯穿螺栓，再拆卸撑杆螺栓
B.采用撑杆螺栓可提高轴承盖的刚度
C.采用撑杆螺栓可减小机座横梁弯矩与变形
D.采用撑杆螺栓可减小柴油机横向尺寸

57.关于大型柴油机轴承轴瓦上面开设的油槽，下列错误的是________。
A.为了避免承载失效，不能开槽　　B.主轴承下瓦不能开槽
C.十字头轴承下瓦不能开槽　　D.主轴承上瓦可以开槽

58.关于大型低速柴油机主轴承结构，说法正确的是________。
A.锡基白合金和锡铝合金都可用作厚壁瓦材料
B.主轴承都是厚壁轴瓦结构
C.主轴承都是薄壁轴瓦结构
D.锡基白合金和锡铝合金都可用作薄壁瓦材料

59.关于大型低速柴油机连杆结构的论述，不正确的是________。
A.薄壁轴瓦与轴承孔过盈配合
B.连杆两端轴承的下瓦不能开油槽
C.新机型连杆中都有油孔，向下输油

D.有船用大端结构,也有车用大端结构

60.关于对连杆的要求,下列说法错误的是________。

A.耐疲劳、抗冲击　　B.有足够的强度和刚度

C.长度应尽可能大　　D.拆装维修方便

61.关于二冲程柴油机十字头轴承的工作条件,说法错误的是________。

A.轴承比压大　　B.轴承双向受力

C.不易形成良好油膜　　D.受力不均匀

62.关于厚壁轴瓦,不正确的说法是________。

A.厚壁轴瓦磨损后可以刮削修理

B.厚壁轴瓦瓦面局部白合金脱落时可焊补修理

C.厚壁轴瓦合金脱落或裂纹严重时可重新浇铸修理

D.新厚壁轴瓦不需修刮

63.关于连杆的说法,不正确的是________。

A.筒形活塞式连杆小端与杆身一体

B.斜切口型连杆大端不便于调整压缩比

C.十字头机连杆小端为十字头端

D.连杆大端轴承为半液膜润滑

64.关于十字头与导板结构的说法,正确的是________。

A.滑块工作表面有布油槽,白合金浇铸在导板上

B.导板工作表面有布油槽,白合金浇铸在滑块上

C.滑块工作表面有布油槽,白合金浇铸在滑块上

D.导板工作表面有布油槽,白合金浇铸在导板上

65.关于十字头轴承轴瓦布油槽的说法,不正确的是________。

A.十字头轴承下瓦有轴向和周向布油槽

B.轴向布油槽不能直接开到端部

C.轴向布油槽与瓦面有较大的过渡斜面

D.轴向布油槽开在下瓦两侧

66.关于双侧导板十字头与导板结构,说法正确的是________。

A.有两个导板和一个滑块　　B.有四个导板和两个滑块

C.有四个导板和一个滑块　　D.有两个导板和两个滑块

67.关于四冲程柴油机轴瓦,正确的叙述是________。

A.连杆大端采用薄壁轴瓦,小端采用轴套

B.连杆均采用厚壁轴瓦

C.连杆大端采用厚壁轴瓦,小端采用轴套

D.连杆均采用薄壁轴瓦

68.航行途中发现曲轴红套有滑移时,应该________。

A.重新红套复位　　B.降功率维持运转

C.高转速倒转复位　　D.重新冷套复位

69.厚壁轴瓦龟裂严重时,应采用________方式修理。
A.修刮　　B.换新
C.重浇轴承合金　　D.焊补
70.换新薄壁轴瓦时,________是错误的。
A.不可拂刮轴瓦的合金层　　B.不可使用调节垫片
C.把轴瓦压入轴承座孔　　D.通过修刮瓦口调节瓦口扩张量
71.换新十字头轴瓦时,必须保证十字头销与轴承下瓦在________内的接触面积不小于________。
A.40°~60°;75%　　B.40°~60°;85%
C.60°~90°;75%　　D.60°~90°;85%
72.活塞杆填料函内的刮油环使用中的正确变化是________。
A.刮油环在环槽中的天地间隙不变
B.同组内三段环间的周向间隙之和增大
C.同组内三段环间的周向间隙之和逐渐减小
D.同组内三段环间的周向间隙之和不变
73.机械负荷是指柴油机部件承受________等的强烈程度。
①最高燃烧压力;②惯性力;③热应力;④热流量;⑤振动冲击;⑥最高承受温度
A.②③⑤　　B.②④⑥
C.①②⑤　　D.①⑤⑥
74.检查厚壁轴瓦合金层有无脱壳的常用方法是________。
A.听响法　　B.观察法
C.超声波探伤法　　D.磁粉探伤法
75.对于近些年生产的大功率中速柴油机,制造厂家一般都要求按运行小时数更换连杆大端轴瓦,更换周期为30 000 h,其原因是________。
A.以免轴承合金内部产生疲劳裂纹而造成机损事故
B.以免轴承合金磨损,使轴承间隙增大而造成机损事故
C.以免轴承合金内部存在砂眼而造成机损事故
D.以免轴承合金遭受滑油腐蚀而造成机损事故
76.连杆大端的形式包括________。
①平切口;②斜切口;③阶梯切口;④船用大端
A.②③④　　B.①②③④
C.①②③　　D.①②④
77.连杆大端螺栓工作条件最恶劣的时刻发生在________。
A.四冲程柴油机压缩上止点前后　　B.四冲程柴油机换气上止点前后
C.四冲程柴油机膨胀下止点前后　　D.二冲程柴油机压缩上止点前后
78.连杆的运动复杂,小端随活塞做________运动,大端随曲柄销做________运动。
A.往复;往复　　B.往复;回转
C.回转;往复　　D.回转;回转

79.连杆小端轴承的工作特点是________。

①负荷大;②负荷小;③润滑条件好;④润滑条件差

A.①③　　B.②④

C.①④　　D.②③

80.某船舶二冲程主柴油机正车发火顺序为1→5→3→4→2→6,其空气分配器为圆周排列式。若第一缸处于上止点位置,换向完成后倒车启动柴油机,此时空气分配器连接________,气缸启动阀的控制空气管内有控制空气。

A.5缸和3缸　　B.5缸和1缸

C.1缸和6缸　　D.6缸和2缸

81.某些大型柴油机的连杆大端轴承采用无轴瓦结构的主要目的是________。

A.增大轴颈　　B.降低造价

C.减小重量　　D.加工方便

82.某些大型低速柴油机的连杆大端轴承采用无轴瓦形式的优点是________。

①加工方便;②减小重量;③增大轴颈;④利于滑油输送;⑤利于散热;⑥利于滑油分布

A.①②⑥　　B.③⑤

C.①⑤⑥　　D.①③

83.强载中、高速柴油机曲轴常用材料是________,强载程度不高的中、高速柴油机曲轴常用材料是________。

A.球墨铸铁;锻钢　　B.铸钢;球墨铸铁

C.合金钢;球墨铸铁　　D.灰铸铁;球墨铸铁

84.曲轴的各种作用中最为关键的是________。

A.驱动凸轮轴　　B.汇集各缸所做的功并向外输出

C.带动燃油输送泵　　D.带动冷却水泵

85.曲轴的弯曲疲劳裂纹一般发生在长期运转后。为了提高轴承的抗疲劳能力,轴承材料广泛使用________。

A.铝锡合金　　B.铜铅合金

C.白合金　　D.青铜

86.曲轴的主要作用有________。

①将活塞的往复运动通过连杆变成回转运动;②将各缸所做的功汇集起来并向外输出;③带动柴油机的附属设备

A.①②　　B.①③

C.②③　　D.①②③

87.曲轴发生扭转疲劳损坏,其损坏的部位与断裂形式是________。

A.损坏发生在轴颈油孔和主轴颈处,断面与轴先垂直

B.损坏发生在轴颈油孔和主轴颈处,断面与轴先平行

C.损坏发生在轴颈油孔、轴颈过渡圆角处与曲柄臂上,断面与轴线成45°

D.损坏发生在轴颈油孔与曲柄销之间匀角处,断面与轴线成45°

88.曲轴上应力最大的地方是________。

A.主轴颈

B.曲柄销

C.曲柄臂

D.主轴颈、曲柄销与曲柄臂的交接处

89.曲轴上作用的附加应力通常是由________产生的。

A.应力集中　　B.弯曲变形

C.扭转变形　　D.扭转振动

90.曲轴是柴油机中造价最昂贵的部件，对它的基本要求有________。

①耐热性能好；②疲劳强度高；③足够的刚度；④轴承比压小；⑤轴颈磨损小，允许多次车削；⑥平衡性好

A.①③④⑤⑥　　B.①②④⑤⑥

C.①②③⑤⑥　　D.②③④⑤⑥

91.曲轴转速越高越容易形成油膜，但转速过高时，因________，黏度下降而使油膜破坏。

A.压力过大　　B.滑油温度升高

C.轴承间隙过大　　D.螺栓预紧力不均

92.全组合式曲轴在曲柄销与曲柄臂之间发生红套滑移，可能发生的后果是________。

A.曲轴中心线变形，某几缸定时变化

B.柴油机轴承中心线变形，某几缸定时变化

C.凸轮轴中心线变形，某几缸定时变化

D.某几缸定时变化

93.容易引起柴油机连杆损坏的是________。

①严重的拉缸；②气缸内发生水击；③柴油机飞车；④加负荷过快；⑤连杆轴承间隙过大；⑥各缸负荷不均

A.①②③⑤⑥　　B.②③④

C.①②③④⑥　　D.①②③⑤

94.熔着磨损严重时会引起柴油机________事故。

A.失火　　B.拉缸

C.超速　　D.喘振

95.如图所示，采用色油检查轴瓦安装的结果为________。

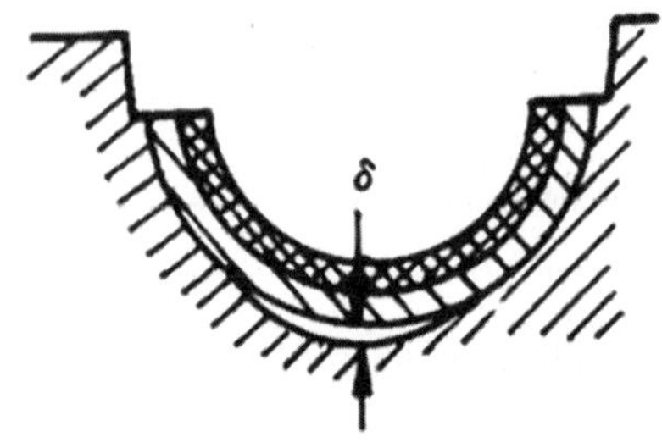

A.下瓦背的两侧有色油沾点，而瓦背底面无色油沾点

B.下瓦背的两侧无色油沾点,而瓦背底面有色油沾点

C.下瓦背的两侧与瓦背底面均无色油沾点

D.下瓦背的两侧与瓦背底面均有色油沾点

96.若十字头轴瓦表面出现微小裂纹,应________。

A.换新　　B.焊补

C.修刮　　D.继续使用,但需注意观察

97.十字头轴瓦严重龟裂,应该________。

A.修刮修复　　B.焊补修复

C.换新　　D.继续使用,但需注意观察

98.十字头柴油机采用中隔板将________隔开。

A.气缸与扫气箱　　B.曲轴箱与油底壳

C.气缸与曲轴箱　　D.气缸与油底壳

99.十字头式柴油机的正车导板在工作中承受的力是________。

A.正车膨胀行程和倒车压缩行程的侧推力

B.正车膨胀行程和倒车膨胀行程的侧推力

C.正车压缩行程和倒车膨胀行程的侧推力

D.正车压缩行程和倒车压缩行程的侧推力

100.十字头柴油机中十字头组件(十字头销与导板)的润滑油来自________。

A.连杆大端轴承　　B.曲轴钻孔

C.固定喷管　　D.铰链机构或套管机构

101.十字头式柴油机的主要运动部件有________。

A.活塞、连杆　　B.活塞、连杆和曲轴

C.活塞、十字头、连杆和曲轴　　D.十字头、连杆和曲轴

102.十字头式柴油机连杆大端薄壁轴瓦安装时,轴瓦高出轴承座孔一定高度,原因是________。

A.轴瓦与轴承座紧密配合　　B.轴瓦与轴承座过盈配合

C.轴瓦不容易和轴承座保持全接触　　D.轴瓦与轴承必须进行定位配合

103.十字头式柴油机连杆小端轴承是在________,以便润滑油进入实现润滑的。

A.轴套内表面钻油孔　　B.轴套内表面开制油槽

C.轴承内表面开制贮油槽　　D.减磨合金表面上开制油槽和油孔

104.十字头式柴油机所采用的箱形机架内设有十字头滑块导板,其作用之一是________。

A.提高强度　　B.提高刚度

C.承受侧推力　　D.传递力和力矩

105.十字头式柴油机运动机构的侧推力由________承受。

A.活塞　　B.导板

C.气缸盖　　D.气缸体

106.十字头组件的零件包括________。

①活塞杆;②十字头销;③连杆;④滑块;⑤导板;⑥十字头轴承

A.②④⑤⑥　　B.①③④⑥

C.①③⑤⑥　　D.①②③⑤

107.双导板十字头组件结构的特点是________。

①导板结构复杂;②导板结构简单;③正、倒车导板承压面不同;④正、倒车导板承压面相同;⑤工作条件与柴油机转向无关;⑥工作条件与柴油机转向有关

A.②④⑤　　B.①④⑤

C.②③⑥　　D.②③⑤

108.四冲程柴油机连杆承受拉应力的时刻是________。

A.压缩行程　　B.进气行程初期

C.进气行程初期和排气行程末期　　D.排气行程末期

109.四冲程柴油机连杆大端的安全使用要点是________。

①按规定预紧力矩上紧螺母;②控制螺栓运转时间;③螺栓必须能轻松插入轴承螺栓孔;④检测螺栓的绝对伸长量;⑤允许使用锉刀修整螺纹以使螺帽轻松拧入;⑥在螺栓上打好标记以防错位

A.①②⑤　　B.①③⑤⑥

C.②④⑥　　D.①②③⑥

110.对于四冲程柴油机连杆大端螺栓,为改善其工作可靠性,不正确的要求是________。

A.采用刚性结构　　B.采用柔性结构

C.采用细牙螺纹连接　　D.加装防松垫圈

111.四冲程柴油机曲柄销外侧磨损比内侧磨损________。

A.大　　B.小

C.相同　　D.无规律

112.随着船舶功率的增大,组合曲轴的工艺一般采用________。

A.红套或液压套合　　B.红套和液压套合

C.液压套合　　D.红套

113.提高十字头轴承工作可靠性的措施有________。

①采用薄壁轴瓦;②采用铜铅合金;③加大销径;④采用液体动力润滑

A.①②　　B.①③

C.①②③　　D.①②③④

114.通常四冲程柴油机与二冲程柴油机主轴颈的磨损规律是________。

A.前者为近曲柄销侧,后者为远离曲柄销侧

B.两者均为近曲柄销侧

C.前者为远离曲柄销侧,后者为近曲柄销侧

D.两者均为远离曲柄销侧

115.筒形活塞柴油机的连杆大端采用斜切口的目的是________。

A.受力均衡,降低小故障率　　B.增大曲柄销直径

C.拆装方便,便于维护保养　　D.制造方便,减少成本

116.筒形活塞式柴油机连杆小端采用________结构。

A.分体　　B.组合

C.焊接　　D.整体

117.筒形柴油机的主要运动部件有________。

①活塞;②活塞杆;③连杆;④十字头;⑤曲轴;⑥滑块

A.①②③　　B.②④⑥

C.①③⑤　　D.③④⑤

118.图中连杆采用________大端。

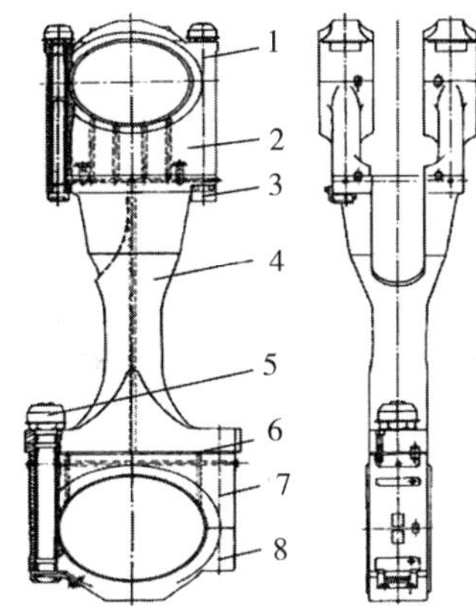

A.船用　　B.车用

C.整体式　　D.分离式

119.为了减小曲轴的重量,现代曲轴制造工艺中的一项重要成就是________。

A.红套曲轴　　B.锻造曲轴

C.焊接曲轴　　D.铸造曲轴

120.为了增强曲轴的刚度,在曲轴轴颈的设计上采用________直径和________长度。

A.加大;缩小　　B.加大;增大

C.减小;缩小　　D.减小;增大

121.为增加连杆小端下部主要承压面的面积,多采用________的连杆小端。

①圆形;②锥形;③阶梯形

A.①②③　　B.①②

C.①③　　D.②③

122.下列________不是贯穿螺栓断裂的原因。

A.各缸最大爆发压力严重不均　　B.机座、机架严重变形

C.贯穿螺栓发生纵向振动　　D.上紧力不均或过大

123.下列________与多缸柴油机的曲柄排列原则无关。

A.发火顺序　　B.正时圆图

C.冲程数　　D.气缸数

124.下列关于筒形活塞式柴油机曲轴的说法,错误的是________。

A.动力输出端设有传动齿轮　　B.主轴颈和曲柄销有一定重叠度

C.曲轴自由端设置轴向减振器　　D.曲柄臂上装有平衡重

125.下列关于现代中速强载柴油机连杆小端轴承的说法中,错误的是________。

A.采用锥形或阶梯形轴承　　　　B.采用轴套

C.采用轴瓦式轴承　　　　D.采用锡铝合金轴承

126.关于十字头轴承的工作特点,错误的说法是________。

A.比压大　　　　B.不易形成良好的润滑

C.不易龟裂　　　　D.受力不均

127.如图所示为 MAN B&W S-50MC-C 型柴油机十字头组件,图中部件 5 为________。

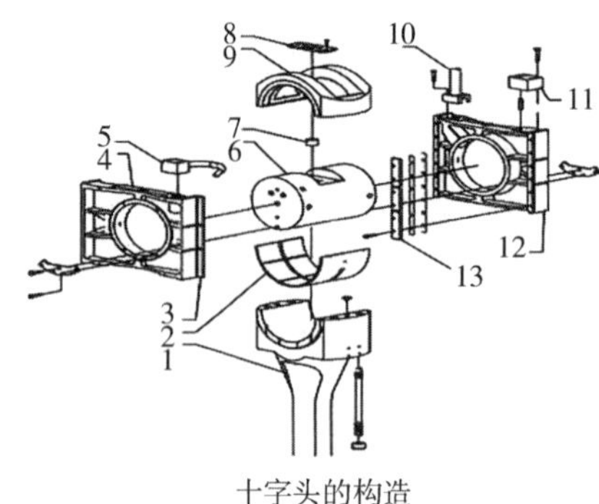

十字头的构造

A.十字头润滑油出油管　　　　B.活塞冷却油出油管

C.十字头润滑油喷射管　　　　D.活塞冷却油进油管

128.如图所示为 MAN B&W 公司生产的 S-MC-C 型柴油机的十字头组件的构造,活塞杆下端和图中相连的部件是________。

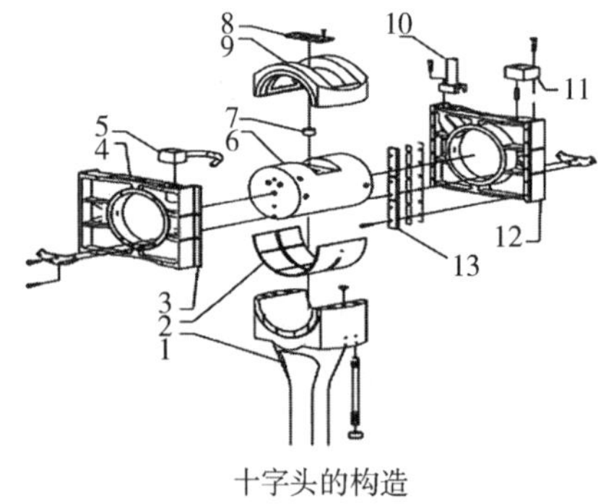

十字头的构造

A.部件 8　　　　B.部件 6

C.部件 12　　　　D.部件 4

129.如图所示为 MAN B&W 公司生产的 S-MC-C 型柴油机的十字头组件的构造,为了改善十字头轴承的工作条件,该机型采用的技术措施是________。

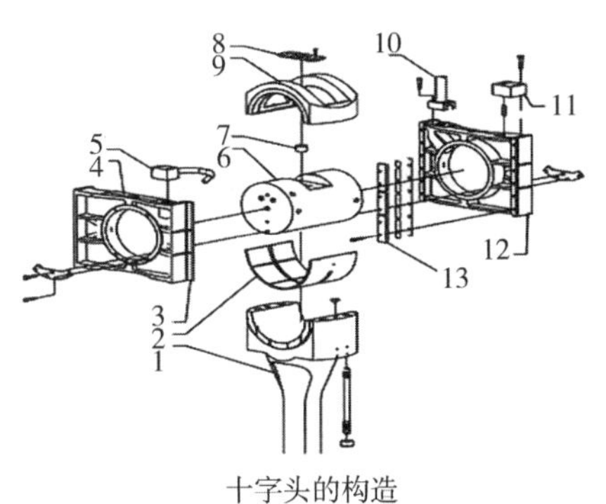

十字头的构造

A.弹性结构　　B.反变形法

C.自整位轴承　　D.全支承轴承

130.如图所示为MAN B&W公司生产的S-MC-C型柴油机的十字头组件的构造,柴油机外部滑油系统供来的滑油经套管10引入十字头,下列润滑油不是由套管10供应的是________。

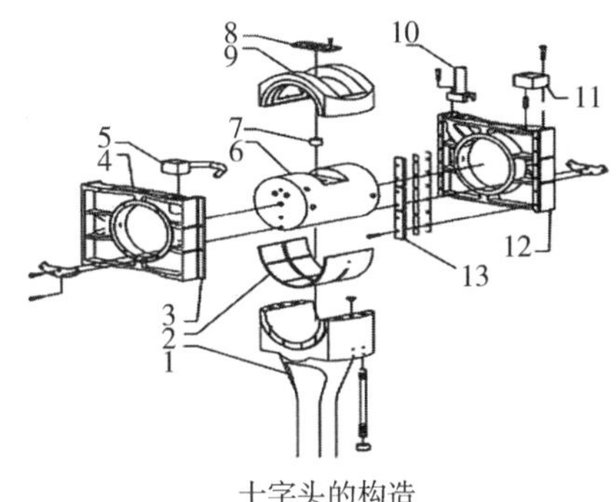

十字头的构造

A.活塞冷却润滑油　　B.导板与滑块滑动配合面的润滑油

C.曲柄销轴承润滑油　　D.主轴承润滑油

131.现代超长行程柴油机的薄壁十字头轴瓦上在其轴向油槽端都大多开有泄油槽的目的是________。

A.控制油流方向　　B.加工方便

C.泄压　　D.加强冷却

132.现代大功率中速四冲程柴油机的连杆大端均采用斜切口式,在常规吊缸保养检修时,对这种连杆在装复前应特别注意检查________。

A.大小端轴承中心线是否平行

B.在摆动平面内是否弯曲变形

C.大小端轴承中心线的距离是否正确

D.轴承座与轴承盖结合面的锯齿是否损伤变形

133.现代大型低速柴油机的机座多采用的形式是________。

A.铸铁浇铸的分组式整体结构　　B.铸铁浇铸的深型整体结构

C.钢板焊接的深型分组式整体结构　　D.钢板焊接的浅型分组式结构

134.现代新型低速柴油机连杆小端轴承一般采用________结构。

A.分岔式　B.全支承式

C.浮动式　D.轴承衬套式

135.如图所示为 MAN B&W 公司生产的 S-MC-C 型柴油机的十字头组件，导轨 13 的作用是________。

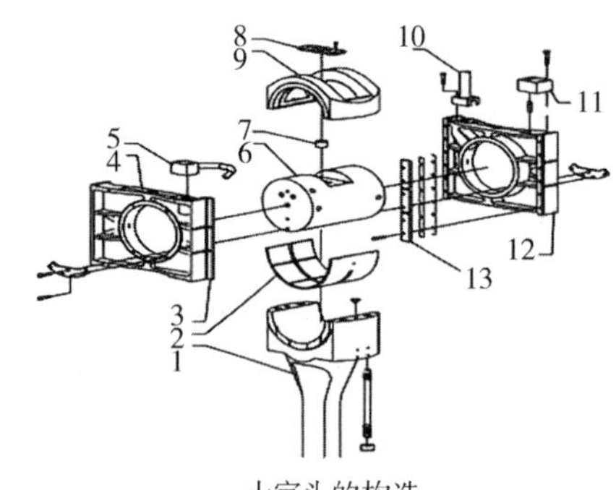

十字头的构造

A.为十字头轴向定位　B.为轴瓦定位

C.为冷却油套管定位　D.为十字头横向定位

136.小型柴油机的曲轴带动的附属设备不包括________。

A.燃油泵　B.淡水泵

C.润滑油泵　D.喷油器

137.小型柴油机连杆小端轴瓦一般采用的结构是________。

A.整体衬套式　B.两半式薄壁轴瓦

C.两半式厚壁轴瓦　D.不用轴瓦

138.新型柴油机的十字头轴承大多采用锡基白合金薄壁轴瓦和高锡铝合金薄壁轴瓦，其目的是________。

A.有利于散热和增大轴径　B.提高轴承的疲劳强度

C.增大承压面的贴合面积　D.有利于滑油油膜形成

139.一般柴油机的曲轴常用________制造。

A.优质碳钢　B.铸钢

C.合金钢　D.球墨铸铁

140.一般来说，直列式柴油机曲轴主轴颈磨损较曲柄销颈磨损________。

A.小　B.大

C.相同　D.无规律

141.一台六缸四冲程柴油机，如不考虑振动，则最佳发火顺序应是________。

A.4→5→6→3→2→1　B.3→5→6→4→2→1

C.3→2→6→4→5→1　D.4→2→6→3→5→1

142.一台六缸四冲程柴油机的发火间隔角是________。

A.120°　B.180°

C.360°　　D.60°

143.一台六缸四冲程柴油机的发火顺序为1→5→3→6→2→4，当第三缸活塞处于上止点发火位置时，第一缸应处于________。

A.压缩过程　　B.排气过程

C.膨胀过程　　D.进气过程

144.一台六缸四冲程柴油机的发火顺序为1→5→3→6→2→4，当第一缸处于换气上止点时，第二缸应处于________。

A.压缩过程　　B.膨胀过程

C.进气过程　　D.排气过程

145.有两根曲轴，一根曲轴的发火间隔角为144°，另一根为72°，则该两根曲轴分别属于的柴油机是________。

A.五缸四冲程柴油机、五缸二冲程柴油机

B.六缸四冲程柴油机、五缸二冲程柴油机

C.八缸四冲程柴油机、五缸二冲程柴油机

D.十缸四冲程柴油机、八缸二冲程柴油机

146.允许采用滚动轴承作为主轴承的柴油机是________。

①中速机；②高速机；③低速机

A.①　　B.①②③

C.②　　D.③

147.在采用转动曲轴的方法转出下瓦之前，一定要检查________。

A.下瓦上是否有定位凸台或定位销钉　　B.下瓦是否已经松动

C.曲轴轴颈是否干净　　D.相邻曲柄对转出下瓦是否有妨碍

148.在柴油机正常工作中，能够确保按液体动压润滑工作的部件是________。

A.连杆大端轴承　　B.连杆小端活塞销轴承

C.十字头销轴承　　D.气缸与活塞

149.在柴油机中，将作用在活塞上的气体力和惯性力传给曲轴的部件是________。

A.活塞　　B.曲轴

C.气缸套　　D.连杆

150.在柴油机中将活塞往复运动变成曲轴回转运动的部件是________。

A.十字头与导板　　B.连杆

C.活塞　　D.曲轴

151.在柴油机中采用液体静压润滑的部件是________。

A.推力轴承　　B.连杆大端轴承

C.凸轮轴轴承　　D.十字头轴承

152.在柴油机中工作条件最差的轴承是________。

A.主轴承　　B.十字头轴承

C.连杆大端轴承　　D.推力轴承

153.在柴油机中连杆的运动规律是________。

A.小端往复、杆身晃动、大端回转　　B.小端往复、杆身平稳、大端回转
C.小端晃动、杆身平稳、大端回转　　D.小端晃动、杆身平稳、大端晃动

154.在船舶柴油主机中，曲轴与主轴承之间的轴向相对位置不合适，可通过________调整。
A.刮削压板　　B.更换推力轴承调节圈
C.刮削推力环　　D.刮削推力块

155.在检修四冲程柴油机连杆大端轴承时，一般可采用________方法对连杆大端螺栓进行检查。
①用螺纹规核查螺距；②借助放大镜查看是否有缺陷；③进行渗透探伤；④进行拉伸试验；⑤用听响法进行探伤；⑥进行最大扭矩试验
A.①②③④　　B.①②③⑤
C.②④⑤⑥　　D.③④⑤⑥

156.在连杆杆身上任一点的运动轨迹是________。
A.圆形　　B.椭圆形
C.直线　　D.不确定

157.在连杆杆身与大端上半轴承接合处增减垫片，不会导致________变化。
A.压缩容积　　B.气缸总容积
C.气缸工作容积　　D.压缩比

158.在下列关于曲轴工作条件的各项论述中，错误的是________。
A.由温差引起的热应力　　B.由机械力引起的弯矩、扭矩
C.由振动引起的附加应力　　D.由形状复杂引起的应力集中

159.在一般情况下，曲轴发生疲劳裂纹的常见原因是________。
A.扭转力矩　　B.扭转振动
C.交变弯矩　　D.扭转振动和交变弯矩

160.增压二冲程柴油机连杆螺栓工作时受力状态是________。
①拉压交替；②承受惯性力产生的附加应力；③承受预紧力
A.②③　　B.①②③
C.①②　　D.①③

161.正车运行时十字头导板的受力情况是________。
A.正车导板受力　　B.倒车导板受力
C.正、倒车导板同时受力　　D.正、倒车导板交替受力

162.下列关于二冲程柴油机十字头轴承的工作条件中，错误的是________。
A.轴承负荷小，比压小　　B.轴承处于边界润滑状态
C.轴承单向受力　　D.轴承受力不均匀

163.下述十字头组工作条件恶劣的原因中，不正确的是________。
A.承受冲击性负荷　　B.十字头销承受拉压负荷
C.十字头轴承润滑条件差　　D.十字头轴承负荷分布不均

164.中、高速柴油机主轴承和连杆大端轴承通常采用比较法测量轴承间隙，一般应测量对应于曲柄销在________位置时的轴、孔直径，且沿轴向________测量求其平均值进行比较。
A.上、下止点；首、中、尾三处　　B.上、下止点；中间位置

C.水平;首、中、尾三处　　D.水平;中间位置

165.中、小型柴油机机座通常多采用的型式是________。

A.钢板焊接的整体结构　　B.钢板焊接的分组式结构

C.铸铁浇铸的整体结构　　D.铸铁浇铸的分体式结构

166.中速强载筒形活塞式柴油机连杆小端轴承一般采用________结构。

A.锥形或阶梯形　　B.剖分式

C.滚动式　　D.十字头式

167.轴承合金出现裂纹和剥落的主要原因是________。

A.交变负荷引起疲劳　　B.腐蚀裂纹

C.磨料磨损　　D.轴承过热

168.轴承中的穴蚀通常发生的部位是________。

A.滑油高压区　　B.油孔、油槽周围

C.整个工作表面　　D.滑油低压区

169.轴瓦的修理主要是针对________轴瓦的损坏进行修理。

A.薄壁　　B.厚壁

C.衬套式　　D.三合金

170.轴瓦验收时应检查其________。

①尺寸;②轴与瓦的接触质量;③材料的牌号和性能;④轴承间隙;⑤形状误差

A.①③⑤　　B.①②④

C.①④⑤　　D.①⑤

171.主轴承磨损不均匀时,曲轴受力情况是________。

A.所受扭矩增加　　B.所受弯矩增加

C.所受离心惯性力增加　　D.所受往复惯性力增加

172.主轴颈要求有足够的刚性,如果刚性不足,不会引起的现象是________。

A.曲轴弯曲　　B.轴承不均匀磨损

C.轴颈过度磨损　　D.曲轴轴向转动

第四节　柴油机的主要固定部件

1.下述关于柴油机机座的功用,不正确的是________。

A.承担全机重量

B.承受气体力、惯性力与安装预紧力

C.承受曲轴回转时的扭转应力

D.集中与贮存滑油并形成密封空间

2.MAN B&W MC 型柴油机润滑油通过动管进入________,然后进入________。

A.十字头;活塞和连杆　　B.活塞;十字头和连杆

C.曲轴;连杆和十字头　　D.十字头;活塞和气缸套

3.不在十字头式柴油机的机架上布置的部件为________。

A.检修通道　　B.防爆门
C.与气缸体分隔的横隔板　　D.导板

4.采用气缸体和机架铸成一体结构的柴油机的特点不包括________。
A.该柴油机具有铸铁或焊接机座
B.该柴油机结构紧凑
C.该柴油机重量小、刚度好
D.该柴油机常用于尺寸较小的中、高速机，以及部分新型中速机

5.采用压铅法测量主轴承的轴承间隙时，不应________，以免破坏测量工作。
A.粗心　　B.违反测量步骤
C.使所测铅丝厚度混乱　　D.盘车

6.采用压铅丝方法测量主轴承的轴承间隙时，铅丝不应________。
A.沿轴颈圆周方向平行放置
B.沿轴颈轴线方向平行放置
C.选用2~3根
D.具有120°~150°轴颈弧长

7.柴油机采用倒挂式主轴承的优点是________。
A.提高柴油机刚度　　B.提高机座强度
C.减小柴油机重量　　D.便于吊出活塞

8.柴油机的机体由________组成。
①机架；②扫气箱；③气缸体
A.②③　　B.①②③
C.①②　　D.①③

9.柴油机的气缸体的类型有________。
①单体式；②分组式；③整体式
A.①③　　B.②③
C.①②③　　D.①②

10.柴油机缸头螺栓在工作中主要承受________。
A.压应力　　B.扭转应力
C.接应力　　D.剪切应力

11.对于柴油机冷却系统的冷却水，合理的流动路线和调节方法应该是________。
A.冷却水自下而上流动，调节进口阀开度大小控制温度
B.冷却水自下而上流动，调节出口阀开度大小控制温度
C.冷却水自上而下流动，调节出口阀开度大小控制温度
D.冷却水自上而下流动，调节进口阀开度大小控制温度

12.柴油机运转时，主轴承下瓦的磨损量一般________。
A.比上瓦的大　　B.比上瓦的小
C.与上瓦一样　　D.是变化的

13.船舶柴油主机的地脚螺栓中必须装设一部分紧配螺栓，数量不应少于总数的________，且任

何时候均不应少于________。

A.25%;4 个　　B.20%;8 个

C.15%;4 个　　D.10%;4 个

14.船用大型柴油机单体式气缸的特点是________。

①由气缸体与气缸套组成;②气缸体与气缸套之间组成冷却水空间;③二冲程柴油机的气缸套下部都有进、排气口;④气缸体多用灰铸铁和球墨铸铁制造;⑤气缸套广泛采用耐热耐磨合金钢制造;⑥十字头式柴油机的气缸套上必开有注油孔与布油槽

A.①②③⑤　　B.②③⑤⑥

C.①②④⑥　　D.③④⑤⑥

15.大型柴油机所使用的箱式机架与 A 形机架相比,其主要优点是________。

A.节省材料　　B.加工简单

C.强度好　　D.刚性好

16.大型船用低速主机的曲轴箱防爆门安装在________上。

A.扫气箱　　B.气缸体

C.机架　　D.机座

17.大型低速柴油机的机座与船体的机座之间垫有环氧树脂或铸铁垫块,并由________固定。

A.贯穿螺栓　　B.连杆螺栓

C.底脚螺栓　　D.主轴承螺栓

18.大型低速柴油机的机座主要由________焊接而成。

①两侧的纵梁;②带铸钢轴承座的横梁;③贯穿螺栓

A.①②③　　B.②③

C.①③　　D.①②

19.大型低速柴油机贯穿螺栓的中部加装横向支头螺钉,其目的是________。

A.提高贯穿螺栓的抗拉能力　　B.防止贯穿螺栓上紧后松动

C.改变贯穿螺栓的振动频率　　D.防止被连接部件产生相对位移

20.大型低速柴油机主轴承液压撑杆螺栓上紧和松开的主要工具是________。

A.专用高压油泵　　B.专用梅花扳手

C.专用开口扳手　　D.专用扭力扳手

21.大型二冲程低速柴油机冷却水一般从气缸套下部进入柴油机,由下向上依次进入________、________和________。

①气缸盖;②冷却水套;③排气阀;④活塞

A.①;②;③　　B.①;②;④

C.②;①;③　　D.②;③;①

22.大型十字头式柴油机中均采用贯穿螺栓把固定件连接在一起的主要目的是________。

A.提高机件疲劳强度

B.防止被连接部件松动,保持其相对位置

C.使被连接部件由受拉状态变为受压状态,提高了柴油机整体的刚度

D.使被连接部件由受压状态变为受拉状态,提高了柴油机整体的刚度

23.当通过扫气口检查活塞环等零件时，下面的说法中不正确的是________。

A.检查中应使冷却水或冷却油保持循环，以便检查有无泄漏

B.检查中应关闭主启动阀和启动空气，并啮合盘车机

C.当盘车使活塞处于上止点时开始检查

D.应借助一长柄强光灯泡深入缸中进行观察

24.当通过扫气口检查活塞环等零件时，下面的说法中正确的是________。

A.检查中应关闭冷却水或冷却油，以防止泄漏

B.检查中应脱开盘车机

C.自活塞处于下止点时开始检查

D.柴油机停车后即可拆除观察孔盖板进行检查

25.倒挂式主轴承盖除了用常规的连接螺栓外，再增加横向螺栓紧固，其主要目的是________。

A.方便主轴承盖拆卸　　B.提高主轴承盖的刚度

C.提高主轴承盖的强度　　D.方便主轴承盖安装

26.倒挂式主轴承结构的缺点是________。

A.缩小了柴油机尺寸　　B.维修保养不太方便

C.主轴承的尺寸不能过大　　D.削弱了主轴承的疲劳强度

27.低速柴油机采用贯穿螺栓结构将________连在一起。

A.气缸盖、气缸体、机架和机座　　B.气缸盖、气缸体和机架

C.气缸体、机架和机座　　D.机架和机座

28.低速柴油机采用贯穿螺栓连接，承受拉力的部件是________。

A.气缸体　　B.机架

C.机座　　D.贯穿螺栓

29.对机架、机座要求不正确的是________。

A.密封性好　　B.足够的强度、刚度

C.耐磨、耐高温　　D.尺寸小、重量小

30.对于采用倒挂式主轴承结构的大功率中速机来说，其轴承盖除使用倒挂螺栓外，还需使用________紧固。

A.普通连接螺栓　　B.撑杆螺栓

C.横向螺栓　　D.纵向螺栓

31.对于大功率中速机，轴承盖除用倒挂螺栓紧固到机体上之外，还用横向螺栓把轴承盖侧面与机架紧固到一起，这样可以________。

①提高主轴承和机体的刚度；②提高主轴承和机体的强度；③避免柴油机工作时机体下部张开而造成较大的塌腰变形；④满足柴油机增压度提高的需要

A.①②③　　B.①③④

C.①③　　D.①②③④

32.对于十字头式柴油机，其气缸体、机架和机座的制造是________。

A.气缸体与机架制成一体，再用贯穿螺栓同机座连成一个整体

B.机架与机座制成一体，再用贯穿螺栓同气缸体连成一个整体

C.气缸体、机架和机座分开制造,然后用贯穿螺栓连成一个整体
D.气缸体与机架制成一体,用轻便油底壳代替机座

33.对于四冲程柴油机来说,连杆螺栓是非常重要的螺栓,每次检修时要特别注意检查,有条件时应进行________。
A.探伤检查　　B.螺栓直径测量
C.重量测量　　D.油液分析

34.对于筒形活塞式柴油机,为了减小重量,其主要固定件可没有________。
A.机体　　B.机架
C.机座　　D.气缸体

35.对主轴承的要求不包括以下哪一项?
A.在工作温度下有足够的热强度和热硬度
B.应采用薄壁轴瓦以利于散热
C.有良好的耐腐蚀性
D.有适当的轴承间隙,下轴瓦上不能开油槽

36.关于对主轴承的要求,不正确的是________。
A.应采用无轴瓦结构以利散热　　B.不能在下轴瓦承压面开设油槽
C.要有良好的减磨性　　D.要有良好的耐磨性

37.二冲程柴油机连杆螺栓在工作中的受力是________。
A.预紧力
B.大端变形的附加弯矩
C.惯性力
D.预紧力、惯性力、大端变形的附加弯矩

38.二冲程柴油主机主轴承的作用是________。
A.支撑曲轴和减磨　　B.止推定位
C.减磨　　D.支撑曲轴

39.根据主轴承的工作条件,正常情况下,主轴承的磨损与轴颈的磨损相比较,________。
A.两者的磨损一样大
B.主轴承的磨损较大
C.轴颈的磨损较大
D.四冲程机主轴承的磨损较大;二冲程机轴颈的磨损较大

40.关于柴油机气缸注油器的说法,不正确的是________。
A.气缸注油器有随转速调节型和随负荷调节型
B.随转速调节型在柴油机转速降低时注油量会过小
C.随负荷调节型在柴油机转速降低时注油量较适当
D.新型柴油机多采用随负荷调节型

41.关于柴油机主轴承的工作条件,错误的是________。
A.承受气体力　　B.轴颈磨损
C.产生往复惯性力并承受磨损　　D.受到滑油腐蚀作用

42.关于柴油机主轴承的作用，下列说法正确的是________。

①支撑曲轴；②汇集并输出功率；③改变运动方式；④使曲轴在转动中以小的摩擦和磨损传递动力；⑤防止曲轴因柴油机振动发生轴向窜动

A.①②③　　B.①②③④

C.①②④⑤　　D.①④

43.关于活塞杆填料函内的刮油环，下列各项中错误的是________。

A.每道刮油环通常三段一组　　B.不同组内各段可以互换使用

C.三段安装后外侧弹簧箍紧　　D.刮油环槽外侧有泄油孔

44.关于机架的作用，错误的认识是________。

A.支撑气缸组

B.与机座组成曲柄箱

C.筒形活塞式柴油机的机架有导向作用

D.十字头式柴油机的机架有导向作用

45.关于连杆螺栓在设计上采用的结构，不正确的说法是________。

A.采用耐疲劳的刚性结构

B.采用精细加工螺栓螺纹

C.在断面变化处以及在螺纹部分采用大圆角过渡

D.保证螺栓头和螺母支撑平面与螺纹中心线垂直

46.关于十字头式柴油机活塞杆填料函的说法，错误的是________。

A.活塞杆填料函固定在活塞杆上起密封与刮油作用

B.活塞杆填料函固定在横隔板上起密封与刮油作用

C.通常，在填料函内有两组填料环，分别为密封环与刮油环

D.活塞杆填料函可以明显减缓曲轴箱滑油的变质速度

47.关于筒形活塞式柴油机的主要优点，不正确的是________。

A.体积小　　B.重量小

C.结构简单　　D.寿命长

48.关于主轴承的安装工艺，正确的是________。

A.无论什么形式的轴瓦均应拂刮

B.厚壁轴瓦不用拂刮，但需调整垫片

C.薄壁轴瓦不用拂刮，也没有调整垫片

D.薄壁轴瓦不用拂刮，但需调整垫片

49.关于主轴承与十字头轴承油槽的论述中，正确的是________。

A.主轴承下瓦的高压区必须开油槽　　B.十字头轴承上瓦必须开油槽

C.十字头轴承下瓦必须开纵横油槽　　D.十字头轴承上瓦可开纵横油槽

50.关于主轴承与十字头轴承轴瓦的油槽，正确的说法是________。

A.主轴承下瓦高压区必须开油槽

B.十字头销轴承上瓦必须开油槽

C.主轴承下瓦高压区不得开油槽，而十字头销轴承下瓦必须开设均布油槽

D.十字头销轴承下瓦不能开纵横油槽

51.焊接箱形机架的特点是________。

A.采用铸铁整铸结构　　B.制造加工容易

C.重量大　　D.刚性好

52.厚壁轴瓦的垫片________。

A.数量应尽量少　　B.铜片厚度一般是不变的

C.形状应与结合面不同　　D.两侧厚度可不同

53.活塞杆填料函安装固定在________。

A.活塞杆上　　B.气缸套上

C.气缸体横隔板上　　D.活塞上

54.活塞杆填料函的基本结构由两组填料函组成,其中________。

A.上组为密封环、刮油环,下组为密封环

B.上组为刮油环,下组为密封环、刮油环

C.上组为密封环、刮油环,下组为刮油环

D.上组为密封环,下组为刮油环

55.活塞杆填料函的主要作用是________。

①将气缸下部扫气空间与曲轴箱隔开;②防止扫气空气漏入曲轴箱;③防止曲轴箱滑油进入扫气室

A.①②　　B.①③

C.②③　　D.①②③

56.机架、机座和贯穿螺栓引起的主要事故和故障有________。

①弯曲疲劳;②曲柄箱爆炸;③机座疲劳裂纹;④贯穿螺栓断裂;⑤滑油泄漏;⑥扭转疲劳

A.①③④⑥　　B.②③④⑤

C.①②④⑥　　D.①④⑤⑥

57.机架是柴油机的支架,它与________形成的曲轴箱空间是柴油机运动件的运动空间。

A.曲轴　　B.气缸盖

C.气缸　　D.机座

58.机体通常是采用________工艺制造的。

A.铸造　　B.焊接

C.锻造　　D.螺栓连接

59.机座与船体之间垫有环氧树脂或铸铁垫块的目的是________。

①调节上平面的高度;②调节下平面的高度;③调节上平面的水平度;④调节下平面的水平度

A.①③　　B.②③

C.②④　　D.①④

60.盘出主轴承下瓦时,由于厚壁瓦瓦口两端磨损不均,盘车方向应朝________转动。

A.正车方向　　B.倒车方向

C.厚的一端　　D.薄的一端

61.气缸体制成整体式的柴油机适用于________。

A.低速主机　　B.大、中型二冲程柴油机

C.大功率四冲程船用主机　　D.中、高速，中、小型柴油机

62.十字头式柴油机的活塞杆填料函的作用是________。

①隔开气缸下部与曲轴箱空间；②密封扫气空气；③减磨；④防止气缸中污物漏入曲轴箱；⑤散热；⑥防止曲轴箱滑油进入气缸下部

A.①②③　　B.②④⑥

C.①③⑤　　D.④⑤⑥

63.十字头式柴油机的机架上布置________。

①检修通道；②防爆门；③与气缸体分隔的横隔板；④导板

A.①②④　　B.②③④

C.①②③④　　D.①②③

64.十字头式柴油机贯穿螺栓的上紧顺序应是________。

A.按顺时针方向逐个上紧　　B.按逆时针方向逐个上紧

C.从中央到两端交替成对地上紧　　D.从前向后成对依次上紧

65.十字头式柴油机所采用的箱形机架的侧板上开有检修道门，通过它可以检查________的工作状况。

①主轴承；②活塞环；③曲轴；④连杆小端轴承；⑤连杆大端轴承

A.①③⑤　　B.①②③④

C.①②③④⑤　　D.①②⑤

66.使用液压拉伸器应按说明书规定的油压进行泵油，任何情况下均不得超过规定油压的________和螺栓的________。

A.10%；最大外露量　　B.5%；最大拉伸量

C.5%；最小拉伸量　　D.10%；最大拉伸量

67.通常，在增压柴油机的倒挂式主轴承盖两侧用横向螺栓紧固的主要目的是________。

A.提高主轴承盖强度

B.方便主轴承盖拆装

C.方便主轴承盖的工作检查

D.避免工作中机架下部产生塌腰变形

68.通常，贯穿螺栓多用液压拉伸器上紧，衡量其预紧度的是________。

A.泵油的次数　　B.螺栓的伸长量

C.螺母的扭转角　　D.扭转力矩

69.通常，通过扫气口观察可以判断________。

①活塞环的磨损情况；②活塞环的黏着状态；③喷油量情况；④活塞环的弹力如何；⑤气缸注油量是否适当

A.①②③⑤　　B.②③④⑤

C.①③④⑤　　D.①②④⑤

70.通常，筒形活塞式柴油机的机体是将________制成一个整体，机体的制造工艺通常是________。

A.机座与机架;铸造　　　　B.机架与气缸体;铸造

C.机架与机座;焊接　　　　D.气缸体与机架;焊接

71.通常,中、小型柴油机的机体是将________制成一个整体。

A.机座与机架　　　　B.机架与气缸体

C.气缸体与机座　　　　D.气缸体与油底壳

72.筒形活塞式柴油机普遍采用的机体结构是由________制成一体的。

A.气缸和机座　　　　B.机架和气缸体

C.气缸盖和机座　　　　D.气缸套和机座

73.筒形活塞式柴油机的连杆螺栓在吊缸检修时需要注意________。

A.必须换新

B.允许单独上紧

C.必须一次上紧到位

D.短时间运行后,必须重新检查连杆螺栓的上紧程度

74.筒形活塞式柴油机的主要固定部件有________。

①机体;②机架;③机座;④气缸体

A.①②　　　　B.②④

C.①③　　　　D.③④

75.为保证四冲程柴油机连杆螺栓安全工作,管理的要点是________。

①按规定预紧力矩上紧;②控制螺栓使用时间;③螺栓在螺孔内松配合;④检测螺栓的绝对伸长量;⑤允许用锉刀修整螺纹;⑥开口销应与螺帽上表面接触

A.①②③⑤　　　　B.①②④⑥

C.②③⑤⑥　　　　D.①②③④

76.为了________方便,气缸体多做成单体式或分组式。

①制造;②拆装;③检修

A.①③　　　　B.①②③

C.①②　　　　D.②③

77.下列关于MAN B&W S-50MC-C型柴油机十字头组件的说法中,错误的是________。

A.十字头组件采用套管冷却

B.十字头组件安装有两个滑块

C.十字头轴承下瓦为白合金轴瓦

D.十字头组件和导板对活塞进行横向和纵向定位

78.下列关于倒挂式主轴承结构描述的四个选项中,________是错误的。

A.与正置式主轴承结构相比,倒挂式主轴承柴油机维修曲轴时更加方便

B.倒挂式主轴承结构可减小柴油机重量

C.倒挂式主轴承结构可缩小柴油机尺寸

D.广泛应用于中、高速柴油机中

79.下面关于倒挂式主轴承结构的说法,不正确的是________。

A.采用倒挂式主轴承结构的目的是减小柴油机的重量

B.倒挂式主轴承结构已广泛地应用在中、低速柴油机中

C.倒挂式主轴承结构是当前筒形活塞柴油机的主流结构

D.采用倒挂式主轴承可以省去机座，只需安装一油底壳即可

80.下述关于贯穿螺栓的说法中，不正确的是________。

A.贯穿螺栓上紧后使气缸体机架与机座三者承受压应力

B.贯穿螺栓上紧或松开前必须把主轴承盖上的撑杆螺栓松开

C.贯穿螺栓的中间支撑起定位和防止产生纵向振动的作用

D.贯穿螺栓的预紧力应定期检查

81.下图是主机七对贯穿螺栓的平面示意图，正确的上紧顺序是________。

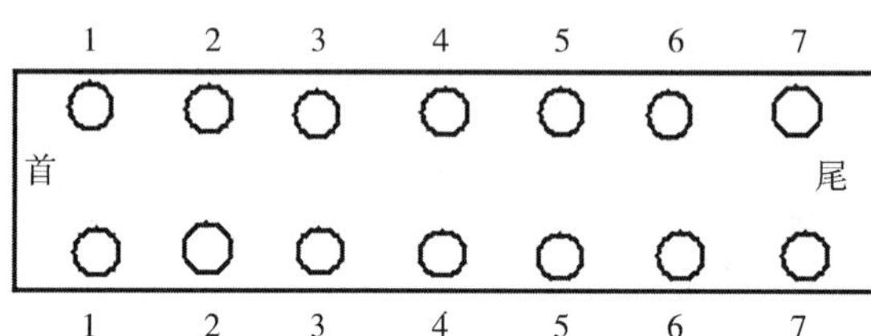

A.1—2—3—4—5—6—7　　B.4—5—3—6—2—7—1

C.7—6—5—4—3—2—1　　D.1—3—5—7—2—4—6

82.现代大型超长行程柴油机的焊接式机座的主轴承座处均采用铸钢构件的主要目的是________。

A.节约材料　　B.便于加工

C.提高刚度　　D.提高强度

83.现代大型低速柴油机多采用深型焊接单臂机座，其主要目的是________。

A.提高强度　　B.形成曲轴回转空间

C.保证曲柄箱密封性　　D.提高刚度

84.现代筒形活塞式柴油机在结构上普遍采用无________结构。

A.机座　　B.机架

C.机体　　D.气缸

85.现代新型中速柴油机在船上安装时，柴油机与机座之间的垫块通常采用________。

A.弹性支撑　　B.球墨螺母和球墨垫块

C.环氧树脂垫块　　D.铸钢垫块

86.小型筒形柴油机的结构特点有________。

①机架和气缸体铸成一个整体；②正置式主轴承结构；③曲轴是整体锻造；④活塞是组合式；⑤连杆采用车用大端

A.①②③　　B.②③④

C.①③④　　D.②④⑤

87.新型柴油机的气缸采用________结构。

A.锻造　　B.冲压

C.焊接　　D.铸造

88.新型柴油机的气缸体采用________结构。

A.锻造　B.冲压

C.焊接　D.铸造

89.新型筒形活塞式柴油机的轴承结构普遍采用________,底部是________结构。

A.倒挂式主轴承;滑油循环柜　B.倒挂式主轴承;油底壳

C.正置式主轴承;滑油循环柜　D.正置式主轴承;油底壳

90.新型中速柴油机一般都采用________。

A.倒挂式主轴承,不设机座　B.倒挂式主轴承,设机座

C.正置式主轴承,不设机座　D.正置式主轴承,设机座

91.易发生连杆螺栓断裂事故的柴油机是________。

A.四冲程高速机　B.四冲程增压机

C.二冲程增压机　D.二冲程中速机

92.引起柴油机贯穿螺栓断裂的原因有________。

①贯穿螺栓发生纵向振动;②各缸最大爆发压力严重不均;③机座、机架严重变形;④上紧力不均或过大

A.②③④　B.①③④

C.①②④　D.①②③

93.与传统的单贯穿螺栓相比较,双贯穿螺栓的特点是________。

①缩小了贯穿螺栓的长度;②增大了贯穿螺栓的直径;③增加了主轴承座的变形;④简化了机座和主轴承的焊接过程;⑤改善了滑块的滑动状态

A.①②③　B.①④⑤

C.②③④　D.②④⑤

94.在采用金属丝锁紧螺母时,金属丝缠绕螺母的方向应________。

A.与螺母的旋紧方向一致　B.与螺母的旋紧方向相反

C.与螺母的轴线方向一致　D.不予要求

95.在拆装大型低速柴油机的主轴承下瓦时,________是错误的。

A.在拆卸前,须将主机盘车到适当的位置

B.拆卸时,利用专用的液压千斤顶将曲轴抬到规定的距离后,再取出下瓦

C.在安装下瓦前,应在瓦背上涂以均匀的二硫化钼润滑剂

D.为了减少工作量,应同时拆下两个相邻的主轴承下瓦

96.在柴油机中贯穿螺栓的主要作用是________。

A.减少机件振动

B.使固定件不承受由气体力产生的拉应力

C.使固定件抵抗由气体力产生的压应力

D.提高机件的疲劳强度

97.在二冲程柴油机中,一路滑油送至十字头,另一路送至________等处。

①主轴承;②推力轴承;③艉轴承

A.①②　B.①②③

C.②③　　D.①③

98.在检查四冲程柴油机连杆螺栓时,下列操作正确的是________。

A.轴承合金的硬度和强度远低于轴颈

B.到了说明书所规定的更换时间,无论连杆螺栓检查后情况如何都必须更换

C.同一大端轴承的螺栓和螺母可以互换

D.主轴承中心线与气缸中心线垂直并相交

99.在日常对柴油机的固定件的管理过程中,主要应注意检查________,如发现问题,要及时查找原因进行处理。

A.振动与变形的程度　　B.固定件失中的程度

C.各结合面在运转中是否有张合现象　　D.蠕变与磨损的程度

100.在上紧柴油机连杆螺栓的螺母前,应将螺纹部分和各承压面清洁并涂抹适当的二硫化钼,其目的是________。

A.防止螺母螺纹和承压面产生变形　　B.防止螺母螺纹和承压面之间咬死

C.便于上紧　　D.便于拆卸

101.在一般情况下,十字头式柴油机的重量比筒形活塞式柴油机的________。

A.大　　B.两者相同

C.小　　D.随机型而定

102.正确的贯穿螺栓安装方法是________。

①一次上紧;②二次上紧;③从前向后;④由中央向两端;⑤控制螺栓伸长量;⑥控制泵油的次数

A.②④⑤　　B.①④⑤

C.①②⑤　　D.①④⑥

103.主轴承材料一般采用________。

①巴氏合金;②高锡铝合金;③紫铜合金

A.②③　　B.①②③

C.①②　　D.①③

104.主轴承修理或换新后不需做的工作是________。

A.磨合　　B.测臂距差

C.测轴承间隙　　D.加大润滑油量

105.主轴瓦烧熔是由于发生了________磨损。

A.黏着　　B.腐蚀

C.磨粒　　D.疲劳

第一节　柴油机的结构特点

1.B　2.D　3.B　4.B　5.D　6.B　7.C　8.C　9.D　10.D
11.D　12.C　13.C　14.A　15.B　16.D　17.B　18.C　19.C　20.B
21.D　22.A　23.D　24.A　25.D　26.A　27.B　28.D　29.B　30.D
31.A　32.D　33.B　34.A　35.A

第二节　燃烧室部件

1.B　2.B　3.D　4.C　5.C　6.C　7.B　8.C　9.B　10.B
11.B　12.C　13.B　14.A　15.D　16.C　17.C　18.A　19.C　20.C
21.B　22.D　23.C　24.A　25.C　26.A　27.D　28.B　29.B　30.B
31.C　32.B　33.B　34.C　35.C　36.D　37.C　38.A　39.C　40.B
41.C　42.C　43.A　44.A　45.C　46.D　47.D　48.C　49.B　50.C
51.C　52.D　53.A　54.C　55.D　56.C　57.D　58.C　59.A　60.B
61.A　62.B　63.D　64.D　65.A　66.A　67.C　68.D　69.D　70.A
71.A　72.D　73.C　74.B　75.C　76.B　77.C　78.D　79.B　80.A
81.A　82.C　83.A　84.D　85.D　86.A　87.A　88.A　89.C　90.D
91.D　92.C　93.C　94.C　95.A　96.A　97.C　98.D　99.A　100.A
101.D　102.B　103.D　104.B　105.C　106.C　107.D　108.D　109.A　110.B
111.C　112.B　113.B　114.D　115.C　116.D　117.B　118.B　119.D　120.B
121.B　122.A　123.C　124.B　125.B　126.A　127.C　128.A　129.C　130.D
131.D　132.D　133.D　134.D　135.B　136.A　137.C　138.D　139.D　140.A
141.B　142.C　143.A　144.B　145.D　146.B　147.A　148.A　149.D　150.A
151.A　152.A　153.A　154.D　155.B　156.B　157.A　158.A　159.C　160.B
161.D　162.B　163.D　164.C　165.D　166.C　167.D　168.B　169.C　170.A
171.A　172.D　173.D　174.A　175.A　176.A　177.C　178.B　179.B　180.D
181.D　182.A　183.B　184.C　185.A　186.A　187.A　188.C　189.D　190.C
191.A　192.A　193.D　194.C　195.B　196.D　197.C　198.B　199.C　200.B
201.A　202.B　203.A　204.D　205.D　206.A　207.A　208.B　209.A　210.B
211.D　212.A　213.D　214.A　215.A　216.A　217.A　218.C　219.B　220.D
221.D　222.C　223.A　224.A　225.A　226.B　227.A　228.C　229.C　230.D
231.A　232.C　233.C　234.A　235.A　236.B　237.A　238.A　239.A　240.A

241.D	242.C	243.D	244.C	245.C	246.B	247.A	248.C	249.B	250.B
251.C	252.A	253.D	254.C	255.D	256.B	257.A	258.D	259.D	260.D
261.D	262.D	263.D	264.B	265.D	266.A	267.C	268.C	269.D	270.D
271.C	272.C	273.C	274.D	275.D	276.B	277.D	278.B	279.C	280.D
281.A	282.A	283.D	284.C	285.D	286.B	287.C	288.C	289.A	290.D
291.C	292.A	293.A	294.C	295.A	296.A	297.B	298.B	299.D	300.C
301.D	302.B	303.B	304.D	305.D	306.B	307.A	308.A	309.A	310.A
311.C	312.D	313.B	314.D	315.A					

第三节　运动部件

1.D	2.A	3.B	4.D	5.C	6.A	7.B	8.A	9.C	10.B
11.B	12.A	13.D	14.B	15.D	16.B	17.C	18.D	19.B	20.B
21.D	22.A	23.B	24.B	25.B	26.B	27.B	28.D	29.B	30.C
31.B	32.A	33.D	34.D	35.A	36.B	37.D	38.A	39.A	40.D
41.A	42.C	43.C	44.D	45.B	46.C	47.D	48.D	49.D	50.C
51.B	52.C	53.C	54.B	55.D	56.A	57.C	58.D	59.B	60.C
61.B	62.D	63.D	64.C	65.D	66.B	67.A	68.B	69.C	70.D
71.C	72.C	73.C	74.A	75.A	76.C	77.B	78.B	79.C	80.B
81.A	82.B	83.C	84.B	85.A	86.D	87.C	88.D	89.D	90.D
91.B	92.B	93.D	94.B	95.A	96.D	97.C	98.C	99.A	100.D
101.C	102.B	103.D	104.C	105.B	106.A	107.B	108.C	109.D	110.A
111.B	112.D	113.B	114.A	115.B	116.D	117.C	118.A	119.C	120.A
121.D	122.C	123.B	124.C	125.C	126.C	127.B	128.B	129.D	130.D
131.D	132.D	133.C	134.B	135.A	136.D	137.A	138.B	139.A	140.A
141.D	142.A	143.B	144.A	145.A	146.C	147.A	148.A	149.D	150.B
151.D	152.B	153.A	154.B	155.B	156.B	157.C	158.A	159.D	160.A
161.D	162.A	163.B	164.A	165.C	166.A	167.A	168.B	169.B	170.A
171.B	172.D								

第四节　柴油机的主要固定部件

1.C	2.A	3.C	4.A	5.D	6.B	7.C	8.D	9.C	10.C
11.B	12.A	13.C	14.C	15.D	16.C	17.C	18.D	19.C	20.A
21.C	22.C	23.C	24.C	25.B	26.B	27.C	28.D	29.C	30.C
31.B	32.C	33.A	34.C	35.B	36.A	37.A	38.A	39.B	40.B

41.C	42.D	43.B	44.C	45.A	46.A	47.D	48.C	49.C	50.C
51.D	52.A	53.C	54.C	55.C	56.B	57.D	58.A	59.A	60.C
61.D	62.B	63.C	64.C	65.A	66.D	67.D	68.B	69.D	70.B
71.B	72.B	73.D	74.C	75.B	76.B	77.C	78.A	79.B	80.C
81.B	82.C	83.D	84.A	85.A	86.C	87.C	88.C	89.B	90.A
91.A	92.A	93.B	94.A	95.D	96.B	97.B	98.B	99.C	100.B
101.A	102.A	103.C	104.D	105.A					

第四章 柴油机燃油的雾化与燃烧

第一节 船用燃油的分类及成分

1.________常用于救生艇柴油机和应急发电柴油机。

A.轻柴油　　B.船用蒸馏燃油

C.中间燃料油　　D.船用燃料油

2.我国将船用燃油分为________和船用残渣燃料油。

A.轻柴油　　B.船用蒸馏燃油

C.中间燃料油　　D.船用燃料油

3.________燃油完全燃烧时放出的热量称为燃油的热值。

A.100 g　　B.1 g

C.1 t　　D.1 kg

4.1 kg 燃油完全燃烧时，不计入燃烧产物中水蒸气的汽化潜热，所放出的热量称为________。

A.燃油的化学能　　B.燃油的热值

C.燃油的低热值　　D.燃油的基准低热值

5.1 kg 燃油完全燃烧时放出的热量称为________。

A.燃油的化学能　　B.燃油的热值

C.燃油的低热值　　D.燃油的基准低热值

6.ISO 船用燃料油标准中，各指标的数值表示________。

A.燃油质量指标应达到的值

B.燃油质量指标的高限值

C.闪点的低限值、其他各指标的高限值

D.各指标的低限值

7.船用轻(柴)油的基准低热值是________。

A.40 000 kJ/kg　　B.42 000 kJ/kg

C.42 700 kJ/kg　　D.43 000 kJ/kg

8.船用重油的基准低热值是________ kJ/kg。

A.43 000　　B.42 000

C.40 000　　D.42 700

9.当船用主柴油机由使用轻油换用重油时,在油门不变的情况下主机转速将略有升高,其原因是________。

A.重油中含有蜡质　　B.重油热值高

C.循环供油量大　　D.重油黏度大

10.根据对 HC 形成的机理研究,对 HC 形成影响最大的因素是________。

A.燃油的化学成分　　B.可燃混合气质量

C.燃烧质量　　D.不完全燃烧

11.根据我国有关国家标准,柴油机燃油分为________。

①轻柴油;②船用燃油;③船用柴油;④中间燃料油;⑤船用燃料油

A.①②　　B.①③

C.①②④⑤　　D.①③④⑤

12.关于船舶的低硫油,说法不正确的是________。

A.低硫油就是柴油　　B.柴油也可能是高硫油

C.重油也可能是低硫油　　D.低硫油也可能是重油

13.关于燃油的下列说法中,错误的是________。

A.燃油尚能够流动的最低温度称为倾点

B.凝点、倾点与浊点都是说明燃油低温流动性和泵送性的重要指标

C.燃油开始变混浊时的温度称为凝点

D.燃油在试验条件下冷却至液面不移动时的最高温度称为凝点

14.国产轻柴油按________不同,分为________个等级。

A.闪点;五　　B.凝点;五

C.闪点;七　　D.凝点;七

15.国产轻柴油以________数值作为柴油的牌号。

A.黏度　　B.凝点

C.倾点　　D.闪点

16.衡量燃油在储存、运输中火灾危险程度的指标是________。

A.馏程　　B.自燃点

C.闪点　　D.燃点

17.加装燃油时下列表述燃油规格正确的是________。

A.ISO-F RMH45

B.50 ℃时运动黏度为 400 mm^2/s

C.15 ℃时密度为 0.991 g/cm^2

D.Red No.1 1 500 s

18.劣质燃油在雾化加热器中的预热温度高低主要决定于________。

A.喷油器对燃油雾化黏度的要求　　B.燃油的正常输送

C.加热器的热容量　　D.燃油的自燃温度

19.某柴油机由轻油换用重油后供油定时未做调整，则对燃烧过程的影响是________。

A.最高爆发压力提高，排气温度升高

B.最高爆发压力降低，排气温度降低

C.最高爆发压力降低，排气温度升高

D.最高爆发压力提高，排气温度降低

20.某船加装了 IMO380 号燃油，数字 380 表示________。

A.100 ℃时的最大运动黏度值　　B.50 ℃时的最大运动黏度值

C.100 ℃时的最大动力黏度值　　D.50 ℃时的最大动力黏度值

21.气阀阀杆卡死的通常原因是________。

A.撞击　　B.烧蚀

C.滑油高温结炭　　D.间隙过大

22.燃油的燃烧最主要的是碳和________的化学反应。

A.氧　　B.氮

C.氯　　D.氢

23.燃油性能指标中影响燃油燃烧性能的有________。

①闪点；②黏度；③柴油指数；④浊点；⑤馏程；⑥发热值

A.①②③⑤　　B.①③④⑤

C.②③⑤⑥　　D.②④⑤⑥

24.热值的单位是________/kg。

A.10 J　　B.1 000 J

C.1 J　　D.100 J

25.石油经二次加工后质量也越来越差，下列加工方法中________剩下的渣油质量最差。

A.常压蒸馏　　B.减压蒸馏

C.减黏裂化处理　　D.真空蒸馏

26.通常燃油的热值随油品不同而异，轻油的基准低热值与重油相比是________。

A.轻油较高　　B.重油较高

C.无规律　　D.两者相同

27.为保证燃油正常流动，燃油的最低温度必须高于________。

A.倾点　　B.闪点

C.浊点　　D.凝点

28.下列不属于 ISO-8217 型船用蒸馏燃油规格的是________。

A.RM10　　B.DMA

C.DMB　　D.DMZ

29.下列关于燃油热值的说法中，错误的是________。

A.轻油热值高于重油热值

B.柴油机计算燃料热能时使用的热值是高热值

C.燃油低热值不包含汽化潜热

D.热值有高热值和低热值

30.下列论述中,错误的是________。

A.燃油中灰分对柴油机产生磨料磨损

B.从使用观点来讲,燃油的使用温度应至少高于浊点 3~5 ℃

C.从使用观点来讲,燃油的使用温度应至少高于倾点 3~5 ℃

D.船用燃油的闭口闪点应不得低于 60~65 ℃

31.下列影响燃油燃烧性能的指标中,错误的是________。

A.馏程　　B.黏度

C.闪点　　D.发热值

32.关于现代船舶柴油主机使用重油长时间停车的管理要点,不正确的是________。

A.主机燃油供油单元继续运转

B.燃油加热温度可低于正常使用温度

C.经常盘车保持各缸由喷油泵到喷油器油路的循环

D.燃油加热器继续进行加热

33.影响燃油管理工作的燃油性能指标有________。

①密度;②闪点;③浊点;④凝点;⑤燃点;⑥发热值

A.①②③④　　B.①③④⑤

C.①③④⑥　　D.②④⑤⑥

34.影响燃油燃烧产物成分的燃油性能指标有________。

①密度;②钒、钠含量;③残碳值;④沥青分;⑤硫分;⑥机械杂质

A.①②③⑤　　B.②③④⑤

C.①③④⑥　　D.②④⑤⑥

35.在柴油机的各项热损失中,所含热量较大但可利用程度较差的是________。

A.排气带走热量 Q_r　　B.冷却热损失 Q_w

C.中冷器冷却热损失　　D.滑油热损失

36.在柴油机废热的各项热损失中,热量较大且可利用程度较好的是________。

A.排气热损失　　B.冷却热损失

C.中冷器热损失　　D.滑油热损失

37.柴油机使用的燃油热值应为________。

A.高热值　　B.全热值

C.低热值　　D.基本热值

38.在计算船舶柴油机热效率时,通常所使用的 42 000 kJ/kg 是指________。

A.轻油的低热值　　B.轻油的基准低热值

C.重油的低热值　　D.重油的基准低热值

39.重油的基准低热值与轻油的相比,正确的说法是________。

A.不确定　　B.轻油的基准低热值大

C.重油的基准低热值大　　D.一样大

第二节　燃油的喷射过程、喷油设备组成和结构特点

1.按柴油机燃烧理论分析，最高爆发压力的大小主要取决于________。

A.雾化质量　　B.气缸密封性

C.喷油定时　　D.可燃混合气质量

2.按船舶发电柴油机的工作特点，其使用的喷油泵供油量调节方式是________。

A.终点调节式　　B.始终点调节式

C.其余任意一种　　D.始点调节式

3.按分段燃烧理论分析，发生燃烧敲缸的燃烧阶段是________。

A.滞燃期　　B.速燃期

C.缓燃期　　D.后燃期

4.柴油机的喷油提前角太大，不会使________。

A.柴油机爆燃　　B.滞燃期增长

C.燃烧过程后移　　D.平均压力增长率 $\Delta p/\Delta\varphi$ 太大

5.不同柴油机对喷油提前角的要求是________。

A.高速机大于低速机，低增压机大于高增压机

B.高速机大于低速机，低增压机小于高增压机

C.高速机小于低速机，低增压机大于高增压机

D.高速机小于低速机，低增压机小于高增压机

6.采用等压卸载式出油阀的优点是________。

A.维护管理方便

B.能有效地阻止高压油管中的燃油回流

C.可使高压油管的长度减小

D.既可避免重复喷射，又可避免穴蚀的发生

7.测量柴油机最大爆发压力可用来判断________。

A.喷油提前角调整是否恰当　　B.气缸是否漏气

C.排气阀是否漏气　　D.活塞环是否漏气

8.关于柴油机发生燃烧敲缸的不正确说法是________。

A.严重时发生敲缸现象　　B.它用平均压力增长率来衡量

C.它与滞燃期长短有关　　D.它与压力急剧上升阶段无关

9.柴油机发生燃烧敲缸的主要原因是________。

A.运动件失中　　B.超负荷运转

C.轴承间隙太大　　D.喷油定时太晚

10.柴油机某一缸与其他缸相比，在下列情况下最需检查喷油定时的是________。

A.齿条刻度相同，爆压明显高，排气温度低

B.齿条刻度大，爆压略高，排气温度高

C.齿条刻度相同，爆压略低，排气温度高

D.齿条刻度相同,爆压低,排气温度低

11.柴油机某一缸与其他缸相比,在下列________情况下需检查喷油泵的密封性。

A.齿条刻度相同,爆压低,排气温度高

B.齿条刻度相同,爆压高,排气温度低

C.齿条刻度小,爆压低,排气温度低

D.齿条刻度大,爆压低,排气温度低

12.柴油机排气温度过高的原因可能是________。

①负荷过大;②喷油提前角过大;③柱塞偶件漏油;④扫气压低;⑤喷油器针阀锥面漏油;⑥喷油量过小

A.①②③　　B.①④⑤

C.③⑤⑥　　D.②④⑥

13.柴油机喷射系统在________情况下必须要排除空气。

①喷油器拆装后;②系统管路拆装,并重新连接后;③柴油机停车后

A.②　　B.③

C.①　　D.①②

14.柴油机喷射延迟阶段随________。

A.燃油可压缩性的增大而缩短　　B.凸轮轴转速的升高而缩短

C.高压油管的加长而缩短　　D.喷油器启阀压力的升高而延长

15.柴油机喷油泵出油阀上减压环带的作用是________。

A.保持高压油管中的压力　　B.避免重复喷射

C.防止高压油管穴蚀　　D.避免不稳定喷射

16.柴油机喷油泵密封性的检查方法,普遍采用________。

A.泵压法　　B.透光法

C.自由下落法　　D.煤油渗漏法

17.柴油机喷油泵密封性检查的主要对象是________。

①出油阀;②回油孔;③柱塞;④进油孔

A.①　　B.①③

C.①②③　　D.①②③④

18.柴油机喷油泵喷油定时过早对燃烧过程的影响是________。

A.最高爆发压力 p_z 降低,排气温度 T_r 降低

B.最高爆发压力 p_z 提高,排气温度 T_r 升高

C.最高爆发压力 p_z 提高,排气温度 T_r 降低

D.最高爆发压力 p_z 降低,排气温度 T_r 升高

19.柴油机喷油定时过迟,其排气颜色为________。

A.白色　　B.浅灰色

C.黑色　　D.蓝色

20.柴油机喷油提前角的数值大小与柴油机的________有关。

A.机型与转速　　B.结构大小

C.性能　　D.喷射设备

21.柴油机燃用轻柴油运行中,高压油管异常发热的主要原因是________。
①喷油提前角过大;②喷油压力过高;③喷油器针阀在关闭位置咬死;④喷油器喷孔堵塞;⑤喷油器针阀在开启位置咬死;⑥喷油泵出油阀严重泄漏

A.②④⑤　　B.②③④

C.③④⑥　　D.①②③

22.柴油机所使用的喷油泵的形式均是________。

A.高压齿轮泵　　B.螺杆泵

C.往复活塞泵　　D.柱塞泵

23.柴油机所使用的柱塞泵式喷油泵可使燃油产生________ MPa 的高压,所使用的喷油器启阀压力一般在________ MPa。

A.5~10;20~35　　B.20~35;20~35

C.60~150;20~35　　D.100~200;20~35

24.柴油机运转中若高压油泵的进、回油阀卡死在开启位,则该缸发生________。

A.单缸熄火　　B.单缸超负荷

C.气缸安全阀打开　　D.拉缸

25.柴油机运转中若高压油管脉动微弱,排温降低,则原因可能是________。

A.喷油泵密封不良漏油　　B.喷孔堵塞

C.喷油器针阀在开启位置咬死　　D.喷油泵柱塞在最高位置咬死

26.常见的异常喷射有________等。

A.二次喷射、断续喷射、不稳定喷射和隔次喷射、滴油

B.二次喷射、断续喷射、不稳定喷射

C.断续喷射、不稳定喷射和隔次喷射、滴油

D.断续喷射、不稳定喷射和隔次喷射

27.我国《钢质海船入级规范》要求 2002 年 7 月 1 日后建造的国际航行船舶的高压油管应设有________。

A.漏油防护装置　　B.漏油报警装置

C.漏油防护及报警装置　　D.漏油防护、报警及停车装置

28.船用柴油机的喷射系统大多采用________。

A.直接喷射系统　　B.间接喷射系统

C.蓄压式喷射系统　　D.电子喷射系统

29.船用柴油机广泛使用的喷油泵形式是________。

A.回油孔式　　B.回油阀式

C.分配式　　D.蓄压分配式

30.船用柴油机柱塞泵式喷射系统中,喷油泵的主要作用是________。
①准确而可调的供油定时;②准确而可调的供油量;③最佳的雾化质量;④足够高的供油压力;⑤合理的供油规律;⑥合理的喷油规律

A.①②③⑤　　B.①②④⑤

C.①③④⑥　　D.②④⑤⑥

31.带止回阀的喷油器的阀的动作顺序是________。

A.针阀先开,止回阀后开　　B.针阀先关,止回阀后关

C.止回阀先关,针阀后关　　D.针阀和止回阀同时关闭

32.单缸停油应利用停油机构将喷油泵柱塞下方的________抬起并固定。

A.齿轮　　B.凸轮

C.滚轮　　D.凸轮轴

33.当柴油机负荷降低时,等容卸载出油阀使高压油管残余压力的变化是________。

A.增大　　B.减小

C.不变　　D.无规律

34.当代船用大型柴油机在改进燃油喷射提高燃油质量方面的措施主要有________。

①提高喷油压力;②提高供油率;③缩短喷油持续期;④提高雾化质量;⑤增大供油提前角;⑥优化喷油器结构

A.①②④⑤⑥　　B.①②③④⑥

C.①②③④⑤　　D.①③④⑤⑥

35.当代船用大型超长行程柴油机的喷油器多为无冷却的轻型结构,此种喷油器的冷却方式采用________。

A.自然风冷

B.燃油系统中的燃油在喷油器内循环冷却

C.喷油器本体采用耐高温材料制成

D.通过气缸盖冷却水冷却

36.当代船用二冲程超长行程柴油机使用的无冷却式喷油器的优点是________。

①结构简单;②备车时可进行预热;③机动航行时不必换油;④可驱气

A.①②④　　B.①②③④

C.②③④　　D.①②③

37.当代船用二冲程超长行程柴油机使用的无冷却式喷油器喷油嘴的常见故障是________。

①喷孔磨损;②止回阀卡死;③喷孔结炭;④喷孔裂纹

A.①②③　　B.①③④

C.②③④　　D.①②③④

38.当对喷油器进行启阀压力检查与调整时,下列各项操作中错误的是________。

A.应该在专用的喷油器雾化试验台上进行

B.检查前需先检查试验台的密封性

C.接上待检喷油器后应先排除空气

D.迅速泵油观察开始喷油时的压力

39.当对喷油器进行雾化试验检查时,应迅速泵油。若喷油器喷孔部分严重堵塞,将产生的不良影响是________。

①油束射程减小;②喷油持续角减小;③各缸喷油不均匀

A.①　　B.②

C.③ D.①③

40.当对喷油器进行雾化质量检查与调整时,发现有喷孔堵塞,应用煤油浸泡后通过________疏通。

A.喷油器雾化试验台 B.钢丝探针

C.气动工具 D.液压工具

41.当喷油器的喷孔部分结炭而使孔径减小时,将会出现________。

A.喷油持续角减小 B.喷油率减小

C.油束射程变大 D.油束锥角变小

42.等容卸载出油阀的关键参数是________,等压卸载出油阀的关键参数是________。

A.泄油槽宽度;泄油槽宽度 B.卸载容积;卸载弹簧预紧力

C.卸载弹簧预紧力;泄油槽宽度 D.卸载槽深度;卸载弹簧预紧力

43.等容卸载出油阀使高压油管产生穴蚀,故障多发生在________运转期间。

A.中等负荷 B.低负荷

C.高负荷 D.全部负荷

44.对于不同类型喷油器的针阀,其针阀升程值一般为________。

A.0.4~1.3 mm B.0.1~0.2 mm

C.0.4~1.5 mm D.0.2~2.0 mm

45.对于现代新型喷油器检查的项目包括________。

A.启阀压力、雾化质量和针阀偶件的密封性

B.雾化质量

C.启阀压力、雾化质量、针阀偶件的密封性和回油通道的畅通

D.针阀偶件的密封性

46.根据柴油机气缸内燃烧过程的特点分析,影响燃烧过程的因素有________。

①燃油品质与换气质量;②柱塞直径与燃油凸轮线型;③缸内热状态;④燃油雾化质量;⑤转速与负荷;⑥喷油提前角

A.①②③④⑤⑥ B.①②③

C.①②③④⑥ D.①③④⑤

47.根据对喷油泵定量供油的要求,其循环供油量的调节方法主要有________。

①升降柱塞法;②始点调节法;③终点调节法;④转动凸轮法;⑤始终点调节法;⑥升降套筒法

A.②③⑤ B.①④⑤

C.①③④ D.②⑤⑥

48.根据分段燃烧理论分析,控制燃烧敲缸的主要措施有________。

①控制速燃期燃烧速度;②控制速燃期喷油量;③控制滞燃期;④控制滞燃期喷油量;⑤控制燃油雾化质量;⑥控制最高爆发压力

A.①②③ B.③④⑤

C.①③④ D.④⑤⑥

49.通过对燃烧过程的分析可知,低速机在滞燃阶段喷到缸内的燃油应是________。

A.越多越好

B.占循环喷油量的 15%~30%为宜

C.越少越好

D.占循环喷油量的 80%~100%为宜

50.关于 MAN B&W MC/MCE 型柴油机使用的可变喷油定时机构,下列说法不正确的是________。

A.喷油泵调节机构有两根齿条,均由调速器调节轴控制

B.定时调节齿条上方为油量调节齿条

C.在柴油机 50%标定功率以下时,可变喷油定时机构不起作用

D.通过齿套螺母使喷油泵套筒上升或下降,从而改变了供油定时

51.关于回油阀始点调节式喷油泵的下列特点中,说法错误的是________。

A.进油阀与柱塞并列在偏心轴同一侧

B.用进油阀关闭时刻控制供油始点

C.柱塞的最高位置为供油终点

D.用燃油手柄控制偏心轴以实现油量总调

52.关于喷油泵的出油阀的下列说法中,不正确的是________。

A.等压卸载式性能好

B.等压卸载式应用广泛

C.等容卸载式易使喷射系统内产生穴蚀

D.等容卸载式结构简单

53.关于喷油泵的出油阀,下列说法正确的是________。

A.喷油泵都有出油阀

B.出油阀都有卸载

C.为燃油自身循环冷却喷油器供油的喷油泵没有出油阀

D.出油阀的作用就是卸载

54.关于喷油器的说法中,错误的是________。

A.启阀压力与针阀落座时的燃油压力相等

B.启阀压力与抬起针阀的最低燃油压力相等

C.启阀压力不等于喷油压力

D.启阀压力不等于针阀弹簧预紧力

55.关于喷油器结构对喷射过程尾喷阶段的影响,说法错误的是________。

A.喷油器弹簧刚度大,尾喷长　　B.采用下置弹簧有利于缩短尾喷

C.喷孔离针阀密封锥面远,尾喷长　　D.针阀密封锥面磨损使尾喷长

56.关于喷油提前角,下述论述正确的是________。

①喷油提前角小于供油提前角;②喷油提前角直接影响燃烧过程;③燃用重油时应减小喷油提前角;④喷油提前角过大,则工作粗暴;⑤现代大型低速机应取较大值;⑥高速柴油机应取较大值

A.①②③⑤　　B.①③④⑤

C.①②④⑥　　D.②④⑤⑥

57.回油孔式喷油泵套筒装入泵体时,如进回油孔方向装反,产生的后果是________。

A.调节齿圈不能安装　　B.柱塞不能安装

C.油量调节不准　　D.油泵不能泵油

58.回油孔式喷油泵柱塞卡死的原因是________。

①燃油净化不良;②油温过高;③油温突变;④柱塞套筒间隙过大;⑤阀杆太长;⑥阀杆太短

A.①②③　　B.③④⑤

C.①③④　　D.②⑤⑥

59.开式喷油器与闭式喷油器相比,其主要缺点是________。

A.结构复杂　　B.冷却性能差

C.加工麻烦　　D.喷射性能差

60.某30万吨油船,船舶主机型号为DU-Sulzer7RTA84T,其喷油泵为回油阀式喷油泵。大管轮上船接班后发现7号缸排烟温度明显高于其他6缸,导致船舶满载航行时主机不能满负荷运转,进行示功图测量后发现该缸 p_z 偏低。对7号缸采取的以下措施中正确的是________。

A.通过升降柱塞法减小供油提前角

B.通过升降柱塞法增大供油提前角

C.旋低喷油泵进油阀下方顶杆长度,旋高喷油泵回油阀下方顶杆长度

D.旋高喷油泵进油阀下方顶杆长度,旋低喷油泵回油阀下方顶杆长度

61.某柴油机最低稳定转速升高,主要原因是________过度磨损。

A.针阀圆柱面　　B.针阀锥面

C.针阀套上端面　　D.针阀套下端面

62.下列喷油器部件磨损后不能通过研磨方法修复的是________。

A.针阀圆柱面　　B.针阀锥面

C.针阀套上端面　　D.针阀套下端面

63.某船发电柴油机拆装高压油泵后没有驱气,会导致________。

A.喷油泵零位不准　　B.喷油泵供油定时变化

C.难以建立喷油压力　　D.雾化质量恶化

64.某二冲程柴油机,供油定时检查发现某缸供油定时超前6°,该机凸轮端面有240个齿。现欲恢复至正常定时,应________进行调整。

A.顺时针转动4个齿　　B.逆时针转动4个齿

C.逆时针转动2个齿　　D.顺时针转动2个齿

65.某四冲程柴油机,供油定时检查发现某缸供油定时滞后6°,该机凸轮端面有240个齿。现欲恢复至正常定时,应________进行调整。

A.顺时针转动4个齿　　B.逆时针转动4个齿

C.逆正车方向转动2个齿　　D.顺正车方向转动2个齿

66.某四冲程柴油机,喷油定时检查发现某缸喷油定时超前4°CA,该机凸轮端面有360个齿。现欲恢复其正常定时,需松开喷油泵凸轮,轴向错开脱离其啮合,并沿________方向转过________个齿后再使凸轮重新啮合并锁紧。

A.倒车;2　　B.倒车;4

C.正车;2　　D.正车;4

67.某些柴油机的喷油泵不设出油阀,其产生的主要缺点是________。

A.高压油管穴蚀　　B.产生重复喷射

C.进油腔油压波动　　D.回油速度过快

68.某些新型柴油机的喷油泵不设出油阀,但须在泵腔顶部装吸油阀,当柴油机处于________工况时,该吸油阀处于开启状态。

A.正常停车时打开　　B.运行时打开

C.正常停车时或者紧急停车时打开　　D.紧急停车时打开

69.某些新型柴油机的喷油泵不设出油阀,其最可能出现故障的零件是________。

A.吸油阀　　B.柱塞

C.弹簧缓冲器　　D.高压油管

70.喷射过程的主要喷射阶段是________。

A.从计阀开启到针阀落座　　B.从针阀开启到喷油泵停止泵油

C.从计阀开启到油压降至启阀压力　　D.从针阀开启到油压降至剩余压力

71.喷射延迟阶段过长,将会导致的结果是________。

A.油耗率降低,功率增大　　B.后燃严重,排烟温度升高

C.平均压力增长率升高,工作粗暴　　D.最高爆发压力降低,工作粗暴

72.喷油泵采用等容卸载出油阀,当其卸载容积过大时,发生的不良影响是________。

①喷射延迟阶段延长;②下一循环供油量减小;③高压油管发生穴蚀

A.②③　　B.①②③

C.①③　　D.①②

73.喷油泵出油阀密封锥面泄漏,造成的不良影响是________。

A.喷油定时延迟,喷油量不变

B.喷油压力下降,喷油定时不变

C.喷油压力下降,喷油量下降,喷油定时不变

D.喷油量下降,喷油定时延迟

74.喷油泵的主要作用不包括________。

A.保持合理的喷油规律　　B.产生喷油高压

C.保证可靠的供油定时　　D.保证准确而可调的供油量

75.喷油泵供油启、闭时刻称为________。

A.配气定时　　B.喷油定时

C.供油定时　　D.启动定时

76.喷油泵供油始点和供油终点与喷油器的喷油始点和喷油终点均不在同一时刻的原因是________。

①燃油有可压缩性;②喷油设备结构不同;③燃油的黏温性;④高压油管的弹性;⑤高压油管的压力波;⑥燃油的高黏度

A.①②③⑤　　B.①②④⑤

C.①③④⑥　　D.②④⑤⑥

77.喷油泵供油提前角的大小主要影响柴油机的________性能。

①经济性；②加速性；③最高爆发压力；④平均压力增长率；⑤压缩压力；⑥排气温度

A.①②③⑤　　B.①③④⑤

C.①③④⑥　　D.②④⑤⑥

78.喷油泵供油提前角过大，柴油机的变化是________。

①油耗率升高；②容易启动；③最高爆发压力升高；④排气温度升高；⑤平均压力增长率升高；⑥发动机过热

A.①③④　　B.①②③

C.②④⑥　　D.①③⑤

79.喷油器良好的雾化质量的要求是喷束符合要求，喷油嘴无油滴涌出或渗漏，喷射过程伴有清脆的“吱吱”声。关于对喷射系统的基本要求，错误的是________。

A.正确的喷油定时　　B.精确的循环供油量

C.良好的雾化质量　　D.电控喷射

80.喷油器喷孔内外结炭的直接原因在于________。

A.燃油预热温度不当　　B.喷油器冷却不良而过热

C.启阀压力太低　　D.喷油压力太低

81.喷油器喷孔因结焦而部分堵塞，在示功图上表现的特征为________。

A.膨胀线高于正常示功图　　B.示功图头部尖瘦

C.示功图曲线光滑　　D.燃烧线与压缩线明显分离

82.喷油器针阀升起点落后于喷油泵的供油点，这是因为________。

A.燃油有可压缩性　　B.燃油有黏性

C.燃油有流动性　　D.燃油有润滑性

83.喷油器针阀在针阀体内卡紧或咬死的主要原因是________。

①燃油中有杂质；②油温突变；③喷油器过热

A.①②③　　B.②

C.③　　D.①

84.喷油器针阀撞击、磨损下沉后会引起针阀升程增大，其针阀升程增大量不超过________。

A.0.4~1.3 mm　　B.0.15~0.20 mm

C.0.4~1.5 mm　　D.0.15~0.20 cm

85.喷油提前角偏大，不可能产生的影响是________。

A.工作粗暴　　B.爆发压力增大

C.功率增大　　D.启动困难

86.喷油提前角偏大产生的影响是________。

A.燃烧不完全　　B.排气冒黑烟

C.功率增大　　D.启动困难

87.燃油喷射过程通常可划分为以下哪几个阶段？

①喷射提前阶段；②主要喷射阶段；③速喷阶段；④缓喷阶段；⑤喷射延迟阶段；⑥尾喷阶段

A.①③⑤　　B.①③④

C.②⑤⑥　　D.②④⑥

88.燃油品质变化较大时应对柴油机喷油定时进行调整，正确的调整方法是________。

A.根据燃油品种和说明书查得最佳定时后再进行调整

B.主要依据爆压和排气温度，通过试验确定最佳定时

C.根据燃油十六烷值从说明书查得最佳定时后再进行调整

D.主要依据最高燃烧温度和排气温度，通过试验确定最佳定时

89.燃油以很高压力和速度从喷油器喷孔喷出，首先形成可燃混合气的是在油束的________。

A.前端部位　　B.中间部位

C.外边缘附近　　D.根部

90.如果柴油机正常运行时某缸出现爆压低，而排气温度高的现象，则________应最先考虑。

A.喷油器雾化不良　　B.喷油正时过晚

C.喷油泵漏油　　D.空冷器堵塞

91.如果柱塞泵式喷射系统油道中的空气排放不净，则会出现________。

A.供油定时变化　　B.雾化质量恶化

C.喷油泵不供油　　D.喷油压力难以建立

92.如图所示为回油孔式喷油泵基本结构，图中油量调节方式为________。

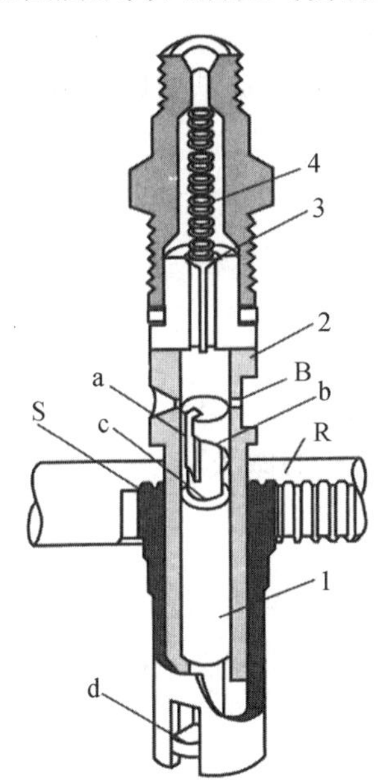

A.始终点调节式　　B.终点调节式

C.始点调节式　　D.始点旁通调节式

93.若某缸喷油器咬死而不能开启，则产生的后果是________。

①该缸熄火；②整机转速降低；③高压油管脉动微弱；④该缸高压油管接头处可能漏油；⑤排气冒黑烟；⑥该缸排温下降

A.①②③⑤　　B.①③④⑤

C.①②④⑥　　D.②④⑤⑥

94.若某缸喷油器针阀因咬死而不能开启,则产生的后果是________。

①该缸熄火;②发动机转速下降;③排温下降;④该缸喷油泵发热;⑤高压油管发热;⑥高压油管接头漏油

A.①②③⑤　　B.①②③④⑤

C.①②③④⑤⑥　　D.②④⑤⑥

95.若喷油器喷孔部分堵塞,将产生的不良影响是________。

A.油束射程减小　　B.油粒直径减小

C.油束锥角减小　　D.喷油持续角减小

96.若喷油器喷孔直径磨损增大,将产生的不良影响是________。

A.油束锥角增大　　B.射程减小

C.雾化均匀度下降　　D.油粒直径减小

97.设有引喷出油阀的高压油泵,其引喷出油阀的开启时刻应该是________。

A.在主阀开启之后　　B.在主阀开启之前

C.与主阀同时开启　　D.随负荷变化

98.始终点调节式喷油泵在循环供油量增加时,其调节特点是________。

A.供油始点提前、终点延后　　B.供油始点延后、终点提前

C.供油始点延后、终点延后　　D.供油始点提前、终点提前

99.始终点回油阀调节式喷油泵的船舶柴油机,若某缸高压油管较长,对该缸供油提前角的正确调整措施是________。

A.采用升降套筒法　　B.顺着倒车方向转动凸轮

C.采用升降柱塞法　　D.顺着正车方向转动凸轮

100.四冲程柴油机发生燃烧敲缸的时刻应是________附近。

A.上、下止点　　B.换气上止点

C.发火上止点　　D.上止点

101.四冲程多缸柴油机在对各缸喷油泵供油均匀性检查与调整时,错误的做法是________。

A.“零”位检查时,各泵调节齿条应位于0~2格

B.全负荷油门检查时,各泵的调油齿条格数应相同

C.各缸供油不均匀时,应把齿条格数小者调大

D.各缸供油不均匀时,可在试验台上进行测量调整

102.通常高速柴油机各缸高压油管长度从理论分析上讲,应________。

A.相等　　B.按各缸位置而定

C.以安装方便而定　　D.使用最小长度

103.通常喷油泵循环供油量的检查内容是________。

①最低循环供油量;②停车位置;③各缸负荷均匀性

A.①③　　B.①②

C.①②③　　D.②③

104.通常燃油系统的雾化加热器是根据________的变化,通过调节________,来保证燃油符合设定要求的。

A.燃油温度;加热蒸气的压力　　B.燃油黏度;蒸气阀的开度

C.燃油黏度;加热蒸气的压力　　D.燃油黏度;加热蒸气的温度

105.通过升降柱塞法或升降套筒法调节供油定时时,下述各点中错误的是________。

A.柱塞的有效行程不变

B.喷油持续时间不变

C.凸轮的有效工作段改变

D.升高柱塞或降低套筒,供油定时提前

106.为了保证回油孔式喷油泵调油动作准确无误,在拆装喷油泵时必须保证的安装啮合记号是________。

①柱塞偶件啮合记号;②调节齿条与调节齿圈啮合记号;③柱塞下部凸耳与调节齿圈啮合记号;④出油阀偶件啮合记号

A.①②③④　　B.①②③

C.②③　　D.②③④

107.为了保证针阀锥面的有效密封,针阀与阀座配合面的阀线应该是________。

A.狭窄连续的环形　　B.宽线

C.断续的环形　　D.完整的“S”形

108.下列关于喷油泵出油阀的工作特性中,错误的是________。

A.等容卸载出油阀的卸载容积随柴油机转速的变化而变化

B.等容卸载出油阀的高压油管剩余压力随柴油机工况的变化而变化

C.等压卸载出油阀不会使高压油管产生穴蚀

D.等压卸载出油阀依靠阀内的卸载阀启闭来控制高压油管内的压力

109.新型 MAN B&W 型柴油机喷油器针阀下部有切断杆伸入喷油嘴内,这种喷油器进行试验检查时,不能检查的项目是________。

A.止回阀启阀压力　　B.针阀启阀压力

C.密封性　　D.雾化质量

110.蓄压式喷射系统目前在船用柴油机中未广泛使用的主要原因是________。

A.设备复杂　　B.喷射压力波动大

C.喷射持续期长　　D.低速时各缸供油不均匀

111.液压启阀式喷油器针阀和弹簧的惯性力对燃油喷射质量的影响主要是________。

A.喷油持续角减小

B.喷油提前角减小

C.使启阀压力下降,雾化质量变差

D.针阀关闭压力降低造成关阀时滴漏与雾化不良

112.一个良好的喷射系统必须能够保证具有良好的________。

①喷油定时;②循环喷油量;③喷射质量

A.①②③　　B.①②

C.①③　　D.②③

113.影响喷油延迟阶段的因素有________。

①高压油管尺寸；②喷油器针阀启阀压力；③柴油机负荷；④柴油机运转工况；⑤喷油泵出油阀结构特点；⑥喷油器针阀结构特点

A.①②③　　B.①③④⑤

C.①③④⑤⑥　　D.①②③④⑤⑥

114.有关废气涡轮增压器的说法，错误的是________。

A.压气机端的轴承为止推轴承　　B.涡轮端的轴承为止推轴承

C.喘振发生在压气机端　　D.涡轮端功率等于压气机端功率

115.在柴油机喷油泵柱塞密封性的检查中，当压力达到规定数值时应该________。

A.放松油泵手柄　　B.按住油泵手柄

C.摇动油泵手柄　　D.压下油泵手柄

116.在柴油机喷油泵综合密封性的检查中，结果满足要求只能说明________的密封良好。

A.出油阀　　B.柱塞

C.出油阀与柱塞两者之一　　D.出油阀与柱塞两者

117.在柴油机热力检查时如发现个别缸排气温度过高，其最大的原因可能是（喷油泵技术状态正常）________。

A.气缸漏气　　B.喷油器故障

C.燃油质量不符要求　　D.空冷器空气侧污染

118.在柴油机中，防止喷射系统穴蚀的主要措施有________。

①选择适当参数和等容卸载式出油阀；②采用等压卸载式出油阀；③提高喷油压力，降低喷油速率；④在喷油泵回油腔中加装缓冲器；⑤增大高压油管长度和直径；⑥提高燃油的进油压力

A.①②③⑤　　B.①③④⑤

C.①②④⑥　　D.②④⑥⑤

119.在船用柴油机使用的直接喷射系统中，应用最广泛的是________。

A.柱塞泵式　　B.电子喷射式

C.泵喷嘴式　　D.分配式

120.在负荷不变的情况下，喷射过程所占曲轴转角随转速的升高而减小的是________。

A.喷射延迟阶段　　B.主要喷射阶段

C.尾喷阶段　　D.整个喷射过程

121.在高增压柴油机中，使燃烧平稳的主要措施是________。

A.增大柱塞直径　　B.减小供油提前角

C.增大喷油压力　　D.降低压缩比

122.在检查始终点阀式喷油泵零位时，安装千分表的正确方式是________。

A.柱塞在最高位置时装进油阀上的千分表，在最低位置时装回油阀上的千分表

B.柱塞在最高位置时装回油阀上的千分表，在最低位置时装进油阀上的千分表

C.柱塞在最高位置时装进、回油阀上的千分表

D.柱塞在最低位置时装进、回油阀上的千分表

123.在将喷油器装入柴油机气缸盖时，错误的操作是________。

A.检查其与气缸盖配合面处有无杂物

B.检查其与气缸盖配合面能否密封

C.如有必要,应使用专用工具研磨气缸盖配合面

D.安装螺栓预紧力应尽可能大些以免漏气

124.在喷射过程中喷油始点落后于供油始点的主要原因是燃油________。

A.有可压缩性 B.有黏滞性

C.有流动性 D.有惯性

125.在燃油喷射过程中,自喷油器针阀开启瞬时到供油结束,喷射压力的变化规律是________。

A.逐渐减小 B.基本不变

C.持续增大 D.随机型而异

126.在主机油门刻度不变的情况下,下列结论正确的是________。

①燃用重油时主机发出的功率大于燃用轻油时的功率;②燃烧 1 t 重油后船舶航行的距离大于燃烧 1 t 轻油后船舶航行的距离;③使用轻油与使用重油的航速不同

A.①② B.①②③

C.①③ D.②③

127.造成喷油太早的主要原因是________。

A.调节弹簧太紧 B.喷油器启阀压力太高

C.喷油器缝隙式滤器堵塞 D.喷油器弹簧松动或折断

128.长期使用的回油孔式喷油泵,由于高压燃油的冲刷和穴蚀作用,其柱塞头部边缘及螺旋槽附近常出现较严重的磨损现象。这种磨损会造成________。

A.喷油提前和断油延迟 B.喷油延迟和断油提前

C.喷油提前和断油提前 D.喷油延迟和断油延迟

129.在船用柴油机广泛使用的柱塞泵式喷射系统中,其主要组成是________。

A.喷油泵 B.蓄压器

C.喷油器 D.喷油泵、喷油器

第三节 可燃气体的形成及燃烧过程

1.按分阶段燃烧理论分析,对燃烧质量影响最大的是________。

A.滞燃期 B.速燃期

C.缓燃期 D.后燃期

2.柴油机的滞燃期 T_i 过长,对柴油机产生的主要危害是________。

A.排温升高 B.最高爆发压力升高

C.热负荷过大 D.工作粗暴

3.柴油机的主要排放物是指________排放。

A.CO B.HC

C.NO_x D.排气颗粒

4.柴油机的最高爆发压力过高、排气冒烟、油耗率增大、排温升高、功率下降等现象均与________

有关。

A.燃油的喷射与燃烧过程　　B.燃油的十六烷值

C.燃油的黏度　　D.燃油的雾化质量

5.柴油机负荷提高时对滞燃期、爆压、后燃期的影响是________。

A.滞燃期延长,爆压减小,后燃期缩短

B.滞燃期延长,爆压增大,后燃期延长

C.滞燃期缩短,爆压增大,后燃期延长

D.滞燃期缩短,爆压减小,后燃期缩短

6.柴油机后燃严重的危害是________。

①热效率下降;②排温升高;③可靠性下降

A.①③　　B.①②

C.①②③　　D.②③

7.柴油机缓燃期的长短主要取决于________。

A.压缩压力　　B.负荷大小

C.喷油定时　　D.燃油品质

8.柴油机燃烧过程中,主燃期的长短主要取决于________。

A.转速　　B.负荷

C.柴油机形式　　D.燃烧室形状

9.柴油机排气温度过高的原因是________。

①燃油雾化不良;②喷油定时太迟;③严重超负荷;④燃油硫分高;⑤换气质量差;⑥燃油挥发性好

A.①③④⑤　　B.①②③⑤

C.②④⑤⑥　　D.①③④⑥

10.柴油机排气中的黑烟主要来自________。

A.冷车启动下燃烧不良的燃油微粒　　B.燃油低温的聚合产物

C.燃油高温下的缺氧裂解产物　　D.低速运转中燃油燃烧的微粒

11.柴油机排烟呈白色主要是因为________。

A.雾化不良　　B.燃烧不良

C.气缸中有水　　D.气缸中润滑油燃烧

12.柴油机气缸内高温富氧条件有害燃烧产物主要是________。

A.CO　　B.H_2O

C.HC　　D.NO_x

13.柴油机气缸内空气强烈扰动对________有良好影响,但会造成________。

A.可燃混合气形成质量;燃烧速度过快,冒黑烟

B.加快燃烧速度;排气温度过高

C.提高燃烧完善程度;气缸热负荷过高

D.提高燃烧完善程度;气缸散热量增加,启动困难,耗油率高

14.柴油机燃烧不完全引起的排气冒黑烟的原因主要有________。

①喷油器滴油;②喷油定时太迟;③超负荷运转;④燃油质量不符要求;⑤大量滑油进入气缸燃烧;⑥雾化质量差

A.②③④⑤⑥　　B.①③④⑤⑥

C.①②③④⑥　　D.①②③⑤⑥

15.柴油机燃烧过程的影响因素主要有________。

①燃油品质及雾化质量;②喷油定时;③换气质量;④气缸热状态;⑤曲柄排列;⑥柴油机转速与负荷

A.①②③④⑥　　B.①②④⑤⑥

C.①③④⑤⑥　　D.①②③④⑤

16.在柴油机燃烧过程中,后燃期过长的危害是________。

A.排温升高,冒黑烟　　B.排温升高,可靠性下降

C.排温升高,最高爆发压力降低　　D.工作粗暴

17.柴油机燃烧过程中发生工作粗暴的主要原因是________。

A.雾化不良　　B.喷油定时过早

C.负荷过大　　D.最高爆发压力过高

18.柴油机燃烧过程中后燃期延长不会发生的变化是________。

A.热负荷增加　　B.可靠性降低

C.经济性降低　　D.转速升高

19.柴油机形成可燃混合气的方法是________。

①外部混合法;②空间雾化混合法;③油膜蒸发混合法

A.①　　B.②③

C.③　　D.②

20.柴油机中过量空气系数 α 的数值一般为________。

A.$\alpha>0$　　B.$\alpha=1$

C.$\alpha>1$　　D.$\alpha<1$

21.柴油机转速升高时对滞燃期 τ_i、滞燃角 φ_i、后燃期的影响是________。

A.滞燃期 τ_i 缩短,滞燃角 φ_i 增大,后燃期加长

B.滞燃期 τ_i 缩短,滞燃角 φ_i 减小,后燃期缩短

C.滞燃期 τ_i 加长,滞燃角 φ_i 增大,后燃期加长

D.滞燃期 τ_i 加长,滞燃角 φ_i 减小,后燃期缩短

22.船舶长期以经济航速(降速)航行时,下列对船舶主机的优化调整措施中,哪项是错误的?

A.适当增大喷油提前角　　B.适当减小压缩比

C.适当减小气缸注油量　　D.适当提高喷油器启阀压力

23.船用柴油机形成可燃混合气的关键条件是________。

A.空气涡动　　B.燃烧涡动

C.喷雾质量　　D.压缩涡动

24.船用大型低速柴油机在燃烧室内形成进气涡动的方法主要是采用________。

A.螺旋进气道　　B.斜切进气口

C.导气屏　　D.特殊形状的活塞头

25.船用大型低速柴油机在燃烧室内形成空气涡动的方法主要是________。

A.进气涡动　　B.压缩涡动

C.挤压涡动　　D.燃烧涡动

26.大型低速柴油机形成可燃混合气的方法主要是________。

A.油雾法　　B.空间混合法

C.涡动法　　D.油膜蒸发混合法

27.中、小型高速柴油机形成可燃混合气的方法主要是________。

A.空间混合法　　B.油雾法

C.涡动法　　D.油膜蒸发混合法

28.断续喷射与不稳定喷射多发生在________的情况下。

A.均为高负荷　　B.前者为低负荷,后者为高负荷

C.前者为高负荷,后者为低负荷　　D.均为低负荷

29.对喷射系统工作质量依赖最大的燃烧室形式是________燃烧室。

A.半开式　　B.开式

C.分隔式　　D.涡流室式

30.发动机排放的未燃烃 HC,除了来自废气外,还可能来源于________。

A.进气系统　　B.排气系统

C.冷却系统　　D.燃料系统

31.分隔式燃烧室的主要优点有________。

①经济性好;②低污染;③启动性能好;④对喷油设备要求较低;⑤对燃油品质变化不敏感;⑥过量空气系数小

A.①②③⑤　　B.①③④⑤

C.①③④⑥　　D.②④⑤⑥

32.根据柴油机理论分析并经实验证实,燃烧室内的着火点的特点是________。

A.仅为单点着火　　B.固定部位多点着火

C.不同部位多点着火　　D.固定部位单点着火

33.根据柴油机燃烧过程分析,柴油机发生燃烧敲缸的时刻是________。

A.燃烧初期　　B.燃烧后期

C.燃烧全过程　　D.任意时刻

34.根据对柴油机燃烧室着火条件的分析,在燃烧室内最先着火的部位应是________。

A.油束内部　　B.油束外缘($\alpha \geq 1$ 处)

C.油束前端　　D.油束根部

35.根据分段燃烧理论分析,提高缓燃期燃烧质量的主要措施是________。

A.控制缓燃期内的喷油量

B.加强燃烧室内空气扰动以加速混合气形成

C.控制缓燃期喷油规律

D.控制缓燃期燃烧速度

36.根据分段燃烧理论分析,燃烧在缓燃阶段的主要特点是________。

①近似等压燃烧;②缸内达到最高燃烧温度;③燃烧速率逐渐降低;④为不可控燃烧;⑤最大问题是燃烧不完全;⑥按放热规律,本阶段亦称扩散燃烧阶段

A.①②③⑤⑥　　B.①②③④⑤

C.①③④⑤⑥　　D.①②④⑤⑥

37.根据分段燃烧理论分析,燃烧在缓燃期的主要特点是________。

①近似等压燃烧;②缸内达到最高燃烧温度;③燃烧速率逐渐降低;④为不可控燃烧;⑤最大问题是燃烧不完全;⑥按放热规律,本阶段亦称扩散燃烧阶段

A.①②③⑤⑥　　B.①②③④⑤

C.①②③④⑥　　D.①②④⑤⑥

38.关于柴油机的过量空气系数的说法,正确的是________。

A.高速机小于低速机　　B.高速机与低速机相等

C.低速机小于高速机　　D.非增压机大于增压机

39.关于过量空气系数 α 的说法中,不正确的是________。

A.α 大说明热负荷低

B.四冲程柴油机的 α 小于二冲程柴油机的 α

C.α 大说明做功能力小

D.α 大说明空气利用率高

40.关于过量空气系数 α 对柴油机工作的影响,说法错误的是________。

A.α 大说明燃烧完全　　B.α 大说明做功能力大

C.α 大说明热负荷低　　D.α 大说明空气利用率低

41.关于后燃,下列说法中不正确的是________。

A.是指缸内达最高温度以后的燃烧　　B.后燃严重,热负荷高

C.后燃严重时可能延续至开始排气　　D.减少后燃阶段喷油量可减轻后燃

42.关于燃烧过程各阶段的分析中,正确的是________。

A.滞燃期适当短些为好,后燃期越短越好

B.滞燃期越短越好

C.后燃期长些为好

D.滞燃期越长越好

43.关于燃烧过程中的后燃阶段,错误的认识是________。

A.后燃期不可避免

B.后燃期是燃烧过程在膨胀中的继续

C.低速机的后燃期比高速机短

D.后燃使排温升高,热效率升高

44.关于燃烧室内空气涡流对可燃混合气形成的作用,下列说法中不正确的是________。

A.空气的涡流状态主要取决于燃烧室的形状

B.空气涡流具有热混合作用

C.空气涡流能加速燃前混合

D.空气涡流对于大型低速柴油主机是可燃混合气形成的关键性影响因素

45.下列关于影响喷射延迟阶段的各因素中,说法错误的是________。

A.燃油的黏度 B.柴油机的转速

C.喷油器的启阀压力 D.高压油管的直径和长度

46.关于油膜蒸发混合的特点,错误的说法是________。

A.燃油在高压下以极高速度逆气流方向喷出

B.大部分燃油喷到燃烧室壁面

C.利用空气的强烈涡动

D.燃油在燃烧室壁面展成薄油膜

47.过量空气系数 α 数值大,表示柴油机________。

A.单位气缸工作容积的工作能力小 B.经济性差

C.排气温度高 D.缸内工作过程强化程度高

48.近代国内外通过放热规律来研究柴油机的燃烧过程,按照放热规律的观点,理想燃烧过程的放热规律应为________。

A.先快后慢 B.先慢后快

C.越快越好 D.适当缓慢

49.开式燃烧室的主要优点有________。

①形状简单;②燃烧柔和;③低污染;④过量空气系数 α 大;⑤经济性好;⑥启动性能好

A.①⑤⑥ B.①③⑤

C.①③④ D.②⑤⑥

50.开式燃烧室燃油直接喷入气缸,混合气形成是空间混合,以下不是其特点的是________。

A.燃烧室基本上是一个统一空间,形状简单、结构紧凑、相对散热面小、热损失小

B.由于不组织气流运动,无流动损失,具有良好的启动性和经济性

C.开式燃烧室在中、小型柴油机及船用低速柴油机中得到了广泛的使用

D.燃烧温度高也容易冒烟和产生较多的 NO_x

51.开式燃烧室形成可燃混合气,主要依赖于________。

①燃油雾化质量;②空气涡动;③喷雾形状与燃烧室匹配

A.③ B.①

C.② D.①③

52.开式燃烧室在中、低速柴油机中得到广泛应用的原因是________。

A.热负荷较低 B.传热损失小,气体流动损失小

C.机械负荷较低 D.过量空气系数小

53.目前在船用柴油机中废热利用最好的是________。

A.排气热损失 B.冷却热损失

C.中冷器热损失 D.滑油热损失

54.排气温度与排气烟度均可用来评价燃烧过程,一般________。

A.排气温度增高着重表示不完全燃烧加重,而烟度增高着重表示后燃增加

B.排气温度增高着重表示后燃增加,而烟度增高着重表示不完全燃烧加重

C.排气温度增高意味着滞燃期过长,燃烧粗暴

D.烟度增高意味着十六烷值过低,燃烧粗暴

55.喷射尾喷阶段是指________。

A.从喷油泵开始供油到喷油器停止喷油

B.从喷油泵停止供油到喷油器停止喷油

C.从最大喷油压力到喷油器落座

D.从最大供油压力到最大喷油压力

56.喷射延迟阶段与下列影响因素的关系中,表述正确的是________。

A.随燃油可压缩性的增大而缩短　B.随凸轮轴转速的升高而缩短

C.随高压油管的加长而缩短　D.随喷油器启阀压力的升高而延长

57.喷射延迟阶段是指________。

A.从喷油泵开始供油到喷油器开始喷油

B.从喷油泵开始供油到喷油泵停止供油

C.从喷油泵开始供油到最大供油压力

D.从喷油泵开始供油到最小喷油压力

58.评定柴油机工作粗暴的主要指标是________。

①压力升高比;②最高爆发压力;③平均压力增长率 $\Delta p/\Delta\varphi$

A.①②　B.③

C.①　D.②

59.评定速燃期燃烧质量优劣的主要参数是________。

A.最高爆发压力　B.最高爆发压力发生的相位

C.着火点的相位　D.平均压力增长率

60.球型燃烧室在工作中的主要优点之一是________。

A.启动性能好　B.工作平稳

C.燃烧速度快　D.对机型不敏感

61.燃料在柴油机气缸内燃烧的完全燃烧产物主要是________。

①CO_2;②H_2O;③HC;④CO;⑤NO_x

A.①②　B.②③⑤

C.②③④⑤　D.①③④⑤

62.燃烧重油时,滞燃期和燃烧持续期较长,且燃烧不完全,经济性下降,排气烟度升高,这是因为低质燃油________。

A.密度较大　B.成分复杂

C.发火性能差　D.黏度较高

63.燃油的喷射过程包括________阶段。

①喷射延迟;②主要喷射;③尾喷

A.①③　B.②③

C.①②③　D.①②

64.燃油喷射过程中的喷射延迟阶段与尾喷阶段的变化规律是________。

A.如延迟阶段长,则尾喷阶段亦长　　B.两者变化无内在联系

C.转速升高则两者均相应缩短　　D.如延迟阶段长,则尾喷阶段短

65.在燃油燃烧过程的四个阶段中,没有明显燃烧特征的是________,燃烧条件最差的是________,燃烧速度不可直接控制的是________。

A.滞燃阶段;后燃阶段;速燃阶段　　B.滞燃阶段;后燃阶段;缓燃阶段

C.后燃阶段;滞燃阶段;速燃阶段　　D.后燃阶段;滞燃阶段;缓燃阶段

66.燃油燃烧过程中的能量转化是化学能转化为________。

A.势能　　B.热能

C.动能　　D.机械能

67.如柴油机的滞燃期过长,其产生的影响是________。

A.工作粗暴

B.最高爆发压力 p_z 增大

C.排气冒黑烟

D.工作粗暴、最高爆发压力 p_z 增大

68.如柴油机燃烧过程中滞燃期过短,其产生的影响是________。

A.工作粗暴　　B.燃烧不完全,甚至冒黑烟

C.爆燃　　D.敲缸

69.若柴油机缸内燃烧太晚,其可能的原因是________。

①供油提前角增大;②柱塞偶件与针阀偶件磨损泄漏;③喷油器启阀压力过低;④改用劣质燃油而未调节喷油定时

A.②③　　B.③④

C.①②　　D.②④

70.通常,过量空气系数最大的柴油机是________。

A.增压二冲程低速机　　B.非增压二冲程低速机

C.增压四冲程高速机　　D.非增压四冲程高速机

71.通常,过量空气系数最小的柴油机是________。

A.增压、高速四冲程小型柴油机　　B.非增压、高速四冲程小型柴油机

C.非增压、低速二冲程大型柴油机　　D.增压、中低速二冲程大型柴油机

72.涡流式燃烧室形成的气流涡动对可燃混合气形成的主要作用是________。

A.形成进气涡流　　B.形成燃烧涡流

C.加速燃前混合　　D.加速燃烧混合

73.下列关于滞燃期的各种叙述中,不正确的是________。

A.雾化质量好,滞燃期短　　B.喷油提前角适当,滞燃期短

C.滞燃期越短,燃烧越完全　　D.滞燃期越长,燃烧越不平稳

74.下列四种因素中,对最高爆发压力的大小影响最显著的是________。

A.气缸气密性的好坏　　B.燃油雾化质量的好坏

C.可燃混合气质量的好坏　　D.喷油提前角的大小

75.下述关于柴油机后燃期的各种叙述中,错误的是________。

A.低速机的后燃期短,高速机的后燃期长
B.全负荷时后燃期短,部分负荷时后燃期长
C.后燃不可避免
D.加强燃烧室内扰动可缩短后燃期

76.下列关于柴油机燃烧过程的有关方面的论述中,错误的是________。
A.滞燃期的长短对燃烧质量起决定性作用
B.平均压力增长率的大小决定燃烧柔和性
C.燃油的十六烷值越高,滞燃期越短,燃烧越不平稳
D.滞燃期并非越短越好

77.下列关于柴油机燃烧过程中滞燃期的论述中,错误的是________。
A.滞燃期为不可控期
B.燃油的可压缩性是影响滞燃期的一个因素
C.滞燃期决定着后续燃烧期的急剧程度
D.高速柴油机的滞燃期内喷油量最大

78.下列关于过量空气系数 α 的说法中,不正确的是________。
A.α 越小,单位气缸工作容积做功能力越大
B.增大 α 可降低柴油机的热负荷
C.α 是理论空气量与实际空气量之比
D.在保证完全燃烧和热负荷允许的情况下,力求减小 α 值

79.下列关于缓燃期的论述中,错误的是________。
A.缓燃期内由于燃烧速度缓慢,而使大量空气过剩
B.缓燃期内缸内温度上升到最高循环温度
C.缓燃期为可控燃烧阶段
D.从放热规律观点来看,此阶段称为扩散燃烧阶段

80.下列关于燃烧过程中速燃期的论述中,错误的是________。
A.在速燃期内缸内压力急剧升高到最高爆发压力
B.速燃期进行的强烈程度决定着燃烧过程的平稳性
C.速燃期为可控燃烧过程
D.从放热规律角度来看,速燃期亦称预混合燃烧阶段

81.下列关于影响柴油机燃烧过程的各种因素中,表述正确的是________。
A.滞燃期以短些为宜
B.滞燃期越短越好
C.平均压力增长率 $\Delta p/\Delta\varphi$ 越大越好
D.$\Delta p/\Delta\varphi$ 越小越好

82.下列影响喷射延迟阶段的各种因素中,表述错误的是________。
A.高压油管长度、内径增大,喷射延迟增长
B.喷油器启阀压力越大,喷射延迟越短
C.柱塞直径增大,喷射延迟角减小

D.转速增加，喷射延迟角增大

83.现代柴油机改进喷射过程的目标之一是________。

A.缩短喷射延迟阶段　　B.缩短主要喷射阶段

C.缩短尾喷阶段　　D.缩短喷射持续期

84.一般来说，影响喷射过程中尾喷阶段的主要因素不包括________。

A.喷油器针阀的启阀压力

B.喷油泵出油阀和喷油器针阀的结构

C.柴油机的负荷

D.燃油的黏度

85.以下关于提高柴油机功率和经济性的措施中，说法错误的是________。

A.为提高做功频率，可提高转速或采用二冲程循环

B.采用长行程或超长行程并适当降低转速可提高经济性

C.改善燃油的喷射、混合和燃烧，使燃油在上止点附近迅速而完全地燃烧

D.减少散热损失，如适当降低冷却水温度

86.影响船舶主柴油机输出功率的因素不包括________。

A.燃油低热值　　B.燃烧质量

C.机械损失　　D.循环供油量

87.有关过量空气系数 α 的论述中，不正确的是________。

A.在正常工况时，α 总大于1

B.在燃烧室内各处，α 是不相等的

C.在柴油机使用期间，α 是不变的

D.在保证燃烧完全和热负荷允许的条件下，α 应较小

88.与开式燃烧室比较，分隔式燃烧室工作中的主要特点是________。

A.相对散热面小　　B.能形成强烈的气流扰动

C.在较低压缩比下也能可靠启动　　D.燃烧室几何形状简单，排气干净

89.在采用分隔式燃烧室的中、小型高速柴油机中，其可燃混合气的形成主要取决于________。

A.燃油的雾化质量　　B.空气扰动

C.喷油压力　　D.喷油器喷孔

90.在柴油机的缓燃期，主要矛盾是________。

A.工作粗暴　　B.缸内高温

C.燃烧不完全　　D.燃烧产物破坏火焰传递

91.在柴油机的速燃期，由于滞燃期喷入的燃油瞬时燃烧，因而可近似认为是________。

A.等压燃烧　　B.等容燃烧

C.等温燃烧　　D.混合燃烧

92.在柴油机排烟中，会在大气中形成酸雨的有害污染成分是________。

A.二氧化硫（SO_2）　　B.氮氧化合物（NO_x）

C.一氧化碳（CO）　　D.碳氢化合物（HC）

93.在柴油机燃烧室中，着火点向四周的传播速度与途径主要取决于________。

①混合气质量;②火焰波峰强度;③空气扰动;④着火点位置

A.①②③ B.②③④

C.①③ D.①②③④

94.在开式燃烧室中对可燃混合气形成质量影响最大的是________。

A.喷油压力与雾化质量 B.气流扰动强度

C.喷油提前角 D.压缩终点的缸内热状态

95.在控制柴油机的燃烧过程时,应力求________。

A.减小喷油提前角 B.缩短滞燃期

C.增大喷油提前角 D.缩短主燃期

96.在燃烧室内部局部过量空气系数 α 分布不均,其中 α 最大处是________。

A.油束内部 B.油束外部

C.燃烧室富油区 D.燃烧室四周贫油区

97.在燃油燃烧过程中,速燃阶段为________燃烧期,缓燃阶段为________燃烧期。

A.可控;可控 B.可控;不可控

C.不可控;可控 D.不可控;不可控

98.在同一负荷下,燃烧室内部过量空气系数 α 最小的部位是________。

A.油束外缘 B.油束内部

C.油气均匀混合区 D.远离油束处

99.在下列换气质量影响燃烧过程的各种说法中,不正确的是________。

A.换气质量好,滞燃期短 B.换气质量好,燃油燃烧完全

C.换气质量好,雾化质量好 D.换气质量好,排气温度降低

100.在下列影响燃油雾化的各种因素中,表述错误的是________。

①喷油压力增大,雾化细度与均匀度提高;②喷油压力增大,油束长度与锥角均减小;③喷孔直径增大,雾化细度下降;④喷孔直径增大,油束长度与锥角均增大;⑤燃油黏度增大时,雾化不良;⑥背压提高,雾化质量提高,油束锥角增大

A.①②⑤ B.①③

C.①③④⑥ D.②④

101.柴油机排出的固态微粒的主要成分为________。

A.碳氢化合物 B.碳烟

C.硫化物 D.金属元素的灰分

102.影响喷射过程中主要喷射阶段的主要因素是________。

A.转速 B.负荷

C.启阀压力 D.燃油可压缩性

103.在下列开式燃烧室的优点中,表述不正确的是________。

A.形状简单 B.过量空气系数小

C.有良好的启动性能 D.传热损失和气体流动损失小

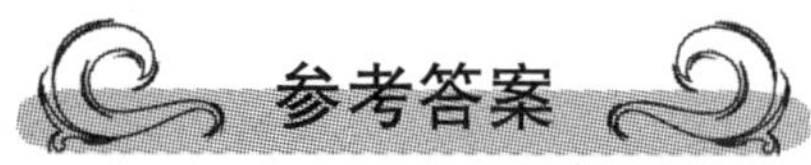

第一节　船用燃油的分类及成分

1.A　2.B　3.D　4.C　5.B　6.C　7.C　8.B　9.C　10.D
11.A　12.A　13.C　14.D　15.B　16.C　17.A　18.A　19.A　20.B
21.C　22.A　23.C　24.B　25.C　26.A　27.C　28.A　29.B　30.C
31.C　32.C　33.A　34.B　35.B　36.A　37.C　38.D　39.B

第二节　燃油的喷射过程、喷油设备组成和结构特点

1.C　2.A　3.B　4.C　5.A　6.D　7.A　8.D　9.B　10.A
11.D　12.B　13.D　14.D　15.B　16.A　17.B　18.C　19.C　20.A
21.B　22.D　23.C　24.A　25.A　26.A　27.C　28.A　29.A　30.B
31.B　32.C　33.B　34.B　35.B　36.C　37.B　38.D　39.D　40.B
41.B　42.B　43.B　44.A　45.C　46.A　47.A　48.B　49.B　50.B
51.A　52.B　53.B　54.A　55.A　56.C　57.C　58.A　59.D　60.C
61.A　62.A　63.C　64.B　65.D　66.A　67.C　68.C　69.C　70.B
71.B　72.B　73.D　74.A　75.C　76.B　77.C　78.D　79.D　80.B
81.A　82.A　83.A　84.A　85.C　86.D　87.C　88.B　89.C　90.A
91.D　92.B　93.C　94.C　95.A　96.C　97.B　98.A　99.D　100.C
101.C　102.A　103.D　104.B　105.B　106.C　107.A　108.A　109.D　110.A
111.D　112.A　113.D　114.B　115.B　116.C　117.B　118.C　119.A　120.B
121.B　122.A　123.D　124.A　125.C　126.B　127.D　128.B　129.D

第三节　可燃气体的形成及燃烧过程

1.A　2.D　3.C　4.A　5.C　6.C　7.B　8.B　9.B　10.C
11.C　12.D　13.D　14.C　15.A　16.B　17.B　18.D　19.B　20.C
21.A　22.B　23.C　24.B　25.A　26.A　27.C　28.D　29.B　30.D
31.D　32.C　33.A　34.B　35.B　36.A　37.A　38.A　39.D　40.B
41.D　42.A　43.D　44.D　45.A　46.A　47.A　48.B　49.A　50.C
51.D　52.B　53.A　54.B　55.B　56.D　57.A　58.B　59.D　60.B
61.A　62.C　63.C　64.A　65.A　66.B　67.D　68.B　69.D　70.A

71.B	72.C	73.C	74.D	75.B	76.C	77.A	78.C	79.A	80.C
81.A	82.B	83.D	84.D	85.D	86.A	87.C	88.B	89.B	90.C
91.B	92.A	93.C	94.A	95.B	96.D	97.C	98.B	99.C	100.D
101.B	102.B	103.B							

第五章 柴油机的换气与增压

第一节 气阀机构及其工作原理

1.________不是更换气阀的理由。

A.阀盘翘曲严重　　B.密封面严重烧蚀

C.阀盘有裂纹　　D.阀面有麻点

2.MAK 8 M 453C 型船用柴油机的进气提前角是 58°,进气滞后角是 45°,则其进气过程的角度是________。

A.225°　　B.238°

C.283°　　D.193°

3.MAN B&W MC 型柴油机的________采用钻孔水冷并在密封面附近的________上开设空气槽,避免密封面漏气时将阀座烧蚀。

A.进气阀阀座;阀面　　B.排气阀阀座;阀座

C.排气阀阀座;阀面　　D.进气阀阀座;阀座

4.Wärtsilä 6L20 柴油机的发火顺序为 1→5→3→6→2→4,No.2 进气阀定时检查结果为 85°CA 开启、330°CA 关闭,则该气阀开启定时为________,关闭定时为________。

A.上止点前 30°CA;下止点后 35°CA

B.上止点前 30°CA;下止点后 150°CA

C.上止点前 35°CA;下止点后 30°CA

D.上止点前 35°CA;下止点后 90°CA

5.Wärtsilä 6L20 柴油机的发火顺序为 1→5→3→6→2→4,No.2 排气阀定时检查结果为 253°CA 开启、154°CA 关闭,则该气阀开启定时为________,关闭定时为________。

A.下止点前 73°CA;上止点后 8°CA

B.下止点前 47°CA;上止点后 34°CA

C.下止点前 73°CA;上止点后 34°CA

D.下止点前 47°CA;上止点后 8°CA

6.采用阀面与阀座的内接触式配合方式,可使密封面燃烧室________,________减轻钒、钠氧化物等对密封面的腐蚀。

A.较远;不利于　　B.较远;有利于

C.较近;有利于　　D.较近;不利于

7.采用气阀旋阀器的目的不是________。

A.研磨气阀　　B.减小阀面与阀座磨损、贴合紧密

C.改善阀盘的热应力状态　　D.防止阀杆与导管卡住

8.采用旋阀器的气阀机构的优点有________。

①能改善阀盘的热应力状态;②能防止阀杆卡阻;③可消除气阀撞击;④能减轻气阀磨损;⑤能减少阀面积炭;⑥不需留有气阀间隙

A.①②③④　　B.①②④⑤

C.②③④⑥　　D.③④⑤⑥

9.如图所示,测量气阀间隙时塞尺的测量位置是在________。

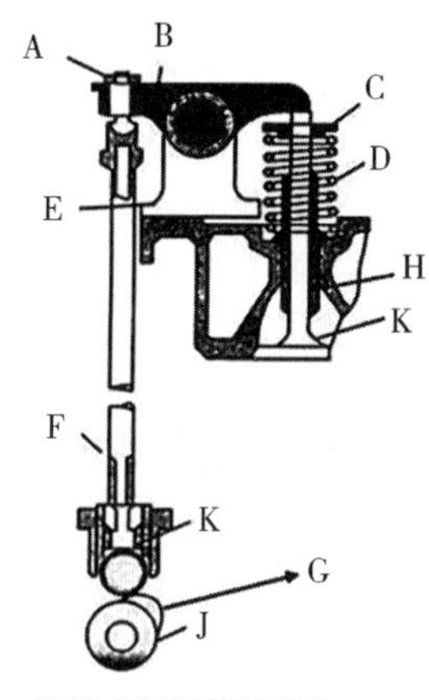

机械式气阀传动机构

A.C 处　　B.D 处

C.E 处　　D.H 处

10.如图所示,测量气阀间隙时应注意的事项是机器要在________测量。

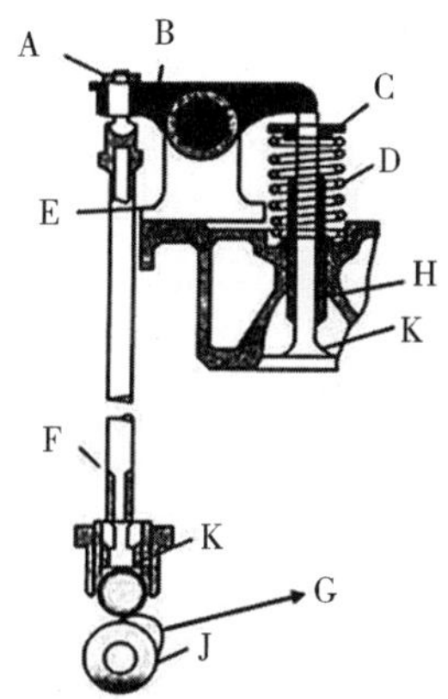

机械式气阀传动机构

A.热态下,滚轮 K 应落在凸轮 G 的位置上

B.冷态下,滚轮 K 应落在凸轮 J 的位置上

C.热态下,滚轮K应落在凸轮J的位置上

D.冷态下,滚轮K应落在凸轮G的位置上

11.如图所示,如果B的底座紧固螺栓松动,产生的影响是________。

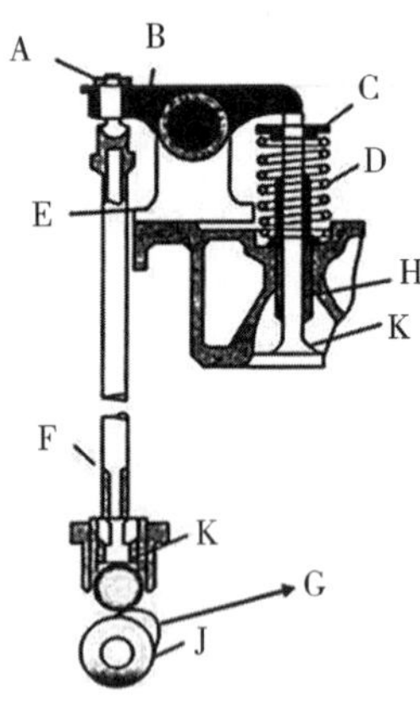

机械式气阀传动机构

A.气阀晚开早关　　B.气阀早开早关

C.气阀晚开晚关　　D.气阀定时不变

12.测量气阀间隙时应注意的事项有________。

①应把摇臂压向气阀端;②调节后凸轮应紧固好;③柴油机处于冷态下进行;④顶头滚轮应处于凸轮基圆上;⑤测量时要把塞尺夹紧;⑥间隙调好后锁紧螺母应锁紧

A.①③⑤　　B.②③⑤

C.③④⑥　　D.③⑤⑥

13.柴油机的气阀经常和高温燃气接触,所吸收的热量主要通过________传递给________。

A.气阀弹簧;气缸盖　　B.阀座和导管;冷却水

C.旋阀器;气缸盖　　D.活塞环;气缸套

14.柴油机换气过程是指________。

A.排气过程　　B.进气过程

C.进、排气行程　　D.进、排气过程

15.柴油机气阀弹簧的作用是________。

①保证气阀关闭;②使气阀关闭时有微量旋转;③使气阀跟随凸轮运动

A.②　　B.③

C.①③　　D.①

16.柴油机气阀的阀面锥角________,则气阀对中性好,磨损________。

A.增大;较小　　B.减小;较小

C.增大;较大　　D.减小;较大

17.柴油机气阀锥角增大时,会使________。

A.气阀对中性差,气密性好　　B.气阀对中性好,气密性也好

C.气阀对中性好,气密性差　　D.气阀对中性差,气密性也差

18.柴油机中常见的气阀阀面锥角有________。

A.10°和 15° B.15°和 20°

C.25°和 30° D.30°和 45°

19.从气阀阀盘形状的角度进行比较,平底阀盘的形状简单,受热面________,在________中应用最为广泛。

A.小;低速二冲程柴油机 B.小;各类柴油机

C.大;各类柴油机 D.大;强载中速机

20.带阀壳的气阀机构的特点有________。

①可使气缸盖结构简单;②拆装、维修气阀方便;③避免气阀过度磨损导致气缸盖报废;④有利于气阀的冷却;⑤气阀机构结构较复杂;⑥阀杆不受侧推力

A.①②③④ B.①②④⑤

C.②③④⑥ D.③④⑤⑥

21.排气阀在长期关闭不严的情况下工作,不会导致________。

A.积炭更加严重 B.燃烧恶化

C.爆发压力上升 D.阀面烧损

22.当气阀间隙过大时,将会造成________。

A.气阀开启提前角与关闭延迟角增大

B.气阀开启持续角减小

C.气阀受热后无膨胀余地

D.气阀与阀座撞击加剧

23.当前超长行程柴油机的排气阀开有空气槽,其目的是________。

A.冷却排气阀 B.防止气阀烧蚀

C.使气阀旋转 D.落座缓冲

24.当前新型超长行程柴油机均采用随负荷调节式气缸注油器,当负荷降低时,该注油器的注油量变化是________。

A.为保证可靠润滑而加大注油量

B.为减小气缸油耗量而减小注油量

C.按其柴油机转速变化量减小注油量

D.随机型不同而异

25.低速二冲程柴油机的凸轮轴一般都采用________。

A.凸轮安装在分段的轴上 B.凸轮和轴整体制造

C.凸轮安装在轴上都采用键连接 D.凸轮安装在整体的轴上

26.对气阀导管的正确说法有________。

①承受气阀侧推力;②承担气阀散热;③常用材料为铸铁或青铜;④过度磨损导致阀壳或气缸盖报废;⑤润滑要采用柴油或煤油稀释的滑油;⑥断裂气阀将落入气缸内

A.①②③⑤ B.①②④⑤

C.②③⑥ D.③④⑤⑥

27.二冲程柴油机的扫气和强制换气阶段,必然发生________现象。

A.过后排气 B.新气和废气分层

C.废气倒冲　　D.新气和废气掺混

28.二冲程柴油机换气过程能否进行完善与________等因素有关。

①气阀(口)通流面积的大小;②气阀(口)关闭的延续时间;③扫排气重叠角的大小

A.①②　　B.①③

C.②③　　D.①②③

29.二冲程柴油机在换气过程中,活塞将扫气口关闭到排气口关闭,这一阶段称为________。

A.自由排气阶段　　B.过后排气阶段

C.强制排气与扫气阶段　　D.超临界排气阶段

30.二冲程柴油机在换气过程中,活塞将扫气口打开到扫气口关闭,这一阶段称为________。

A.超临界排气阶段　　B.自由排气阶段

C.强制排气与扫气阶段　　D.过后排气阶段

31.二冲程柴油机在换气过程中,自由换气阶段气口(阀)时面值不足,将会导致________。

①废气倒冲;②扫气箱着火;③进气量减小

A.①③　　B.②③

C.①②　　D.①②③

32.二冲程柴油机扫气口打开时,允许缸内压力稍高于或等于扫气压力的主要出发点是________。

①减小气口高度,使行程失效系数减小,提高气缸利用率;②增加膨胀功;③防止缸内废气倒冲

A.②　　B.③

C.①　　D.①②

33.二冲程柴油机扫气口刚打开时,扫气压力________气缸内的废气压力,________引起废气倒灌。

A.高于;不会　　B.等于;会

C.低于;不会　　D.大于或小于;不确定是否会

34.二冲程柴油机扫气口刚打开时,气缸内的废气压力________扫气压力。

A.低于　　B.等于

C.高于　　D.高于或等于

35.关于柴油机机械式气阀传动机构,不正确的说法是________。

A.气阀启闭的动作规律是由凸轮机构直接控制的

B.开关气阀过程中,摇臂作用于阀杆端的力与阀杆轴线方向可能不同

C.柴油机运行中,摇臂端与气阀阀杆始终保持有间隙,即气阀间隙

D.带阀壳的气阀结构中,气阀传动机构不装在阀壳中

36.关于柴油机凸轮链传动特点的说法中,不正确的是________。

A.适用于大型柴油机

B.工作中发生松弛

C.对凸轮中心线与轴的不平行度要求较严

D.链条容易产生晃动和敲击

37.关于柴油机凸轮轴的结构,下列哪种表述不合适?

A.装配式凸轮轴的凸轮是可调的,以便调节定时

B.凸轮采用平键连接装在凸轮轴上

C.四冲程柴油机的凸轮轴上装的凸轮一般比二冲程柴油机的多

D.某些新型柴油机取消了凸轮轴

38.关于柴油机凸轮轴需要满足的使用性能,描述正确的为________。

①足够的柔性;②足够的刚度;③足够的硬度;④良好的耐疲劳性能

A.①②③④　　B.①②④

C.①③④　　D.②③④

39.关于柴油机液压式气阀传动机构,下列哪种表述不合适?

A.气阀的关闭依靠空气弹簧的作用

B.开关气阀过程中摇臂作用于阀杆端的力与阀杆轴线方向相同

C.液压式气阀传动机构组成部分包括液压传动器、顶头、油管

D.液压驱动传动机构的密封及调试均较困难

40.关于二冲程柴油机凸轮轴链传动机构的下列说法中,________是错误的。

A.当链条重新张紧后通常不影响有关定时

B.在链条垂直部分装有橡胶导轨,以减小链条晃动

C.安装链条时应注意对准记号,保证定时正确

D.在链条紧边一侧装有张紧机构

41.关于气阀间隙,下列说法错误的是________。

A.气阀间隙是指摇臂与气阀的间隙

B.留有气阀间隙的目的是避免气阀关闭不严

C.气阀间隙过大会导致气阀晚开、早关

D.排气阀的气阀间隙比进气阀大

42.关于气阀与阀座的密封面的说法中,不正确的是________。

A.全接触式的密封阀线宽度一般为1.5~2.5 mm

B.阀线越窄,接触应力越大

C.气阀的密封性靠对研后形成的阀线达到

D.阀线越宽,密封性越好

43.关于气阀与阀座的修理,说法错误的是________。

A.如需更换,阀与阀座应同时更换　　B.厚度不足需更换

C.严重烧蚀需更换　　D.翘曲严重需更换

44.关于液压式气阀传动机构的优点,下列说法中错误的是________。

A.噪声小　　B.阀杆不受侧推力

C.总体布置自由　　D.初次调试方便

45.会造成柴油机气阀定时提前的是________。

A.凸轮磨损　　B.滚轮磨损

C.凸轮轴传动齿轮磨损　　D.传动齿轮安装不正确

46.机械式气阀传动机构需供油润滑的部位一般包括________。

①摇臂轴;②摇臂与阀杆接触部位;③摇臂与顶杆接触部位;④顶头与其导套的滑动面

A.①④　　B.①③④

C.②③④　　D.①②③④

47.机械式气阀传动机构摇臂轴磨损对气阀工作的影响是________。

A.晚开晚关　　B.晚开早关

C.早开晚关　　D.早开早关

48.靠压缩空气关闭的液压式气阀传动机构,压缩空气压力过高的后果是________。

①气阀敲击加重;②阀杆磨损加剧;③凸轮负荷加重

A.①　　B.③

C.①③　　D.②

49.排气阀提前开启角增大,则膨胀功________,排气功________。

A.增大;减小　　B.增大;增大

C.减小;减小　　D.减小;增大

50.气阀采用液压式传动机构的优点有________。

①影响气阀运动规律的因素较少;②改善了气阀拆装条件;③阀杆不受侧推力;④总体布置较困难;⑤噪声低,阀与阀座撞击小;⑥压力油密封简单

A.①③⑤　　B.②③⑤

C.③④⑥　　D.③⑤⑥

51.气阀传动机构中留有气阀间隙的主要目的是________。

A.给气阀阀杆受热留有膨胀余地　　B.起到调节配气定时作用

C.防止气阀与摇臂发生撞击　　D.起到储油润滑作用

52.气阀定时的测量与调整工作应在________。

A.喷油定时调整好以后进行　　B.喷油定时调整好之前进行

C.气阀间隙调整好以后进行　　D.气阀间隙调整好之前进行

53.气阀阀杆卡死通常的原因中不包括________。

A.滑油高温结焦　　B.中心线不正

C.燃烧发生后燃　　D.高温腐蚀

54.气阀阀面与阀座为内接触式配合,不正确的说法是________。

A.翘曲变形后增加阀盘散热　　B.密封性好

C.钒、钠腐蚀大　　D.阀盘易发生周边翘曲变形

55.气阀阀面与阀座为外接触式配合,关于其特点的说法中,不正确的是________。

A.密封性好　　B.阀盘易发生拱腰变形

C.拱腰变形后增加散热　　D.易增大接触应力

56.气阀和阀座的工作条件中,不包括承受________。

A.高温　　B.腐蚀

C.穴蚀　　D.撞击

57.对于气阀间隙的大小,一般进气阀和排气阀相比________。

A.进气阀大　　B.大小随机型而定

C.一样大　　D.排气阀大

58.气阀间隙是测量________。

A.摇臂与顶杆处间隙　　B.阀杆与摇臂处间隙

C.凸轮与滚轮处间隙　　D.顶头下顶杆处间隙

59.气阀通常采用两根内外旋向相反的弹簧,其目的是________。

①提高弹簧疲劳强度;②避免弹簧发生共振;③防止弹簧断裂时气阀落入气缸

A.③　　B.①②③

C.①　　D.②

60.气缸油注油量随负荷调节的主要优点是________。

A.气缸注油器传动机构简单易控　　B.降低低负荷运转时气缸油油耗

C.防止低负荷运转时气缸套润滑不良　　D.防止高负荷运转时气缸注油量过大

61.下图为柴油机气阀阀杆与阀座相接触示意图,此种接触方式为________。

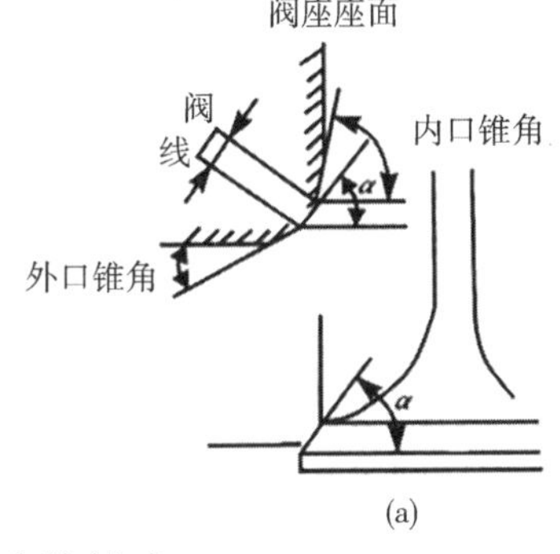

(a)

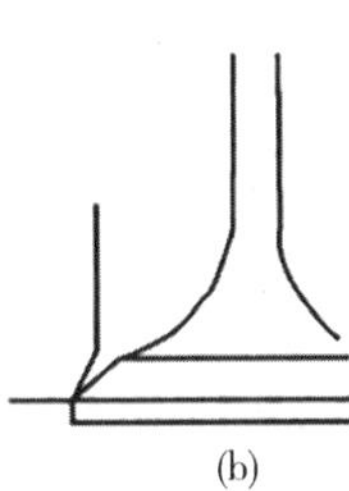

(b)

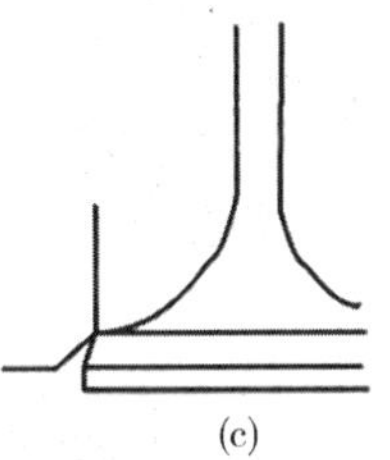

(c)

A.内接触式　　B.外接触式

C.全接触式　　D.半接触式

62.下图为柴油机气阀阀杆与阀座相接触示意图,此种接触方式为________。

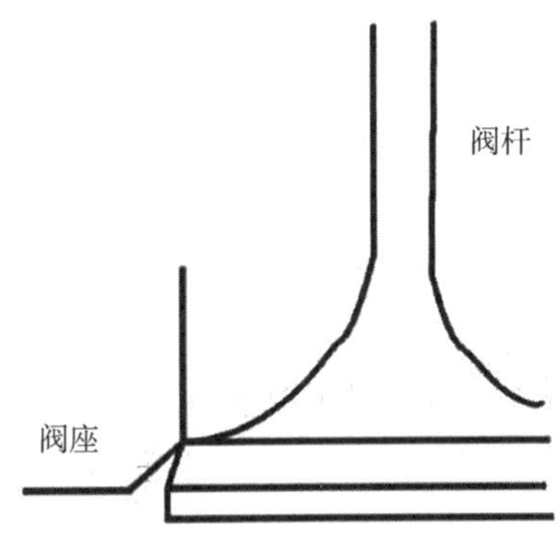

A.内接触式　　B.外接触式

C.半接触式　　D.全接触式

63.下图为柴油机气阀阀杆与阀座相接触示意图,此种接触方式为________。

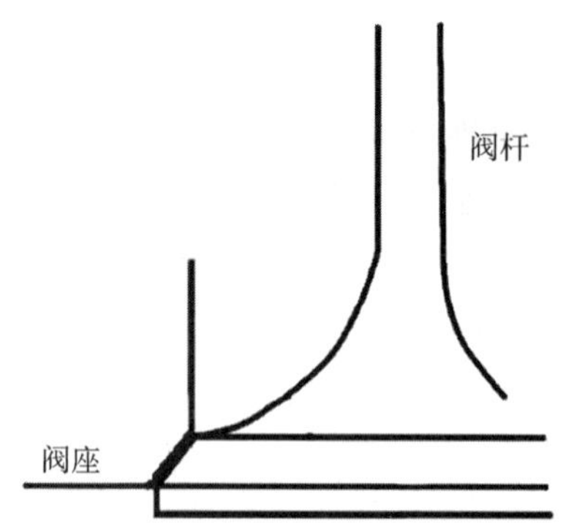

A.内接触式　　B.外接触式

C.半接触式　　D.全接触式

64.如图所示为柴油机气阀机构的旋转帽式旋阀器，参考题 63 的图可知，左、右图分别是________。

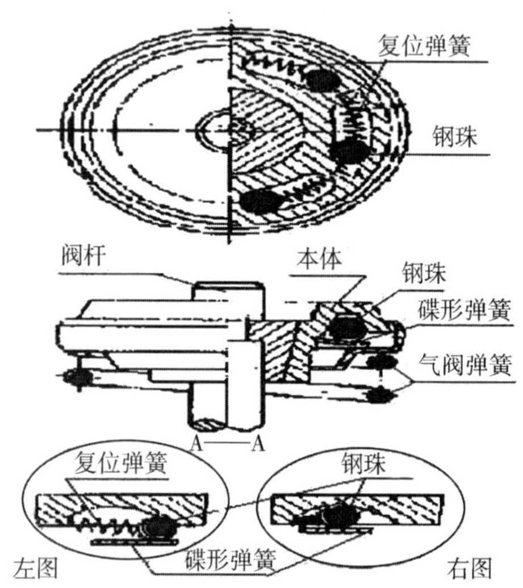

A.左图是气阀关阀时的状态，右图是气阀开阀时的状态

B.左图是气阀开阀时的状态，右图是气阀关阀时的状态

C.左图是气阀关阀时的状态，右图也是气阀关阀时的状态

D.左图是气阀开阀时的状态，右图也是气阀开阀时的状态

65.若四冲程柴油机进气阀提前开启角为 θ_1，延后关闭角为 θ_2，则进气凸轮作用角________。

A.$\Delta\theta=1/2(180°-\theta_1-\theta_2)$

B.$\Delta\theta=1/2(180°+\theta_1+\theta_2)$

C.$\Delta\theta=180°-(\theta_1+\theta_2)$

D.$\Delta\theta=180°+(\theta_1+\theta_2)$

66.适合用于制造柴油机凸轮轴的常用材料有________。

①碳素钢；②合金钢；③灰口铸铁；④球墨铸铁

A.①②③④　　B.②③④

C.①③④　　D.①②④

67.随着柴油机转速的增高,柴油机气阀的角面值的变化规律是________。

A.随机　　B.增大

C.减小　　D.不变

68.凸轮磨损较严重的部位一般发生在________。

A.凸轮基圆上　　B.凸轮轮廓曲率半径最大处

C.凸轮轮廓曲率半径最小处　　D.各轮廓曲线连接处

69.凸轮轴传动齿轮拆修后,在无齿轮啮合标记情况下,保证齿轮正确安装的操作是________。

A.安装全部齿轮,盘车用千分表找出第一缸气阀开启时刻,拆下主动齿轮,盘车至飞轮刻度为要求的气阀提前角,安装中间齿轮

B.安装全部齿轮,盘车用千分表找出第一缸气阀开启时刻,拆下中间齿轮,盘车至相应的止点位置,安装中间齿轮

C.安装全部齿轮,盘车至飞轮刻度为要求的气阀提前角,转动凸轮至气阀刚开启,将凸轮固定

D.安装全部齿轮,盘车用千分表找出第一缸气阀开启时刻,拆下中间齿轮,盘车至飞轮刻度为要求的气阀提前角,安装中间齿轮

70.凸轮轴结构包括________凸轮轴。

①整体式;②混合式;③装配式

A.①②③　　B.①③

C.①②　　D.②③

71.凸轮轴在工作时,容易造成凸轮破坏的主要应力是________。

A.弯曲应力　　B.剪切应力

C.接触应力　　D.扭转应力

72.下列________现象将导致气阀升程变大。

A.挺杆弯曲　　B.凸轮工作面磨损

C.凸轮轴向下弯曲　　D.凸轮轴向上弯曲

73.下列关于气阀定时的说法中,哪一项是正确的?

A.四冲程柴油机排气阀在排气行程的上止点关闭

B.四冲程柴油机排气阀在膨胀行程的上止点前打开

C.四冲程柴油机排气阀在排气行程的上止点前关闭

D.四冲程柴油机排气阀在膨胀行程的下止点前打开

74.下列关于气阀机构的说法中,________是错误的。

A.调整气阀间隙应在机器冷态下进行

B.调整气阀间隙时滚轮应在凸轮基圆上

C.气阀和阀座因温度过高会发生硫酸腐蚀

D.气阀间隙若有大小,则大的是排气阀,小的是进气阀

75.下述关于柴油机带阀壳机构的说法中,不正确的是________。

A.带阀壳的气阀一般多用于排气阀

B.阀壳机构中可布置润滑阀杆的油道及强制循环的冷却腔

C.气阀、阀座、导管、摇臂和气阀弹簧等零件全部装在阀壳中
D.阀壳内有进气或排气通道

76.小型高速柴油机的阀面与座面配合方式，多采用________。
A.全接触式
B.全接触式、外接触式、内接触式均用
C.内接触式
D.外接触式

77.对于新型柴油机，凸轮轴传动机构采用链传动，其张紧轮设置在柴油机正车松边上，其主要目的是________。
A.张紧链条方便　B.管理方便
C.有利于定时调整　D.满足结构布置需要

78.新型二冲程低速柴油机的凸轮轴链条传动机构的张紧轮一般安装在________。
A.正车松边一侧　B.正车紧边一侧
C.倒车松边一侧　D.任意侧

79.旋阀器有旋转帽式、推进器式、棘轮式、杠杆式等。现代船用低速二冲程柴油机大多采用________，中速柴油机主要采用________。
A.旋转帽式；棘轮式　B.推进器式；旋转帽式
C.棘轮式；杠杆式　D.杠杆式；推进器式

80.旋转帽式旋阀器只在气阀________过程转过一个角度，________造成气阀与阀座的磨损。
A.开启；会　B.关闭；不会
C.关闭；会　D.开启；不会

81.靠压缩空气关阀的液压式阀传动机构空气弹簧中，压缩空气压力过低的影响为________。
A.气阀不能开启　B.旋阀器不能使阀旋转
C.液压系统安全阀开启　D.气阀不能很好地跟随凸轮转动

82.液压式气阀传动机构的特点是________。
①尺寸小、重量小；②气阀承受侧推力；③拆装方便；④调试容易；⑤密封困难
A.①②⑤　B.①③⑤
C.②③⑤　D.③④⑤

83.液压式气阀传动机构的液压油系统安全阀开启的原因有________。
①气阀漏气；②气阀卡死；③顶头卡死；④气阀上部液压传动器柱塞卡死；⑤顶头上部液压传动器柱塞卡死
A.②④　B.②③④⑤
C.③④⑤　D.①②③④⑤

84.液压式气阀传动机构的优点有________。
A.阀与阀座撞击小　B.不需用凸轮控制
C.制造简单　D.调整气阀定时方便

85.液压式气阀传动机构的组成部分包括________。
①液压传动器；②凸轮；③顶头；④摇臂；⑤油管

A.①④⑤　　B.①③⑤

C.①②③⑤　　D.①②③④⑤

86.一台四冲程柴油机,经气阀定时测定发现,进气阀提前开启角相对活塞上止点落后一个 b 角,要把它恢复到正常值应把凸轮________。

A.顺凸轮轴转动方向转动 b 角　　B.逆凸轮轴转动方向转动 $b/2$ 角

C.顺凸轮轴转动方向转动 $b/2$ 角　　D.逆凸轮轴转动方向转动 b 角

87.一台四冲程柴油机,经气阀定时测定发现,进气阀提前开启角相对活塞上止点提前一个 b 角,要把它恢复到正常值应把凸轮________。

A.顺凸轮轴转动方向转动 b 角　　B.逆凸轮轴转动方向转动 $b/2$ 角

C.逆凸轮轴转动方向转动 b 角　　D.顺凸轮轴转动方向转动 $b/2$ 角

88.引起柴油机气阀阀座与阀面产生麻点的原因可能有________。

①硫酸腐蚀;②钒、钠腐蚀;③烧损;④撞击;⑤积炭磨损;⑥局部应力过大

A.③④　　B.①②

C.②⑤　　D.③⑥

89.引起气阀阀杆断裂的主要原因是________。

A.因阀的启闭撞击而疲劳断裂　　B.因温度过高而膨胀断裂

C.因气阀间隙小而膨胀断裂　　D.因热应力过大而拉断

90.有些四冲程柴油机的进气阀直径比排气阀稍大,主要是为了________。

A.区别进、排气阀　　B.满足气缸盖结构需要

C.增大充量系数　　D.冷却进气阀

91.在各种类型柴油机中,得到广泛应用的气阀阀盘形状为________。

A.凸底　　B.平底

C.凹底　　D.凹底和凸底

92.在工作循环结束后,留在气缸中残余废气最少的柴油机是________柴油机。

A.非增压四冲程　　B.增压四冲程

C.弯流扫气二冲程　　D.直流扫气二冲程

93.在磨削气阀和阀座时,正确的操作是________。

A.依据阀座角度磨削　　B.依据阀面角度磨削

C.依据磨具角度磨削　　D.分别依据阀面和阀座角度磨削

94.在气阀机构中,________和________是柴油机燃烧室的一部分,受到燃气高温高压的作用。

A.气阀的阀盘;阀座的底面　　B.旋阀器;气阀的弹簧

C.旋阀器;气阀的阀盘　　D.阀杆;导管

95.在燃用重油的大功率中速柴油机中,气阀机构采用旋阀器,其目的如下,其中错误的是________。

A.保证阀面与阀座贴合严密　　B.减轻阀盘的受热程度

C.减少阀面与阀座的积炭　　D.防止阀杆与导管卡住

96.造成机械式气阀传动机构顶杆弯曲的原因是________。

A.顶头卡死　　B.气阀间隙过小

C.爆发压力过高　　D.气阀卡死

97.造成气阀定时不正确的原因有________。

①凸轮磨损；②滚轮磨损变形；③定时齿轮或链条磨损；④气阀间隙太大或太小；⑤凸轮安装不正确；⑥凸轮轴安装不正确

A.①②③④⑥　　B.②③④⑤⑥

C.①②③④⑤⑥　　D.①③④⑤⑥

98.造成气阀阀盘和阀杆断裂的原因有________。

①因变形而局部受力过大；②气阀间隙太小，膨胀断裂；③气阀间隙过大，阀与阀座长期撞击；④局部热应力过大；⑤气阀机构振动；⑥阀盘因堆焊材料不同而开裂

A.②③④⑤⑥　　B.①②③⑤⑥

C.①③④⑤⑥　　D.①②③④⑤⑥

99.中、小型柴油凸轮轴传动机构都安装在飞轮端，其目的是________。

A.保证传动比准确可靠　　B.减小曲轴的扭转振动

C.保证曲轴和凸轮轴的传动比　　D.便于拆装、安装方便

第二节　废气涡轮增压器

1.________多采用迷宫式密封装置，利用流体流过________产生的节流作用实现密封。

A.大型轴流式涡轮增压器；变截面　　B.大型轴流式涡轮增压器；等截面

C.小型径流式涡轮增压器；等截面　　D.小型径流式涡轮增压器；变截面

2.________越高，定压能越大。

A.排气温度　　B.进气温度

C.排气压力　　D.进气压力

3.________在排气管中以压力波的形式存在。

A.活塞推出功　　B.扫气能

C.势能　　D.脉冲能

4.________脏堵会引起主机增压器喘振。

①压气机进气滤网；②空气冷却器；③废气锅炉

A.③　　B.①

C.①②③　　D.②

5.采用离心式压气机的废气涡轮增压器，根据________的结构可划分为轴流式涡轮增压器、径流式涡轮增压器和混流式涡轮增压器。

A.涡轮　　B.压气机

C.排气道　　D.进气道

6.采用脉冲增压的船舶柴油机，其排气管的特点是________。

A.长而细　　B.长而粗

C.短而细　　D.短而粗

7.采用增压技术使发动机的额定功率得以大幅提升的本质原因为________。

A.机械效率大幅提升 B.燃烧效率大幅提升
C.单缸循环油量大幅提升 D.机械损失功率大幅下降

8.柴油机采用定压涡轮增压的特点是________。
①主要利用废气能量中的定压能;②排气总管具有稳压作用;③废气以基本不变的速度和压力进入涡轮;④有小部分脉冲动能转化为热能,可在涡轮中得到利用;⑤低负荷时或启动时涡轮发出的功率可能满足不了压气机所需功率
A.①②④⑤ B.①②③
C.③④⑤ D.①②③④⑤

9.柴油机采用废气涡轮增压后,给柴油机带来的不利影响是________。
A.单位功率重量增加 B.单位功率耗油量增加
C.柴油机工作粗暴 D.机械负荷增加

10.柴油机采用废气涡轮增压后会________。
①提高经济性;②提高柴油机功率;③减小单位功率重量;④降低热负荷;⑤提高机械负荷;⑥增大油耗率
A.①②③⑤ B.①③④⑤
C.②③④⑥ D.③④⑤⑥

11.柴油机采用增压技术的主要目的是________。
A.提高柴油机的转速 B.提高柴油机的热效率
C.提高柴油机的功率 D.提高柴油机的可靠性

12.柴油机废气涡轮增压广泛采用的轴承布置形式有________。
①外支承;②内支承;③内、外支承;④悬臂支承
A.①③④ B.①②
C.①②③④ D.②③④

13.柴油机排出的废气从径流式涡轮________进入一个渐缩的蜗壳形流道。
A.前端 B.后端
C.外周 D.内周

14.柴油机排出的废气所含的热量约占燃油燃烧放出热量的________%以上。
A.20 B.10
C.30 D.40

15.柴油机排气的可用能约占排气总能量的________%。
A.50 B.60
C.40 D.30

16.柴油机在中、低增压时,主要采用________。
A.脉冲增压 B.多脉冲增压
C.脉冲转换增压 D.定压增压

17.柴油机增压的主要目的是________。
A.增大空气量,使燃烧完全 B.提高柴油机功率
C.改善柴油机结构 D.增大过量空气系数,降低热负荷

18.柴油机增压的作用是使柴油机的________得到压缩而使其密度增大。

A.燃气　　B.废气

C.压缩气体　　D.进气

19.柴油机增压器轴承烧毁最常见的原因是________。

①有金属碎片带入废气涡轮;②滑油压力过低或油量不足;③涡轮轴封处积满污垢炭渣;④油质不洁或混入了外来物

A.①②　　B.②③

C.③④　　D.②④

20.柴油机增压系统采用空气中间冷却器,能使柴油机________。

①降低油耗率;②降低机械负荷;③降低热负荷;④提高功率;⑤提高进气密度;⑥消除后燃

A.①③④⑤　　B.③④⑤⑥

C.②③④⑥　　D.①②③⑤

21.柴油机增压系统的空冷器安装在________之间。

A.压气机入口和柴油机进气管　　B.压气机出口和柴油机进气管

C.废气出口和压气机出口　　D.废气出口和涡轮入口

22.船用发电柴油机增压系统的空冷器通常采用________冷却增压空气。

A.高温淡水　　B.低温淡水

C.气缸套冷却水　　D.海水或低温淡水

23.单独增压系统只适用于扫气质量________的________式柴油机。

A.较好;弯流扫气　　B.较差;直流扫气

C.较好;直流扫气　　D.较差;弯流扫气

24.当废气涡轮增压器损坏时,确定限制柴油机负荷的主要参数应是________。

A.最高燃烧压力　　B.柴油机转速

C.排气温度和烟色　　D.柴油机冷却水温度

25.定压涡轮增压的主要缺点是________。

A.低负荷性能差　　B.涡轮机转速不稳定

C.涡轮效率低　　D.对排气管要求很高

26.定压涡轮增压的主要特点是________。

A.只利用废气中的脉冲动能,而不利用废气中的定压能

B.主要利用废气的定压能,而不考虑废气脉冲动能的利用

C.只利用扫气的压力和温度

D.既利用废气的定压能,也利用废气的脉冲动能

27.定压涡轮增压器与脉冲增压比较,主要优点是________。

①低负荷性能好;②可用能量高;③增压器效率高;④适于高增压发展

A.③④　　B.①③④

C.②③④　　D.①②③④

28.定压增压柴油机的排气总管具有________作用。

A.减压　　B.稳压

C.脉冲　　D.增压

29.对废气涡轮增压器水洗的错误认识是________。

A.水洗应定期按规定进行

B.压气机端水洗可用淡水或专用洗净液交替进行

C.涡轮端进行干洗的效果比水洗好

D.良好的水洗可以代替增压器定期解体清洗

30.ABB 公司生产的 VTR-4 系列增压器的轴承可通过________的方式进行润滑。

A.气缸注油　　B.曲轴箱润滑系统

C.装设专门油泵　　D.装在转轴上的甩油盘进行飞溅

31.对于柴油机废气涡轮增压器涡轮端的清洗,描述错误的是________。

A.干洗在全负荷下的效果最好

B.涡轮端只允许干洗

C.柴油机负荷低于 50%时不可干洗

D.水洗要在低负荷下进行

32.对于单级轴流式废气涡轮,气流在涡轮的工作叶片流道中流动时产生的轴向推力,使轴朝向________窜动,因此需要在压气机端装设________。

A.压气机端;止推轴承　　B.涡轮机端;卡簧

C.涡轮机端;止推轴承　　D.压气机端;卡簧

33.对增压器废气涡轮端定期水洗时的负荷为________。

A.全负荷　　B.低负荷

C.标定负荷　　D.任意负荷

34.废气对涡轮做功的多少主要取决于________。

A.废气的流量和速度　　B.废气的流量和热状态

C.废气的流量和温度　　D.废气的压力和速度

35.对于废气涡轮的清洗,运转中主要是清洗旋转件上的灰尘和疏松的积炭(一般每周 1 次),定期拆检和清洗严重积垢的涡轮。运转中清洗废气涡轮的方法有________。

A.水洗法和干洗法　　B.水洗法和碱洗法

C.干洗法　　D.水洗法

36.废气涡轮轮机动力装置的工质是________。

A.燃气　　B.蒸汽

C.燃油　　D.水

37.废气涡轮增压柴油机相比于非增压柴油机,热负荷________,油耗率________,而气阀重叠角________。

A.升高;增大;增大　　B.降低;减小;减小

C.升高;减小;增大　　D.降低;增大;减小

38.废气涡轮增压柴油机相比于非增压柴油机,油耗率________,而经济性________。

A.增大;降低　　B.增大;提高

C.减小;提高　　D.减小;降低

39.废气涡轮增压器的涡轮机的主要组成部件有________。
①工作时轮;②喷嘴环;③进气箱;④扩压器;⑤排气壳;⑥消音器、滤清器
A.①②③⑤　　B.②③④⑤
C.②③④⑥　　D.③④⑤⑥

40.废气涡轮增压器的涡轮喷嘴环变形后,喷嘴流通截面积变大,会引起________。
A.增压压力升高　　B.增压器转速升高
C.增压器强烈振动　　D.增压压力下降

41.废气涡轮增压器的涡轮需要定期拆开清洗的原因为________。
A.消除引起振动的因素
B.洗掉喷嘴环和叶片上附着的氧化物
C.除去喷嘴环和叶片上的不平衡质量
D.清除喷嘴环和叶片上的油垢和积炭

42.废气涡轮增压器的压气机端水洗时的负荷应为________。
A.全负荷　　B.部分负荷
C.低负荷　　D.任选负荷

43.废气涡轮增压器是利用柴油机排气中的________做功的。
A.脉冲动能　　B.势能
C.定压能和脉冲动能　　D.热能

44.废气在径流式涡轮机工作叶轮内流动过程中,其工作参数变化情况是________。
A.压力和速度都上升　　B.压力下降,速度上升
C.压力上升,速度下降　　D.压力和速度都下降

45.废气中脉冲动能与定压能的比值,随着增压压力 p_k 的________。
A.增大而增大　　B.增大而减小
C.增大而不变　　D.增大而增大或减小

46.干洗增压器涡轮时,柴油机负荷不得低于________标定负荷。
A.30%　　B.40%
C.50%　　D.70%

47.干洗增压器涡轮在________。
A.全负荷时效果最好　　B.全负荷时效果最差
C.低负荷时效果最好　　D.50%负荷时效果最好

48.根据脉冲涡轮增压对排气管的分组原则,对于一台四冲程发火顺序为 1→5→3→6→2→4 的柴油机,排气管可分为________。
A.1、2、3 缸为一组,4、5、6 缸为一组
B.1、3、5 缸为一组,2、4、6 缸为一组
C.1、4、6 缸为一组,2、3、5 缸为一组
D.1、2、5 缸为一组,3、4、6 缸为一组

49.关于柴油机增压的不正确说法是________。
A.增压就是用提高进气密度的方法来提高功率

B.废气涡轮增压可以改善柴油机的经济性

C.增压柴油机的气阀重叠角应适当减小

D.增压是通过增大气缸充气量来提高功率

50.关于柴油机增压的说法,不正确的是________。

A.各种增压都不会消耗柴油机功率

B.增压就是提高进气压力

C.增压是提高柴油机功率的主要途径

D.通过废气涡轮增压器达到增压目的

51.关于单级轴流式涡轮,说法正确的是________。

A.冲动力矩是在喷嘴叶片上产生的,反动力矩是在叶轮叶片上产生的

B.冲动力矩是在叶轮叶片上产生的,反动力矩是在喷嘴叶片上产生的

C.冲动力矩和反动力矩都是在喷嘴叶片上产生的

D.冲动力矩和反动力矩都是在叶轮叶片上产生的

52.关于定压涡轮增压,不正确的说法是________。

A.涡轮机转速较稳定　　　　B.有一根容积足够大的排气总管

C.进入涡轮的废气压力较稳定　　　　D.效率较低

53.关于定压涡轮增压的特点,不正确的说法是________。

A.各缸排气支管都接在大容量的总管上

B.涡轮效率较高

C.所能利用的废气能量随增压压力的提高而减小

D.系统的布置较为简单

54.关于废气涡轮增压器,下列说法中错误的是________。

A.现代新型增压器普遍采用滑动轴承

B.压气机端的轴承为止推轴承

C.喘振发生在压气机端

D.内支承式轴承的转子稳定性好

55.关于轴流式废气涡轮增压器,下列说法中错误的是________。

A.喷嘴叶片间流道沿气流流向是收缩的

B.冲动力矩和反动力矩都作用在涡轮叶轮上

C.船用中、小型柴油机多采用轴流式废气涡轮增压器

D.压气机端的轴承为止推轴承

56.关于滑动轴承的结构特点与润滑方式,正确的描述是________。

A.整体衬套用润滑油脂　　　　B.整体衬套不用润滑油脂

C.两半式厚壁轴瓦用润滑油脂　　　　D.两半式薄壁轴瓦用润滑油脂

57.关于排气管分组的说法中,下列哪一项是不正确的?

A.脉冲涡轮增压需要对排气管进行分组

B.气缸数为 3 的倍数可构成三脉冲系统

C.排气管分组的原则中 2 个气缸为一组

D.如果一组小于3个气缸，则涡轮进气不连续

58.近代柴油机提高功率的主要途径是________。

A.增大缸径　　B.提高转速
C.增加气缸数　　D.提高增压度

59.径流式废气涡轮增压器主要用于________。

A.中、小型柴油机　　B.大、中型柴油机
C.十字头式柴油机　　D.低速柴油机

60.具有发动机排气总管容积足够大这一典型特征的增压方式为________。

A.气波增压　　B.复合增压
C.定压增压　　D.脉冲增压

61.理论并经实践证实，提高柴油机功率的最有效途径是________。

A.增加缸数与增大缸径　　B.提高转速
C.提高进气压力　　D.提高充气效率

62.脉冲涡轮增压柴油机排气管分组的主要目的是________。

A.更有效地利用脉冲能　　B.防止扫、排气相互干扰
C.方便增压系统的布置　　D.提高涡轮工作效率

63.脉冲涡轮增压对废气能量的利用情况是________。

A.只能利用定压能，不能直接利用脉冲动能
B.只能利用脉冲动能，不能直接利用定压能
C.既能利用全部的定压能，又能利用部分的脉冲动能
D.既能利用全部的脉冲动能，又能利用部分的定压能

64.脉冲涡轮增压时排气管需要分组，每组最多不得超过________个缸。

A.6　　B.4
C.3　　D.2

65.脉冲涡轮增压与定压涡轮增压的优缺点比较，脉冲涡轮增压主要适用于________。

A.低、中增压　　B.中、高增压
C.高增压　　D.超高增压

66.脉冲涡轮增压在废气能量利用上________。

A.脉冲能大于定压能　　B.脉冲能小于定压能
C.脉冲能等于定压能　　D.它们之间的大小视机型而定

67.模件式脉冲转换增压目前广泛用于________。

A.低速柴油机　　B.带离合器的中、小型主机
C.大功率中速柴油机　　D.中速柴油机

68.某柴油机废气涡轮增压器运行中轴承烧毁，现象为________。

A.增压压力升高　　B.增压器转速升高
C.滑油出口温度降低　　D.声音异常

69.某些柴油机使用分级喷射技术，其主要目的是________。

A.提高经济性

B.提高输出功率

C.降低排气温度,改善排放质量

D.控制滞燃期喷油量,保证燃烧平稳

70.目前船用增压柴油主机所使用的 PGA 调速器上多具有扫气压力燃油限制器,其主要作用是________。

A.增压压力过高时自动切断燃油供应

B.增压压力过低时自动切断燃油供应

C.运转中按增压压力高低自动调节循环供油量

D.船舶加速时防止供油量增大过快而冒黑烟

71.判断增压系统中间冷却器冷却水通道是否脏污的主要依据是________。

A.扫气压力　　B.扫气温度

C.冷却水进口温度　　D.空气流过中间冷却器的压降

72.清洗废气涡轮增压器时,采用水洗法清洗的部位可以是________。

A.压气机端　　B.涡轮端

C.压气机端和涡轮端　　D.增压器的任意部位

73.如图所示为柴油机废气涡轮增压系统,废气出口的废气阀在________时开启放掉过剩的废气。

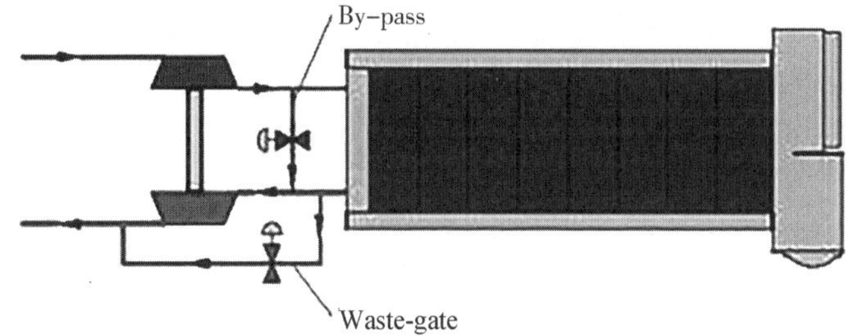

A.低速低负荷　　B.机动航行

C.低速高负荷　　D.高速高负荷

74.四冲程柴油机一般所采用的增压方式是________。

A.废气涡轮增压

B.机械增压、废气涡轮增压、复合增压都有

C.复合增压

D.机械增压

75.通常,增压系统中间冷却器气侧清洗较好的方法是________。

A.机械清洗　　B.化学清洗加水洗

C.干洗　　D.水洗

76.通常将________的能量分成脉冲能和定压能两部分。

A.废气　　B.涡轮提供

C.压气机接收　　D.压气机提供

77.通常,径流式废气涡轮增压器轴承的支撑方式为________。
A.外支撑 B.内支撑
C.内、外支撑 D.悬臂支撑

78.为保证废气涡轮增压器轴承的润滑,轴承箱中的滑油应________。
A.修船时更换 B.每次开航前更换
C.定期更换 D.到港后立即更换

79.为了保证柴油机在低负荷工况时的扫气质量,________柴油机须另设辅助风机。
A.脉冲增压 B.复合增压
C.定压增压 D.气波增压

80.为了保证废气涡轮增压器可靠润滑,废气涡轮增压器最好由________润滑。
A.边界润滑系统 B.重力-强力混合润滑系统
C.液体动力润滑系统 D.液体静力润滑系统

81.为了构成三脉冲系统,增压柴油机气缸数必须为________。
A.最少气缸数 B.3 的倍数
C.2 的倍数 D.4 的倍数

82.涡轮端气封的作用是________。
A.防止燃气泄漏 B.防止滑油进入涡轮壳体内
C.防止轴承箱滑油被污染 D.防止废气进入压气机端

83.下列关于柴油机废气能量分析的叙述中,不正确的是________。
A.脉冲动能和定压能在总能量中所占的百分数与增压比无关
B.通常废气的能量分为脉冲能和定压能
C.脉冲动能和定压能在总能量中所占的百分数是变化的
D.废气能量是脉冲动能和定压能之和

84.下列关于柴油机增压的基本目的描述中,正确的是________。
A.提高柴油机的升功率
B.提高柴油机抗机械疲劳和热疲劳的能力
C.提高柴油机的机械负荷
D.提高柴油机的热负荷

85.下列关于柴油机增压的说法中,正确的是________。
A.采用废气涡轮增压的主要目的是利用废气能量提高热效率
B.采用废气涡轮增压的主要目的是提高柴油机功率
C.机械增压达到一定增压压力后不再提高柴油机的功率
D.限制废气涡轮增压压力提高的主要原因是涡轮的工作能力

86.下列关于柴油机增压的主要目的中,错误的是________。
A.增压能提高气缸的空气密度
B.增压能提高气缸内的平均指示压力
C.增压是提高柴油机功率的主要途径
D.增压能充分利用废热

87.下列关于径流式废气涡轮增压器的叙述中,不正确的是________。
A.径流式废气涡轮增压器的涡轮机与轴流式的不同
B.径流式废气涡轮增压器的压气机与轴流式的不同
C.径流式涡轮增压器在中、小型柴油机上得到了广泛的应用
D.径流式涡轮增压器的喷嘴环将废气中的压力能部分转变为动能
88.下列关于排气管分组的说法中,不正确的是________。
A.脉冲涡轮增压需要对排气管进行分组
B.排气管分组是为了避免扫排气相互干扰
C.四冲程柴油机采用三缸一组可使涡轮工作比较稳定
D.二冲程柴油机采用四缸一组可使扫排气不发生干扰
89.下列关于现代船用直流扫气低速主机增压系统的说法中,错误的是________。
A.安装辅助鼓风机
B.通常采用轴流式废气涡轮增压器
C.通常采用高增压废气涡轮增压器
D.通常采用外支承轴承式废气涡轮增压器
90.下列说法中错误的是________。
A.增大柴油机某些结构参数可提高柴油机的功率,提高的幅度受到多种因素限制
B.柴油机转速增加可以增大柴油机做功频率,提高功率
C.二冲程柴油机压缩比比四冲程柴油机压缩比大
D.增加柴油机的气缸数可以提高柴油机的有效功率
91.下述各项中不会造成增压器轴承烧损的是________。
A.油中混入金属屑　　B.滑油过脏
C.滑油压力过低或油量不足　　D.有金属碎片带入废气涡轮
92.现代船用大型低速二冲程柴油机通常采用________。
A.复合增压　　B.径流式废气涡轮增压
C.机械增压　　D.轴流式废气涡轮增压
93.现代高增压柴油机涡轮增压向定压涡轮增压发展的关键因素在于________。
A.增压系统布置方便　　B.增压器效率高
C.脉冲动能所占比例下降　　D.低负荷运转性能好
94.相对于采用滑动轴承,废气涡轮增压器采用滚珠轴承,其摩擦损失________,加速性能________。
A.大;好　　B.大;差
C.小;好　　D.小;差
95.压气机端喷水清洗应在柴油机________运行的情况下进行。
A.低负荷　　B.全负荷
C.80%标定负荷　　D.50%标定负荷
96.压气机在运转中用水清洗时,按下储水容器上的按钮,水在________的作用下喷入压气机。
A.增压压力　　B.进气道压力

C.增压压力和进气道压力之差　　D.增压压力和进气道压力之和

97.一台二冲程脉冲涡轮增压柴油机,其发火顺序为 1→6→2→4→3→5,其排气管可分为________。

A.1、6、2 缸为一组,4、3、5 缸为一组

B.1、2、3 缸为一组,4、5、6 缸为一组

C.1、2、4 缸为一组,3、5、6 缸为一组

D.2、4、3 缸为一组,1、5、6 缸为一组

98.引起增压器在工作中发生强烈振动的原因有________。

①压气机喘振;②压气机叶轮损坏;③轴承烧坏;④叶轮结炭;⑤气封、油封结炭;⑥润滑效果差

A.②④⑥　　B.①②④

C.②④⑤　　D.①③⑤

99.引起增压压力异常下降的原因是________。

①排气阀开启提前角较小;②喷油提前角较小;③喷嘴环变形截面增大;④轴承故障;⑤排气阀漏气;⑥轴封结炭

A.①②③⑤　　B.①③④⑤

C.①③④⑥　　D.②④⑤⑥

100.用水清洗过增压器涡轮后,应在低负荷下运转________。

A.45~60 min　　B.30~45 min

C.20~30 min　　D.5~10 min

101.用听棒听到废气涡轮增压器在运转中发出钝重的“嗡嗡”声音,说明增压器________。

A.负荷过大　　B.失去动平衡

C.润滑不良　　D.密封泄漏

102.有时会在船舶柴油机排气总管和增压器之间装设粗滤器,其作用是________。

A.防止物体进入增压器,造成破坏

B.过滤烟灰,防止烟灰污染增压器

C.过滤烟灰,防止烟灰污染环境

D.防止杂质进入排气管,造成柴油机机体破坏

103.与定压涡轮增压系统相比,关于模件式脉冲转换增压系统的特点,不正确的说法是________。

A.各缸排气经喷管接入容积较小的总管

B.既利用定压能,又利用部分脉冲动能

C.排气总管与增压器入口间装有扩压器

D.不受柴油机缸数限制,但排气管要分组

104.与脉冲增压系统相比,关于模件式(单管)脉冲转换增压系统特点的不正确说法是________。

A.排气管布置简单　　B.排气管不要分组

C.废气涡轮效率较高　　D.只利用定压能,不利用脉冲能

105.运转中废气涡轮增压器的涡轮水洗要在________负荷下进行,清洗时间约需________。

A.高;10 min　　B.低;15 min
C.低;10 min　　D.高;15 min

106.关于运转中运用干洗法洗废气涡轮增压器,说法正确的是________。
A.一定是全负荷时效果最好
B.一定是低负荷时效果最好
C.洗压气机端最好全负荷,洗涡轮端最好低负荷
D.洗压气机端最好低负荷,洗涡轮端最好全负荷

107.关于运转中运用水洗法洗废气涡轮增压器,说法正确的是________。
A.一定是全负荷时效果最好
B.一定是低负荷时效果最好
C.洗压气机端最好全负荷,洗涡轮端最好低负荷
D.洗压气机端最好低负荷,洗涡轮端最好全负荷

108.在 VTR-4 系列增压器的壳体内,从压气机端的排气蜗壳引出一路增压空气到废气涡轮端,目的是________。
A.冷却涡轮转子　　B.提高气封效果
C.冷却涡轮端轴承　　D.便于检查增压压力

109.在柴油机的并联式复合增压系统中,机械增压主要是补充柴油机运行在________下时废气涡轮增压供应不足的空气量。
A.低速低负荷　　B.高速低负荷
C.高速高负荷　　D.低速高负荷

110.在废气涡轮增压器运转中清洗压气机,清洗后一有机会就应清洗________。
A.扩压器　　B.排气蜗壳
C.空冷器　　D.工作叶轮

111.在废气涡轮增压器运转中清洗压气机,在清洗前 20 min 内,气缸润滑油供应量应提高 50%~100%,以避免________。
A.熄火　　B.高温腐蚀
C.空冷器脏堵　　D.破坏气缸润滑

112.在废气涡轮增压系统中,涡轮效率较高的增压方式是________。
A.定压涡轮增压　　B.脉冲涡轮增压
C.脉冲转换增压　　D.多脉冲增压

113.在废气涡轮增压系统中,涡轮所利用废气能量较多的增压方式是________。
A.定压增压　　B.脉冲增压
C.脉冲转换增压　　D.复合增压

114.在废气涡轮增压系统中,实现废气压力能转变为动能的部件是________。
A.进气道　　B.喷嘴环
C.涡轮　　D.排气蜗壳

115.在废气涡轮增压系统中,废气流经叶轮叶片后参数变化不正确的是________。
A.压力降低　　B.速度升高

C.温度降低　　D.流量不变

116.在径流式废气涡轮增压器中,废气在涡轮叶片中的流动方向是________。

A.从涡轮的中心向外部流动　　B.从涡轮的上部向下部流动

C.从涡轮的外部向中心流动　　D.从涡轮的下部向上部流动

117.在离心式压气机中,实现动能变为压力能的主要部件是________。

A.叶轮　　B.扩压器

C.进气道　　D.排气蜗壳

118.在排气支管与废气涡轮之间装设脉冲转换器的增压,属于________。

A.多脉冲增压　　B.脉冲转换增压

C.模件式脉冲转换增压　　D.脉冲涡轮增压

119.在其他条件不变的情况下,在压气机出口和柴油机空气入口之间安装空冷器,可以________压缩空气的密度,________排气的温度。

A.增大;降低　　B.减小;降低

C.增大;升高　　D.减小;升高

120.在涡轮增压器工作过程中,气体在压气机中的流动损失有________。

①空气与壁面的摩擦损失;②空气流内部的相互摩擦损失;③空气的撞击损失

A.①②③　　B.②

C.③　　D.①

121.在运行中柴油机各缸的排气温度突然升高,最可能的原因是________。

A.增压器故障　　B.排气阀漏气

C.气缸漏气　　D.喷油器雾化不良

122.在增压柴油机运转中,压气机的清洗应在________下进行。

A.低负荷　　B.全负荷

C.中等负荷　　D.中高负荷

123.在增压器运转中清洗压气机,在清洗前后 20 min 内,气缸润滑油供应量应提高________。

A.50%~100%　　B.70%~90%

C.40%~70%　　D.50%~80%

124.在增压系统中设置空气冷却器,其作用不是________。

A.降低增压空气温度　　B.增大进气密度

C.提高进气量　　D.提高热负荷

125.在轴流式涡轮机中,废气在涡轮叶片中的流动方向是________;在径流式涡轮机中,废气在涡轮叶片中的流动方向是________。

A.与涡轮机轴平行;从涡轮的外部向中心流动

B.与涡轮机轴平行;从涡轮的中心向外部流动

C.从涡轮的外部向中心流动;从涡轮的中心向外部流动

D.从涡轮的中心向外部流动;从涡轮的外部向中心流动

126.增压柴油机的排气阀开启时刻往往随增压度的提高而提前开启,这主要是为了________。

A.确保扫气口打开时缸内压力低于扫气压力,防止燃气倒入扫气箱

B.满足高增压时废气涡轮与压气机的功能平衡
C.降低气缸热负荷与机械负荷
D.减少柴油机的振动

127.增压柴油机的增压度是指________。
A.增压后的标定功率与增压前的标定功率之比
B.增压后的标定功率与增压前的标定功率之差
C.增压后的标定功率与增压前的标定功率的差值与增压前的标定功率之比
D.增压后的平均有效压力与增压前的平均有效压力之比

128.增压器的滑动轴承的特点有________。
A.摩擦损失小　　B.加速性能好
C.对转子的不平衡敏感性高　　D.工作寿命长

129.增压器的密封装置有________。
A.气封　　B.油封
C.水封　　D.气封和油封

130.增压器的压气机叶轮用水清洗时,柴油机工况应处于________。
A.任意运转状态　　B.低速、低负荷运行状态
C.高速、全负荷运行状态　　D.停车状态

131.增压器的增压压力下降,同时转速也下降,其形成的原因可能是________。
A.压气机叶轮背面的气封漏气
B.压气机内部的气流通道受阻
C.喷嘴环变形及涡轮前排气管胀缩接头漏气
D.扫气箱漏气

132.增压器滚动轴承具有摩擦系数小、产生热量小、润滑油消耗量小、拆卸方便、启动性能好、效率高等优点;缺点是________。
A.可靠性低　　B.成本高
C.结构复杂　　D.使用寿命较短

133.增压器滚动轴承一般采用________进行润滑。
A.油脂　　B.液压油
C.系统润滑油　　D.透平油

134.增压器压气机采用半开式径向叶轮的优点是________。
①强度好,制造工艺简单;②允许有较高的轮缘速度;③能获得较高的增压压力
A.①③　　B.②③
C.①②　　D.①②③

135.增压器轴承烧毁,在运行中出现的现象为________。
①增压压力降低;②增压器转速下降;③滑油出口温度升高
A.①②　　B.①③
C.②③　　D.①②③

136.增压器转子采用滑动轴承的优点是________。

A.构造简单　　B.加速性好
C.适用于高转速　　D.摩擦损失小

137.增压器转子轴承采用滚动轴承的优点之一是________。
A.摩擦损失小　　B.可多次修复使用
C.轴承寿命较长　　D.构造简单

138.增压器转子轴上的油封的作用是防止________。
A.燃气污染润滑油
B.压缩空气泄漏
C.滑油进入涡轮壳体或压气机壳体内
D.转子叶片烧毁

139.增压系统中,空气冷却器冷却水侧发生污损,使柴油机发生________运转故障。
①扫气温度升高;②排气温度升高;③气缸热负荷升高
A.③　　B.①
C.②　　D.①②③

140.增压系统中间冷却器水侧结垢的清洗方法有________。
A.化学清洗　　B.机械清洗
C.水洗　　D.化学清洗和机械清洗

141.增压压力异常升高,可能引起的原因有________。
A.后燃严重　　B.进气阀漏气
C.气缸漏气　　D.喷油泵漏油

142.径流式涡轮增压器的喷嘴环将柴油机废气的压力能________转变为动能。
A.全部　　B.部分
C.几乎不能　　D.根本不能

参考答案

第一节　气阀机构及其工作原理

1.D	2.C	3.B	4.C	5.C	6.B	7.A	8.B	9.A	10.B
11.A	12.C	13.A	14.D	15.C	16.C	17.B	18.D	19.C	20.A
21.C	22.B	23.B	24.B	25.A	26.A	27.D	28.B	29.B	30.C
31.D	32.D	33.C	34.C	35.C	36.C	37.B	38.A	39.B	40.A
41.A	42.D	43.A	44.D	45.D	46.D	47.B	48.C	49.C	50.B
51.A	52.C	53.D	54.C	55.D	56.C	57.D	58.B	59.B	60.B
61.C	62.A	63.D	64.A	65.B	66.D	67.D	68.C	69.D	70.A
71.C	72.D	73.D	74.C	75.C	76.A	77.A	78.A	79.B	80.D
81.D	82.B	83.A	84.A	85.B	86.C	87.B	88.B	89.A	90.C

91.B　92.B　93.D　94.A　95.B　96.D　97.C　98.C　99.A

第二节　废气涡轮增压器

1.A　2.D　3.D　4.C　5.A　6.C　7.C　8.D　9.D　10.A
11.C　12.B　13.C　14.C　15.B　16.A　17.B　18.D　19.D　20.A
21.B　22.D　23.C　24.C　25.A　26.B　27.A　28.B　29.D　30.C
31.B　32.A　33.B　34.B　35.A　36.A　37.C　38.C　39.A　40.D
41.D　42.A　43.C　44.D　45.B　46.C　47.A　48.A　49.C　50.A
51.D　52.D　53.C　54.D　55.C　56.D　57.C　58.D　59.A　60.C
61.C　62.B　63.C　64.C　65.A　66.B　67.C　68.D　69.D　70.D
71.B　72.C　73.C　74.A　75.B　76.A　77.B　78.C　79.C　80.B
81.B　82.C　83.A　84.A　85.B　86.D　87.B　88.D　89.D　90.C
91.D　92.D　93.C　94.C　95.B　96.C　97.B　98.B　99.C　100.D
101.B　102.A　103.D　104.D　105.C　106.A　107.C　108.B　109.A　110.C
111.D　112.A　113.B　114.B　115.B　116.C　117.B　118.B　119.A　120.A
121.A　122.B　123.A　124.D　125.A　126.B　127.C　128.D　129.D　130.C
131.C　132.D　133.D　134.D　135.D　136.A　137.A　138.C　139.D　140.D
141.A　142.B

第六章 柴油机系统

第一节 管路系统

1.________是船上较常用的一种连接方式，具有尺寸小、重量小、拆装方便、使用可靠等特点，常用于小管径的管子和管子、管子和附件、管子和设备的连接，比如水泵压力表铜管的连接、重油管路伴热蒸汽管的连接等。

A.法兰连接　　B.螺纹连接

C.焊接连接　　D.挠性连接

2.________有足够的强度，良好的延伸率和焊接性，广泛用于船舶蒸汽管、燃油管、滑油管、压缩空气管等。

A.灰铸铁管　　B.有缝钢管

C.铜管　　D.无缝钢管

3.管道按照材料的不同，可分为________。

①钢铁材料管材；②非铁金属管材；③非金属管材；④其他管道

A.①②③④　　B.①②③

C.①②④　　D.②③④

4.管道按照材料的不同，可分为________。

①钢铁材料管材；②非铁金属管材；③非金属管材；④铸铁管

A.①②③④　　B.①②③

C.①②④　　D.②③④

5.暗杆式闸阀的传动螺纹在体腔________，阀上________设行程指示器。

A.外部；不需要　　B.外部；需要

C.内部；不需要　　D.内部；需要

6.舱底水泵能产生较大的真空度却不能排液，通常原因是________。

A.吸入管的泥箱脏堵　　B.吸入管漏气

C.吸入阀全开　　D.排出阀未开

7.船舶管系包括辅助机械、辅助设备、检测仪表及船舶管路，其中辅助机械有________。

①泵；②风机；③压气机；④热交换器；⑤箱柜；⑥过滤器；⑦空气瓶；⑧管件

A.⑥⑦⑧　　B.②③④

C.①②③　　D.④⑤⑥

8.船舶管系根据________可分为________。

A.设计温度;3 级　　B.设计压力;4 级

C.设计温度和设计压力;3 级　　D.管子材料;4 级

9.船舶管系是联系主、辅机及有关设备的脉络。其中动力管系不包括________。

A.燃油系统　　B.滑油系统

C.压缩空气系统　　D.蒸汽系统

10.根据管系的用途不同,船舶管系分为________。

①动力管系;②辅助管系;③特种船舶的专用管系;④钢质管系

A.①②③④　　B.①②③

C.①②　　D.②③④

11.管路密封垫片应根据工作压力、工作温度、密封介质的腐蚀性并结合密封面的形式来选用,下列不符合选用原则的是________。

A.在常温、低压下选用金属软密封垫

B.中压高温时,选用金属与非金属组合密封垫片或金属密封垫

C.在温度、压力有较大波动时,选用弹性好的密封垫或自紧式密封垫

D.在低温、腐蚀性介质或真空条件下,应考虑密封垫的特殊性能

12.机舱排烟管系选用的密封材料通常为________。

①非石棉橡胶垫片;②金属缠绕垫片;③紫铜包覆垫片;④橡胶垫片;⑤石棉橡胶垫片

A.②③　　B.②③⑤

C.①④　　D.①②③④⑤

13.截止阀的进出口方向如果装反,则介质________,管路阻力________。

A.不能流通;增大　　B.不能流通;减小

C.可以流通;增大　　D.可以流通;减小

14.截止阀是船上应用最广泛的一种阀门,________手轮,截止阀阀盘提升打开阀门,使管路保持畅通。

A.向上抬起　　B.向下压下

C.顺时针方向转动　　D.逆时针方向转动

15.泥箱的维护管理要点是________。

A.定期解体清洁　　B.定期反冲洗

C.定期注油　　D.决不能打开,以免影响密封性

16.泥箱主要用于________。

A.燃油系统　　B.滑油系统

C.舱底水系统　　D.压载水系统

17.破损管路的修复方法通常包括________。

①换新法;②焊补法;③管箍法;④打水泥箱;⑤铁水泥修补;⑥环氧树脂胶黏剂修补

A.①　　B.①②③

C.①②③④⑤　　D.①②③④⑤⑥

18.升降式止回阀是船上应用较多的一种阀,________,止回阀在安装时应________安装在管路上。

A.低进高出;水平　　B.高进低出;直立

C.低进高出;直立　　D.高进低出;水平

19.速闭阀可以在发生火灾时在机器处所外部迅速关闭油舱柜的出口阀以隔绝油舱柜,防止险情扩大。速闭阀有多种形式,其中机舱内燃油、滑油柜出口一般采用________速闭阀。

A.钢丝绳型　　B.压缩空气型

C.液压型　　D.电动型

20.下列关于船舶管路阀件的说法中,错误的是________。

A.截止阀通过阀杆和阀芯的上下运动来开通或阻断介质流动

B.蝶阀的动作较慢,需要阀盘转动360°才能开关

C.闸阀根据结构不同可以分为阀杆上升式和阀杆不上升式

D.截止止回阀的阀芯与阀杆之间并不固定

21.下列关于船舶管系的说法中,正确的是________。

A.船舶管系特指船上的管路

B.船舶管系是专门输送流体的管路、设备以及检查、测控仪表的总称

C.船舶管系的主要材料是铸铁

D.船舶管系包括推进装置管系和辅助装置管系

22.在船上,不同用途的管路上涂有不同颜色的油漆或者贴有不同颜色的色带。按照相关标准,海水管路标志颜色为________,其管路内部一般会进行特殊涂层处理以防止海水腐蚀。进行相关管路维修时应注意对涂层的保护,如涂层损坏,应改用环氧树脂等进行修复处理。

A.红色　　B.灰色

C.蓝色　　D.绿色

23.在船上,不同用途的管路上涂有不同颜色的油漆或者贴有不同颜色的色带。按照相关标准,蒸汽管路标志颜色为________,进行相关作业时应做好安全防护措施,防止烫伤。

A.银色　　B.白色

C.红色　　D.灰色

24.在进行船舶管系的设计时,关于其原则说法错误的是________。

A.对称布置,美观性　　B.系统工作的可靠性

C.施工的可行性　　D.系统使用和维修养护的方便性

25.在雾化加热器中,为了避免加热后迅速积垢,预热温度不得超过________。

A.165 ℃　　B.150 ℃

C.140 ℃　　D.160 ℃

26.中心式蝶阀阀盘最大可以转动________。

A.360°　　B.45°

C.90°　　D.180°

第二节 燃油系统、滑油系统、冷却系统

1.API 分类法按油品质量和适用机型特点,把滑油分为________个质量等级。

A.3 B.4

C.9 D.18

2.按照我国有关规定,大型船舶燃油预热的热源应为________。

A.过热蒸汽 B.饱和蒸汽

C.电加热器 D.气缸套冷却水

3.测量舱柜内燃油数量时可不考虑的因素是________。

A.船舶的吃水差 B.燃油的加热程度

C.燃油的水分 D.燃油的比重

4.柴油机闭式淡水冷却系统与开式海水冷却系统相比,下列哪一项不是它的优点?

A.水质稳定

B.传热效果好,腐蚀小

C.水源充足

D.允许水温高,传热损失小,气缸壁热应力小

5.柴油机进行冷却的主要作用有________。

①减小燃烧室部件的热应力;②保证受热部件有足够强度;③提高柴油机的有效热效率;④保证运动件间适当间隙;⑤利用冷却水热量制淡;⑥保护滑油油膜

A.①②④⑥ B.③④⑤⑥

C.①②④⑤ D.①③④⑥

6.下列关于柴油机冷却空间因结垢使冷却水进出口温差太小而造成的危害,不正确的说法是________。

A.零件易出现过度磨损,甚至咬死 B.柴油机热负荷增大,零件易变形

C.润滑效果变差 D.易产生低温腐蚀

7.柴油机冷却系统中淡水和海水的压力应该________。

A.海水压力大于淡水压力 B.淡水压力大于海水压力

C.淡水压力与海水压力相等 D.无规范规定

8.柴油机膨胀水箱的作用是________。

①放气;②补气;③加大水受热后膨胀的余地

A.① B.③

C.② D.①②③

9.柴油机气缸冷却水出口温度过低,会导致________。

①热效率下降;②加剧低温腐蚀;③产生过大热应力

A.①②③ B.②③

C.①③ D.①②

10.柴油机气缸冷却水出口温度过低,会导致________。

①热效率下降；②加剧高温腐蚀；③产生过大应力；④加剧结垢

A.①③　　B.①②③④

C.②③④　　D.①②③

11.柴油机气缸冷却水出口温度过高，会导致________。

①破坏油膜；②加剧低温腐蚀；③气缸套密封圈老化失效；④冷却水汽化

A.①②③④　　B.①③④

C.①③　　D.②③④

12.柴油机曲轴箱滑油的作用之一是控制腐蚀磨损，这里的曲轴箱油指的是________。

A.筒形活塞式柴油机曲轴箱油

B.十字头式柴油机曲轴箱油

C.筒形活塞式柴油机曲轴箱油和十字头式柴油机曲轴箱油

D.直列式柴油机曲轴箱油

13.柴油机曲轴箱油变质的原因有________。

①混入海水或淡水；②混入燃烧产物；③混入燃油；④自身氧化；⑤油温过高；⑥油压过高

A.①②③④⑥　　B.①②③④⑤

C.①③④⑤⑥　　D.②③④⑤⑥

14.柴油机所使用的润滑剂大致有________。

①气缸油；②曲轴箱油；③透平油；④齿轮箱油；⑤冷冻机油

A.①②③④　　B.②③④⑤

C.①②④⑤　　D.①③④⑤

15.船舶动力装置使用的冷却介质包括________。

①海水；②淡水；③滑油；④蒸馏水

A.①②③④　　B.①②③

C.①②　　D.②③④

16.船舶航行时处理污油的方法是________。

A.通过主机燃烧　　B.通过副机燃烧

C.排出舷外　　D.通过焚烧炉焚烧

17.船舶在港时处理污油的方法是________。

A.通过焚烧炉焚烧　　B.通过副机燃烧

C.排入岸上接收装置　　D.通过主机燃烧

18.船舶在湿热地区航行时应控制空冷器的海水流量，使海水流量________。

A.减小　　B.不变

C.增大　　D.无规律

19.打开扫气箱导门，通过扫气口观察发现：活塞环槽内有带颜色的灰状堆积物，是气缸油________导致的；气缸套内表面上的白色或褐色部分，是由________引起的。

A.酸性添加剂；低温腐蚀　　B.碱性添加剂；高温腐蚀

C.酸性添加剂；高温腐蚀　　D.碱性添加剂；低温腐蚀

20.带有自动切换装置的主机滑油泵的出口阀应是________。

A.止回阀　　B.截止止回阀
C.速闭阀　　D.截止阀

21.带有自动切换装置主机滑油泵的备用泵自动启动的条件是________。
A.运转泵停转　　B.滑油失压
C.滑油压力低于某一限定值　　D.滑油流量小于某一限定值

22.导致运转中的柴油机滑油温度过高的原因有________。
①滑油供应不足或中断;②机件配合间隙太小;③润滑油冷却效果不佳或油温调节阀失灵;④柴油机长时间超负荷运行;⑤活塞环漏气、燃气下串
A.②③④　　B.①②⑤
C.①②③　　D.①②③④⑤

23.典型中央冷却系统中________。
A.滑油用海水冷却　　B.空压机用高温淡水冷却
C.高温淡水用海水冷却　　D.低温淡水用海水冷却

24.对柴油机冷却水进行水处理的主要目的是________。
①增加冷却水的比热;②增大冷却水的传热系数;③防止产生水垢;④防止冷却水对部件的腐蚀;⑤冲淡冷却壁面;⑥防止金属表面产生碱性腐蚀
A.③④　　B.①②
C.⑤⑥　　D.③④⑥

25.对于中、高速柴油机,一般冷却水出口温度控制在________。
A.70~80 ℃　　B.60~70 ℃
C.50~60 ℃　　D.80~90 ℃

26.干油底壳式滑油系统的特点有________。
①管路较为复杂;②油底壳存油量少;③滑油使用寿命长;④采用机带滑油泵;⑤适用于大、中型柴油机
A.①②③　　B.①③⑤
C.②③④　　D.②④⑤

27.供给泵出口阀为________,循环泵出口阀为________。
A.截止阀;截止止回阀　　B.截止阀;截止阀
C.截止止回阀;截止阀　　D.截止止回阀;截止止回阀

28.关于海水系统海底阀的说法,不正确的是________。
A.至少有两个　　B.位于左、右两舷
C.有高位和低位　　D.只能用止回阀

29.关于冷却系统的说法,不正确的是________。
A.可用副机循环淡水对主机暖缸
B.气缸冷却水出口温度低一些比较安全
C.膨胀水箱可放出系统中的空气
D.采用闭式循环冷却系统比开式好

30.关于燃油驳运与净化,下列说法错误的是________。

A.为确保各储存舱中的重质燃油随时可用,其燃油应保温在 0~40 ℃
B.日用柜中的重质燃油通常加热到 70~80 ℃
C.沉淀柜中的重质燃油通常加热到 50~60 ℃
D.沉淀柜下部设有放残阀,以定期放出沉淀在底部的杂质和水分

31.关于燃油净化,下列说法错误的是________。
A.燃油净化措施主要包括沉淀、过滤和离心分离
B.离心分离和沉淀的原理是近似的,前者依靠离心力,后者依靠重力
C.加热、放残对于燃油净化也不可或缺
D.对于周期性无人值班机舱,沉淀柜无须放残

32.关于现代大型二冲程低速柴油机冷却水的说法中,错误的是________。
A.值班时需要监控冷却水出口温度
B.冷却水冷却气缸套后冷却气缸盖
C.排气阀的冷却水独立于气缸冷却水
D.各缸冷却水出口管汇入一根总管

33.关于现代大型二冲程低速柴油机冷却水的说法中,错误的是________。
A.冷却水首先冷却气缸套
B.气缸套外部布置冷却水套
C.冷却水冷却气缸套后进入排气阀进行冷却
D.气缸盖下部布置冷却水套

34.关于现代大型二冲程低速柴油机冷却水内部流向的说法中,错误的是________。
A.冷却水进入气缸套外部的冷却水套来冷却气缸套
B.冷却水要冷却整个气缸套
C.冷却水冷却气缸套后进入气缸盖
D.冷却水冷却气缸盖后冷却排气阀

35.海上正常航行期间,供给泵出口压力为 0.4 MPa,循环泵出口压力为 0.7~0.8 MPa。供给泵出口压力由________维持,循环泵出口压力由________维持。
A.供给泵溢流阀;循环泵溢流阀　　B.流量计;混合油柜
C.供给泵溢流阀;主机弹簧溢流阀　　D.轻重油转换阀;雾化加热器

36.航行值班交班前,当值人员应将主要技术参数,本班所发生的问题及其处理方法、处理结果,轮机长的命令和专门指示,驾驶台的通知等记入________。
A.检修记录本　　B.副机日志
C.航行日志　　D.轮机日志

37.对于滑油粗滤器和细滤器的安装,一般________。
A.粗滤器装在滑油泵进口端,细滤器装在滑油泵出口端
B.细滤器装在滑油泵进口端,粗滤器装在滑油泵出口端
C.都装在滑油泵进口端,粗滤器在前,细滤器在后
D.都装在滑油泵出口端,粗滤器在前,细滤器在后

38.滑油供油压力不足会导致________。

A.接合面漏油　　B.滑油氧化变质
C.滑油消耗增加　　D.机件磨损加剧

39.滑油系统油位突然降低,可能是________引起的。
①油底壳泄漏;②管系泄漏;③冷却水漏入
A.①③　　B.①②③
C.①②　　D.②③

40.滑油自动反冲洗滤器在________达到设定值时,将自动运行反冲洗程序。
A.进口压力　　B.出口压力
C.进、出口的压差　　D.流量

41.关于燃油分油机油渣柜中油渣的处理,错误的说法是________。
A.排岸接收　　B.驳至污油收集柜
C.驳至焚烧炉焚烧　　D.驳至沉淀柜循环使用

42.开式海水系统一般设两个以上的海底阀,分高位和低位,船舶进港后,使用________海底阀;在海上航行时,多使用________海底阀。
A.低位;低位　　B.高位;高位
C.高位;低位　　D.低位;高位

43.壳管式冷却器的传热管通常选用________。
A.黄铜　　B.铸铁
C.锌合金　　D.不锈钢

44.某些船舶的海水系统在出海阀前设有温度调节阀,其目的是________。
A.控制海水系统最高温度　　B.控制海水系统最低温度
C.调节淡水温度　　D.调节滑油温度

45.能提高边界润滑中形成反应膜能力的添加剂是________。
A.油性剂　　B.极压剂
C.增黏剂　　D.浮游剂

46.黏度指数是评定滑油黏温特性的通用参数,若滑油黏温特性好,则黏度指数的变化是________。
A.增大接近100　　B.增大接近1
C.减小接近1　　D.减小接近0

47.气缸冷却的限制因素是________。
A.缸内最低温度　　B.硫酸的露点
C.排气温度　　D.缸内最高温度

48.曲轴箱油强制润滑系统组成形式,按柴油机结构的不同可分为________滑油系统。
①湿油底壳式;②半干油底壳式;③干油底壳式
A.①③　　B.①②③
C.②③　　D.①②

49.曲轴箱油在使用中,发生乳化现象、腐蚀金属表面,其原因是________。
A.滑油中漏入海水或淡水　　B.漏入燃油

C.漏入燃烧产物　　D.滑油产生泡沫

50.燃油储存舱的出口装设的阀件包括________。

A.速闭阀　　B.截止阀

C.遥控阀　　D.止回阀

51.燃油供给系统涵盖的范围是指________。

A.油舱→沉淀柜　　B.沉淀柜→日用柜

C.日用柜→喷油泵　　D.喷油泵→喷油器

52.燃油供给系统由________等组成。

①燃油供给泵;②燃油循环泵;③燃油混合桶;④雾化加热器

A.①②④　　B.①②③

C.②③④　　D.①②③④

53.燃油流经滤器前后的压力差为零时,说明________。

①滤网破损;②滤芯装配不当;③滤器脏堵

A.①③　　B.①②

C.②③　　D.①②③

54.燃油系统的组成环节有________。

①燃油系统的主要设备;②燃油的注入、储存和驳运;③燃油的净化处理;④燃油供给

A.①③④　　B.①②③

C.①②④　　D.②③④

55.在燃油系统中,集油柜的作用不包括________。

A.作为量油柜,测定主机耗油量　　B.主机换油操作时,起缓冲作用

C.沉淀净化燃油　　D.驱除燃油回油中的气体

56.燃油系统中容易积气,因此,油柜上都有________。

A.消气管　　B.积气管

C.冷却管　　D.透气管

57.润滑系统滑油泵的流量调节旁通阀一般装在________,真空表一般装在________。

A.吸入端;吸入端　　B.排出端;吸入端

C.排出端;排出端　　D.吸入端;排出端

58.润滑油的黏度指数高,说明此种润滑油的________好。

A.清净分散性　　B.抗氧化性

C.中和性　　D.黏温性

59.属于船舶动力管系的是________系统。

A.舱底水　　B.消防

C.主机淡水冷却　　D.压载

60.四冲程柴油机的润滑系统的主要设备包括________等。

①滑油泵;②滤器;③滑油冷却器;④滑油分油机

A.②③④　　B.①②④

C.①②③　　D.①②③④

61.停止装油时,应完成下列________工作。

①关好有关阀门;②封好输油软管;③用验水膏检查油中含水情况;④索取油样并封好;⑤核对供方加油数量;⑥检查装油管系

A.①②④⑤　　B.①②⑤⑥

C.②③④⑥　　D.③④⑤⑥

62.通常,船用柴油机滑油的进机温度应保持在________。

A.40~55 ℃　　B.35~45 ℃

C.45~65 ℃　　D.65~75 ℃

63.通常,对曲轴箱油黏温性的要求是________。

①低黏度指数;②中等黏度指数;③高黏度指数

A.②　　B.①

C.①②③都可　　D.③

64.通常滑油压力可通过________的旁通阀来调节。滑油温度可通过________的旁通阀来调节。

A.滑油冷却器;滑油泵　　B.滑油泵;滑油冷却器

C.滑油泵;滑油泵　　D.滑油冷却器;滑油冷却器

65.通过采用循环泵使进入主机的燃油压力提高,其主要目的是________。

A.提高喷油压力保证燃油雾化　　B.保证供油量

C.防止系统进气　　D.防止燃油汽化

66.在发电原动机润滑系统中,滑油温度调节(恒温)阀设置在________。

A.滑油出滑油冷却器的出口管路　　B.滑油进滑油冷却器的进口管路

C.冷却水进滑油冷却器的进口管路　　D.冷却水出滑油冷却器的出口管路

67.在发电原动机润滑系统中,滑油细滤器一般设置在________。

A.油泵进口处　　B.油泵出口处

C.柴油机出口处　　D.冷却器出口处

68.下列________不属于主机燃油供应系统。

A.加热器　　B.分油机

C.燃油滤器　　D.黏度计

69.下列不属于船舶动力管系的是________。

A.燃油管系　　B.滑油管系

C.排烟管系　　D.通风管系

70.下列对于燃油供给单元的描述,错误的是________。

A.燃油供给泵一般布置两台,一用一备

B.供油单元一般包括混油桶、分油机、自清滤器等设备

C.除燃油自清滤器外,供油单元一般还包含旁通滤器

D.供油单元的出口一般设置温度传感器和黏度传感器

71.下列关于船用发电柴油机的油底壳的说法中错误的是________。

A.独立于柴油机　　B.存有滑油

C.内部布置油泵吸口　　D.属于湿式油底壳

72.下列关于冷却水系统管理的说法中,哪一项是错误的?

A.淡水压力应高于海水压力

B.闭式淡水冷却系统中应设置膨胀水箱

C.进港用低位海底阀

D.定期清洗海底阀的海水滤器

73.下列关于燃油净化系统的说法,正确的是________。

A.加热只是净化系统的辅助措施,可有可无

B.清洗滤器可有效驱除燃油系统中的气体

C.离心分离是净化处理的核心环节,只要保证分离效果,其他措施可以取消

D.风浪天航行需增加沉淀柜和日用柜的放残次数

74.下列关于燃油系统的管理中,________是错误的。

A.燃油流经滤器后压差超过正常值,则表明滤器脏堵

B.燃油流经滤器后无压差,则表明滤网破损

C.在不同加油港加装的同一牌号的燃油可混舱

D.不同牌号的同一油品的燃油不可混舱

75.在现代船舶主机气缸套冷却水系统中,自动调温阀的温度传感器检测的温度是________。

A.淡水出机温度　　B.淡水进机温度

C.淡水进冷却器温度　　D.各缸的淡水温度

76.现代船用低速主机的油底壳是________。

A.混合式油底壳　　B.滑油循环柜

C.干式油底壳　　D.湿式油底壳

77.现代船用发电柴油机的油底壳是________。

A.混合式油底壳　　B.湿式油底壳

C.滑油循环柜　　D.干式油底壳

78.现代筒形活塞式柴油机冷却水系统分为高温水系统和低温水系统,下列属于低温水系统冷却的部件是________。

A.气缸套　　B.气缸盖

C.滑油冷却器　　D.活塞

79.相比较,使用中容易变质的滑油是________。

A.十字头式柴油机曲柄箱油　　B.筒形活塞式柴油机曲柄箱油

C.分油机齿轮箱油　　D.增压器循环润滑油

80.在________的时候,用气缸油的碱性中和燃油中的硫分是不合适的。

A.降速　　B.封缸

C.磨合　　D.使用低硫分的燃油

81.在柴油机运转时对冷却系统的管理中,采取的措施错误的是________。

A.调节淡水泵出口阀开度控制水量

B.调节淡水泵进口阀开度控制水量

C.控制海水出口温度不应超过45~50 ℃

D.控制海水进口温度不低于 25 ℃

82.在柴油机运转中,曲轴箱油的总酸值与总碱值的变化规律是________。

A.总酸值增大,总碱值减小　　B.总酸值增大,总碱值增大

C.总酸值减小,总碱值增大　　D.总酸值减小,总碱值减小

83.在柴油机中,润滑的作用有________。

①减磨;②冷却;③密封;④清洁;⑤防腐;⑥传递动力

A.③④⑤　　B.④⑤⑥

C.①②③④⑤⑥　　D.①②③

84.在船舶柴油机的燃油系统中,沉淀柜被注满后,多余的燃油会________。

A.溢流到日用柜　　B.溢流到船舶舷外

C.溢流到专用的溢流柜　　D.溢流到另外一个沉淀柜

85.在滑油添加剂中,防止低温时生成油泥沉淀物的添加剂称为________。

A.抗氧化抗腐蚀剂　　B.清净性添加剂

C.防锈剂　　D.分散剂

86.在启动主机前最应注意的参数是________。

A.冷却水压力　　B.膨胀水柜水位

C.滑油压力　　D.循环柜油位

87.在筒形活塞式柴油机运转中,其曲轴箱油的有机酸值与强酸值 SAN 的变化是________。

A.有机酸值与 SAN 均增大　　B.有机酸值增大,SAN 减小

C.有机酸值与 SAN 均减小　　D.有机酸值减小,SAN 增大

88.在筒形活塞式柴油机中,曲轴箱油的主要用途是________。

A.润滑各轴承　　B.冷却气缸

C.冷却活塞　　D.作为液压控制油

89.在雾化加热器中,预热重油的热源为饱和蒸汽,饱和蒸汽压力不应超过________。

A.0.6 MPa　　B.0.8 MPa

C.1.0 MPa　　D.2.0 MPa

90.在液体润滑中,运动表面的摩擦系数取决于________。

A.液膜黏度　　B.液膜厚度

C.摩擦表面的材料　　D.摩擦表面的形状

91.在主机进出口之间旁通管路中有溢流阀,其作用是________。

A.应急停车　　B.正常停车

C.安保系统作用故障停车　　D.喷油设备检修时旁通主机

92.在装油过程中,为确保安全,油气扩散区应当禁止________。

A.明火作业　　B.上高作业

C.油漆作业　　D.清洗作业

93.正在运转的滑油泵突然断电,处于 Standby 状态的备用泵________。

A.自动启动并发出警报　　B.不动作

C.发出警报但不启动　　D.等待复位

94.中央冷却水系统的优点包括________等。

①维修工作量减至最低；②气缸冷却水温度稳定；③淡水循环，可维持被冷却设备清洁；④投资费用较低

A.②③④　　B.①②③

C.①②④　　D.①②③④

95.主机滑油系统的滑油泵通常采用________。

A.往复泵　　B.离心泵

C.螺杆泵　　D.齿轮泵

96.主机滑油系统的自动清洗滤器一般位于________。

A.滑油泵吸入管路上　　B.滑油泵排出管路上

C.滑油冷却器后的滑油管路上　　D.分油机吸入管路上

97.主机滑油循环柜的位置一般在________。

A.机舱底层花铁板下靠近机座处　　B.主机下部双层底内

C.主机机座内　　D.双层底和机座之间

98.主机滑油压力通常通过________来调节。

A.调节进口阀的开度　　B.调节出口阀的开度

C.调节旁通阀的开度　　D.调节油泵的转速

99.主机停机状态下，应通过________保持油底壳滑油温度。

A.分油机连续分油　　B.气缸套水

C.滑油冷却器　　D.滑油预热器

100.主机运转中，滑油反冲洗滤器经常因压差大而报警，清洗时发现有金属粉末，应该________。

A.换用备用滤器并观察　　B.换一部分滑油

C.尽快停车检查　　D.立即将滑油取样送检

101.装油过程中，可通过________确定油是否进入预定舱位。

①倾听油流声；②观察各阀开关情况；③观察透气管出气情况

A.③　　B.①

C.①③　　D.②

102.自动反冲洗滤器的冲洗频率突然降低，可能的原因是________。

A.油中杂质含量过高　　B.细滤器破损

C.油温过低　　D.滤器脏堵严重

103.总酸值是评定滑油中酸含量的通用参数，它表示滑油中的________。

①有机酸含量；②硝酸含量；③盐酸含量；④硫酸含量

A.①②　　B.①③

C.①④　　D.②③

第三节 分油机

1.________不会引起自动排渣分油机出水口跑油。

A.油温过高　　B.比重环内径过大

C.油温过低　　D.高置水箱无水

2.________是燃油净化处理的核心环节。

A.离心分油机　　B.重力分离

C.温度分离　　D.过滤分离

3.ALFA-LAVAL S 系列分油机在传动方式上由涡轮传动改为平皮带传动,关于其说法,错误的是________。

A.使分油机结构更加紧凑,节省使用空间

B.分油机转速提高

C.使分油温度提高,油损失增加

D.分离效率提高

4.ALFA-LAVAL S 系列工作系统由分油机、EPC50 控制单元以及________组成。

①压缩空气阀块;②水阀块;③排渣系统;④燃油供应单元;⑤加热系统

A.①②③④⑤　　B.①②③④

C.①②④　　D.①②④⑤

5.DZY-50 型活动底盘式手控自动排渣分油机,正常分油时控制阀应转到________位置。

A.开启　　B.补偿

C.空位　　D.密封

6.不能轻易互换分油机零件的主要原因是________。

A.型号不同　　B.重量不同

C.材料不同　　D.动平衡可能被破坏

7.采用单一燃油系统的船舶,选择重油分油机额定分油量时应使________。

A.单台重油分油机额定分油量大于船舶重油日耗量

B.单台重油分油机常用分油量大于船舶重油日耗量

C.所有重油分油机常用分油量之和大于船舶重油日耗量

D.所有重油分油机额定分油量之和大于船舶重油日耗量

8.触发式自动排渣分油机当净油中含水量的________超过某一设定值时,触发排渣发生。

A.总值　　B.温度

C.变化量　　D.变化率

9.触发式自动排渣分油机当净油中含水量的变化率超过某一设定值时,触发________操作。

A.分油　　B.排水

C.排渣　　D.排水或排渣

10.触发式自动排渣分油机一般以________的变化率为触发对象。

A.净油中油含量　　B.出水口含油量

C.净油中水含量　　D.出水口含水量

11.在分油机完成分油工作后，首先应________。

A.切断电源　　B.切断进油

C.开启引水阀　　D.关闭出油阀

12.当由于没有及时清洗分油机的分离盘，而造成分离盘之间的油流通道堵塞时，将会出现________的故障。

A.燃油不能进入分油机　　B.出水口跑油

C.净化后的油中有水　　D.排渣口跑油

13.发现分油机剧烈振动时，正确的操作是________。

A.按下程序按钮，用程序控制停止分油机

B.手动控制关闭进油阀、排渣、冲洗、停止分油机

C.立即用锁紧机构锁住分离筒

D.应急停止分油机

14.分离高密度燃油的新型分油机的特点有________。

①通过滑动底盘开启分离筒排渣；②依据净油中水分含量排渣；③分离筒不需水封；④排渣时不需停止向分离筒供油

A.①②③④　　B.①③

C.①②④　　D.②③④

15.分离高密度燃油的新型分油机的特点有________。

①无重力环；②依据净油中杂质量排渣；③配有水分传感器；④分离筒内无滑动底盘

A.①③　　B.①②③④

C.①②③　　D.②③

16.分离高密度燃油的新型分油机分离燃油的密度最高可达________。

A.950 kg/m^3　　B.991 kg/m^3

C.1 000 kg/m^3　　D.1 013 kg/m^3

17.分油过程中油加热的主要目的是________。

A.提高油的黏度　　B.提高流动性

C.增大杂质、水和油之间的密度差　　D.减小杂质、水和油之间的密度差

18.分油机比重环的内半径，即分油机的________。

A.出油口半径　　B.出水口半径

C.分离筒半径　　D.油水分界面的半径

19.分油机出水口大量跑油的原因可能是________。

A.比重环口径太大，水封水太少　　B.比重环口径太小，水封水太多

C.分离温度偏高　　D.分离筒内积渣过多

20.分油机的比重环通常采用________材料制造。

A.不锈钢　　B.铸铜

C.灰铸铁　　D.铸铝

21.分油机的分离筒通常采用________材料制造。

A.铸铝　　B.灰铸铁

C.铸铜　　D.不锈钢

22.分油机的立轴通常采用________材料制造。

A.铸铜　　B.铸铝

C.不锈钢　　D.灰铸铁

23.分油机的油水分界面的位置是由比重环的________来确定的。

A.内径　　B.外径

C.厚度　　D.形状

24.分油机分离油的密度大,则选择________。

A.小口径的比重环　　B.大口径的比重环

C.中转速的分油机　　D.大排量的分油机

25.分油机分油期间的检查包括________等。

①出水口和排渣口是否跑油;②滑油油位是否正常;③分油机运转是否正常;④供油泵是否正常

A.①②③　　B.②③④

C.①②④　　D.①②③④

26.分油机净化重质燃油,分水时加热温度限制在________。

A.80~85 ℃　　B.85~90 ℃

C.95~100 ℃　　D.90~95 ℃

27.分油机设置比重环的目的是控制________。

A.出水口的位置　　B.出油口的位置

C.进油口的位置　　D.油水分界面的位置

28.分油机是利用油、水、杂质的密度各不相同,使它们在高速旋转情况下利用________的不同完成净化的。

A.离心惯性力　　B.向心惯性力

C.浮力　　D.重力

29.分油机利用油、水、杂质在高速旋转下,产生的________各不相同,使它们沿转动轴的径向重新分离。

A.离心惯性力　　B.向心惯性力

C.浮力　　D.重力

30.分油机停止分油工作后,应置于“空位”的目的是________。

①防止高置水箱的水流失;②放去管系中的残油;③防止净油倒流

A.①②③　　B.②

C.③　　D.①

31.分油机由________等组成。

①分离筒;②比重环;③分离盘;④摩擦离合器

A.①②④　　B.①②③

C.②③④　　D.①②③④

32.分油机油水分界面的最佳位置是________。

A.比重环的外边缘　　B.距转轴中心越近越好

C.分离筒颈盖的外边缘　　D.分离盘片的外边缘

33.分油机油水分界面向转轴中心线移动时,会引起________。

A.净化效果变差　　B.水中带油现象

C.水封不易建立　　D.排渣口跑油

34.分油机中被分离油料的加热温度一般由________确定。

A.油料含杂量　　B.油料含水量

C.分离量　　D.油料黏度

35.分油机最佳分离量的确定,应根据________。

①分离温度;②含杂量;③分油机类型

A.③　　B.②

C.①③　　D.①

36.分杂机是一种________的离心机。

A.只能分离水,不能分离杂质　　B.只分离杂质

C.能将水和杂质全部分离出来　　D.既能分离出杂质也能分离出部分的水

37.分杂机与分水机相比,结构上最大的区别是________。

①分杂机的盘架上有孔;②分杂机不设重力环;③分杂机的盘架无孔

A.②　　B.②③

C.①　　D.③

38.确定自动排渣分油机排渣时间间隔的因素之一是________。

A.燃油中杂质含量　　B.额定分油量

C.分油温度　　D.分离筒容积

39.如果不对分油机进行调整而直接用重油分油机分轻油,将会产生________。

A.出水口跑油　　B.分离效果差

C.排渣口跑油　　D.分油机正常工作

40.如图所示,在S型分油机的结构原理图中,编号12指的是________。

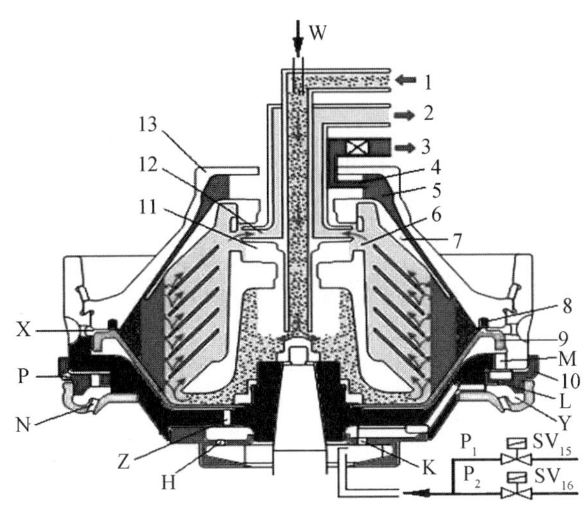

A.供油离心泵　　　　　　　　　　B.排油离心泵

C.排油向心泵　　　　　　　　　　D.排水向心泵

41.如图所示,在S型分油机的结构原理图中,编号1、W、3分别指示的是________。

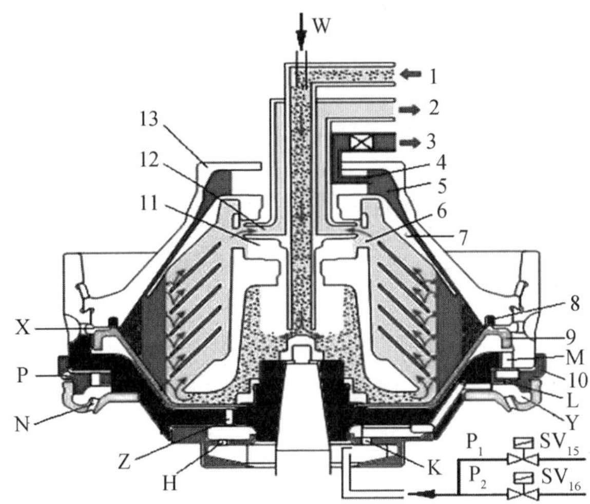

A.进油口、补偿水进口、出油口　　　　B.出油口、进油口、置换水进口

C.进油口、置换水进口、出水口　　　　D.进油口、补偿水进口、出水口

42.关于ALFA-LAVAL FOPX型分油机,不正确的说法是________。

A.分油机排渣时不需停油

B.分油机开启,分离筒密封后须先注入一定温度的水封水,再进油

C.分油机可用于分离密度为1.013 kg/m^3 的燃油

D.分油机以流量控制盘代替分杂盘或重力环

43.关于分油机,下列说法错误的是________。

A.启动分油机之前应先开启分油机油泵和预热器

B.分油机启动电流大于正常运转电流

C.关停分油机之前应先关闭分油机油泵和预热器

D.分油机启动加速过程通常需要持续3~5 min

44.关于分油机的使用和维护管理，说法错误的是________。

A.分油机的分油量越小，分离效果越好

B.油温度不能太高，以免水分蒸发，破坏油水分界面，造成跑油

C.分油期间应注意检查出水口和排渣口是否跑油、齿轮箱滑油油位、日用油柜和沉淀柜液位、分油机和供油机运转情况等，以及时发现问题并排除掉

D.分油机启动顺序为供油泵、加热器和分油机，停止分油机时的顺序与启动顺序相反，并且停止加热后应立即停止油泵运行

45.关于离心分离，下列说法错误的是________。

A.重质燃油通常要求加温到90~98 ℃

B.轻柴油通常要求加温到40~50 ℃

C.滑油通常要求加温到80~90 ℃

D.降低分油量能够提高净化效果

46.关于重油分油机，说法错误的是________。

A.一般至少有两台

B.两台既可串联使用也可并联使用

C.管路在串联和并联状态下都可单机使用

D.并联工作时总分油量大

47.滑动底盘下部缺密封水，导致排渣口跑油的原因主要有________。

①滑动圈下方弹簧失效；②高置水箱无水；③工作水系统管道堵塞；④滑动底盘周向密封圈失效

A.①② B.①②③

C.①③④ D.②③④

48.滑油分油机的加热温度一般控制在________℃。

A.65~75 B.56~60

C.80~90 D.70~80

49.滑油分油机的最大分油量不超过额定分油量的________%。

A.55 B.25

C.15 D.35

50.活动底盘式分油机工作时，若控制阀处于补偿位置，则其状态为________。

A.引水阀开着 B.进油阀关着

C.工作水内管通 D.工作水外管通

51.全自动分油机启动时需要人工启动的设备，启动的先后顺序为________。

A.加热器、分油机、油泵 B.加热器、油泵、分油机

C.油泵、加热器、分油机 D.油泵、分油机、加热器

52.如图所示为ALFA-LAVAL S型分油机，关于此型分油机，下列说法错误的是________。

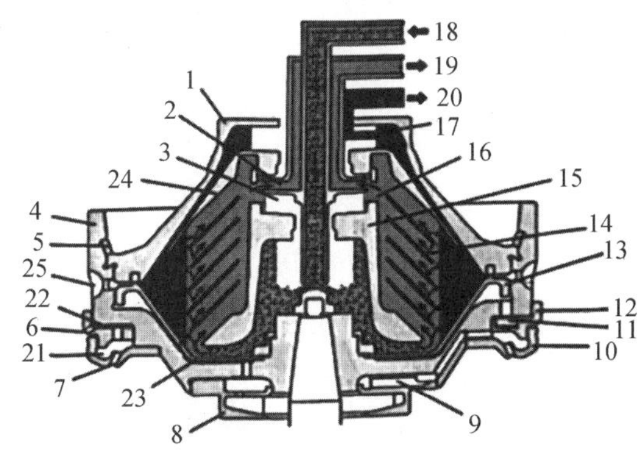

A.取消了比重环　　　　　　　　　　B.滑动圈下部没有弹簧

C.活动底盘的中心是固定的　　　　　D.排水时同时排渣

53.如图所示为 ALFA-LAVAL S 型分油机,关于此型分油机,下列说法错误的是________。

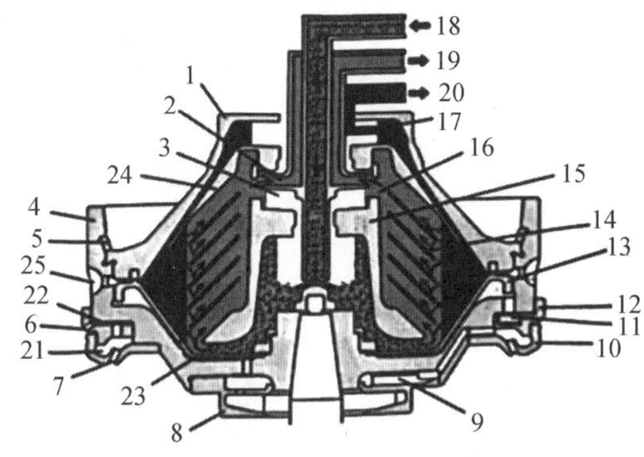

A.取消了向心水泵

B.滑动圈下部没有弹簧

C.活动底盘排渣时依靠弹性使其端部运动,打开排渣口

D.当含水量绝对值过高时,排水阀打开排水

54.如图所示为 ALFA-LAVAL S 型分油机,部件 17 为________。

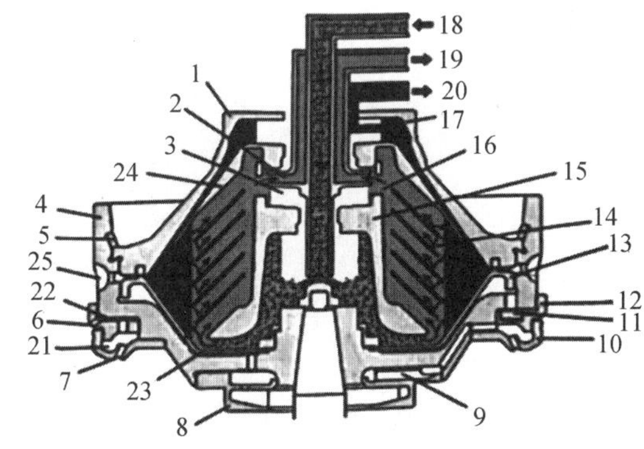

A.向心管　　　　　　　　　　　　B.向心水泵

C.向心油泵　　　　　　　　　　　D.比重环

55.如图所示为 ALFA-LAVAL S 型分油机,如排渣口跑油,原因不会是________。

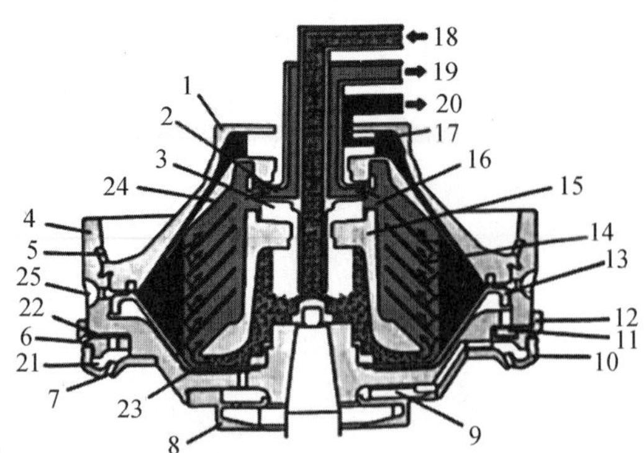

A.部件 13 下缺水

B.部件 1 和部件 13 之间的密封圈泄漏

C.部件 11 密封不好

D.部件 20 打不开

56.如图所示为分油机分离筒简图，其中部件________的大小会直接影响分油机的分离效果。

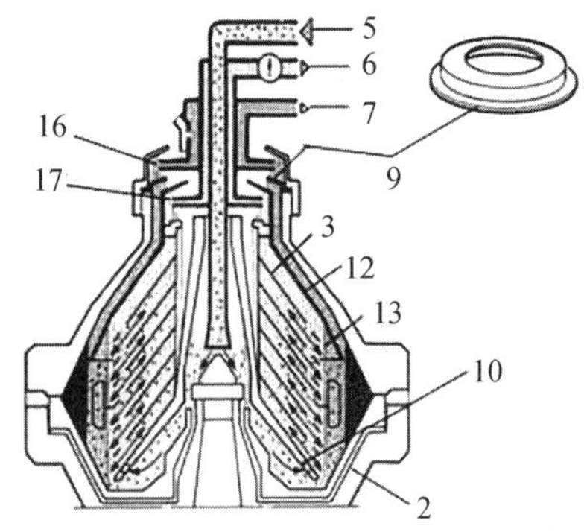

A.3　　B.16

C.12　　D.17

57.如图所示为分油机分离筒简图，图中 16 为________。

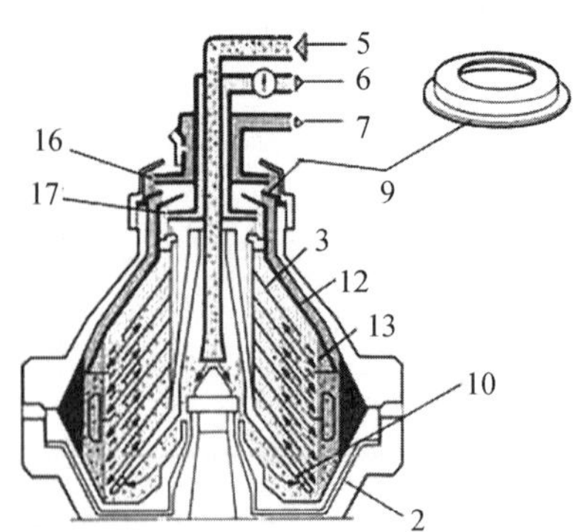

A.排水向心泵　　B.排油向心泵

C.排水离心泵　　D.排油离心泵

58.如图所示为分油机分离筒简图，若出口阀 6 的开度太小，将会产生________。

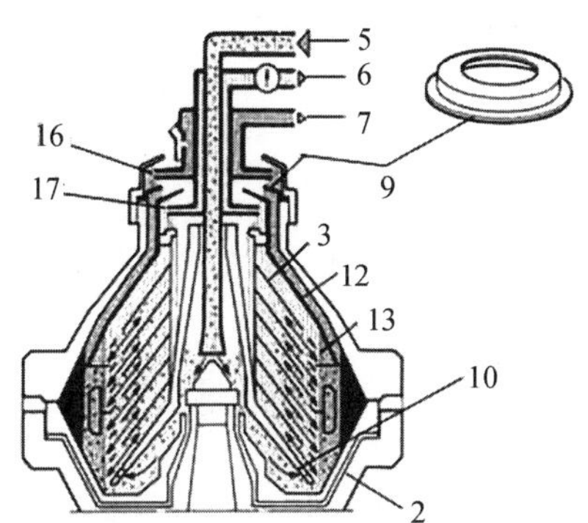

A.出水口跑油　　　　B.排渣口跑油

C.正常工作　　　　D.燃油不能进入分油机

59.如图所示为分油机分离筒简图,若 9 太大,将会产生________。

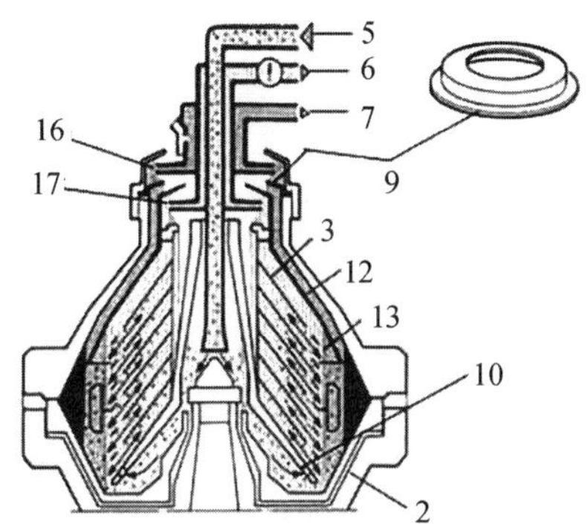

A.正常工作　　　　B.排渣口跑油

C.燃油不能进入分油机　　　　D.出水口跑油

60.如图所示为分油机分离筒简图,图中 6 为________。

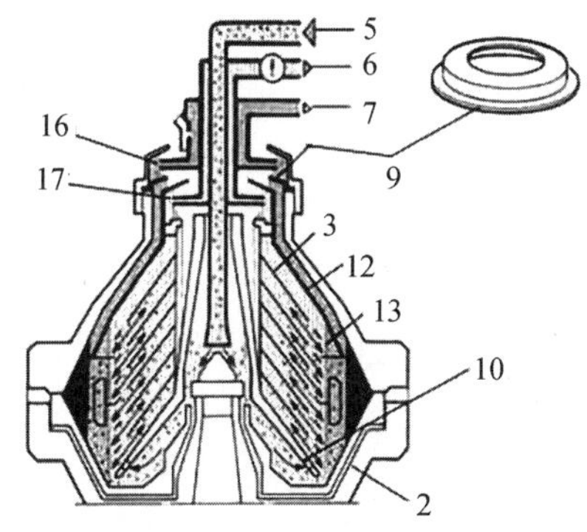

A.进油口　　　　B.出油口

C.出水口　　　　D.进水口

61.在实际使用中,分油机比重环的选用一般________。

A.根据燃油的黏度查图得出　　　　B.根据燃油的黏度计算得出

C.根据燃油的密度计算得出　　　　D.根据燃油的密度查图表得出

62.为了使油水分界面总是处于最佳位置，根据所分油、水的密度比值，可求出________内径。

A.分离盘　　B.燃油进口管

C.分离筒　　D.比重环

63.为使分油机启动时分离筒的转速平稳上升，减少启动负荷，一般采用________结构。

A.机械离合器　　B.弹性离合器

C.摩擦离合器　　D.万向离合器

64.下列关于 ALFA-LAVAL S 系列分油机在结构和工作方式上的说法，错误的是________。

A.采用平皮带传动

B.采用部分排渣方式

C.滑动圈的下部取消弹簧，靠上下平面压力差控制

D.滑动底盘采用新型的弹性结构

65.下列关于不设比重环的分油机的说法，错误的是________。

A.分油机工作时排水管路安装的排水阀一般关闭

B.排渣操作时只有杂质经排渣口排出分离渣

C.排水操作时排水阀短时间打开

D.净油出口装设水浓度监测器

66.下列关于不设比重环的分油机的说法，错误的是________。

A.净油出口装设水浓度监测器

B.同时具有分水机和分杂机两方面的功能

C.分油机工作时，排水管路安装的排水阀一直开启

D.排渣操作时，水同杂质一起经排渣口排出分离筒

67.下列关于触发式自动排渣分油机说法错误的是________。

A.一般以净油中水含量的变化率为触发对象

B.触发时如果距上次排渣时间间隔大于设定的最小排渣时间间隔，排渣循环将被触发

C.触发时如果距上次排渣时间间隔小于设定的最小排渣时间间隔，将触发排渣操作

D.如果距上次排渣时间间隔已经超过设定的最大排渣时间间隔还未触发操作，系统将执行定时排渣操作

68.下列哪些情况会出现出水口跑油________。

①分离筒关闭不严；②分油温度过高；③分油温度过低；④分油机转速不足

A.①③④　　B.②③④

C.②③　　D.①②③④

69.下列情况中，________会出现出水口跑油。

①燃油含水量大；②分油温度过高；③分离盘片脏堵；④燃油含杂质多

A.①②③④　　B.①③④

C.②③　　D.②③④

70.选择分油机比重环的原则是在不破坏水封的前提下，尽量选择________的比重环。

A.内径大一些　　B.外径大一些

C.内径小一些　　D.外径小一些

71.一般来说,可不具有自动排渣功能的分油机是________。

①轻油分油机;②滑油分油机;③重油分油机

A.② B.③

C.① D.②③

72.有关分油机分离原理方面的错误叙述是________。

A.大部分机械杂质被甩到分油机分离筒的内壁上

B.分油机根据油、水、杂质的密度不同,以及旋转产生的离心力不同来实现油、水、杂质的分离

C.分油机要求以 6 000 r/min 以上高速旋转

D.分水机中无孔分离盘把密度不一的杂质和水从油中分开

73.遇到________的情况会出现出水口跑油。

①分油温度过低;②进油阀开得过快;③工作水流量小;④水封水加得太少;⑤浮动底盘不能抬起;⑥排油阀没开或开度太小

A.②③⑤⑥ B.①②④⑥

C.①②④⑤⑥ D.①②③④

74.在分油机中油与杂质的________差越大,就越容易分离。

A.密度 B.温度

C.压力 D.黏度

75.造成自动排渣分油机不能排渣的原因有________。

①高位工作水箱无水;②工作水系统管道或控制阀堵塞,或严重泄漏;③工作水孔脏堵不通;④滑动圈周围密封圈失效

A.①②④ B.②③④

C.①②③ D.①②③④

76.造成自动排渣分油机排渣口跑油的故障有________。

①浮动底盘周向密封圈失效;②分离筒盖上的主密封圈失效;③水封水阀关闭不严;④滑动圈周向密封圈失效;⑤重力环没锁紧;⑥浮动底盘与分离筒盖接合处结渣严重

A.①②⑥ B.②③④⑤

C.①②④⑥ D.②③④⑤⑥

77.造成自动排渣分油机排渣口跑油的原因是________。

A.分离筒没水封好 B.分离筒盖上的主密封圈失效

C.重力环没锁紧 D.分离盘数量不足

78.造成自动排渣分油机排渣口跑油的原因之一是________。

A.水封水断水 B.补偿水断水

C.排油阀没开或开度不足 D.分油量过大

79.自动排渣的分油机由分轻油改成分重油时应进行的调整有________。

①改成口径较大的比重环;②改成口径较小的比重环;③排渣时间间隔加长

A.③ B.①

C.② D.②③

80.自动排渣分油机密封/补偿水因管路上的滤器堵塞而使流量降低,出现的故障是________。

A.不能排渣　　B.排渣口不能关闭

C.油水分界面外移　　D.水分不能被分出

81.自动排渣分油机排渣时间间隔的设定应考虑________。

①实际分油量;②额定分油量;③燃油中杂质含量

A.①　　B.①②③

C.③　　D.①③

82.自动排渣分油机在正常分油工作时,如果高置水箱无水,将会出现________的故障。

A.出水口跑油　　B.净化后的油中有水

C.排渣口跑油　　D.排渣时无置换水

83.自动排渣型分油机结构如图所示,其控制阀从停止工况至分油工况的操作顺序为________。

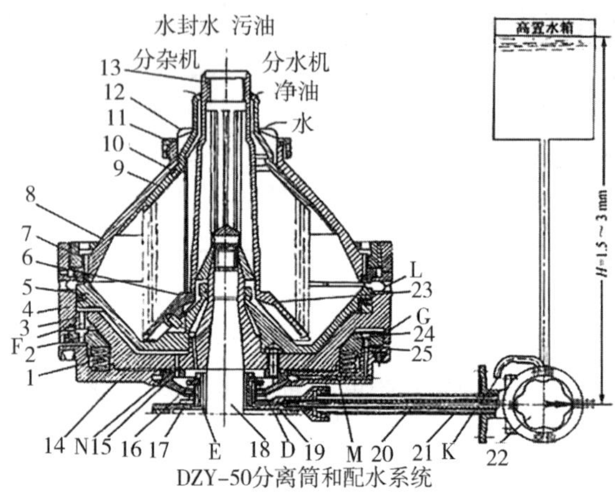

DZY-50分离筒和配水系统

①补偿;②密封;③空位;④开启

A.③→④→①　　B.③→②→①

C.②→①→③　　D.③→①→②

84.最可能造成分油机出水口跑油的原因是________。

A.进油阀开得太猛　　B.油加热温度偏高

C.比重环口径过小　　D.油的黏度偏低

85.分油机分离效果不良,可能是由于分油机的________。

A.水封水太少　　B.比重环选择不当

C.净油泵排油不良　　D.工作水箱液位过低

第四节　滤器、分油机、轴承、沉淀柜、油位表的日常维护与保养方法

1.舱柜加装燃油时应________。

A.不得超过舱柜容量的95%　　B.不得超过舱柜容量的85%

C.同一厂家不同牌号的燃油可混舱　　D.同一牌号不同厂家的燃油可混舱

2.沉淀柜加热温度应控制在________,既能满足使用要求又是经济的。

A.高于闪点之上3~5 ℃　　B.70~80 ℃

C.低于闪点　　D.高于进机前 10~15 ℃

3.船舶柴油机燃油净化处理的核心环节是________。

A.沉淀柜沉淀分离　　B.滤器滤清分离

C.分油机离心分离　　D.油柜放残分离

4.船舶应急发电机的油柜油量应保证发电机至少运行________。

A.12 h　　B.18 h

C.24 h　　D.48 h

5.船上清洗主机空冷器的空气侧时,常使用________方法。

A.化学药剂溶液循环加热冲洗　　B.洗涤剂溶液循环冲洗

C.淡水循环冲洗　　D.热水循环冲洗

6.船用柴油机润滑系统中滑油泵的出口压力在数值上应保证________。

A.各轴承连续供油　　B.抬起轴颈

C.各轴承形成全油膜　　D.保护轴颈表面

7.磁翻板液位计的特点是________。

A.只能实现现场观测

B.属于非接触式测量

C.不需要定期清洗

D.需在油位计与油柜之间安装自闭阀

8.大型低速柴油机的气缸注油器一般采用________。

A.多柱塞泵　　B.离心泵

C.齿轮泵　　D.螺杆泵

9.低质燃油使用前需要净化处理,下列措施中不适宜的做法是________。

A.沉淀　　B.分离

C.投放添加剂　　D.滤清

10.对于机舱油柜舱液位计的要求,说法正确的是________。

A.因平板玻璃油位计不便于观察油位,可单独接一根塑料管

B.允许使用平板玻璃油位计

C.允许使用圆形玻璃管油位计

D.如果使用平板玻璃油位计,需在油位计与油柜之间安装自闭阀

11.分油机异常振动的原因有________。

①轴承过度磨损使立轴下沉;②摩擦片数量不足;③分离筒盖没锁紧;④传动齿轮损坏;⑤摩擦片装反

A.①②③④　　B.③④⑤

C.①③④　　D.①③④⑤

12.高置膨胀水箱的作用有________。

①水受热后有膨胀的余地;②调节冷却水的温度;③排放系统中的空气;④测量冷却水量;⑤投药对冷却水进行化学处理

A.①②③　　B.①③⑤

C.②③④　　　　D.②④⑤

13.关于曲轴箱油的选择,说法不正确的是________。

A.质量等级的选择要考虑柴油机的强化程度

B.十字头式柴油机对曲轴箱油性能的要求要高于筒形机

C.碱值的选择要考虑机型

D.碱值的选择要考虑燃油的含硫量

14.关于使用分油机对曲轴箱滑油进行净化,下列说法错误的是________。

A.分离量通常为额定分离量的 20%~30%

B.油温为 80~90 ℃

C.主机曲轴箱滑油在主机运行时连续净化

D.发电柴油机滑油要连续净化分离

15.关于吸入滤器的使用,错误的操作是________。

A.发现滤器破损应立即更换

B.更换滤器时不可随意提高滤器的精度

C.使用柴油清洗滤器

D.为了避免频繁清洗滤器,可将多路滤器同时并联使用

16.焊补燃油或滑油管路时应注意________。

A.必须将管路拆卸下来焊补,以免引起火灾或爆炸

B.不必严格遵循焊接操作规程

C.应将管路外表面清理干净

D.应将管路内表面清理干净

17.焊补燃油或滑油管子必须________。

A.把管子拆下,清洁除油后在专用修理间焊补

B.关紧相临近的一只阀门,放尽存油清洁后焊补

C.切断燃油或滑油供应,清洁破口,用水冲洗后才能焊补

D.拆下管子,清洁后到甲板上烧焊

18.机舱污油柜接收的污油不包括________。

A.燃油沉淀柜放残　　　　B.燃油日用柜放残

C.燃油储存舱放残　　　　D.来自分油机油渣柜

19.机舱污油柜接收的污油不包括________。

A.来自分油机油渣柜　　　　B.来自扫气箱放残柜

C.燃油沉淀柜放残　　　　D.燃油日用柜溢流

20.截止阀直立向上安装,阀体上的介质流动方向标识不清时,可按照________原则判断进出口方向。

A.左进右出　　　　B.右进左出

C.低进高出　　　　D.高进低出

21.启动清洁后的分油机,若发现有振动,通常原因是________。

①进油过猛;②加热温度过高;③安装不良

A.②　　B.①②③均可能

C.①　　D.③

22.清洗或更换滤油器滤芯时要特别注意________。

A.清洗后用棉纱擦净　　B.清洗后用水冲净

C.不允许用洗涤剂　　D.别忘记清洗滤器壳体内部

23.清洗完滤器后应注意________。

①充油;②放气;③加气

A.②③　　B.①②

C.①③　　D.①②③

24.曲轴箱滑油系统中的进机细滤器的主要作用是________。

A.清除滑油污染物　　B.保护摩擦副

C.指示滑油污染状态　　D.清洁滑油

25.燃油沉淀柜油注满了以后,一般溢流到________。

A.污油柜　　B.溢流柜

C.日用柜　　D.燃油舱

26.燃油雾化加热器是燃油加热环节中的最后一环,一般是由黏度计自动控制进行调节的,自动控制的依据参数是________。

A.燃油的温度　　B.燃油的黏度

C.燃油的流量　　D.燃油的流速

27.在燃油系统中,滤器堵塞的现象表现为________。

A.滤器前燃油压力急剧减小　　B.滤器前后燃油压力差增大

C.滤器后燃油压力急剧增大　　D.滤器前后燃油压力差减小

28.在燃油系统中,滤器堵塞时可根据________判断。

A.滤器前燃油压力急剧增大　　B.滤器前后燃油压力差增大

C.滤器后燃油压力减小　　D.滤器前后压力差减小

29.在燃油系统中,燃油流经滤器无压差,表明________。

①滤器脏堵;②滤器破损;③滤芯装配不当

A.③　　B.②

C.②或③　　D.①

30.网式过滤器是采用限制粗大颗粒通过________来实现过滤目的的。

A.过滤网　　B.沉淀材料

C.磁性材料　　D.磁铁

31.吸入滤器在选用时要控制其最大压差,其主要目的是________。

A.保证过滤精度　　B.提高泵的流量

C.延长清洗间隔时间　　D.避免发生气穴现象

32.下列________的阀杆不具有自锁功能。

A.截止阀　　B.闸阀

C.蝶阀　　D.球阀

33.下列________是系统不能实现的。

A.主、副机使用同一种燃油
B.主机使用重油,副机使用轻油
C.主机使用轻油,副机使用重油
D.一台副机使用轻油,其他各机使用重油

34.现在燃油自清反冲洗滤器的反冲洗方式一般采用________。

A.压缩空气反冲洗　　B.饱和蒸汽反冲洗
C.轻柴油反冲洗　　D.燃油自身反冲洗

35.要求燃油在沉淀柜中至少沉淀________ h 以上。

A.24　　B.16
C.8　　D.10

36.以下滤器中属于表面型的是________滤油器。

A.纤维型　　B.纸质
C.线隙式　　D.金属粉末烧结型

37.以下滤油器中常用作吸油滤器的是________。

A.线隙式　　B.纤维式
C.金属网式　　D.烧结式

38.以下滤油器中滤油精度要求较高的是________。

A.金属网式　　B.金属线隙式
C.金属纤维式　　D.金属缝隙式

39.以下滤油器中属于不可清洗型的是________滤油器。

A.网式　　B.纸质
C.线隙式　　D.磁性

40.以下滤油器中属于易清洗的是________滤油器。

A.网式　　B.纸质
C.线隙式　　D.磁性

41.以下滤油器中一次性使用的是________。

A.金属纤维式　　B.金属网式
C.纸质　　D.缝隙式

42.以下滤油器中作为精滤器使用的是________滤油器。

A.金属网式　　B.纸质
C.磁性　　D.网式与磁性

43.以下同样规格的滤油器中,纳垢量最大的是________。

A.金属网式　　B.金属线隙式
C.金属粉末烧结式　　D.纤维式

44.在柴油机燃油系统中能表明滤器破损的现象是________。

A.滤器前燃油压力升高　　B.滤器前后压力差变大
C.滤器前后压力差为零或变小　　D.滤器后燃油压力减小

45.在燃油系统中，日用柜注满后燃油一般溢流到________中。

A.专用的溢流柜　　B.沉淀柜

C.另一个日用柜　　D.污油柜

46.在使用中使滤器开始堵塞，供油中断的燃油温度低于________。

A.闪点　　B.浊点

C.倾点　　D.凝点

47.直动式电磁阀主阀开启是靠________。

A.弹簧力　　B.重力

C.电磁力　　D.制冷剂压力

48.重油系统设有集油柜的作用是________。

A.贮存足够的燃油　　B.对燃油起预加热作用

C.收集回油并驱除油气以便使用　　D.作为压力缓冲器

第一节　管路系统

1.B	2.D	3.B	4.A	5.D	6.A	7.C	8.C	9.D	10.B
11.A	12.A	13.C	14.D	15.A	16.C	17.D	18.C	19.A	20.B
21.B	22.D	23.A	24.A	25.B	26.C				

第二节　燃油系统、滑油系统、冷却系统

1.B	2.B	3.C	4.C	5.A	6.D	7.B	8.D	9.A	10.A
11.B	12.A	13.B	14.A	15.B	16.D	17.C	18.A	19.D	20.B
21.C	22.D	23.D	24.D	25.A	26.B	27.D	28.D	29.B	30.A
31.B	32.C	33.C	34.B	35.C	36.D	37.A	38.D	39.C	40.C
41.D	42.C	43.A	44.B	45.B	46.A	47.B	48.A	49.A	50.A
51.C	52.D	53.B	54.D	55.C	56.D	57.B	58.D	59.C	60.D
61.A	62.A	63.D	64.B	65.D	66.A	67.B	68.B	69.D	70.B
71.A	72.C	73.D	74.C	75.A	76.C	77.B	78.C	79.B	80.C
81.B	82.A	83.C	84.C	85.D	86.C	87.A	88.A	89.B	90.A
91.C	92.A	93.A	94.B	95.C	96.B	97.B	98.C	99.A	100.D
101.C	102.B	103.C							

第三节　分油机

1.D	2.A	3.C	4.D	5.B	6.D	7.B	8.D	9.D	10.C
11.B	12.B	13.D	14.C	15.A	16.D	17.C	18.B	19.A	20.A
21.D	22.C	23.A	24.A	25.D	26.D	27.D	28.A	29.A	30.D
31.D	32.D	33.A	34.D	35.C	36.D	37.B	38.A	39.B	40.C
41.C	42.B	43.C	44.D	45.B	46.C	47.D	48.A	49.D	50.C
51.C	52.D	53.D	54.A	55.D	56.C	57.A	58.A	59.D	60.B
61.D	62.D	63.C	64.B	65.B	66.C	67.C	68.B	69.C	70.A
71.C	72.D	73.B	74.A	75.D	76.A	77.B	78.B	79.C	80.B
81.D	82.C	83.B	84.A	85.B					

第四节　滤器、分油机、轴承、沉淀柜、油位表的日常维护与保养方法

1.B	2.C	3.C	4.B	5.A	6.A	7.B	8.A	9.C	10.D
11.C	12.B	13.B	14.D	15.C	16.A	17.A	18.C	19.D	20.C
21.D	22.D	23.B	24.B	25.B	26.B	27.B	28.B	29.C	30.A
31.D	32.C	33.C	34.D	35.B	36.C	37.C	38.C	39.B	40.A
41.C	42.B	43.D	44.C	45.B	46.B	47.C	48.C		

第七章 柴油机的振动

第一节　振动的起因、危害、分类及消除方法

1.________不能起到消振与隔振的作用。
A.正确设计各缸的发火次序
B.机器在正常运转时的转速应接近临界转速
C.保证各缸发火定时正确
D.机器在启动或操作运行过程中应尽快越过共振区

2.________不能起到消振与隔振的作用。
A.正确设计各缸的发火次序
B.机器在正常运转时的转速应远离临界转速
C.保证各缸发火定时正确
D.机器应尽可能在共振区运行

3.________不是消振与隔振的措施。
A.消除振源　　B.避开共振区
C.安装消音器　　D.安装调频飞轮

4.________不属于机械振动的利用。
A.振动打桩机　　B.振动筛
C.混凝土振捣器　　D.弹性联轴器

5.________不属于机械振动的利用。
A.调频飞轮　　B.振动筛
C.混凝土振捣器　　D.振动打桩机

6.________是引起机械振动的外因。
①安装精度不够;②负载分布不均;③润滑不够理想
A.②③　　B.①③
C.①②　　D.①②③

7.________属于机械振动的利用。

A.混凝土振捣器　B.弹性联轴器
C.调频飞轮　D.液力耦合器

8.避免扭转-纵向耦合振动的有效方法是________。
A.改变发火顺序　B.调整柴油机与曲轴的夹角
C.改善螺旋桨的设计水平　D.采取措施减小扭振

9.柴油机在运转过程中,必然要产生周期变化的________,在其作用下,柴油机将会产生振动。
A.不平衡力　B.不平衡力矩
C.倾覆力矩　D.不平衡力和不平衡力矩

10.柴油机在运转过程中产生的振动,主要是由________引起的。
A.随机性变化的不平衡力和力矩　B.周期性变化的不平衡力和力矩
C.周期性变化的平衡力　D.周期性变化的平衡力矩

11.柴油机振动的主要危害有________。
①可靠性降低;②动力性下降;③经济性下降;④舒适性遭损害
A.②③④　B.①③④
C.①②③　D.①②③④

12.柴油机轴系发生共振时的转速称为________。
A.主临界转速　B.副临界转速
C.危险临界转速　D.临界转速

13.常用的减振器按其基本原理可分为三类,除了阻尼型、动力型之外,还有一种是________。
A.摩擦型　B.反馈型
C.动力阻尼型　D.平衡型

14.船舶柴油机动力装置轴系纵振的消减措施中,最有效的方法是________。
A.减小输入系统的激振能量　B.安装纵振减振器
C.避免打转-纵向耦合振动　D.改变螺旋桨的安装位置

15.大型低速柴油机的纵向减振器布置在机座的________。
A.输出端　B.首端
C.中部　D.位置不确定

16.大型低速柴油机通常采用哪一种措施防止或减轻扭振?
A.改变振型法　B.加装弹性联轴节
C.设立转速禁区　D.加装扭振减振器

17.单缸柴油机的往复惯性力和多缸柴油机的合成往复惯性力矩的平衡方法可采用________。
A.正反转平衡法　B.平衡重法
C.外部平衡法　D.内部平衡法

18.当代新型超长行程柴油机的发展,使振动变得________。
A.加剧　B.减轻
C.无影响　D.随机型而异

19.动力阻尼型减振器的阻尼介质是________。
A.专用液压油　B.系统润滑油

C.硅油　　D.硅胶

20.对多缸柴油机通过适当的曲柄排列可达到________平衡。

A.外部　　B.内部

C.各缸　　D.扭振

21.对于多缸柴油机来说,达到内部平衡主要是指柴油机各缸曲柄连杆机构在运动中所产生的________全部被平衡。

A.离心惯性力、离心惯性力矩　　B.离心惯性力、往复惯性力

C.离心惯性力矩、往复惯性力矩　　D.离心惯性力、倾覆力矩

22.多缸柴油机的离心惯性力矩将会造成柴油机________。

A.左右振动　　B.纵向、左右、垂向振动

C.纵向振动　　D.垂向振动

23.多缸柴油机的往复惯性力将会造成柴油机________。

A.横向左右摆动　　B.纵向上下跳动

C.纵向左右振动　　D.横向上下振动

24.盖斯林格式减振器属于哪种形式的减振器?

A.阻尼型减振器　　B.弹性阻尼型减振器

C.动力阻尼型减振器　　D.动力型减振器

25.根据我国有关规定,推进轴系纵振振幅允许值的衡量标准是________。

A.纵振引起的曲轴臂距差　　B.纵振引起的螺旋桨推力变化

C.纵振引起的曲轴位移　　D.纵振引起的推力轴承负荷变化

26.关于消振与隔振,下列说法错误的是________。

A.机器在启动或操作运行过程中应尽快越过共振区

B.提高转动部件的制造和安装精度

C.降低发生共振时的阻尼

D.在船舶轴系中装设液力耦合器

27.机械振动________可分为纵向振动、横向振动和扭转振动。

A.按振动产生的原因　　B.按振动的规律

C.按振动的位移特征　　D.按振动系统的自由度多少

28.机械振动按产生振动的原因可分为自由振动、受迫振动和________。

A.简谐振动　　B.随机振动

C.自激振动　　D.扭转振动

29.机械振动按振动规律可分为简谐振动、随机振动和________。

A.自激振动　　B.非简谐振动

C.自由振动　　D.拟简谐振动

30.机械振动按振动位移的特征可分为纵向振动、横向振动和________。

A.随机振动　　B.扭转振动

C.自激振动　　D.弯曲振动

31.机械振动的主要危害是________。

①消耗能量;②产生噪声;③损坏构件

A.①③　　B.①②

C.②③　　D.①②③

32.机械振动的主要危害有________。

①储放能量;②产生噪声;③混凝土振捣

A.①②③　　B.①③

C.②　　D.①

33.减少柴油机振动的主要手段是________。

A.安装减振器　　B.降低功率

C.调整喷油定时　　D.提高功率和降低转速

34.减少轴系扭振和轴系纵向振动都可以采取配置减振器的措施,________。

A.为减少轴系扭振配置的减振器安装在曲轴飞轮端,为减少轴系纵向振动配置的减振器安装在曲轴自由端

B.为减少轴系扭振配置的减振器安装在曲轴自由端,为减少轴系纵向振动配置的减振器安装在曲轴飞轮端

C.两种减振器均安装在曲轴自由端

D.两种减振器均安装在曲轴飞轮端

35.减小激振能量,可有效地减振,具体的方法有________。

A.减小输出转矩　　B.合理选择螺旋桨

C.增大轴的直径　　D.增大轴的长度

36.减小振动的途径包括________等。

①削弱振动源;②避免共振;③减小振动响应;④控制振动的传递率

A.②③④　　B.①②③④

C.①②④　　D.①②③

37.减振器是一种扭振预防措施,但它不能起到的作用是________。

A.消除扭振　　B.改变自振频率

C.改变节点位置　　D.改变振型

38.减振器维护管理的原则是________。

A.对于阻尼式减振器,定期拆修检查

B.对于动力式减振器,运行中保证部分充满滑油

C.检查和清洗曲轴的滑油通道时,可不必检查和清洗减振器的滑油通道

D.若一片弹簧损坏,则应一组弹簧整套换新

39.将精密仪器设备用隔振材料保护,使其不受外界的影响,这属于________。

①积极隔振;②消极隔振;③被动隔振

A.①　　B.②

C.③　　D.②③

40.将振源隔离,使其产生的振动不向外传播,从隔振角度看,这属于________。

A.振源消除　　B.消极隔振

C.主动隔振　　D.被动隔振

41.将振源隔离,使其产生的振动不向周围传播,这属于________。
①积极隔振;②消极隔振;③被动隔振
A.①　　B.②
C.③　　D.②③

42.离心惯性力的作用是________。
A.拉伸固定件　　B.使柴油机发生上下跳动
C.使柴油机发生上下左右振动　　D.使柴油机发生纵向前后振动

43.倾覆力矩将会造成柴油机的________。
A.纵向振动　　B.水平振动
C.横向摆动　　D.垂直振动

44.如果发生共振,下列说法正确的是________。
A.系统自由振动的振幅等于干扰力的力幅
B.干扰力的频率大于系统自由振动的固有频率
C.干扰力的力幅大于系统自由振动的固有频率振幅
D.系统自由振动的固有频率等于干扰力的频率

45.使柴油机上下振动的力和力矩是________。
①往复惯性力;②往复惯性力矩;③离心惯性力;④侧推力;⑤倾覆力矩;⑥连杆力偶
A.①②　　B.①⑤
C.④⑥　　D.③⑥

46.通常减振器安装的位置是在________。
A.飞轮后　　B.飞轮前
C.自由端　　D.螺旋桨前

47.通过改变转动惯量来改善扭振的措施是________。
A.快速通过共振区　　B.在转轴上装设弹性联轴器
C.在轴上装设液力耦合器　　D.在柴油机上装设飞轮

48.为了避免轴系纵向振动产生的轴系故障,以及船舶尾部振动和上层建筑振动,应考虑合适的减振措施,减振措施不包括________。
A.设置转速禁区　　B.减少激励的输入
C.配置减振器　　D.避免扭转-纵向耦合振动

49.为了消减柴油机不平衡力(力矩)产生的振动,可采用________法。
A.平衡　　B.加载
C.吸收　　D.释放

50.下列措施中________不是运用削弱或机舱设备振动途径来解决机舱设备振动问题。
A.通过改变柴油机运行工况,降低运行转速,避免增压器共振
B.增设发电机组隔振器
C.水泵振动增大,可检查地脚螺栓是否松动
D.增设齿轮泵金属罩

51.下列关于机械动能危害，错误的是________。

A.消耗能量　　B.疲劳损坏

C.产生噪声　　D.混凝土振捣

52.下列关于日常机械振动产生的外因，说法不正确的是________。

A.物体表面质量和润滑不够理想，导致滑动或滚动不平衡

B.构建的不平衡和负载的不均匀

C.安装精度不够，结构存在间隙

D.振动物体的质量和结构刚度设计得不合理

53.下列四项中，除________外，另三项是按产生振动的原因分类的机械振动。

A.受迫振动　　B.自由振动

C.简谐振动　　D.自激振动

54.以下说法正确的是________。

A.振动是指物体做往复性的运动

B.振动是指物体在其平衡位置附近做往复性的运动

C.振动是指物体做有规律性的运动

D.振动是指物体在其重心位置附近做往复性的运动

55.由于系统具有非振荡性能源和反馈特性，从而引起的一种稳定的周期性的振动，称为________。

A.自由振动　　B.随机振动

C.自激振动　　D.简谐振动

56.在柴油机的设计上应正确设计各缸的发火次序，原因之一是为了________。

A.消除振源或减弱振动　　B.避开共振区

C.减小振幅　　D.改善系统的固有频率

57.在柴油机上安装适当尺寸的飞轮，这种措施主要是为了________。

A.消除振源或减弱振动　　B.避开共振区

C.减小振幅　　D.改善系统的固有频率

58.在船舶空气压缩机的底座上加装橡胶垫，这属于________。

A.主动隔振　　B.被动隔振

C.避开共振区　　D.调整空气压缩机的固有频率

59.在船舶轴系中装设液力耦合器，这属于________。

A.隔离振动　　B.避开共振区

C.减小振幅　　D.改善系统的固有频率

60.在船舶轴系中装设液力耦合器，这属于________。

①主动隔振；②被动隔振；③振动利用

A.①　　B.②

C.③　　D.②③

61.在下列各种利用平衡重以消除离心力矩的方法中，哪一种方法既能达到外部平衡，又能达到内部平衡？

A.不规则平衡法　　B.整体平衡法

C.分段平衡法　　D.各缸平衡法

62.造成机械振动的内在因素是振动构件自身具有一定的________。

A.质量和结构　　B.质量和刚度

C.形状和构件　　D.质量和弹性

63.增加发生共振时的阻尼,这属于________。

A.消除振源或减弱振动　　B.避开共振区

C.减小振幅　　D.改善系统的固有频率

64.振动的危害包括________。

①耗能;②破坏;③噪声;④损害舒适性

A.②③④　　B.①②④

C.①②③　　D.①②③④

65.振体每振动一次(重复一次运动状态)所需的时间,称为________。

A.频率　　B.振幅

C.周期　　D.圆频率

66.轴系纵向振动的减振措施主要是________。

①调频;②减少激励力的输入;③配置减振器;④避免扭转-纵向耦合振动

A.①②　　B.①②④

C.①③④　　D.①②③④

67.轴向振动是指在________方向产生的周期性弹性变形的现象。

A.垂直轴线　　B.沿轴线

C.沿轴周向　　D.与轴线成45°

68.纵振振幅增大时,引起曲轴疲劳损坏是由于________。

A.附加弯曲应力增大　　B.附加扭转应力增大

C.附加剪切应力增大　　D.附加交变应力增大

69.阻尼型减振器中最典型、应用最普遍的阻尼介质是________。

A.专用液压油　　B.润滑油

C.硅油　　D.硅胶

70.通过调整系统自振频率来减少轴系扭振的方法不包括________。

A.改变转动惯量　　B.改变轴段刚度

C.加装弹性联轴器　　D.配置减振器

第二节　共振、临界转速的概念及其造成的影响和应对方法

1.按我国有关规范对转速禁区的规定,________是不恰当的。

A.禁区在转速表上用红色示出　　B.禁区在操纵台上用告示牌指示

C.禁区不得超越　　D.禁区内不允许长期运转

2.柴油机在________所发生的振动次数,等于发火气缸整倍数的临界转速叫作主临界转速。

A.凸轮每转中　　B.透平每分钟内
C.曲轴每转中　　D.曲轴每分钟内

3.柴油机在曲轴每转中所发生的振动次数，等于发火气缸整倍数的临界转速叫作________。
A.一次临界转速　　B.次临界转速
C.二次临界转速　　D.主临界转速

4.柴油机主临界转速（又叫危险临界转速）是指________时的转速。
A.曲轴系统由扭转共振产生的扭转应力超过最大许用应力
B.使螺旋桨产生强迫振动
C.传动轴系产生扭转振动
D.艉轴系统产生扭转共振

5.柴油机转速表上用红线标明的区域是________。
A.最低转速区域　　B.稳定转速区域
C.极限转速区域　　D.转速禁区

6.大型船用柴油机因其工作转速变化范围大，欲在全部工作转速范围不存在有害临界转速比较困难，为此常在运转中________。
A.绝不回避　　B.顺其自然
C.采取回避措施　　D.直接面对

7.机器在启动或操作运行过程中应尽快越过临界转速，这属于________。
A.消除振源或减弱振动　　B.避开共振区
C.减小振幅　　D.改善系统的固有频率

8.设置转速禁区减振法主要应用于________柴油机。
A.大型低速　　B.强载高速
C.中速　　D.发电

9.在柴油机运行转速范围内设置________，实质上是在运转中采取回避措施，这种方法一般用在大型船用柴油机上。
A.稳定转速区　　B.额定转速区
C.转速禁区　　D.持续转速区

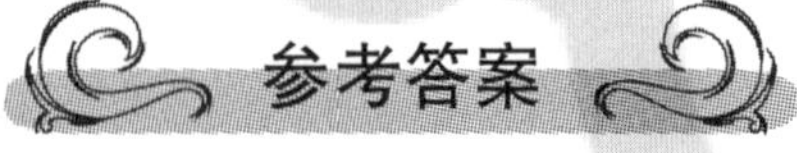

第一节　振动的起因、危害、分类及消除方法

1.B	2.D	3.C	4.D	5.A	6.D	7.A	8.D	9.D	10.B
11.D	12.D	13.C	14.B	15.B	16.C	17.A	18.A	19.B	20.A
21.A	22.B	23.B	24.C	25.A	26.C	27.C	28.C	29.B	30.B
31.D	32.C	33.A	34.C	35.B	36.B	37.A	38.D	39.D	40.C
41.A	42.C	43.C	44.A	45.A	46.C	47.D	48.A	49.A	50.D

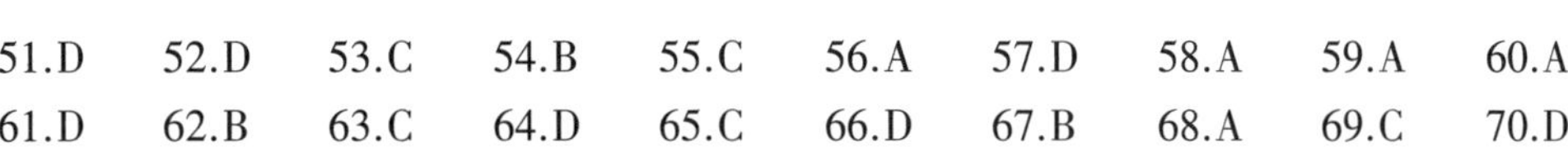

51.D	52.D	53.C	54.B	55.C	56.A	57.D	58.A	59.A	60.A
61.D	62.B	63.C	64.D	65.C	66.D	67.B	68.A	69.C	70.D

第二节　共振、临界转速的概念及其造成的影响和应对方法

1.C	2.C	3.D	4.A	5.D	6.C	7.B	8.A	9.C

第八章 柴油机的调速装置

第一节 调速器的性能指标

1.按执行机构来分,调速器可分为________调速器。

①机械式;②液压式;③电子;④定速

A.①②④ B.①②③

C.①②③④ D.②③④

2.表征柴油机在运转中转速变化量足够大时调速器才能起作用的性能参数是________。

A.稳定调速率 B.瞬时调速率

C.不灵敏度 D.转速波动率

3.根据双制调速器的工作特点,它最适合用于________。

A.船用中速柴油机 B.船用带离合器的中、小型柴油机

C.船用低速柴油机 D.带变距桨柴油机

4.能够广泛应用到船舶主机及柴油发电机组的调速器是________。

A.极限调速器 B.定速调速器

C.双制式调速器 D.全制式调速器

5.属于按调速范围分类的调速器是________。

A.限速器 B.间接式调速器

C.定速调速器 D.限速器、定速调速器

6.下述调速器性能指标中属于静态指标的有________。

①稳定调速率 δ_2;②转速波动率 φ;③稳定时间 T_s;④瞬时调速率 δ_1;⑤不灵敏度 ε

A.①③⑤ B.③④⑤

C.①②④ D.①②⑤

7.用于限制柴油机转速不超过某规定值且在此规定值之下不起调节作用的调速器称为________。

A.极限调速器 B.定速调速器

C.全制式调速器 D.双制式调速器

8.在控制系统中,若被控对象惯性较大且要求较高的静态指标,应采用________。

A.比例调节器 B.比例积分调节器

C.比例微分调节器　　D.比例积分微分调节器

9.在下述性能参数中，表明调速器稳定性的参数是________。

A.瞬时调速率　　B.稳定调速率

C.不灵敏度　　D.转速波动率

10.中速柴油机的最低启动转速范围一般为________。

A.80～150 r/min　　B.60～70 r/min

C.25～30 r/min　　D.30～50 r/min

第二节　调速器的结构和工作原理

1.PGA 液压调速器的速度可采用________。

①气压设定；②液压设定；③手动设定

A.②　　B.③

C.①　　D.①或③

2.PGA 液压调速器的弹性反馈机构主要由________组成。

①大反馈活塞；②小反馈活塞；③阻尼活塞；④补偿针阀；⑤反馈指针；⑥阻尼活塞弹簧

A.①②③　　B.③④⑥

C.①②⑥　　D.④⑤⑥

3.PGA 液压调速器与 UG 型液压调速器的区别主要在于________。

A.转速感应机构不同　　B.功率放大机构不同

C.调速机构不同　　D.油量调节机构不同

4.UG-8 型液压调速器是一种具有双反馈的液压调速器，其双反馈的作用是________。

①用刚性反馈控制 δ_1；②用刚性反馈控制 δ_2；③用弹性反馈控制 δ_1；④用弹性反馈控制 δ_2；⑤用刚性反馈提高调速器灵敏性；⑥用弹性反馈控制稳定时间 T_s

A.②③⑥　　B.②③④

C.①③⑤　　D.②④⑥

5.Woodward PGA 调速器当外负荷大幅度增减时，其弹性反馈机构将暂时失效的主要目的是________。

A.降低稳定调速率　　B.降低瞬时调速率

C.降低转速波动率　　D.降低不灵敏度

6.Wood ward UG 型液压调速器是一种具有双反馈的液压调速器，其特点是________。

①静速差机构是刚性反馈；②恒速反馈机构是弹性反馈；③静速差机构是弹性反馈；④恒速反馈机构是刚性反馈

A.①②　　B.②③

C.③④　　D.①④

7.按我国有关规定，凡标定功率大于 220 kW 的船用主机必须装设________。

A.全制式调速器　　B.超速保护装置

C.单制调速器　　D.液压调速器

8.表盘式调速器可通过________调节稳定调速率。

A.静速差旋钮　　B.速度设定旋钮

C.负荷旋钮　　D.速度指示旋钮

9.不属于按执行机构分类的调速器是________。

A.直接作用式调速器　　B.液压调速器

C.定速调速器　　D.电子调速器

10.柴油机装设调速器的主要目的是当外界负荷变化时，通过改变________来维持或限制柴油机的规定转速。

A.喷油压力　　B.喷油定时

C.循环供油量　　D.喷油时间

11.船舶进入浅水区航行阻力增大，在全制式调速器的作用下主机会自动________。

A.降低转速以适应变化　　B.减少供油量后稳定工作

C.增加供油量以适应变化　　D.提高转速后稳定工作

12.船用发电柴油机必须装设的调速器是________。

A.液压调速器　　B.机械式调速器

C.定速调速器　　D.极限调速器

13.单气路控制式启动阀的关闭由________控制。

A.气阀弹簧　　B.控制空气

C.液压力　　D.手动

14.单气路控制式启动阀的开启依靠________的作用。

A.气阀弹簧　　B.控制空气

C.液压力　　D.手动

15.在UG-8型表盘式液压调速器进行供油量调节，使柴油机的转速稳定后，调速器内部________的位置发生变化。

A.小反馈活塞　　B.大反馈活塞

C.反馈支点　　D.补偿针阀

16.当要提高柴油机转速时，对机械调速器应________。

A.增大调速弹簧预紧力　　B.减小调速弹簧预紧力

C.增强调速弹簧刚度　　D.增大调速弹簧直径

17.调速器按转速调节范围可分为________。

①机械式调速器；②极限调速器；③双制式调速器；④全制式调速器；⑤单制式调速器；⑥电子调速器

A.①②③④⑤⑥　　B.②③④⑤⑥

C.②③④⑥　　D.②③④⑤

18.对于机械式调速器，提高柴油机转速时应当________。

A.顺时针旋进转速调节螺钉　　B.逆时针旋出转速调节螺钉

C.升高滑动套筒　　D.降低滑动套筒

19.发电柴油机使用的调速器可以是________。

①机械调减器;②液压杆式;③液压表盘式

A.①　　B.①③

C.③　　D.②

20.关于杠杆式调速器的稳定调速率的调节方法,说法正确的是________。

A.可通过正面表盘上的速度降旋钮进行调节

B.可通过正面表盘上的负荷限制旋钮进行调节

C.外部无调节机构,如需调节,应打开调速器顶盖,旋松速度降凸轮上的锁紧螺钉,改变其位置进行调节

D.无法进行调节,不存在正确的调节方法

21.根据机械调速器的工作特点,当外负荷增大时,其稳定后转速与原转速相比________。

A.稍有降低　　B.稍有升高

C.恒定不变　　D.随机型而异

22.关于 PGA 液压调速器的气动转速设定的说法,正确的是________。

A.设定转速的低值可调,高值不可调

B.设定转速的高值可调,低值不可调

C.设定转速的高、低值都不可调

D.设定转速的高、低值都可调

23.关于柴油机双制式调速器的特点,下列哪种说法不正确?

A.能避免柴油机转速急剧下降而保持最低转速

B.能有效地防止柴油机飞车

C.能维持柴油机在最低转速或最高转速下稳定运行

D.常用于带有离合器的船用主机

24.关于超速保护装置的论述,不正确的是________。

A.它是极限调速器的一种

B.它自身无调速特性

C.它是一种安全装置

D.它对柴油机的控制动作不受操纵机构限制

25.关于机械调速器的工作特点,不正确的是________。

A.结构简单　　B.灵敏准确

C.维护方便　　D.是直接作用式

26.关于液压调速器的叙述,错误的是________。

A.具有广泛的调速范围

B.稳定性好,调节精度与灵敏度高

C.它利用飞重离心力直接拉动油量调节机构

D.广泛用于大、中型柴油机

27.机械调速器的滑动套筒若过紧,将不会使调速器的________。

A.灵敏性降低　　B.稳定性变差

C.瞬时调速率 δ 减小　　D.稳定时间延长

28.机械调速器有下列特点________。

①灵敏度高；②结构简单；③可实现恒速调节；④精度较差；⑤维修方便；⑥利用飞重离心力直接拉动油门

A.②③④⑥　　B.①②⑤⑥

C.②④⑤⑥　　D.①②③⑤

29.在机械式调速器中，调速器弹簧的刚度主要影响________。

A.瞬间调速率　　B.转速波动率

C.稳定调速率　　D.不灵敏度

30.机械式调速器调速弹簧长期使用后弹性变差对调速器性能的影响是________。

A.稳定调速率变小　　B.稳定性提高

C.准确性下降　　D.灵敏度变差

31.检查某柴油机超速保护装置的设定值时，应使用________。

A.示功器　　B.测力计

C.转速表　　D.扭力计

32.某船用发电柴油机组运转中若船舶耗电量突然降低，则该机组的运转状态变化是________。

A.转速自动升高至飞车

B.循环供油量降低，转速稍有降低，稳定工作

C.转速自动升高，稳定工作

D.循环供油量降低，转速稍有提高，稳定工作

33.某船用发电柴油机组运转中油门一直稳定工作，若船舶耗电量增加，则该机组的运转工况变化是________。

A.转速自动降低，稳定工作

B.增大循环供油量后转速稍有下降，稳定工作

C.增大循环供油量后转速稍有上升，稳定工作

D.转速自动降低至停车

34.液压调速器的补偿针阀开度过小对柴油机的工作影响是________。

A.调油不足，转速波动大　　B.调油过分，转速波动大

C.调油不足，转速稳定时间长　　D.调油过分，转速稳定时间长

35.使用机械式或液压调速器的柴油机，当其在设定转速稳定运转时，在其调速器内部的平衡状态是________。

A.调速弹簧预紧力与飞重离心力的平衡

B.飞重离心力与调速弹簧刚度的平衡

C.飞重离心力与调速弹簧硬度的平衡

D.飞重离心力与调速弹簧材质的平衡

36.通常液压调速器中均有反馈机构，其主要作用是保证________。

A.一定的瞬时调速率　　B.稳定时间

C.灵敏度要求　　D.调节稳定性

37.图示为机械调速器工作原理，当外负荷降低时，其调节机理正确的是________。

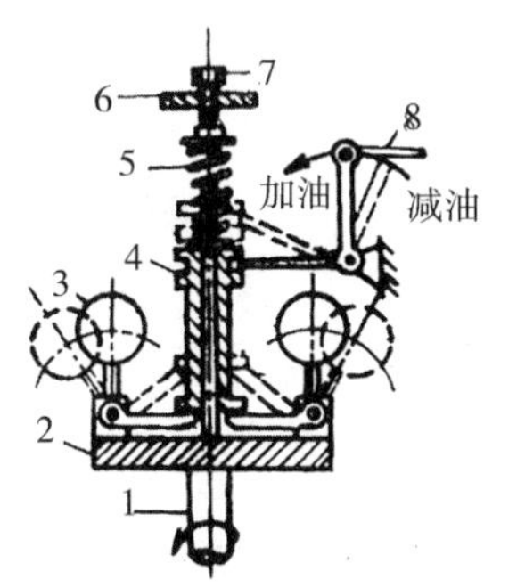

1—转轴；2—飞重座架；3—飞重；
4—滑动套筒；5—调速弹簧；6—本体；
7—转速调节螺钉；8—油量调节杆

A.增加调速弹簧 5 的压缩量,使其预紧力不变

B.飞重 3 离心力向上的分力将大于弹簧的预紧力而使滑动套筒 4 下移

C.增加调速弹簧 5 的压缩量,使其预紧力减小

D.角杆拉动油量调节杆 8 以减少柴油机喷油量

38.为了保证调速过程中转速稳定,液压调速器设有________。

①感应机构;②调节机构;③恒速反馈机构;④静速差机构;⑤液压机构;⑥驱动机构

A.①③　　B.③④

C.②⑥　　D.④⑤

39.液压调速器要设有刚性反馈机构,目的是保证其在调速过程中具有一定的________。

A.稳定调速率　　B.瞬时调速率

C.转速波动率　　D.稳定时间

40.液压调速器的特点是________。

A.通用性强　　B.简单可靠

C.维修方便　　D.工作能力小

41.液压式气阀传动机构在气阀、顶头的上端各设液压传感器,二者之间通过油管连通。开阀靠________,关阀靠________来实现。

A.液压传动器产生的油压;空气弹簧的气体压力

B.空气弹簧的气体压力;气阀弹簧的弹力

C.空气弹簧的气体压力;液压传动器产生的油压

D.气阀弹簧的弹力;摇臂

42.在 UG-8 型表盘式液压调速器的表盘上有四个旋钮,如果需改变调速器的稳定调速率,应该调节的旋钮是________。

A.右上方的调速旋钮　　B.右下方的转速指示旋钮

C.左上方的调速旋钮　　D.左下方的负荷限制旋钮

43.在机械式和液压调速器中,其转速感应元件的工作原理是________。

A.力平衡原理　　B.力矩平衡原理

C.能量平衡原理　　D.动量平衡原理

44.在液压调速器中,其主要的组成部分有________。
①转速感应机构与伺服放大机构;②反馈机构与调节机构;③飞重与调速弹簧管机构
A.① B.①②
C.③ D.②

45.液压调速器中的恒速反馈机构按反馈类型及影响来讲分别是________。
A.正反馈、滑阀提前复位 B.负反馈、滑阀提前复位
C.正反馈、滑阀滞后复位 D.负反馈、滑阀滞后复位

46.装有直连螺旋桨和极限调速器的船舶主机在运转中,当油门一定时,若海面阻力减小,主机的运转工况变化是________。
A.转速降低后稳定工作 B.减小油门后稳定工作
C.转速升高后稳定工作 D.增大油门后稳定工作

47.装有直连螺旋桨和极限调速器的船舶主机在运转中,当油门一定时,若海面阻力增大,主机的运转工况变化是________。
A.转速降低后稳定工作 B.不能稳定工作
C.转速升高后稳定工作 D.视海面阻力变化情况而定

48.转动UG-8型表盘式液压调速器速度降旋钮调节静速差,其实质是改变了________。
A.调速齿轮与静速差杆的连接位置 B.静速差杆转动支点的位置
C.静速差杆与输出轴的连接位置 D.静速差杆的位置

49.装有全制式调速器的船舶主机,当调速器故障而改为手动操纵时,其运转中出现的最大危险是________。
A.海面阻力增大,主机转速自动降低
B.海面阻力减小,主机转速自动升高
C.运转中主机转速波动而不稳定
D.在恶劣天气下,主机将发生超速危险

50.装有双制式调速器的直接驱动螺旋桨的船舶主机,若航行中船舶阻力稍有减小,主机会自动________。
A.降低转速后稳定工作 B.减少供油量以适应变化
C.增加供油量以适应变化 D.提高转速后稳定工作

第三节 调速器的调节和管理

1.PGA液压调速器运转中突然无转速设定气压信号时柴油机将会________。
A.停车
B.停车或低速运转,取决于调速器的设定
C.停车或低速运转,取决于手动转速设定旋钮的位置
D.低速运转

2.并联工作的标定功率相等的A、B两台柴油机,若$\delta_{2A}>\delta_{2B}>0$,两机负荷分配为________。
A.$P_A=P_B$ B.$P_A<P_B$

C.任意　　D.$P_A > P_B$

3.柴油机液压调速器内部油道驱气的错误操作是________。

A.柴油机启动后怠速运转　　B.补偿指针置于最小刻度

C.补偿指针旋出几圈　　D.人为使柴油机转速波动约 2 min

4.调速器使用的润滑油在使用温度范围内应满足下述________要求。

①有适当的黏度;②不腐蚀密封材料;③不发生污染;④不发生氧化变质;⑤有适当的碱性;⑥有适当的浮游性

A.①②⑤　　B.②③④

C.①②④　　D.②④⑥

5.关于机旁手动启动大功率副机的准备工作,下列说法错误的是________。

A.副机需要暖缸　　B.副机需要预润滑

C.副机需要盘车　　D.副机需要试车

6.关于液压调速器的清洗,说法不正确的是________。

A.可从机器上拆下清洗　　B.可用轻柴油清洗

C.可在机器上清洗　　D.在机器上清洗时,机器不能运转

7.关于液压调速器设置恒速反馈机构的目的,下列说法不正确的是________。

A.保证调速过程稳定

B.满足柴油机并车、负荷合理分配的要求

C.实现负反馈

D.防止油量调节过量

8.如果没有合适的调速器专用液压油,可用________来替代。

A.增压器润滑油　　B.主机系统油

C.主机气缸油　　D.分油机齿轮箱油

9.如果要调整 PGA 液压调速器的稳定调速率,应当________。

A.调整稳定调速率旋钮

B.调整液压油压力

C.更换调速弹簧

D.打开调速器顶盖,调整速度降凸轮

10.如图所示为 UG-8 型表盘式液压调速器,当支持销 6 与调速弹簧轴线重合时,________。

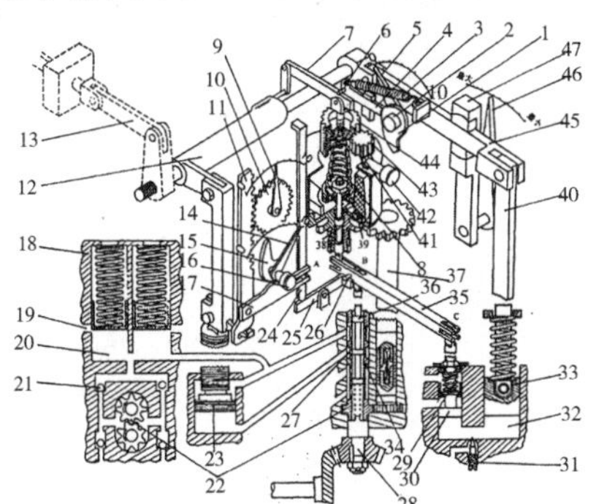

A.弹性反馈作用增强 B.刚性反馈作用减弱
C.弹性反馈作用消失 D.刚性反馈作用消失

11.液压调速器的补偿针阀开度过大对喷油量调节的影响是________。
A.油量调节过分 B.油量调节不足
C.随机型而异 D.对回油孔喷油泵无影响

12.液压调速器的滑油在正常情况下的换油周期一般是________。
A.1 月 B.6 月
C.1 年 D.2 年

13.液压调速器换油时，旧油的放出应在________。
A.停车后油热时 B.空车正常转速运转时
C.空车怠速运转时 D.停车后油冷却时

14.液压调速器连续工作时，推荐的使用滑油温度范围是________。
A.40~50 ℃ B.50~60 ℃
C.<62 ℃ D.60~90 ℃

15.影响液压调速器稳定性的因素之一是________。
A.负荷大小 B.油压大小
C.补偿针阀开度 D.柴油机转速

16.欲使并联工作的柴油机负荷按标定功率比例自动分配，则两机的稳定调速率 δ 应满足________。
A.$\delta_{2A}=\delta_{2B}=0$ B.$\delta_{2A}>\delta_{2B}>0$
C.$\delta_{2A}<\delta_{2B}<0$ D.$\delta_{2A}=\delta_{2B}>0$

17.欲使两台并联运行的柴油机具有自动合理分配负荷的能力，调速器________。
A.瞬时调速率必须均为零 B.稳定调速率必须相同且不为零
C.稳定调速率必须均为零 D.瞬时调速率必须相同

18.在液压调速器中，补偿针阀开度过大，反馈指针在过大刻度，对反馈的影响是________。
A.均使反馈增强
B.前者使反馈减弱，后者使反馈增强
C.前者使反馈增强，后者使反馈减弱
D.均使反馈减弱

19.装设机械调速器的柴油机，若柴油机外界负荷变大，则在调速器调节过程结束时，调速弹簧的作用力比调节前的作用力________。
A.不变 B.增大
C.减小 D.不一定

第一节　调速器的性能指标

1.B　2.C　3.B　4.D　5.D　6.A　7.A　8.D　9.A　10.B

第二节　调速器的结构和工作原理

1.D　2.B　3.C　4.A　5.B　6.A　7.B　8.A　9.C　10.C
11.C　12.C　13.A　14.B　15.B　16.A　17.D　18.A　19.B　20.C
21.A　22.D　23.C　24.A　25.B　26.C　27.C　28.C　29.C　30.A
31.C　32.D　33.B　34.C　35.A　36.D　37.D　38.B　39.A　40.A
41.A　42.C　43.A　44.B　45.B　46.C　47.A　48.B　49.C　50.D

第三节　调速器的调节和管理

1.B　2.B　3.B　4.C　5.D　6.D　7.B　8.A　9.D　10.D
11.A　12.B　13.A　14.D　15.C　16.D　17.B　18.B　19.C

第九章 柴油机的启动

第一节 柴油机的启动概述

1.________与柴油机最低启动转速无关。

A.柴油机类型　　B.环境温度

C.燃油品质　　D.进气方式

2.下列与柴油机的启动转速大小无关的因素是________。

A.气缸尺寸　　B.环境温度

C.燃油品质　　D.扫气方式

3.不能作为船用发电原动机启动动力源的是________。

A.气动马达　　B.液压马达

C.水压马达　　D.电动马达

4.柴油机启动转速的大小与________等因素有关。

①环境温度；②气缸尺寸；③柴油机类型；④启动定时；⑤燃油品质；⑥启动空气压力

A.①②④⑥　　B.②④⑤⑥

C.①②③⑤　　D.①③⑤⑥

5.船舶低速主机通常采用________启动。

A.电动马达　　B.液压马达

C.气动马达　　D.压缩空气

6.对船舶主机的启动装置，要求当曲轴处于任何位置和机舱温度不低于________时，________就能可靠地启动。

A.3~6 ℃；不需暖机　　B.3~6 ℃；暖机 10 min

C.5~8 ℃；不需暖机　　D.8~11 ℃；不需暖机

7.衡量柴油机启动性能的主要参数是________。

A.启动空气压力　　B.启动空气消耗量

C.启动一次压缩空气瓶的压力降　　D.启动转速

8.柴油机启动转速的范围一般为________。

①高速柴油机为 80~150 r/min；②中速柴油机为 70~80 r/min；③低速柴油机为 25~30 r/min；

④高速柴油机为 150~200 r/min；⑤中速柴油机为 60~70 r/min；⑥低速柴油机为 30~50 r/min

A.①②③　　B.①③⑤

C.②③⑥　　D.②⑤⑥

9.启动转速的大小与________有关。

①进气方式；②环境温度；③柴油机气缸尺寸；④燃油品质；⑤扫气方式；⑥启动空气压力

A.①②③　　B.①③⑤

C.②③④　　D.②⑤⑥

10.气缸注油量随转速而调节的主要缺点是________。

A.注油器传动机构复杂　　B.低转速工作时注油量过小

C.低负荷运转时注油量过大　　D.低转速运转时注油量不稳定

11.下列柴油机的启动方式中，受柴油机最少缸数限制的是________。

A.电动机启动　　B.气动马达启动

C.人力手摇启动　　D.压缩空气启动

12.小型高速柴油机的最低启动转速范围，一般为________。

A.n<50 r/min　　B.n=60~70 r/min

C.n=80~150 r/min　　D.n>150 r/min

13.要使静止的柴油机启动起来，必须具备的条件是________。

①外界提供的任何能源都能利用；②外界必须提供某种形式的外力；③转动后必须达到最低启动转速；④缸内必须达到燃油发火的温度

A.①②④　　B.①②③

C.①③④　　D.②③④

14.影响柴油机启动转速大小的因素是________。

A.压缩空气压力　　B.气缸启动阀的构造类型

C.柴油机的技术状态　　D.启动装置能量的大小

15.在柴油机启动前进行试车的目的是________。

①检查换向机构、调油机构工作状态；②检查启动系统工作状态；③使运动部件充分润滑并排出缸内杂质与水分

A.②　　B.①

C.①②　　D.③

16.在寒冷地区，对主机启动影响比较小的是________。

A.冷却水温　　B.排气阀温度

C.滑油黏度　　D.启动空气压力

第二节　压缩空气启动装置

1.MAN B&W MC 系列柴油机采用球阀式主启动阀，它由大球阀和小球阀组成。若柴油机停车时间过长，启动时先进行慢转启动，此时________。

A.大球阀、小球阀都关闭　　B.大球阀、小球阀都开启

C.大球阀开启　　　　D.小球阀开启

2.保证柴油机压缩空气可靠启动必须具备的条件是________。

①四冲程柴油机不少于6个缸，二冲程柴油机不少于4个缸；②对于进气延续时间，四冲程柴油机最大不超过转过140°曲轴转角的时间，二冲程机最大不超过120°曲轴转角的时间；③压缩空气必须具有足够压力，且在膨胀行程进入气缸

A.②　　　　B.①

C.③　　　　D.①②③

3.柴油机启动系统中主启动阀位于________。

A.空气瓶与启动控制阀之间　　　　B.截止阀与空气瓶之间

C.空气分配器与气缸启动阀之间　　　　D.启动控制阀与空气分配器之间

4.柴油机气缸启动阀启、闭时刻称为________。

A.配气定时　　　　B.喷油定时

C.供油定时　　　　D.启动定时

5.常用的单气路控制气缸启动阀启阀活塞的结构形式采用________。

A.单级活塞式启动阀　　　　B.平衡活塞式启动阀

C.锥形活塞式启动阀　　　　D.分级活塞式启动阀

6.图示为双气路控制式气缸启动阀，它的启阀活塞属于________。

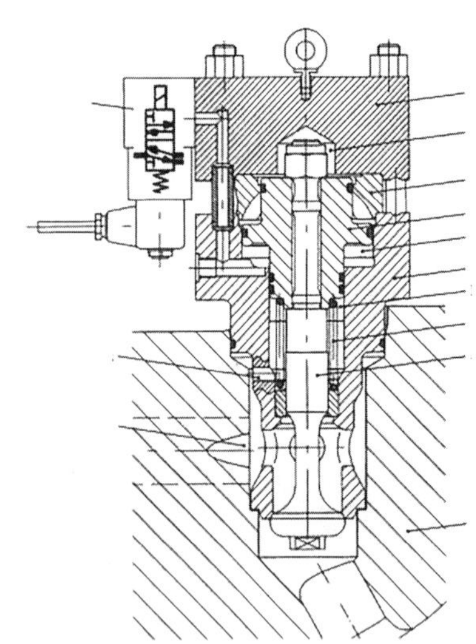

A.单级活塞式启动阀　　　　B.平衡活塞式启动阀

C.分级活塞式启动阀　　　　D.锥形活塞式启动阀

7.大型低速柴油机启动性能较好的主要原因是________。

A.气缸散热少　　　　B.可燃混合气质量好

C.燃油雾化质量好　　　　D.使用压缩空气启动

8.单气路控制式气缸启动阀的优点是________。

A.阀盘与阀座撞击小　　　　B.兼顾启动与制动要求

C.不易发生燃气倒冲现象　　　　D.启阀活塞面积大，开关迅速

9.当代船用超长行程柴油机的主启动阀均设有慢转阀,它的作用是________。

A.使柴油机以 50 r/min 的转速慢转

B.可以代替主启动阀启动柴油机

C.在主机启动前慢转检查运动部件的灵活性

D.慢转时打开示功阀进行冲车

10.副机通常监测的工况参数不包括________。

A.滑油压力　　B.冷却水温度

C.排烟温度　　D.增压器转速

11.关于柴油机主启动阀的错误论述是________。

A.它能满足启动时所需要的压缩空气量　　B.它能减少压缩空气的节流损失

C.它能控制启动定时和发火顺序　　D.它是压缩空气系统的总开关

12.关于压缩空气启动的论述,正确的是________。

①启动空气应有足够压力和一定储量;②启动空气必须在膨胀行程中进入气缸;③四冲程柴油机启动最少有四个气缸;④二冲程进气延续角约为 100°曲轴转角;⑤达到启动转速后柴油机才能发火启动;⑥二冲程柴油机启动最少有六个气缸

A.①②③④　　B.①②④⑤

C.②③⑤⑥　　D.②④⑤⑥

13.关于压缩空气启动装置;说法错误的是________。

A.气缸启动阀由空气分配器控制

B.进入气缸的高压空气要经过空气分配器

C.进入气缸的高压空气要经过主启动阀

D.空气分配器由启动凸轮控制

14.回转式空气分配器是利用________与________相配合来控制气缸启动阀的启闭的。

A.启动凸轮;分配器壳体上的孔

B.启动凸轮;滑阀

C.带孔的分配盘;分配器壳体上的孔

D.启动凸轮;带孔的分配盘

15.某柴油机启动时转速波动,且无法达到启动转速,一般不会是________。

A.启动空气量不足　　B.空气分配器定时不当

C.某缸气缸起动阀故障　　D.主起动阀不能开启

16.某空气启动柴油机发生启动故障,现象是操作启动手柄启动时,各缸同时有压缩空气进入气缸,则故障出在________。

A.启动控制阀　　B.主启动阀

C.空气分配器　　D.气缸启动阀

17.能够全部满足气缸启动阀要求的气缸启动阀的结构形式是________。

A.平衡式　　B.单向阀式

C.单气路控制式　　D.双气路控制式

18.气缸启动阀要能够兼顾________要求。

A.控制和分配　　B.启动和制动
C.启动和分配　　D.分配和制动

19.气缸启动阀中的控制空气在气缸启动阀打开后________。
A.仍然保留在气缸启动阀的控制空气腔内
B.排入大气
C.与启动空气一起进入气缸
D.回到空气分配器中

20.气缸气动阀的启闭由________控制。
A.空气总管截止阀　　B.启动空气分配器
C.主启动阀　　D.空气瓶控制阀

21.双气路控制式气缸启动阀的优点是________。
A.启阀活塞面积大,启闭迅速　　B.启动空气耗量少
C.能兼顾启动与制动两方面的要求　　D.结构简单,造价低廉

22.下述单气路控制式气缸启动阀的优点中错误的是________。
A.开关迅速、耗气少　　B.能兼顾启动与制动两方面的要求
C.启阀活塞面积大　　D.结构简单

23.为了保证柴油机可靠启动,在压缩空气启动系统中,气缸启动阀开启定时的一般规律是________。
A.低速机比高速机晚　　B.低速机比高速机早
C.低速机与高速机相同　　D.没有规律

24.下列有关起动装置的说法中,________是不正确的。
A.起动装置中至少要有两只空气瓶
B.压缩空气要有一定的供气定时
C.二冲程机至少六缸方能保证曲轴在任何位置都能启动
D.压缩空气必须具有足够的压力

25.图示为压缩空气启动装置,图中________在柴油机启动后将自动切断空气瓶的启动空气。

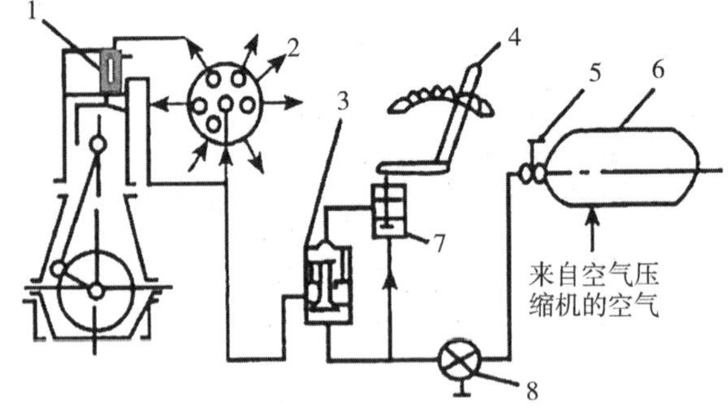

A.4　　B.2
C.3　　D.7

26.压缩空气启动装置的主要组成部分包括________。

①截止阀;②空气压缩机;③启动空气瓶;④主启动阀;⑤空气分配器;⑥启动控制阀

A.①②③④⑤　　B.①③④⑤⑥

C.②③④⑤⑥　　D.①②④⑤⑥

27.压缩空气启动装置的主要组成部分包括________。

①截止阀与出气阀;②空气压缩机与启动空气瓶;③启动控制阀与主启动阀;④空气分配器与气缸启动阀

A.①③④　　B.①②③

C.①②④　　D.②③④

28.压缩空气启动装置的主要组成部分包括________。

①启动控制阀;②空气压缩机;③启动空气瓶;④主启动阀;⑤空气分配器

A.①②④⑤　　B.②③④⑤

C.①③④⑤　　D.①②③④⑤

29.以下表述中,不正确的是________。

A.柴油机启动空气系统常采用凸轮机构

B.柴油机燃油喷射系统也采用凸轮机构

C.偏心轮机构常用于变向变量油泵

D.盘形凸轮机构简单,从动件行程一般很短

30.在采用空气马达启动柴油机的启动空气系统中,不需要________。

A.启动控制阀与主启动阀　　B.空气分配器与气缸启动阀

C.启动控制阀与气缸启动阀　　D.主启动阀与空气分配器

31.在压缩空气启动系统中,空气分配器可分为回转式和柱塞式,下列说法正确的是________。

A.柱塞式多用于小型高速柴油机　　B.回转式多用于低速柴油机

C.柱塞式多用于高速柴油机　　D.柱塞式多用于大型柴油机

32.以下关于在压缩空气系统中设置主启动阀的理由,错误的是________。

A.为了节省启动空气消耗量

B.避免启动控制阀的节流损失

C.避免启动控制阀远离主机而使启动滞后

D.减少启动失误率

33.在正常主机启动操纵中,如突然发现主机在某一位置无法启动,正确的应急操纵是________。

A.搭上盘车机并盘车然后启动

B.迅速换向并车,如成功,则返回原转向重新启动

C.主空气瓶放残

D.拆开空气分配器检查

34.在正常主机启动操纵中,突然发现主机在某一位置无法启动,通过迅速换向并冲车,返回原转向重新启动后启动成功,则最可能存在故障的部件是________。

A.启动控制阀和主启动阀　　B.主启动阀和空气分配器

C.空气分配器和气缸启动阀　　D.气缸启动阀和启动控制阀

35.正车运行的柴油机,当停油后需要减压制动时,缸内的压缩空气将在________排出气缸。

A.正车膨胀冲程初期　　B.正车压缩冲程末期
C.倒车膨胀冲程末期　　D.倒车压缩冲程初期

第三节　船舶副机及应急柴油机的启动

1.采用压缩空气启动的遥控-自动启动副机启动前应检查________。
A.空气瓶压力　　B.燃油黏度
C.滑油温度　　D.膨胀水箱液位

2.船舶应急发电机要求在________下冷车迅速启动。
A.0 ℃　　B.常温
C.室温　　D.冰冻天气

3.船舶应急发电机装置应具备________启动的能源。
A.单次　　B.持续
C.连续　　D.三次

4.船用发电原动机采用气动马达启动,其基本原理是________。
A.将压缩空气的动能转换成活塞的动能
B.将压缩空气的动能转换成曲轴的动能
C.将压缩空气的压力转换成活塞的动能
D.将压缩空气的压力转换成曲轴的动能

5.发电原动机可在________遥控启动。
A.集控室　　B.轮机长室
C.机旁　　D.驾驶台

6.副机的安全保护功能通常包括________。
A.滑油压力低报警　　B.增压器超速报警
C.燃油黏度高报警　　D.冷却水低温报警

7.副机的安全保护设备包括________。
①滑油低压报警装置;②冷却水高温报警装置;③超速报警装置
A.①②　　B.①②③
C.①③　　D.②③

8.副机的安全保护设备或功能通常不包括________。
A.超速报警　　B.冷却水高温报警
C.燃油黏度高报警　　D.滑油压力低报警

9.副机的安全保护设备或功能通常不包括________。
A.冷却水高温报警装置　　B.滑油压力低报警装置
C.增压器超速报警装置　　D.盘车联锁装置

10.副机的安全保护设备或功能通常不包括________。
A.三次启动失败后的自动启动阻塞
B.柴油机故障停机后的自动启动阻塞

C.超速保护

D.冷却水低温自动停机

11.副机的安全保护设备或功能通常不包括________。

A.冷却水高温自动停机　　B.滑油压力低自动停机

C.滑油温度低自动停机　　D.排烟温度高自动停机

12.副机滑油失压后,将________。

A.立即停车　　B.减速

C.缓慢停车　　D.加速

13.副机能够自动启动的条件不包括________。

A.在网发电机跳电　　B.控制转换开关处于“自动”位置

C.预润滑正常　　D.有足够的启动动力

14.副机启动后,应特别检查________。

A.滑油温度　　B.燃油温度

C.滑油压力　　D.冷却水温度

15.副机自动启动和停机的控制功能不包括________。

A.自动启动的逻辑判断和监视　　B.滑油低压自动停机

C.启动失败汇报　　D.负载卸载后立即停机

16.副机自动启动和停机的控制功能不包括________。

A.自动接通预润滑系统

B.柴油机故障停机后的自动启动阻塞

C.超速保护

D.启动一次失败后的自动启动阻塞

17.根据规定,应急发电机应每________试验一次。

A.季度　　B.月

C.年　　D.周

18.关于遥控-自动启动的副机,下列说法不正确的是________。

A.副机气缸套水需保持预热

B.不能设置盘车联锁装置

C.压缩空气启动系统只适用于缸数为六及以上的柴油机

D.副机需设置预润滑油泵

19.关于遥控-自动启动的副机,下列说法不正确的是________。

A.副机气缸套水需保持预热

B.马达启动的柴油机需设置两套启动马达

C.副机需设置预润滑油泵

D.马达启动可适用于缸数小于六的柴油机

20.关于遥控-自动启动的副机,下列说法正确的是________。

A.遥控启动前可不预润滑　　B.遥控启动前可自动盘车

C.遥控启动前需手动盘车　　D.遥控启动前可不盘车

21.关于遥控-自动启动的副机启动的准备工作,下列说法正确的是________。

A.不需设置盘车联锁　　B.不必暖机

C.不必预润滑　　D.不必盘车

22.《1974 年国际海上人命安全公约》要求,应急发电机应能在主电源断电后________内自动启动供电。

A.30 s　　B.45 s

C.15 s　　D.60 s

23.机舱可周期性无人值守船舶的副机启动方式包括________。

①机旁;②遥控;③自动;④驾控

A.①②④　　B.①②

C.①②③④　　D.①②③

24.机旁启动副机操作程序正确的是________。

A.盘车→冲车→起动　　B.冲车→启动→盘车

C.冲车→盘车→起动　　D.盘车→启动→冲车

25.机旁手动起动大功率副机的准备工作包括________。

①副机气缸套水保持预热;②检查燃油供油单元;③检查油底壳油位;④启动预润滑油泵;⑤副机盘车;⑥启动备用空压机

A.①②③④⑤　　B.①②③④

C.②③④⑤⑥　　D.①②③④⑤⑥

26.若有三台发电机,在发电机设置自动后,将根据负荷增加,首先启动________原动机。

A.第二备用　　B.第一备用或第二备用

C.第一备用和第二备用　　D.第一备用

27.手动启动副机的操作程序是________。

①打开空气瓶;②盘车;③冲车;④启动

A.①②③　　B.①②④

C.①②③④　　D.②③④

28.手动启动副机的准备事项包括________。

①压缩空气充足;②滑油油位适当;③确认无警报;④冷却水系统处于准备运行状态

A.①②③④　　B.②③④

C.①②③　　D.①②④

29.遥控-自动启动副机的条件为:________等均正常。

①启动空气系统;②燃油系统;③润滑系统;④冷却水系统

A.①②③　　B.②③④

C.①②③④　　D.①②④

30.遥控-自动启动副机与手动启动副机的区别是________。

A.前者只能是小功率柴油机　　B.前者只能是马达启动的柴油机

C.前者需设置自动预润滑装置　　D.前者没有手动盘车装置

31.遥控-自动启动副机与手动启动副机的区别在于________。

A.速度不同　　B.副机启动选择开关处于手动位置

C.负载不同　　D.副机启动选择开关处于自动位置

32.遥控-自动启动副机的启动位置在________。

①机旁;②集控室;③驾驶台

A.②　　B.①

C.③　　D.②或①

33.船舶应急发电机应具备________启动的能源。

A.三次　　B.两次

C.一次　　D.六次

34.应对船舶应急发电机进行定期检查,检查周期一般为________。

A.一天　　B.一周

C.一月　　D.一年

35.应急发电机的启动方法包括________。

①压缩空气启动;②蓄电池启动;③人力启动

A.①②　　B.②③

C.①②③　　D.①③

36.应急发电机进行自动启动测试时,应将应急配电板上的联络开关置于________位置。

A.手动　　B.断开

C.开启　　D.遥控

参考答案

第一节　柴油机的启动概述

1.D　2.D　3.C　4.C　5.D　6.C　7.D　8.B　9.C　10.C
11.D　12.C　13.D　14.C　15.C　16.D

第二节　压缩空气启动装置

1.D　2.D　3.D　4.D　5.A　6.C　7.A　8.D　9.C　10.D
11.C　12.B　13.B　14.C　15.D　16.C　17.D　18.B　19.A　20.B
21.C　22.B　23.A　24.C　25.C　26.C　27.D　28.D　29.C　30.B
31.D　32.D　33.B　34.C　35.B

第三节　船舶副机及应急柴油机的启动

1.A	2.A	3.D	4.D	5.C	6.A	7.B	8.C	9.C	10.D
11.C	12.A	13.A	14.C	15.D	16.D	17.B	18.B	19.B	20.D
21.D	22.B	23.D	24.A	25.A	26.B	27.D	28.A	29.C	30.C
31.C	32.D	33.A	34.B	35.C	36.B				

第十章 船用柴油机电子控制技术及气体燃料发动机

第一节　电子控制柴油机

1.ACU 为 ME 型柴油机控制系统的________。

A.柴油机接口控制单元　　B.柴油机控制单元

C.气缸控制单元　　D.辅助控制单元

2.CCU 为 ME 型柴油机控制系统的________。

A.柴油机接口控制单元　　B.柴油机控制单元

C.气缸控制单元　　D.辅助控制单元

3.ECU 为 ME 型柴油机控制系统的________。

A.柴油机接口控制单元　　B.柴油机控制单元

C.气缸控制单元　　D.辅助控制单元

4.EICU 为 ME 型柴油机控制系统的________。

A.柴油机接口控制单元　　B.柴油机控制单元

C.气缸控制单元　　D.辅助控制单元

5.MAN B&W MC 型柴油机使用的非冷却多孔式喷油器与普通喷油器相比,在使用中的显著特点是________。

A.结构简单、维修方便　　B.喷孔数量增多

C.启阀压力不可调节　　D.启阀压力增大

6.MAN B&W ME 型柴油机每个气缸的两到三只喷油器的燃油喷射规律为________。

A.各不相同　　B.有一只和其他不同

C.喷油量相同、喷油规律不同　　D.完全相同

7.MAN B&W ME 机型的高压油泵进口的燃油压力________。

A.为 0.8~1.0 MPa　　B.为 1.0~2.0 MPa

C.大约为 20 MPa　　D.大约为 100 MPa

8.MC 型柴油机排气阀座密封附近开有________,避免漏气时高温排气对阀座产生烧蚀。

A.冷却水槽　　B.倒角

C.空气槽　　D.活塞环槽

9.ME 型柴油机控制系统________的功能相当于传统柴油机的调速器。

A.EICU　　B.ECU

C.CCU　　D.ACU

10.ME 型柴油机控制系统的 ACU 的主要功能为________。

A.处理与外部系统的接口　　B.实现柴油机的控制功能

C.控制 FIVA 阀和气缸启动阀　　D.控制液压泵和辅助鼓风机

11.ME 型柴油机控制系统的 CCU 的主要功能为________。

A.处理与外部系统的接口　　B.实现柴油机的控制功能

C.控制 FIVA 阀和气缸启动阀　　D.控制液压泵和辅助鼓风机

12.ME 型柴油机控制系统的 ECU 的主要功能为________。

A.处理与外部系统的接口　　B.实现柴油机的控制功能

C.控制 FIVA 阀和气缸启动阀　　D.控制液压泵和辅助鼓风机

13.RT-flex 型智能柴油机 WECS-9500 控制系统不能________。

A.控制共轨的燃油压力　　B.控制空气压力调整

C.控制气缸的排气时间　　D.控制伺服油压力

14.RT-flex 柴油机喷油电液控制阀的结构如图所示,由________通过电磁阀控制________,通过伺服液压油控制________进入喷油器。

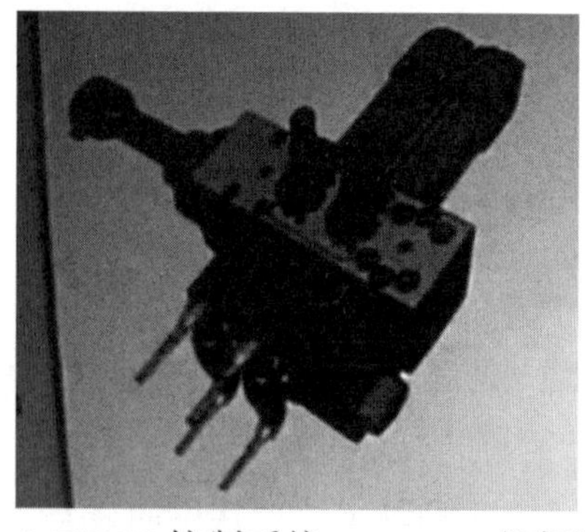

A.WECS 控制系统;100 MPa 的伺服液压油;20 MPa 的燃油

B.曲轴角度编码器;100 MPa 的燃油;100 MPa 的燃油

C.WECS 控制系统;20 MPa 的伺服液压油;20 MPa 的燃油

D.WECS 控制系统;20 MPa 的伺服液压油;100 MPa 的燃油

15.Wärtsilä 32 型柴油机喷油泵有两个出油阀,其目的是________。

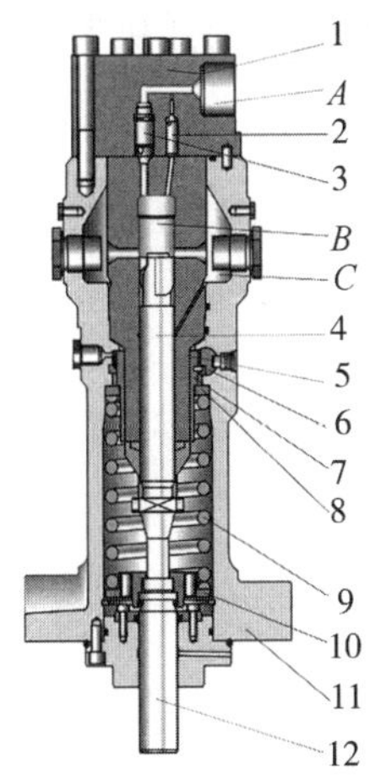

A.既可以使燃烧初期工作比较柔和,又可以控制整个喷射和燃烧过程不致太长

B.使燃烧初期工作比较柔和

C.控制整个喷射和燃烧过程不致太长

D.既可以使燃烧初期工作比较柔和,又可以控制整个喷射和燃烧过程不致太短

16.Wärtsilä RT-flex 机型属于电控喷射二冲程柴油机,其压缩空气启动系统中不需要________。

A.启动空气瓶　　B.空气分配器

C.气缸启动阀　　D.主启动阀

17.采用共轨技术的智能型柴油机使用________驱动排气阀。

A.高压伺服油　　B.电磁阀

C.凸轮轴　　D.压缩空气

18.传统柴油机的喷油系统,其燃油喷射压力随着柴油机的负荷而________;电控柴油机的喷油系统,其燃油喷射压力随着柴油机的负荷而________。

A.变化;恒定不变　　B.变化;变化

C.恒定不变;恒定不变　　D.恒定不变;变化

19.电控单元根据预定的控制策略对执行器发出控制信号,控制________等,对发动机进行闭环控制。

①喷油量;②喷油始点;③增压压力;④进排气阀正时

A.①②③④　　B.①②③

C.②③④　　D.①②④

20.电子控制柴油机当前运转工况信息是由________提供的。

A.适配器　　B.传感器

C.调节器　　D.报警器

21.电子控制柴油机的电控单元通过控制________等参数,对发动机进行闭环控制,使燃烧更精确。

①喷油量;②喷油始点;③排气压力;④进排气阀正时;⑤排气温度

A.①②④　　B.①③⑤

C.②③④　　D.②④⑤

22.电子控制柴油机的各种不同的操作模式是指可以根据不同的要求由操作者选择机器的运转模式，如________等，并保证发动机一直处于最优化的状态运转。

①经济性模式；②排放控制模式；③低负荷运转模式

A.① B.②③

C.①② D.①②③

23.电子控制柴油机很强的运转适应性主要表现在________。

A.燃油喷射系统 B.监测系统

C.安全系统 D.调速系统

24.电子控制柴油机可以在不同的运转模式下工作，不包括________。

A.经济性模式 B.故障诊断模式

C.排放控制模式 D.低负荷运转模式

25.电子控制柴油机的控制和管理系统的核心功能是由________提供的。

A.传感器 B.调节器

C.电控单元 D.执行器

26.电子控制柴油机一般提供多种操作模式，船舶在波罗的海航行时应使用________。

A.经济性模式 B.排放控制模式

C.安全模式 D.低负荷运转模式

27.电子控制柴油机一般提供多种操作模式，在一般航区使用________。

A.经济性模式 B.排放控制模式

C.安全模式 D.低负荷运转模式

28.电子控制柴油机在燃油喷射系统上有很强的运转适应性，具体表现在________。

①能自由地选择喷射压力；②能精确地控制喷油量；③能适应不同的燃料；④可独立地控制喷油定时；⑤可独立地控制喷油速率

A.①②③④ B.①②③⑤

C.①②④⑤ D.①②③④⑤

29.电子控制式柴油机与传统机械控制式柴油机相比，其主要特点包括________。

①具有很强的运转适应性；②具有足够的可靠性；③具有不同的操作模式；④具有完善的状态检测和控制系统

A.①②③ B.②③④

C.①②④ D.①②③④

30.电子示功装置的标定包括________标定和曲轴转角标定。

A.压力值 B.功率大小

C.上止点位置 D.柴油机扭矩

31.电阻应变式示功器利用压力传感器把被测压力的变化转换成应变片的________。

A.电阻值的变化 B.电容值的变化

C.电感值的变化 D.电流值的变化

32.关于 ME 系列柴油机的智能控制系统，以下说法错误的是________。

A.主机控制单元是柴油机智能控制器的核心

B.在集控室有两个串联冗余的主机信息控制单元 A 与 B

C.辅助控制单元对燃油泵、滑油泵和辅助鼓风机进行启动、停车控制

D.气缸控制单元控制主机各缸的启动、停车等

33.某些现代船用柴油机可取消凸轮轴,其原因是________。

A.柴油机采用了液压式气阀传动机构

B.柴油机采用了旋转式气阀

C.柴油机采用了电子控制喷射

D.柴油机采用了倒挂式主轴承

34.目前电子控制柴油机在________方面全部由电子控制实现。

①燃油喷射;②气缸套冷却;③气缸注油;④气阀启闭

A.①②　　B.①③④

C.③④　　D.②④

35.下图所示为 ME 系列柴油机的燃油泵和控制阀,其中 1 是________。

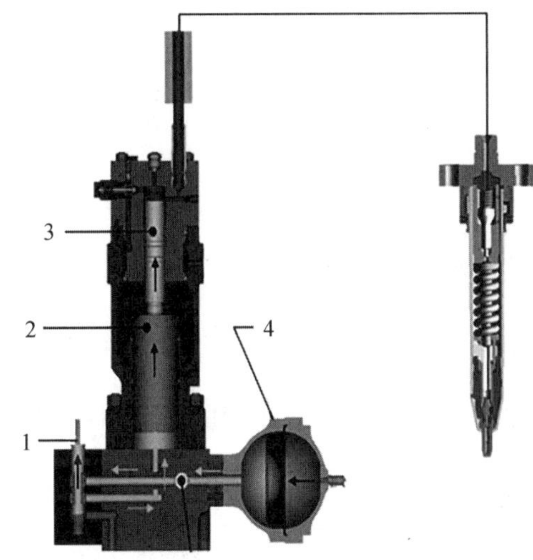

A.电子燃油喷射控制阀(ELFI)

B.燃油喷射控制单元(ICU)

C.燃油滑阀

D.电子排气控制阀(ELVA)

36.瓦锡兰 RT-flex 型柴油机的每个气缸的两到三只喷油器的喷油定时和喷油量,可由 WECS-9520 系统________。

A.集中控制　　B.分别控制

C.顺序控制　　D.随机控制

37.瓦锡兰 RT-flex 型柴油机的燃油喷射控制由________驱动共轨阀,使 90 MPa 的燃油进入喷油器。

A.电磁阀控制 10 MPa 的伺服油　　B.电磁阀控制 20 MPa 的伺服油

C.10 MPa 的伺服油控制电磁阀　　D.20 MPa 的伺服油控制电磁阀

38.下列不是电子控制柴油机燃油喷射系统的特点的是________。

A.能够自由地选择喷射压力

B.能够精确地控制燃油喷油量

C.可独立地控制喷油正时和喷油速率变化

D.能够精确地调节燃油黏度

39.下列关于 MAN B&W ME 型柴油机,说法错误的是________。

A.取消了凸轮轴、链传动机构

B.取消了空气分配器及气缸启动阀

C.新增了液压动力单元

D.新增了机带轴向柱塞泵和电动液压泵

40.下列关于 ME 型柴油机控制系统,说法错误的是________。

A.EICU 为柴油机接口控制单元　　B.ECU 为柴油机控制单元

C.CCU 为气缸控制单元　　D.ACU 为机旁控制单元

41.下列关于 ME 型柴油机控制系统,说法错误的是________。

A.驾驶台控制面板连接 EICU

B.机舱集控室控制面板连接 EICU

C.机旁操作面板连接 EICU

D.机旁操作面板连接 ECU

42.下列关于 RT-flex 型柴油机和 ME 型柴油机的说法中,错误的是________。

A.RT-flex 机型的公共油轨有两个,ME 机型的公共油轨仅有一个

B.RT-flex 机型的高压油泵是轴带柱塞式增压泵,各缸共用

C.ME 机型采用的是液压驱动高压油泵,各缸共用

D.RT-flex 机型的燃油喷射和排气阀动作分别由共轨电磁阀控制,而 ME 机型则由 FIVA 阀控制

43.下列关于 RT-flex 型柴油机 WECS,说法不正确的是________。

A.WECS 没有中央处理器

B.WECS 主要由主控单元(COM-EU)和各缸的电子控制单元(CYL-EU)组成

C.WECS 系统是柴油机安保系统

D.WECS 是 RT-flex 型柴油机控制的核心

44.下列关于 RT-flex 型柴油机,说法错误的是________。

A.取消了机械式凸轮轴系统及其传动机构

B.增设了液压气缸单元

C.增设了共轨单元

D.增设了 WECS 控制系统

45.下列关于 RT-flex 型柴油机,说法错误的是________。

A.燃油柱塞泵每缸一个　　B.滑油斜盘泵各缸共用

C.燃油喷射控制单元每缸一个　　D.排气阀驱动执行器每缸一个

46.下列关于 RT-flex 型柴油机,说法错误的是________。

A.有两个曲轴转角传感器

B.每缸有两个排气阀阀杆位置传感器

C.每缸燃油喷射控制单元有两个油量活塞位置传感器

D.共轨燃油管上有压力传感器

47.下列关于 RT-flex 型柴油机的说法中,错误的是________。

A.WECS-9520 系统不是柴油机安保系统

B.WECS-9520 是柴油机控制的核心

C.WECS-9520 没有中央处理器

D.WECS-9520 系统是柴油机遥控系统

48.下列关于 RT-flex 型电控柴油机的说法中,错误的是________。

A.取消了凸轮轴

B.取消了空气分配器

C.缸的燃油压力是相同的,各缸的液压伺服油压力是相同的

D.缸的燃油压力是不同的,各缸的液压伺服油压力是相同的

49.下列关于电子控制柴油机的说法中,错误的是________。

A.取消了传统柴油机的凸轮轴　　B.燃油喷射采用电子控制

C.排气阀定时采用电子控制　　D.都采用燃油共轨喷射技术

50.现代电子控制柴油机的优点有________。

①低负荷时仍保持较高喷油压力;②机械负荷小;③硫氧化物排放低;④对燃油的适应性强;⑤最低稳定转速低

A.①③④　　B.①④⑤

C.②③④　　D.②④⑤

51.相对常规柴油机而言,RT-flex 型柴油机取消了机械式凸轮轴系统及其传动机构,增设了________。

①供油单元;②共轨平台;③WECS-9520 控制系统;④ECU

A.①④　　B.①②

C.①②③　　D.②③④

52.相对常规柴油机而言,RT-flex 型柴油机取消了机械式凸轮轴系统及其传动机构,增设了________。

①供油单元;②共轨平台;③WECS-9520 控制系统;④高压油泵

A.①②③　　B.①②③④

C.①②④　　D.②③④

第二节　气体燃料发动机

1.MAN B&W ME/ME-C 型柴油机的高压油泵由________作为高压油泵的驱动动力。

A.电磁阀　　B.20 MPa 的伺服油

C.10 MPa 的伺服油　　D.高压共轨燃油直接喷射

2.MAN ME-GI 系列双燃料发动机的燃气供给方式是________。

A.缸内高压直喷 B.缸内低压直喷

C.缸外混合阀供气 D.缸外喷射阀供气

3.Wärtsilä DF 系列低压双燃料发动机天然气的供给方式是________。

A.缸内高压直喷 B.缸内低压直喷

C.缸外混合阀供气 D.缸外喷射阀供气

4.MAN-ME-GI 系统双燃料发动机的特点不包括________。

A.燃气需要由专用压缩机压缩至 20~30 MPa 的高压

B.可在燃油模式下运行

C.可在不同的燃油和燃气比例下运行

D.发动机工作时不需要喷入引燃燃油

5.Wärtsilä DF 系列低压双燃料发动机采用双针阀喷油器，特点不包括________。

A.小针阀的燃油喷射定时由电磁阀控制

B.小针阀在双燃料模式下喷入引燃燃油

C.小针阀在燃油模式下不工作

D.大针阀在燃油模式下投入工作

6.Wärtsilä DF 系列低压双燃料发动机的启动模式包括________。

①燃油启动模式；②燃气启动模式；③后备启动模式

A.① B.①②

C.①③ D.①②③

7.下列 Wärtsilä DF 系列低压双燃料发动机的燃气运行模式中，正确的是________。

A.使用燃气，用船用轻柴油点火

B.燃油和点火油同时工作

C.燃油和点火油都不工作

D.点火油不工作，必须停机启动才能再次进入燃气运行模式

8.Wärtsilä DF 系列低压双燃料发动机的特点是________。

A.火花塞点火 B.缸内直喷天然气

C.缸外喷射阀供气 D.只可运行在双燃料模式

9.Wärtsilä 公司推出的 DF 系列四冲程双燃料智能型内燃机，其发动机负荷低于 15%，3 min 后自动切换成________模式运行，________应维持工作。

A.天然气；燃油 B.燃气；点火油

C.燃油；点火油 D.燃油；天然气

10.Wärtsilä 公司推出的 DF 系列四冲程双燃料智能型内燃机，燃料以________为主，先导点火油为________。

A.重油；轻油 B.轻油；天然气

C.重油；天然气 D.天然气；轻油

11.Wärtsilä 四冲程双燃料发动机采用低压喷射燃气，燃气压力________。

A.小于 3 bar B.小于 2 bar

C.小于 1 bar　　D.小于 5 bar

12.热能动力装置所用工质为________。

A.液态物质　　B.气态物质

C.液晶态物质　　D.固态物质

13.天然气作为船舶燃料,相比于船用轻柴油的主要优势在于________。

A.减少氮氧化物排放　　B.减少 CO_2 排放

C.价格低　　D.减少硫氧化物排放

14.天然气作为船舶燃料基本上不产生________。

A.氮氧化物　　B.硫氧化物

C.CO_2　　D.HC

15.下列关于 Wärtsilä 四冲程双燃料发动机的说法中,错误的是________。

A.天然气和先导点火油的喷射都采用电子控制

B.燃气进气压力小于 2 bar

C.具有燃油模式和燃气模式

D.在燃气模式下发生故障时,能够自动切换到燃油模式

第一节　电子控制柴油机

1.D　2.C　3.B　4.A　5.C　6.D　7.A　8.C　9.B　10.D

11.C　12.B　13.B　14.D　15.A　16.B　17.A　18.A　19.A　20.B

21.A　22.D　23.A　24.B　25.C　26.B　27.A　28.D　29.D　30.A

31.A　32.B　33.C　34.B　35.A　36.B　37.B　38.D　39.B　40.D

41.C　42.C　43.C　44.B　45.A　46.C　47.D　48.D　49.D　50.B

51.C　52.A

第二节　气体燃料发动机

1.B　2.A　3.D　4.D　5.C　6.D　7.A　8.C　9.C　10.D

11.D　12.B　13.D　14.B　15.B

第十一章

船舶动力装置

第一节　船舶动力装置的组成、类型和发展

1.柴油机驱动螺旋桨的动力装置主要设备包括________。

①推力轴承;②中间轴;③艉轴;④螺旋桨

A.①②③④　　B.①②④

C.②③④　　D.①②③

2.船舶柴油机动力装置与燃气轮机动力装置相比,其优点是________。

①单机功率大;②启动迅速、安全可靠;③部分负荷运转性能好;④功率覆盖范围大

A.②③④　　B.①②④

C.①③　　D.②④

3.船舶动力装置的辅助管路系统包括________。

①压载水、消防水、舱底水、日用海淡水管路系统;②液压系统;③通风、空调、冷藏管路系统;④压缩空气系统

A.③④　　B.①②③

C.①③　　D.①

4.船舶动力装置是为了满足船舶航行、各种作业、人员生活、财产和人员的安全需要所设置的________的总称。

A.主推进装置及其系统　　B.主、辅动力装置及其系统

C.全部机械、设备和系统　　D.主、副机及锅炉

5.船舶普遍采用柴油机动力装置,主要是因为柴油机具有________的优点。

①热效率最高;②随着材料、设计、制造等工艺的改进,可靠性大幅提高;③机动性好;④噪声小;⑤经济性最好;⑥振动小

A.①②③④　　B.①③④⑤

C.②③⑤⑥　　D.①②③⑤

6.下列关于现代船用低速主机行程不断加长的说法中,正确的是________。

A.能够提高柴油机本身的经济性

B.能够提高船舶动力装置总体的经济性

C.为了配合低转速螺旋桨

D.能够提高螺旋桨的经济性

7.下列设备中不属于船舶推进装置组成部分的是________。

A.主推进柴油机　　B.轴系

C.螺旋桨　　D.轴带发电机

8.下列设备中属于船舶推进装置的是________。

①主机;②螺旋桨;③变速齿轮箱;④中间轴;⑤锚机

A.①②　　B.①②④

C.①②③④　　D.①②③④⑤

9.现代远洋船舶废气锅炉利用的是________。

A.主机增压器前的废气余热　　B.主机增压器后的废气余热

C.主、副机的废气余热　　D.副机增压器后的废气余热

10.现代远洋船舶主要从________环节开始利用柴油机的废气余热。

A.主、副机的废气余热　　B.主机增压器前的废气余热

C.副机增压器后的废气余热　　D.主机增压器后的废气余热

11.现代远洋船舶利用主机余热的主要设备是________。

①废气锅炉;②造水机;③空调

A.①②③　　B.②③

C.①③　　D.①②

12.现代远洋船舶利用主机余热最多的设备是________。

A.空调　　B.造水机

C.废气锅炉　　D.空冷器

13.现代远洋船舶上的________设备可以利用主机气缸套水的余热。

A.空调　　B.造水机

C.锅炉　　D.空冷器

14.远洋船舶主机燃料燃烧的能量主要产生推进能量,其他的能量________。

A.能够全部回收　　B.主要用来发电

C.全部浪费了　　D.能够部分利用

15.在船舶主推进动力装置中,传动轴系在运转中承受以下复杂的应力和负荷,但不包括________。

A.电磁力　　B.压拉应力

C.弯曲应力　　D.扭应力

16.在中、大型民用船上,主柴油机主要有低速机和大功率中速机两类,大功率中速机之所以是低速机的竞争者,主要是因为________。

①体积小、重量小,也可燃用劣质油;②可采用多机通过减速器驱动一个螺旋桨;③通过技术改进,其油耗比低速机低;④合理选用减速比可以提高螺旋桨推进效率

A.①②④　　B.①④

C.①③④　　D.①②

第二节　船舶动力装置的可靠性

1.某船推进装置采用间接传动方式,该船的主机应该是________柴油机。

A.不可逆转　　　　B.可逆转

C.四冲程　　　　D.二冲程

2.某船推进装置采用直接传动方式,该船的主机应该是________柴油机。

A.不可逆转　　　　B.可逆转

C.中速　　　　D.高速

3.下列推进装置中可以不设置舵的是________。

①直接传动;②喷水推进;③Z 型传动;④吊舱推进器传动

A.①②③　　　　B.①③④

C.③④　　　　D.②③④

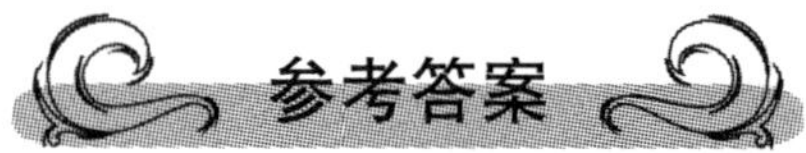

第一节　船舶动力装置的组成、类型和发展

1.C　2.A　3.C　4.C　5.D　6.D　7.D　8.C　9.B　10.B
11.D　12.C　13.B　14.D　15.A　16.A

第二节　船舶动力装置的可靠性

1.C　2.B　3.D

第十二章 推进轴系

第一节 传动轴系

1.________中间轴承在进出港和低速时,因其随动性差,要经常检查。

A.油盘式　　B.油环式

C.注射式　　D.压力式

2.Simplex 改进型密封装置得到广泛应用,主要原因是________。

A.结构最简单　　B.对艉轴的跟踪性好

C.易于维修　　D.球鼻形的唇部

3.Simplex 艉轴密封装置采用的密封圈是________。

A.金属环　　B.活塞环

C.橡胶环　　D.O 形圈

4.按照艉轴管轴承润滑形式的不同,艉轴管装置的结构包括________等艉轴管装置。

①水润滑;②油润滑;③空气润滑

A.②③　　B.①③

C.①②　　D.①②③

5.薄壁轴瓦安装完毕,轴瓦瓦背与轴承座应贴合良好,用________厚的塞尺不能插入。

A.0.05 mm　　B.0.10 mm

C.0.15 mm　　D.0.20 mm

6.薄壁轴瓦损坏后应________。

A.修刮　　B.重浇合金

C.电镀　　D.报废更新

7.薄壁轴瓦与轴承座的紧密贴合是通过二者的________实现的。

A.修刮　　B.变形

C.过盈配合　　D.敲击

8.采用塞尺测量轴承间隙时,所测轴承间隙为________才能保证一定的测量精度。

A.实测值　　B.实测值+0.01 mm

C.实测值+0.03 mm　　D.实测值+0.05 mm

9.采用压铅法测量轴承间隙时,每条铅丝的长度为________轴颈弧长。

A.120°~150°　　B.30°~40°

C.60°~90°　　D.360°~720°

10.下列采用直接传动的船舶主推进动力装置中,________不属于传动轴系的一部分。

A.传动轴　　B.轴系附件

C.轴承　　D.离合器

11.柴油机的滑动轴承中________是流体动压润滑的轴承。

①主轴承;②连杆小端轴承;③十字头轴承;④连杆大端轴承

A.①②　　B.②③

C.③④　　D.①④

12.柴油机曲柄销与连杆大端轴承上瓦应在连杆中心线两侧________的范围内均匀接触。

A.20°~30°　　B.30°~40°

C.40°~60°　　D.60°~90°

13.柴油机主轴颈与主轴承下瓦应在曲轴中心线两侧________的范围内均匀接触。

A.20°~30°　　B.30°~40°

C.40°~60°　　D.60°~90°

14.柴油机曲轴的动力矩通过________传递给螺旋桨;螺旋桨又将推力通过________传递给船体。

A.轴系;轴系　　B.推力轴承;轴系

C.推力轴承;推力轴承　　D.轴系;推力轴承

15.工作中,柴油机推力轴承推力块的工作面处于________。

A.平行状态　　B.垂直状态

C.倾斜状态　　D.不稳定状态

16.传动轴系是从________的轴及轴承等。

A.曲轴自由端到螺旋桨　　B.推力轴法兰到螺旋桨

C.曲轴动力输出法兰到螺旋桨　　D.曲轴最后一个法兰到艉轴

17.船舶的________艉轴承是采用油润滑的。

A.白合金　　B.橡胶

C.铁力木　　D.白桦层

18.船舶低速主机的推力轴承布置在推力环的两侧,位于螺旋桨端的推力块为________。

A.正车推力块　　B.倒车推力块

C.承压推力块　　D.随动推力块

19.船舶推进装置采用直接传动的缺点是________。

A.在非设计工况下,螺旋桨效率下降,运转经济性差

B.传动效率低

C.轴系结构复杂

D.维护管理不便

20.船舶推进装置的类型主要有________。

①直接传动;②间接传动;③Z 型传动;④调距桨传动

A.①②③④　　B.①②③

C.②③④　　D.①③④

21.船舶推进装置可以分为不同的传动方式,包括________。

①直接传动;②间接传动;③L 型传动;④软传动

A.①②③　　B.②③④

C.①③④　　D.①②

22.船舶主柴油机的输出端必设有止推轴承,其作用是________。

A.传递轴系轴向推力　　B.减磨

C.轴向定位　　D.传递轴系轴向推力和轴向定位

23.船舶主机的推力轴承座一般与________连成一体。

A.船体上的基座　　B.柴油机的机座

C.柴油机的机架　　D.齿轮减速箱

24.船舶主推进装置的推力轴承的关键部件是推力块,推力块结构随机型的不同而有所差别,但工作原理是________的。

A.一样　　B.有区别

C.不一样　　D.千差万别

25.船舶主推进装置的推力轴承的关键部件是推力块,位于主机飞轮端的推力块称为________。

A.停车推力块　　B.加车推力块

C.正车推力块　　D.倒车推力块

26.大、中型柴油机厚壁瓦瓦背与轴承座贴合质量的要求是接触面积不小于________。

A.70%　　B.75%

C.80%　　D.85%

27.大型柴油机采用的滑动式(单环式)推力轴承中的润滑原理属于________。

A.全液膜液体静压润滑　　B.半液膜液体静压润滑

C.全液膜液体动压润滑　　D.半液膜液体动压润滑

28.大型低速柴油机的推力轴承布置在机座的________。

A.输出端　　B.首端

C.中部　　D.位置不确定

29.大型低速主机轴系往往安装________,其目的是保护________,以避免其承受电火花腐蚀。

A.轴系接地装置;主轴承　　B.轴系接地装置;曲柄销轴承

C.防漏电装置;十字头轴承　　D.防漏电装置;螺旋桨

30.对于采用直接传动的船舶来说,进程比取决于________。

A.螺距比　　B.航行状态

C.主机的功率　　D.水的密度

31.对于直接传动的新型低速柴油主机,推力轴承一般________。

A.设在螺旋桨上　　B.由主机自带,设在曲轴箱内

C.单独设置　　D.设在其减速箱内

32.为满足以中速柴油机为主动力的推进动力装置的需要，推力轴承往往________。

A.设在其减速箱内　　B.单独设置

C.设在螺旋桨上　　D.由主机自带，设在曲轴箱内

33.关于船舶轴系，正确的叙述是________。

A.螺旋桨轴为合金调质钢　　B.艉轴为优质碳素钢

C.艉轴管为铸铁　　D.中间轴为铸钢

34.关于二冲程柴油机组合式曲轴的材料的叙述，正确的是________。

A.为可锻铸铁　　B.为铸钢曲柄

C.为球墨铸铁　　D.为碳钢轴颈

35.以下关于推力块结构的说法中，正确的是________。

A.推力块绕推力环整圆周布置

B.推力块背面采用高低位面结构是为了改善受力

C.推力块背面的高低位面上浇铸轴承合金

D.推力块背面采用高低位面结构是为了改善润滑

36.合适的轴承间隙是实现________的重要条件。

A.流体润滑　　B.流体动压润滑

C.流体静压润滑　　D.良好润滑

37.换新主机的主轴瓦时要求其下瓦与主轴颈在________内的接触面积不少于________。

A.40°~60°;75%　　B.40°~60°;85%

C.60°~90°;75%　　D.60°~90°;85%

38.检测中间轴承间隙的方法是________。

A.压铅法　　B.塞尺法

C.测量比较法　　D.压铅法、塞尺法或测量比较法

39.检查油润滑艉轴承密封装置防蚀衬套的密封性通常采用________的方法。

A.油压试验　　B.水压试验

C.磨合试验　　D.运转试验

40.螺旋桨的推力在________处传给船体。

A.艉轴承　　B.推力轴承

C.中间轴承　　D.主轴承

41.某船舶的轴系安装需要选择一个联轴器将中间轴和艉轴连接起来，同时又能承受较大的推力。该种类型的联轴器应该是________。

A.刚性联轴器　　B.弹性联轴器

C.高阻尼簧片联轴器　　D.橡胶联轴器

42.某些船舶推进装置轴系中有的中间轴承只有下轴瓦，无上轴瓦，其原因是________。

A.仅需下轴瓦受作用力　　B.有利于增大轴颈

C.有利于散热　　D.有利于增大轴颈和散热

43.目前，船上使用较多的推进装置为直接传动、间接传动及Z型传动，另外，随着大功率中速机的广泛应用，________越来越显示出它的优越性。

A.调距桨传动　　B.Z 型传动

C.电力传动　　D.间接传动

44.目前比较新颖的“油盘式中间轴承”因将________润滑,克服了油环随动差、润滑不可靠的缺点。

A.浮动式的油盘改为固定油环　　B.浮动式的油环改为固定油盘

C.浮动式的油盘改为固定油盘　　D.浮动式的油环改为固定油环

45.目前船用大、中型主机的推力轴承普遍采用________。

A.滚动单环式　　B.滚动多环式

C.滑动单环式　　D.滑动多环式

46.偏移值和曲折值的统称是________。

A.偏差度　　B.同轴度

C.偏心值　　D.偏中值

47.如图所示为 Wärtsilä 46 型柴油机曲轴,图中 4 的作用是________。

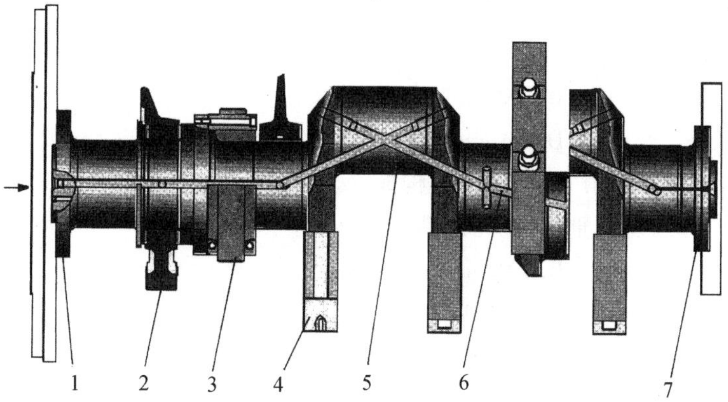

A.使柴油机不会受到离心力和离心力矩的作用

B.传递螺旋桨的推力和为曲轴轴向定位

C.安装扭振减振器

D.使柴油机很少受到离心力和惯性力矩的作用

48.赛龙轴承是用于水润滑的艉轴承,它是由高性能热固性树脂合成的均质聚合物,其最大的特点是________。

A.对泥沙适应性强、化学性能稳定　　B.弹性好、耐磨耐腐蚀、不剥落

C.导热性好、耐高温　　D.润滑性能好、不存在老化问题

49.水润滑的艉轴不必设________。

A.尾密封装置　　B.首密封装置

C.阻漏环　　D.首、尾密封装置

50.水润滑艉轴承材料不包括________。

A.铁力木　　B.橡胶

C.赛龙　　D.白合金

51.水润滑艉轴承的密封装置采用________。

A.填料函式　　B.密封圈式
C.迷宫式　　D.橡胶环式

52.水润滑艉轴承的填料函式首密封泄漏时应采用________的方法修理。
A.压紧压盖　　B.更换填料
C.更换压盖　　D.更换填料或压紧压盖

53.水润滑艉轴承在________端设有________式密封装置。
A.首;填料函　　B.首;橡胶环
C.尾;橡胶环　　D.尾;填料函

54.水润滑艉轴铜套接缝处渗漏海水,可使艉轴发生________。
A.化学腐蚀　　B.电化学腐蚀
C.氧化磨损　　D.微动磨损

55.水润滑轴承采用________来防腐。
A.酚醛塑料　　B.尼龙
C.环氧树脂　　D.合成橡胶

56.填料函式艉轴密封装置的主要缺点是________。
A.密封效果差　　B.摩擦损失大
C.使用性能差　　D.寿命短

57.通常艉轴管装置主要由________和润滑、冷却系统等构成。
①艉轴管本体;②衬套;③轴承衬;④艉轴承;⑤密封装置
A.②③　　B.①②④
C.①④⑤　　D.①③④

58.推力轴承处于工作状态时,下图中________是工作面。

推力块结构

A.2　　B.1
C.3　　D.7

59.推力轴承的关键部件是________,它分布在________两侧,位于主机端的一排称为________。
A.推力环;推力轴;正车推力环　　B.推力环;推力轴;倒车推力环
C.推力块;推力环;正车推力块　　D.推力块;推力环;倒车推力块

60.推力轴承的结构特点有________。

①推力块靠调节圈侧有高、低位面；②推力块靠推力环侧有高、低位面；③在推力环工作表面浇铸轴承合金；④在推力块工作表面浇铸轴承合金；⑤推力块间通过凸台接触；⑥推力环和推力块工作表面都浇铸轴承合金

A.①④⑤　　B.①④⑤⑥

C.②③⑤　　D.②⑥

61.推力轴承力的传递次序是________。

A.推力环→油膜→推力块→调节圈　　B.推力环→推力块→油膜→调节圈

C.推力块→推力环→油膜→调节圈　　D.推力环→油膜→调节圈→推力块

62.推力轴承在正常运转时，其润滑是________。

A.全液膜润滑　　B.边界润滑

C.半液膜润滑　　D.混合润滑

63.推力轴承在正常运转时，其推力块将________。

A.绕支持刃偏转　　B.与推力环平行

C.形成液态静压润滑　　D.形成半液膜润滑

64.推力轴承中调节圈的作用是________。

A.使推力轴承得到较好的冷却液　　B.使推力块不随轴转动

C.调节推力轴承的径向间隙　　D.调节推力轴承的轴向间隙

65.推力轴承的轴向间隙是指________。

A.推力环与正车推力块的间隙

B.推力环与倒车推力块的间隙

C.推力环与正、倒车推力块的间隙之和

D.调节圈与推力块的间隙

66.艉轴大端锥体部分最常见的故障是________。

A.不均匀磨损　　B.腐蚀

C.弯曲变形　　D.裂纹

67.艉轴管装置的主要作用是________。

A.构成轴系　　B.支承和密封

C.减磨　　D.密封和散热

68.艉轴密封装置的橡胶环常见的失效形式有________。

A.磨损和腐蚀　　B.老化、裂纹和缺口

C.老化和腐蚀　　D.断裂和海水腐蚀

69.艉轴铜套接缝缺陷处对应轴颈产生"十"字形裂纹或断裂是由________引起的。

A.轴系弯曲变形　　B.腐蚀产生疲劳变形

C.裂纹引起应力集中　　D.柴油机扭振

70.艉轴管装置的作用包括________等。

①使艉轴伸出船尾；②支承艉轴和螺旋桨的重量；③防止海水漏入机舱；④防止滑油漏出船外或漏入机舱

A.①②③　　B.②③④

C.①②④　　　　D.①②③④

71.下列不属于船舶推进装置的电气传动特点的是________。

A.增设了主发电机、主电动机等,造价比较高

B.柴油机和推进器之间没有机械连接,布置灵活

C.可以通过改变电流方向完成倒车,机动性提高

D.经历的能量转换次数少,传动效率高

72.下列关于传动装置的说法中,正确的是________。

①将原动机产生的能量传递给推进器;②将推进器产生的推力传递给船体;③传动装置也叫作能量发生器;④螺旋桨也属于传动装置的一部分

A.①②③　　　　B.②③④

C.①③④　　　　D.①②

73.下列关于船舶传动轴系中推力轴的说法中,正确的是________。

①每条船上都有推力轴;②推力轴由法兰、轴径、轴杆和推力环组成;③有推力轴承的船上都有推力轴;④在大型二冲程柴油机作为船舶主机的船上一般不单独设置推力轴

A.①②③④　　　　B.①③④

C.③④　　　　D.②④

74.下列关于油盘式中间轴承的特点,错误的说法是________。

A.低转速时润滑效果优于油环式中间轴承

B.油盘开口方向朝后,防止油抛向填料函

C.油盘宜装在轴承的尾部

D.现代大型船舶多采用油盘式中间轴承

75.下列属于船舶传动轴系的有________。

①中间轴;②舵轴;③推力轴;④螺旋桨轴

A.①②③④　　　　B.①③④

C.③④　　　　D.②④

76.下列属于船舶传动轴系组成部分的是________。

①传动轴;②离合器;③艉轴承;④齿轮箱

A.①②③④　　　　B.①③④

C.③④　　　　D.②③④

77.下述组合式曲轴的连接工艺中,决不允许使用的是________。

A.键连接法　　　　B.冷套法

C.红套法　　　　D.焊接法

78.现代新型超长行程柴油主机的推力轴的结构与连接形式一般是________。

A.推力轴单独锻造并位于飞轮输出端

B.推力轴单独锻造并位于飞轮输入端

C.推力轴与曲轴一体锻造并位于机架内部

D.推力轴与曲轴一体锻造并位于机架外部

79.要求轴与轴瓦之间的轴承间隙符合________要求。

A.$\Delta_{安}<\Delta<\Delta_{极}$　　B.$\Delta_{安}\leqslant\Delta<\Delta_{极}$

C.$\Delta_{安}>\Delta>\Delta_{极}$　　D.$\Delta_{安}\geqslant\Delta>\Delta_{极}$

80.一般来说只有________道中间轴承有上瓦,而________轴承不设上瓦。

A.最末;其余各道　　B.第二;其余各道

C.第一;其余各道　　D.第一;最末道

81.一般中、小型柴油机盘出主轴承下瓦多利用________插入销钉的方法。

A.主轴颈油孔　　B.曲柄销颈油孔

C.曲柄臂冲孔　　D.润滑油孔

82.用油盘式中间轴承替换油环式中间轴承,主要是为了________。

A.减少轴颈的磨损　　B.使其具有较高的刚度

C.低速下使其润滑性变好　　D.防止滑油漏出轴承

83.油盘式中间轴承的主要优点是________。

A.结构简单　　B.制造方便

C.轴承不易漏油　　D.油盘与轴同转

84.油润滑艉轴承材料通常采用________耐磨合金。

A.铜铅合金　　B.锡青铜

C.高锡铝合金　　D.白合金

85.油润滑艉轴承的轴承材料一般选用________。

A.高锡铝合金　　B.铜锡合金

C.铜铅合金　　D.巴氏合金

86.油润滑艉轴承和艉轴在________式润滑系统中工作,艉轴________。

A.开;不包铜套　　B.闭;不包铜套

C.开;包钢套　　D.闭;包铜套

87.油润滑艉轴承首、尾两端安装________密封装置,确保进行有效的密封。

A.填料函式　　B.金属环式

C.橡胶环式　　D.活塞环式

88.油润滑艉轴承尾端密封装置的作用是防止________。

A.海水进入机舱　　B.海水进入艉轴承

C.润滑油进入大海　　D.海水进入艉轴承和滑油泄漏

89.在船舶副机的飞轮端设有止推轴承,其作用是________。

A.传递轴系推力　　B.减磨

C.轴系定位　　D.减小振动

90.在船舶使用的滑动式(单环式)推力轴承中推力块与推力环有一定间隙,其目的是________。

A.保证形成油膜　　B.保证推力块摆动灵活

C.保证供应滑油　　D.保证推力块安装与检查

91.在船舶使用的滑动式推力轴承中,设置压板的目的是________。

A.使推力块形成油膜　　B.防止推力块跟随推力环转动

C.保证滑油供应正常　　D.冷却推力块

92.在船舶使用的滑动式推力轴承中，为了防止滑油漏出机外，在轴颈上设有________。
A.甩油环　B.尾密封
C.轴封　D.首密封

93.在船舶推进装置中，________产生________，通过传动环节传递给________，产生________，推动船舶前进。
A.主机；热量；轴系；扭矩　B.主机；扭矩；螺旋桨；推力
C.螺旋桨；扭矩；主机；推力　D.热量；扭矩；螺旋桨；机械能

94.目前船用主柴油机所使用的滑动式推力轴承的关键部件是________。
A.扇形推力块　B.推力轴
C.调节圈　D.推力环

95.在筒形活塞式柴油机中，传动凸轮轴的齿轮一般安装在曲轴的________。
A.中部　B.首端
C.尾端　D.左侧

96.在推力轴承运转中，不必注意的参数是________。
A.滑油的供应　B.滑油温度
C.推力轴转速　D.推力块温度

97.中、高速柴油机的主轴承和连杆大端轴承大多采用________轴瓦，轴承间隙通常采用________测量。
A.厚壁；塞尺法　B.厚壁；压铅法
C.厚壁；比较法　D.薄壁；比较法

98.中间轴承的间距和数量直接影响着轴承对轴线变形的牵制作用。轴承的间距一般由________获得。
A.经验公式精确计算
B.经验公式估算
C.理论公式计算
D.经验公式估算加理论公式计算校验

99.轴系的附加应力主要由________产生。
A.横向振动　B.摩擦
C.螺旋桨上下运动的惯性力　D.气体力

100.轴系工作时的附加负荷引起的附加应力危害最大。产生附加应力的主要原因有________。
①轴系安装误差大；②船体变形大；③传递的扭矩和推力大；④自重及与轴承的摩擦大；⑤扭转振动大；⑥纵向振动大
A.②③⑤⑥　B.①②⑤⑥
C.①③④⑤　D.①③④⑥

101.轴系所传递的扭矩可用________算出。
A.螺旋桨所吸收的功率、螺旋桨的效率
B.螺旋桨的效率和船舶航速
C.轴系传递的功率和轴的转速

D.螺旋桨所吸收的功率、螺旋桨的效率和船舶航速

102.轴系所传递的推力可根据________计算。

A.螺旋桨所吸收的功率、螺旋桨的效率

B.螺旋桨的效率和船舶航速

C.轴系传递的功率和轴的转速

D.螺旋桨所吸收的功率、螺旋桨的效率和船舶航速

103.轴系在工作中受到的附加应力是指________。

A.轴系承受扭矩而在轴系中产生的应力

B.由于轴系和螺旋桨本身的重量以及其他附件的作用而产生的应力

C.由于安装误差,船体变形,轴系的扭转振动、横向振动、纵向振动,以及螺旋桨的不均匀水动力的作用而产生的应力

D.轴系传递的螺旋桨产生的推力或拉力

104.轴线的布置方案中,双桨船的轴线靠________上。

A.横向中剖面　　B.水线面

C.对称地布置在两舷　　D.船向中侧面

105.主机单环式推力轴承的推力环的________是通过________传递到推力块上的。

A.轴向推力;调节垫圈　　B.动力扭矩;调节垫圈

C.动力扭矩;动力油压　　D.轴向推力;动力油压

106.主轴承与曲轴的轴向间隙要求是________。

A.各轴承间隙相同　　B.距推力轴承越近,间隙越大

C.距推力轴承越远,间隙越大　　D.无规定

107.主轴瓦的磨损量可通过测量________直接获得。

A.轴承间隙　　B.轴瓦厚度

C.桥规值　　D.臂距差

108.大型低速柴油机曲轴的推力轴承布置在________。

A.柴油机尾端　　B.柴油机首端

C.柴油机中部　　D.柴油机外部

第二节　齿轮箱和联轴器

1.Simplex 密封装置固定部件由________组成,其中保证跟踪性能是由________实现的。

①夹持件;②密封元件、箍紧弹簧;③艉轴上的防磨衬套;④弹簧将橡皮圈箍紧在防磨衬套上;⑤密封元件与夹持件形成的油封

A.①②;③　　B.②③;④⑤

C.①②;④　　D.①②;⑤

2.采用压铅法测量轴承间隙时,所选用的铅丝直径应为________倍 Δ(轴承装配间隙)才能保证测量的准确性。

A.0.5~1　　B.1~1.5

C.1.5~2　　D.2~3

3.采用直尺-塞尺法测得某船轴系第二对连接法兰上的 $Z_{上}=0.6$ mm, $Z_{下}=0.4$ mm,则该法兰的偏移值 δ_1 等于________ mm。

A.0.1　　B.0.2

C.0.5　　D.0.8

4.测量相邻轴连接法兰上的偏移值 δ、曲折值 φ,可采用________。

①塞尺法;②直尺法;③直尺-塞尺法;④指针法;⑤平轴法

A.③④⑤　　B.①②

C.①②③　　D.③④

5.测量轴瓦磨损量除可采用直接测量的方法外,通常还采用________进行测量。

A.桥规法　　B.钻孔法

C.超声波探伤法　　D.涡流探伤法

6.传动轴颈磨损后,要对轴颈的________和法兰的________进行检测。

A.圆度和圆柱度误差;圆度和圆柱度误差

B.圆度和圆柱度误差、径向跳动;径向跳动

C.圆度和圆柱度误差、径向跳动;圆度和圆柱度误差、径向跳动

D.圆度和圆柱度误差;圆度和圆柱度误差、径向跳动

7.船舶轴系偏差度反映了________的程度。

A.艉轴与曲轴不同轴　　B.曲轴与中间轴不同轴

C.中间轴与艉轴不同轴　　D.轴系中心线弯曲

8.船舶轴系轴线状态检查的项目有________。

A.轴系中心线弯曲度

B.轴系两端轴的同轴度偏差

C.轴系中心线偏差度

D.轴系中心线偏差度和两端轴的同轴度偏差

9.船舶轴系总同轴度误差是指________的同轴度误差。

①曲轴与艉轴;②中间轴与艉轴;③曲轴与中间轴

A.①　　B.②

C.③　　D.①或②或③

10.船舶主推进艉轴的首、尾密封装置由于相对运动,其损坏主要在________上。

A.防蚀封套和橡胶环　　B.橡胶环弹簧

C.密封装置锁紧螺栓　　D.密封装置压盖

11.船轴腐蚀主要发生在________。

A.推力轴　　B.中间轴

C.艉轴　　D.曲轴

12.船轴工作轴颈轻微偏磨后通常采取________的方法修复。

A.光车　　B.热喷涂

C.镀铬　　D.镀铁

13.船轴上的短小裂纹通常采用________的方法进行修理。

A.光车　　B.挖修、打磨

C.焊补　　D.喷焊

14.大型低速柴油主机换新轴瓦时除检测轴承间隙外,还应检测________。

A.臂距差　　B.接触质量

C.桥规值　　D.瓦口两侧间隙

15.当轴系同轴度测量总偏移和总曲折值落入标准值 $\sigma - \varphi$ 的坐标三角形内时,表明轴系的________符合要求。

A.扭曲值　　B.弯曲值

C.偏差度　　D.同轴度

16.拂刮厚壁主轴瓦的目的是________。

A.调整轴承间隙　　B.调整臂距差

C.提高接触质量　　D.使表面光滑

17.拂刮轴瓦时一般要求瓦口两侧与主轴颈要有________ mm 的间隙。

A.0.05　　B.0.1

C.0.15　　D.0.2

18.关于气体密封的艉轴承密封空气,下列正确的是________。

A.少量消耗空气　　B.空气压力为 30 bar

C.空气压力为 7 bar　　D.正常其况下不消耗空气

19.关于推力轴承轴向间隙测量的说法正确的是________。

A.推力环必须在一侧靠紧推力块

B.在推力块高位面靠紧调节圈时,在对应部位的推力块与推力环间用塞尺测量

C.在推力块低位面靠紧调节圈时,在对应部位的推力块与推力环间用塞尺测量

D.在推力块与调节圈间用塞尺测量

20.龟裂是________轴瓦容易产生的疲劳破坏形式。

A.锡青铜　　B.铜铅合金

C.白合金　　D.高锡铝合金

21.衡量船舶轴系工作轴颈磨损的指标是________。

A.椭圆度、锥度误差　　B.圆度误差、圆柱度误差

C.最小直径、磨损量　　D.磨损率

22.检测偏中值的方法有________。

A.直尺-塞尺法　　B.指针法

C.十字线板法　　D.直尺-塞尺法和指针法

23.检查轴系中心线状态时发现个别法兰偏中值超差,应采取________。

A.调整对应中间轴承的高低或左右位置

B.偏镗艉轴管

C.移动主机重新定位

D.同时调整艉轴和主机的位置

24.今测得某船轴系的某对法兰偏移值 $\delta=0$，曲折值 $\varphi=0$，则该相邻轴轴心线呈________的状态。

A.同轴　　B.平行

C.相交　　D.任意

25.今测得某船轴系的某对法兰偏移值 $\delta\neq0$，曲折值 $\varphi\neq0$，则该相邻轴轴心线呈________的状态。

A.同轴　　B.平行

C.相交且两法兰中心对准　　D.相交且两法兰中心未对准

26.利用垫片调整轴承间隙时，有0.05 mm的垫片10个，0.15 mm的垫片3个，0.2 mm的垫片1个，现要求轴承间隙增加0.2 mm，下面________符合要求。

A.一边用0.2 mm的垫片，另外一边用0.15 mm和0.05 mm的垫片各1个

B.一边用0.2 mm的垫片，另外一边用0.05 mm的垫片4个

C.两边用0.15 mm和0.05 mm的垫片各1个

D.两边用0.05 mm的垫片各4个

27.利用垫片调整轴承间隙时，要求两侧的垫片厚度________。

A.相等　　B.相差0.05 mm

C.相差0.10 mm　　D.相差0.15 mm

28.偏移反映了两相邻轴轴心线呈________的状态。

A.平行　　B.不重合

C.不平行　　D.相交

29.曲折反映了两相邻轴轴心线呈________的状态。

A.平行　　B.不重合

C.相交且法兰中心未对准　　D.相交且法兰中心对准

30.如发现推力块和轴瓦上的合金层有过度磨损、裂纹、烧熔等严重缺陷，应________。

A.刮削合金　　B.填补合金

C.重新镶嵌合金　　D.重浇合金

31.若将中间轴承置于船体刚性较________的位置，当船体变形时，负荷增加，造成过热和过度磨损；中间轴承的间距________，则轴线变形的限制作用增强，增加轴承的附加负荷。

A.强；小　　B.弱；大

C.强；大　　D.弱；小

32.十字头薄壁轴瓦过度磨损后，当轴承间隙超过标准时应该________。

A.换新　　B.焊补修复

C.重浇白合金修复　　D.测量磨损量确定是否继续使用

33.水润滑艉轴承的填料函式密封装置中________容易损坏。

A.填料　　B.艉轴

C.铜套　　D.压盖

34.水润滑艉轴承首端设置填料函式密封装置是为了________。

A.防止艉轴承过分冷却　　B.防止海水流入机舱

C.使艉轴承润滑均匀　　D.减少艉轴承磨损

35.水润滑艉轴承填料函中的填料一般为________。

A.浸油布条　　B.棉、麻绳

C.浸油脂的棉、麻绳或尼龙绳　　D.尼龙绳

36.通过测量________变化检测船舶轴系中心线的弯曲变形。

A.相邻轴的相对位置　　B.相邻轴连接法兰的相对位置

C.轴承的技术状态　　D.轴系的运转状态

37.通过对轴系状态的检验发现,轴系的总偏移值 $\delta_{总}$ 和总曲折值 $\varphi_{总}$ 不符合要求,这表明轴系的________不符合要求。

A.同轴度　　B.偏心度

C.偏差度　　D.弯曲度

38.推力轴承的轴向间隙是通过________来调整的,周向间隙是通过________来调整的。

A.推力环;压板　　B.调节垫圈;压板

C.推力环;推力块　　D.压板;调节垫圈

39.推力轴承留有轴向间隙的目的是________。

A.曲轴膨胀　　B.曲轴定位

C.推力块膨胀　　D.保证润滑

40.艉轴产生裂纹的原因主要有________。

①应力集中;②腐蚀疲劳;③扭转振动;④过度磨损;⑤海损事故

A.①②③⑤　　B.①②③④

C.②③④⑤　　D.①②④⑤

41.艉轴承密封装置防蚀衬套加工后进行 0.2 MPa 水压试验时________。

A.允许渗漏　　B.不允许连续渗漏

C.只允许微渗　　D.不允许任何渗漏

42.艉轴上的线性横向裂纹应采取________的修理方法。

A.焊补　　B.粘接

C.修磨　　D.换新

43.为保证滑动主轴承安全可靠地运转,轴承在安装过程中应保证________。

①轴瓦与轴承座孔的配合面贴合良好;②轴颈与轴承下瓦在一定的角度内均匀接触;③轴承间隙符合规范要求;④轴瓦的加工质量

A.①③④　　B.①②③④

C.②③④　　D.①②③

44.下列________属于轴系校中状态的检查内容。

A.中间轴颈直径　　B.中间轴承间隙

C.中心线偏差程度　　D.静平衡

45.下列各选项中,关于轴系校中的说法错误的是________。

A.检验修理船舶的轴系中心线偏差度是以采用直尺-塞尺法或指针法所获得的轴系各对法兰上的偏移值和曲折值来衡量的

B.轴系校中状态的检查一般要求在夜间或阴雨天气和潮湿时进行

C.轴系校中状态对轴颈大、轴承间距小、刚性强的轴系的影响较为显著

D.测量相邻轴连接法兰的偏中值时，使用指针法比使用直尺-塞尺法精度低

46.下列各种情况中，________会使轴承负荷加重。

①主机紧急停车；②频繁机动操车；③遇到台风或大浪；④船舶空载

A.①②③④　　B.①②

C.③④　　D.①②③

47.下列关于二冲程主机十字头薄壁轴承间隙测量的说法中，正确的是________。

A.测量轴瓦厚度计算间隙

B.吊缸时采用比较法计算间隙

C.拆装十字头时用压铅丝法测量间隙

D.定期在曲轴箱内用塞尺进行检查

48.________不属于船舶轴系的故障。

A.断轴　　B.轴承高温

C.红套滑移　　D.轴承密封装置泄漏

49.相邻轴两连接法兰的轴心线平行的现象称为________。

A.偏移　　B.偏心

C.偏中　　D.曲折

50.相邻轴两连接法兰中心对准而轴心线相交的现象称为________。

A.偏移　　B.偏心

C.偏中　　D.曲折

51.相邻轴同轴，其连接法兰处偏中值为________。（δ——偏移值；φ——曲折值）

A.$\delta=0,\varphi=0$　　B.$\delta\neq0,\varphi\neq0$

C.$\delta=0,\varphi\neq0$　　D.$\delta\neq0,\varphi=0$

52.相邻轴轴心线平行，其连接法兰处偏中值为________。（δ——偏移值；φ——曲折值）

A.$\delta=0,\varphi=0$　　B.$\delta\neq0,\varphi\neq0$

C.$\delta=0,\varphi\neq0$　　D.$\delta\neq0,\varphi=0$

53.相邻轴轴心线相交，但相邻轴两法兰中心对准，其连接法兰处偏中值为________。（δ——偏移值；φ——曲折值）

A.$\delta=0,\varphi\neq0$　　B.$\delta\neq0,\varphi\neq0$

C.$\delta\neq0,\varphi=0$　　D.$\delta=0,\varphi=0$

54.相邻轴轴心线相交，但相邻轴两法兰中心未对准，其连接法兰处偏中值为________。（δ——偏移值；φ——曲折值）

A.$\delta=0,\varphi=0$　　B.$\delta\neq0,\varphi=0$

C.$\delta=0,\varphi\neq0$　　D.$\delta\neq0,\varphi\neq0$

55.新的厚壁主轴承下瓦安装合格后，应检验主轴颈与之接触的情况，使之符合要求，如不合格应________以提高主轴颈与轴瓦的接触质量，直到符合要求为止。

A.调整轴承间隙　　B.调整臂距差

C.拂刮下瓦　　D.拂刮主轴颈

56.新下瓦安装前应先检查新瓦有无变形,经色油检查若发现瓦背两侧无色油沾点,而瓦底部有沾点,则表明轴瓦有________变形。

A.瓦口扩张　　B.弯曲

C.瓦口扭曲　　D.瓦口收缩

57.新下瓦安装前应先检查新瓦有无变形,经色油检查若发现瓦背两侧有色油沾点,而瓦底部无沾点,则表明轴瓦有________变形。

A.瓦口扭曲　　B.瓦口收缩

C.瓦口扩张　　D.弯曲

58.新型船用低速柴油机主轴颈的下沉量采用专用测深千分尺测量是在________测量。

A.主轴承与曲柄臂之间

B.主轴承上盖滑油管内

C.主轴承上盖和上瓦之间

D.主轴承与曲柄臂之间或主轴承上盖滑油管内

59.一般轴系中心线的偏中情况是其各相邻轴轴心线________。

A.发生偏移　　B.发生曲折

C.同时发生偏移和曲折　　D.同时发生总偏移和总曲折

60.用压铅法测量________轴瓦间隙时,铅丝应沿轴颈首、中、尾位置________安放铅丝。

A.厚壁;周向　　B.厚壁;轴向

C.薄壁;周向　　D.薄壁;轴向

61.用压铅法测量厚壁轴瓦间隙时,铅丝应沿轴颈________周向安放铅丝。

A.首、尾　　B.首、中

C.首、中、尾　　D.中、尾

62.由于轴系的实际变形难以直接检测,所以下列选项中除了________均可用来了解轴系的实际变形情况。

A.测量轴系各对法兰上的偏移值

B.测量轴系各对法兰上的曲折值

C.测量轴系各对法兰上螺栓的伸长量

D.采用光学仪器来检验轴系中心线的偏差度

63.油润滑艉轴承 Simplex 密封装置的损坏主要发生在________上。

A.中间环　　B.橡胶环

C.防蚀衬套　　D.橡胶环和防蚀衬套

64.在安装推力轴承时,为保证推力环与正倒车推力块间隙均等,使靠近推力轴承的最后一个曲柄的中心线向飞轮端偏移一个规定值,可通过调整________来实现。

A.推力块　　B.调节圈

C.推力轴　　D.推力块和推力轴

65.船舶使用的滑动式推力轴承中推力块与压板有一定间隙的目的是保证________。

A.推力块形成油膜　　B.推力块摆动的灵活性

C.滑油供应正常　　D.安装要求

66.在推力块与推力环轴向间隙调整中，当推力环与正、倒车推力块之间各为1/2装配间隙时，靠近推力轴承的最后一个曲柄的中心线应________。

A.向推力轴承方向偏移一个规定的数值

B.向飞轮端方向偏移一个规定的数值

C.与气缸中心线重合

D.无要求

67.直尺-塞尺法应用较多，且方法方便、简单、灵活，但________。

A.测量精度低　　B.工具粗糙

C.对测量技术要求高　　D.对法兰要求低

68.轴系两端轴的同轴度通过测量轴系两端轴法兰上的________来衡量。

A.偏移值　　B.总偏中值

C.偏中值　　D.总偏移值

69.轴系校中状态发生变化主要包括轴系中心线的________发生变化。

①直线度；②偏差度；③对中性；④同轴度；⑤曲折度

A.②④　　B.①②

C.①②③⑤　　D.①③④

70.轴系校中状态检查不包括________。

A.轴系中心线偏差程度检查

B.艉轴与中间轴同轴度误差检查

C.中间轴与推力轴同轴度误差检查

D.艉轴与螺旋桨几何中心线同轴度误差检查

71.轴系中心线产生同轴度偏差主要是由________过度磨损造成的。

A.艉轴管　　B.艉轴

C.曲轴　　D.艉轴承

72.轴系中心线的偏差度反映的是________的程度。

A.垂直平面和水平平面上弯曲　　B.垂直平面和水平平面上扭转

C.任意两垂直平面上弯曲　　D.任意两垂直平面上扭转

73.轴系中心线的偏差度是指________。

A.轴系中心线的同轴度

B.轴系中心线的直线度

C.轴系实际中心线与理论中心线的偏差

D.轴系中心线校中状态与理论中心线的偏差

74.轴系中心线同轴度偏差符合标准的要求，判断的标准是________。

A.偏移值δ、曲折值φ在允许值内

B.总偏移值δ、总曲折值φ在允许值内

C.交点在δ—φ坐标三角形以内

D.交点在δ—φ坐标三角形以外

75.轴系中心线状态检验需进行曲折值测量和计算，相邻两法兰之间的开口向________或向

________舷时，一般规定曲折值的符号为正。

A.上；左　　B.上；右

C.下；左　　D.下；右

76.主轴承厚壁轴瓦过度磨损后不能保证要求的轴承间隙，通常采用________进行修理。

A.换新　　B.重浇白合金

C.焊补　　D.调整垫片

77.总偏移是________。

A.从曲轴输出端法兰开始平轴，在艉轴首端法兰处所测得的偏移值

B.从艉轴首端法兰开始平轴，在曲轴输出端法兰处所测得的偏移值

C.从曲轴输出端法兰开始平轴，在艉轴首端法兰处所测得的偏移值；或从艉轴首端法兰开始平轴，在曲轴输出端法兰处所测得的偏移值

D.以曲轴输出端法兰为基准测得的偏移值

78.轴瓦的异常磨损是由于________使润滑油膜遭到破坏所致。

①磨粒；②轴颈表面太粗糙；③轴颈表面状态不良；④违章操作；⑤轴承负荷过大

A.①②③④⑤　　B.①④

C.②④⑤　　D.②⑤

第三节　轴系的检修

1.由于轴系的实际变形难以检测，可通过测量轴系的相邻轴两法兰的________来了解轴系轴心线的实际状态。

A.偏移值　　B.偏心值

C.偏中值　　D.曲折值

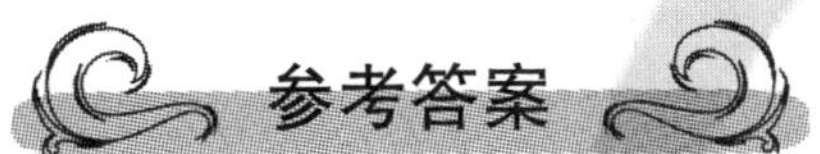

参考答案

第一节　传动轴系

1.B	2.B	3.C	4.C	5.A	6.D	7.C	8.D	9.A	10.D
11.D	12.D	13.C	14.D	15.C	16.C	17.A	18.B	19.A	20.A
21.D	22.D	23.B	24.A	25.D	26.B	27.C	28.A	29.A	30.B
31.B	32.A	33.C	34.D	35.D	36.B	37.A	38.B	39.B	40.B
41.A	42.A	43.D	44.B	45.C	46.D	47.A	48.B	49.A	50.D
51.A	52.D	53.A	54.B	55.C	56.B	57.C	58.D	59.C	60.A
61.A	62.A	63.A	64.D	65.C	66.D	67.B	68.B	69.D	70.D
71.D	72.D	73.D	74.B	75.B	76.A	77.A	78.C	79.B	80.A
81.A	82.C	83.D	84.D	85.D	86.B	87.C	88.D	89.C	90.A

91.B	92.C	93.B	94.A	95.C	96.C	97.D	98.B	99.A	100.B
101.C	102.D	103.C	104.C	105.D	106.C	107.B	108.A		

第二节　齿轮箱和联轴器

1.C	2.C	3.C	4.D	5.A	6.B	7.D	8.D	9.A	10.A
11.C	12.A	13.B	14.B	15.D	16.C	17.A	18.A	19.B	20.C
21.B	22.D	23.A	24.A	25.D	26.C	27.A	28.A	29.D	30.D
31.D	32.A	33.A	34.B	35.C	36.B	37.A	38.B	39.D	40.A
41.D	42.D	43.D	44.C	45.D	46.D	47.D	48.C	49.A	50.D
51.A	52.D	53.A	54.D	55.C	56.D	57.C	58.D	59.C	60.A
61.C	62.C	63.D	64.B	65.B	66.A	67.A	68.B	69.A	70.D
71.D	72.A	73.C	74.C	75.A	76.B	77.C	78.A		

第三节　轴系的检修

1.C

第十三章
螺旋桨

第一节　定距桨、调距桨

1.________不常用于海船螺旋桨的制造。

A.锰黄铜　　B.低碳钢

C.铸钢、复合材料　　D.铝青铜

2.________机构可以实现船速的无级调速和换向。

A.调距桨　　B.无舵的Z型传动

C.设有离合器的推进器　　D.带减速齿轮的离合器

3.采用柴油机-电力推进的船舶,在其配置上主要特点之一是________。

A.电动机驱动调距桨　　B.采用喷水前进

C.柴油机无需换向装置　　D.电动机驱动定距桨

4.船舶采用________可提高船舶机动性。

A.双机单桨　　B.多机单桨

C.调距桨　　D.除单机单桨外的任何形式

5.船舶航行中,螺旋桨转动一圈,桨叶移动的距离比螺距要小,这称为________。

A.滑失现象　　B.滑失比

C.螺距比　　D.进程比

6.船舶阻力不变时,螺旋桨的螺距与推力、转矩的关系是________。

A.螺距越小,推力和转矩越大　　B.螺距越大,推力和转矩越大

C.螺距越小,推力越大、转矩越小　　D.螺距越大,推力越大、转矩越小

7.从船尾向船首看定距螺旋桨,所看到的一面称为________,桨叶正转时先入水的叶边称为________。

A.叶背;随边　　B.叶面;导边

C.叶面;随边　　D.叶背;导边

8.大侧斜螺旋桨可以减缓空泡产生,从而会________。

A.提高转速　　B.缓解噪声

C.增加能耗　　D.加速磨损

9.大侧斜螺旋桨通常采用奇数桨叶,其主要作用是________。
A.不容易产生共振　　B.降低转速
C.节约能耗　　D.保证推力

10.带动螺旋桨的柴油机的工况变化规律取决于________。
A.负荷特性　　B.速度特性
C.螺旋桨特性　　D.柴油机特性

11.单螺旋桨的锁紧螺帽旋紧方向应与螺旋桨________。
A.正转方向相反　　B.正转方向相同
C.右旋方向相同　　D.左旋方向相同

12.当柴油机用作船舶主机并与螺旋桨直接连接时,若柴油机输出功率达到标定功率的110%,其相应的转速应是________。
A.103%n
B.105%n
C.107%n
D.110%n

13.当船舶航行工况不变时,螺旋桨的推力和扭矩与螺旋桨的________成正比。
A.直径　　B.螺距
C.转速　　D.转速的平方

14.调距桨的工作特性可以用________等分别与桨转速的关系曲线表示。
①推力;②阻力矩;③功率;④推力矩
A.①②④　　B.①②③④
C.②③④　　D.①②③

15.调距桨船舶可以用来改变航速的因素有________。
A.螺距比　　B.主机转速
C.主机转速和螺旋桨效率　　D.螺距比和主机转速

16.调距桨是用改变螺旋桨螺距的方法去适应________。
A.水流的变化　　B.船舶航行工况的变化
C.螺旋桨的水涡流变化　　D.螺旋桨的进程变化

17.调距桨与定距桨相比,其优点有________。
①对船舶航行条件的适应性强;②船舶的机动性得到提高;③有利于推进装置驱动辅助机械;④延长发动机的使用寿命;⑤动力装置的经济性好
A.①②③④⑤　　B.①②④⑤
C.②③④⑤　　D.①②③

18.调距桨装置的调距过程完成后,反馈信号和驾驶台指令信号________,控制阀就处于________位置。
A.不相同;平衡　　B.相同;不平衡
C.相同;平衡　　D.不相同;不平衡

19.调距桨装置在进行调距时,控制阀按指令移动离开中央位置,使伺服油推动________,带动转

叶机构转动桨叶,使螺距发生变化。

A.动力活塞　　B.反馈活塞

C.蓄压活塞　　D.控制活塞

20.调距螺旋桨包括________等部分。

①调距桨;②传动轴;③调距机构;④液压系统

A.①②③　　B.①②③④

C.②③④　　D.①②④

21.动力活塞在移动,说明调距桨装置的反馈信号和驾驶台指令信号________,控制阀就处于________位置。

A.相同;平衡　　B.相同;不平衡

C.不相同;平衡　　D.不相同;不平衡

22.对于定距桨的工作特性,错误的论述是________。

A.螺旋桨的推力与其转速的平方成正比关系

B.螺旋桨的扭矩与其转速的平方成正比关系

C.螺旋桨的功率与其转速的平方成正比关系

D.螺旋桨的功率与其转速的立方成正比关系

23.对于同一直径的螺旋桨,其螺距比越大,所需功率________。

A.越小　　B.越大

C.不受影响　　D.不能确定如何变化

24.对于一定船舶,螺旋桨的进程比主要取决于________。

A.装卸货物情况　　B.海面风流情况

C.航行工况　　D.螺旋桨的结构

25.对于有键的螺旋桨,为了减少桨毂内表面的应力腐蚀和防止摩擦滑动,采用________,也用液压湿式安装。

A.间隙配合　　B.公差配合

C.过盈配合　　D.过渡配合

26.关于大侧斜螺旋桨的特点,描述错误的是________。

A.倾斜角度通常大于26°　　B.有效降低空泡,抑制噪声

C.可实现低转速大推力　　D.加工简单

27.关于航速与转速的关系,说法正确的有________。

①船舶稳定航行时航速与螺旋桨转速成正比;②船舶稳定航行时,航速与螺旋桨转速的平方成正比;③航速与螺旋桨转速关系的比例系数是定值;④航速与螺旋桨转速关系的比例系数不是定值

A.②④　　B.①④

C.②③　　D.①③

28.关于螺旋桨,下列说法不正确的是________。

A.螺旋桨的螺距与直径的比值称为进程比

B.螺旋桨的形状决定了它在直径上每点的螺距是不一样的

C.螺旋桨的推力类似飞机机翼产生的升力
D.螺旋桨的螺距是压力面 2/3R 处的螺距

29.关于螺旋桨的选材，正确的选择是________。
A.铅青铜　　B.铸造锰铁黄铜
C.铸钢　　D.铸铁

30.关于螺旋桨进程比，说法正确的是________。
A.螺旋桨的进程比取决于主机的转速
B.螺旋桨的进程比取决于螺旋桨本身，与航行状态无关
C.螺旋桨的进程比不仅与螺旋桨本身有关，还与航行状态有关
D.螺旋桨的进程比与航行状态有关，与螺旋桨本身无关

31.海船主要采用________材料的螺旋桨。
A.铸钢　　B.铸铁
C.铸铜　　D.复合

32.桨叶上同一半径截面上的________螺距的算数平均值称为该截面的截面螺距。
A.部分　　B.局部
C.全部　　D.任两个

33.径向变螺距螺旋桨的平均螺距在________测量。
A.压力面的 0.7R 处　　B.压力面的 0.5R 处
C.吸力面的 0.7R 处　　D.吸力面的 0.5R 处

34.可调螺距螺旋桨传动装置的优点不包括________。
A.船舶的机动性和操纵性好
B.有利于驱动辅助负载
C.各工况下的效率比定距桨高
D.能适应船舶阻力变化，充分利用主机功率

35.可调螺距螺旋桨的调距装置中设有桨叶应急锁紧装置，其作用是________。
A.大风浪中飞车时锁紧桨叶在一定的正螺距值上
B.紧急制动时紧锁桨叶
C.液压系统失灵时锁紧桨叶在一定的正螺距值上
D.液压系统失灵时锁紧桨叶在零螺距上

36.可调螺距螺旋桨装置包括________。
①调距桨；②传动轴；③调距机构；④液压系统；⑤操纵系统
A.①　　B.①③⑤
C.①③④⑤　　D.①②③④⑤

37.可调螺距螺旋桨装置中，若动力活塞由于某种原因造成液压油的泄漏，使螺距偏离所要求的位置，则在________的作用下，会重新开始一个调节过程，使活塞回复到原来要求的位置上。
A.指令机构　　B.反馈机构
C.调整机构　　D.回复机构

38.螺旋桨导流罩的作用是________。

A.提高推进性能　　B.防止螺旋桨脱落
C.拆检维修方便　　D.形状美观大方

39.螺旋桨的进程比、滑失比分别为进程与________、滑失与________的比值。
A.直径;直径　　B.直径;进程
C.直径;螺距　　D.进程;盘面积

40.螺旋桨的螺距比、盘面比分别为螺距与________、面积与________的比值。
A.直径;直径　　B.直径;进程
C.直径;盘面积　　D.进程;盘面积

41.螺旋桨的螺距是指________。
A.最大半径处的螺距　　B.吸力面各半径螺距的平均值
C.压力面 2/3R 处的螺距　　D.吸力面的径向变螺距

42.螺旋桨的螺距与直径之比称为螺旋桨的________。
A.进程比　　B.螺距比
C.滑失比　　D.毂径比

43.螺旋桨由数片桨叶连接在共同________上构成。
A.桨轴　　B.艉轴
C.轴承　　D.桨毂

44.对于螺旋桨与艉轴间的巨大动力传递,最主要的受力部位是________。
A.艉轴尾端接合面上的键　　B.艉轴螺柱上的螺母
C.艉轴尾端锥面的紧密贴合处　　D.桨毂上的键槽

45.螺旋桨主要结构参数中有________。
A.进程比　　B.螺距比
C.滑失比　　D.桨的重量

46.螺旋桨最容易发生空泡腐蚀的部位是桨叶________。
A.梢端　　B.中部
C.根部　　D.叶背边缘处

47.螺旋线上任意一点绕轴线旋转一周,在轴线方向上移动的距离叫作________。
A.进程　　B.螺距
C.进程比　　D.螺距比

48.目前国内外新造大型船舶的螺旋桨几乎均采用无键液压湿式安装,它是用高压油将桨毂胀开,再用________将螺旋桨推入艉轴锥体上。
A.将军帽　　B.液压螺母
C.拉伸机构　　D.千斤顶

49.目前新造船舶的螺旋桨与艉轴普遍采用________连接。
A.无键环氧树脂　　B.机械
C.有键环氧树脂　　D.油压套和无键

50.与使用定距桨比较,船舶使用调距桨的优点有________。
①主机寿命延长;②在设计工况下效率高;③在非设计工况下效率高;④在非设计工况下效

率低；
⑤船舶机动性能好

A.①②⑤ B.①③⑤
C.①② D.①④⑤

51.下列调距桨的优缺点中,错误的是________。

A.机动性能好 B.主机启动次数少
C.设计工况下的效率高 D.维修费用高

52.下列属于调距桨的优点的是________。

①设计工况下调距桨的传动效率比相似的定距桨高;②可以实现无级调速;③在大多数情况下与主机处于最佳匹配;④结构更加简单

A.①②③④ B.①③④
C.③④ D.②④

53.一般调距桨调距的动力是________。

A.电动机直接带动 B.压缩空气
C.液压油 D.润滑油

54.与定距桨相比,调距桨的主要缺点包括________。

①构造复杂;②维护保养困难;③推进效率低;④容易产生空泡腐蚀

A.②③④ B.①②③
C.①②③④ D.①②④

55.与定距桨相比,调距桨的主要优点包括________。

①简化主机及整个动力装置结构;②提高主机寿命;③改善船舶操纵性;④提高船舶机动性

A.②③④ B.①②④
C.①②③ D.①②③④

56.与定距桨相比,调距桨最大的特点是可以________,调整螺旋桨的推力和转矩。

A.在进程比不变的情况下 B.在功率不变的情况下
C.在转速不变的情况下 D.在螺距不变的情况下

57.定距桨的空泡腐蚀一般发生在________。

A.叶根 B.叶梢
C.0.7R 至叶根 D.0.9R 至叶尖

第二节 螺旋桨的检修

1.柴油机与螺旋桨正常匹配时,通常应在标定功率的________下运行。

A.100% B.85%~90%
C.110% D.70%~80%

2.当外界条件不变,只改变螺旋桨的螺距比,船舶处在稳定航行状态时,螺旋桨所需功率与转速保持________关系。

A.线性 B.二次方

C.三次方　　D.无规律

3.调距桨的调距过程主要是推动动力活塞,带动调距杆,通过转叶机构转动桨叶,使________发生变化。

A.螺距　　B.桨叶数

C.螺旋桨面积　　D.螺旋桨半径

4.调距桨装置中,若运行中动力活塞偏离要求位置,可通过________传递偏移信号至控制阀,重新调节。

A.操纵杆　　B.反馈机构

C.伺服油缸　　D.动力活塞

5.对于可调螺距螺旋桨,采用的螺距越小,则在相同转速下的推力越________,转矩越________。

A.大;大　　B.小;小

C.大;小　　D.小;大

6.防止螺旋桨桨叶穴蚀可采用在桨叶上________的方法。

A.涂环氧树脂　　B.涂油漆

C.镀铬　　D.喷陶瓷

7.航行中螺旋桨鸣音是由于在桨叶________以外部位产生了有规律的涡流,在某些转速下涡流引起的振动频率与桨叶的固有频率接近而产生________。

A.随边 0.4R;共振　　B.随边 0.7R;共振

C.导边 0.4R;振动　　D.导边 0.7R;振动

8.螺旋桨的穴蚀主要发生在________。

A.叶背边缘　　B.随边

C.叶面边缘　　D.导边

9.螺旋桨发生穴蚀除与转速有关外,还与________有关。

A.轴系和船型　　B.桨叶叶型

C.桨叶数目　　D.轴系

10.螺旋桨推力与吸收的功率和船速之间的关系是________。

A.推力与吸收的功率和船速成正比

B.推力与吸收的功率和船速成反比

C.推力与吸收的功率成正比,与船速成反比

D.推力与吸收的功率成反比,与船速成正比

11.某船的艉轴首部采用的是有 2 个橡胶密封圈的 Simplex 尾密封装置,其唇口翻边方向是________。

A.1 道向主机、1 道向艉轴管　　B.2 道都向艉轴管

C.3 道/0 道　　D.0 道/3 道

12.某船的艉轴尾部采用的是有 3 个橡胶密封圈的 Simplex 尾密封装置,其唇口翻边方向螺旋桨和艉轴管方向分别是________。

A.2 道、1 道　　B.1 道、2 道

C.3 道、0 道　　D.0 道、3 道

13.若柴油机配桨过重，则当柴油机在标定转速下运行时，将会发生的现象是________。

A.功率未被充分利用　　B.功率超过允许值

C.功率不足　　D.转速不稳定

14.若调距桨装置动力活塞液压油的泄漏较严重，会使螺距________。

A.稳定在驾驶人员所要求的螺距值　　B.稳定在某个随机的螺距值

C.反复调整，不稳定　　D.为零

15.提高螺旋桨效率的有效途径是________。

A.采用直接传动方式　　B.降低主机转速

C.采用间接传动方式　　D.采用大直径低速螺旋桨

16.消除螺旋桨鸣音的办法是将________制成抗鸣边缘，从而改变涡流引起的振动频率。

A.导边 $0.4R \sim 0.7R$ 处　　B.导边 $0.4R$ 处

C.随边 $0.4R \sim 0.7R$ 处　　D.随边 $0.4R$ 处

17.在船舶稳定航行时，船舶航速与螺旋桨的转速________。

A.无固定关系

B.成正比关系

C.成二次方关系

D.与定距桨成正比关系，与调距桨成二次方关系

18.在进程比一定时，可调螺距螺旋桨的螺距越大，则相同转速下的推力________，转矩________。

A.越大；越小　　B.越大；越大

C.越小；越大　　D.越小；越小

19.轴系传递的扭矩与________。

A.主机指示功率成正比，与转速成反比

B.主机有效功率成正比，与转速成反比

C.轴的传递功率成正比，与转速成反比

D.转速成正比，与螺旋桨吸收功率成反比

20.轴系传递的推力与________。

A.主机有效功率和航速成正比，与螺旋桨的效率成反比

B.螺旋桨吸收的功率和效率成正比，与船速成反比

C.主机指示功率和螺旋桨的效率成正比，与船速成反比

D.螺旋桨吸收的功率和航速成正比，与螺旋桨的效率成反比

参考答案

第一节　定距桨、调距桨

1.B　2.A　3.D　4.C　5.A　6.B　7.B　8.B　9.A　10.C

11.A	12.A	13.D	14.D	15.D	16.B	17.A	18.C	19.A	20.B
21.D	22.C	23.B	24.C	25.C	26.D	27.B	28.A	29.A	30.C
31.C	32.B	33.A	34.C	35.D	36.D	37.B	38.A	39.C	40.C
41.C	42.B	43.D	44.C	45.B	46.D	47.B	48.B	49.D	50.B
51.C	52.D	53.C	54.D	55.D	56.C	57.D			

第二节　螺旋桨的检修

1.B	2.C	3.A	4.B	5.B	6.A	7.A	8.A	9.B	10.C
11.A	12.A	13.B	14.C	15.D	16.C	17.B	18.B	19.C	20.B

第十四章 机械设备及控制系统的准备、运行、故障检测及防止损坏的必要措施

第一节 主机备车、机动操纵及完车

1.备车的基本内容不包括________。

A.至少增开一台发电机

B.启动两台舵机油泵和对舵

C.校对时钟、车钟

D.各辅助系统的准备

2.备车的基本内容不包括________。

A.至少增开一台发电机

B.正、倒车试车

C.检查中间轴承和艉轴承的润滑油位

D.增开一台主海水泵

3.备车的目的是使________。

A.主机处于随时可用状态

B.应急设备处于工作状态

C.动力装置处于随时可用状态

D.辅助设备处于随时可用状态

4.备车工作包括________。

①校对时钟与舵机；②暖机与各系统准备；③开启舱底应急吸口阀；④转车、冲车与试车

A.①②③

B.①②④

C.②③④

D.①③④

5.备车过程中柴油机冲车时，应着重观察其________。

A.转速表

B.安全阀

C.高压油泵

D.示功阀

6.备车过程中试车时，应特别注意________。

A.各缸是否正常发火

B.是否能够换向

C.启动是否正常

D.示功阀有无残水冲出

7.备车过程中试车完毕后，应将车钟手柄置于________位置。

A.停车　　B.备车

C.完车　　D.驾控

8.备车时,滑油系统的准备工作包括________。

①检查中间轴承滑油液位;②检查艉轴承润滑油柜液位;③检查主机滑油循环柜液位;④启动主机滑油泵;⑤使用气缸注油器进行气缸套预润滑

A.①②③　　B.①②③④⑤

C.①②③⑤　　D.①③④⑤

9.备车时,冷却系统的准备工作包括________。

①检查膨胀水箱水位;②检查系统中各阀门的位置;③启动淡水泵;④暖机

A.①②③④　　B.②③④

C.①②④　　D.①②③

10.备车时进行各系统的准备,其中包括________。

①润滑系统的准备;②冷却系统的准备;③消防系统的准备;④燃油系统的准备;⑤压缩空气系统的准备

A.①②③⑤　　B.①③④⑤

C.①②④⑤　　D.①②③

11.备车完毕船舶主机处于停车状态时,下列说法不正确的是________。

A.各设备处于随时可启动状态　　B.值班轮机员可离开操纵台

C.各系统保持正常运转　　D.示功阀关闭

12.柴油机动力装置在备车中要进行试车,其目的是检查________。

①启动换向系统;②滑油系统;③油量调节机构;④淡水系统的压力;⑤调速器工作;⑥喷油器冷却系统

A.①②⑤　　B.②④⑥

C.②③⑥　　D.①③⑤

13.柴油机启动,机动操纵时应特别注意________。

A.滑油压力　　B.冷却水压力

C.冷却水温度　　D.空气压力

14.柴油机停车后,滑油系统应继续运行约________。

A.90 min　　B.60 min

C.20 min　　D.40 min

15.柴油主机暖机工作包括________。

①冷却系统预热;②燃油系统预热;③滑油系统预热;④气缸油预热

A.①②　　B.①③

C.②③　　D.②④

16.冲车的目的是检查________。

①气缸内是否有杂质;②气缸内是否有水;③气缸内是否有油;④启动系统工作是否正常

A.①②③　　B.②③④

C.①②③④　　D.①②④

17.船舶柴油机气缸内水击会引发严重事故，船舶低速主机备车过程中可以检查气缸内是否进水的操作为________。

A.试车　　B.盘车

C.冲车　　D.盘车或冲车

18.船舶主柴油机备车时要进行试车、冲车、转车，其先后顺序是________。

A.试车、冲车、转车　　B.冲车、转车、试车

C.转车、试车、冲车　　D.转车、冲车、试车

19.船舶机动操纵所设定的主柴油机转速应是________。

A.机动操纵转速或港速或系泊试验转速

B.港速

C.系泊试验转速

D.机动操纵转速

20.船舶离港后，接收到驾驶台定速航行的通知后，值班轮机员应________加到主机指定转速。

A.尽快　　B.按驾驶台要求

C.逐渐　　D.立即

21.船舶离港后转换为定速航行时，下列关于值班室轮机员操控的说法中，错误的是________。

A.视情启动造水机

B.按照驾驶台指令迅速将主机加到指定转速

C.换用低位海底门

D.解列和停止一台发电柴油机

22.船舶重载时，应控制主机油门，以控制主机的________；船舶空载时，也应控制主机油门，以控制主机的________。

A.转速；转速　　B.排温；排温

C.转速；排温　　D.排温；转速

23.船舶主柴油机定速前要避免加速过快的原因是________。

A.以防热负荷过大　　B.以防调速器出故障

C.以防机械负荷过大　　D.以防振动过大

24.船舶主柴油机机动操纵中要快速越过转速禁区的原因是________。

A.避免超热负荷　　B.避免超机械负荷

C.避免共振　　D.避免主机熄火

25.机舱接到“完车”指令后，不正确的操作是________。

A.立即停主滑油泵、海水泵和淡水泵

B.关闭主启动空气阀

C.搭上盘车机盘车并手动泵压气缸注油器

D.开启扫气箱放残阀并用防尘罩盖住压气机消音滤网

26.轮机员接到“完车”指令后，当班人员应完成下述________。

①关闭主启动空气瓶主停气阀；②打开示功阀并盘车；③关闭主海水泵及有关阀件；④关闭燃油低压输油泵；⑤开启扫气箱放残阀；⑥关闭冷却水泵及滑油泵

A.②③④⑤⑥　　B.①②③④⑤
C.①②③⑤⑥　　D.①②④⑤⑥

27.当主柴油机处于停车状态时,错误的说法是________。
A.关掉启动空气瓶截止阀　　B.注意系统状态参数的变化
C.保持各系统的正常运转　　D.主机处于随时可用状态

28.副机启动前冲车时发现某缸示功阀喷出油雾,发生故障的部件是________。
A.喷油器　　B.气缸套
C.气缸盖　　D.喷油泵

29.关于船舶主柴油机定速的说法中,正确的是________。
A.船舶主柴油机定速前不可转驾控
B.船舶主柴油机定速前不能是无人机舱模式
C.船舶主柴油机定速前运行工况较恶劣
D.船舶主柴油机设定的负荷程序通常持续 15 min

30.暖机的目的包括________等。
①减小热应力;②改善启动性能;③减少低温腐蚀;④改善发火性能
A.①②③④　　B.①②③
C.②③④　　D.①②④

31.暖机是对柴油机进行预热,预热的系统有________。
①高温淡水系统;②低温淡水系统;③主机滑油系统;④主机燃油系统
A.②③　　B.①②④
C.①③　　D.①②③④

32.下列关于备车过程中试车的说法中,错误的是________。
A.试车要正、倒车交替启动几次
B.试车时应检查运转中有无异响
C.试车运转时应注意各缸是否正常发火
D.试车时应检查示功阀有无残水冲出

33.下列关于船舶低速主机备车过程中盘车的说法中,错误的是________。
A.盘车后要脱开盘车机
B.盘车时需向气缸注油
C.盘车时通过检查盘车机功率表判断轴系是否有阻滞
D.盘车时要打开示功阀

34.下列关于船舶进、出港机动航行操纵时的要求,错误的是________。
A.能够换用轻油的主机,一定要使用轻油
B.换用高位海底门
C.启动两台空压机,空气瓶保持足够的压力
D.冷却水温度要保持稳定

35.现代新型船用主机暖缸时,使用的预热方法大多采用________。
A.蒸汽加热主机循环水柜

B.电加热器加热主机冷却水

C.膨胀水箱中加热冷却水

D.发电柴油机冷却水对主机循环加热

36.现今大多数船用主机暖缸所采用的方式不包括________。

A.蒸汽加热主机冷却水

B.蒸汽加热主机循环水柜

C.发电柴油机冷却水对主机循环加热

D.电加热主机冷却水

37.在备车过程中,进行盘车的主要目的是________。

A.检查柴油机各运动部件及其轴系回转灵活性

B.利于气缸油在气缸壁均匀分布

C.利于各轴承形成滑油膜

D.检查缸内是否有水分

38.在备车过程中,下列各项工作不属燃油系统准备工作的是________。

A.轻油日用油柜补油、放残　　B.启动低压输油泵系统驱气

C.各燃油舱中燃油调驳　　D.重油日用柜补油、预热、放残

39.在备车中,对压缩空气启动系统的准备工作的错误操作是________。

A.主、辅空气瓶充气至规定压力

B.主、辅空气瓶放残

C.将自动主启动阀处于“手动开”位置

D.开启空气瓶出口阀与主停气阀

40.柴油机备车中的暖机是指对下述________预热并投入循环。

①气缸套冷却水;②滑油系统;③燃油系统;④喷油器冷却水;⑤活塞冷却水;⑥气缸油

A.①②③⑤　　B.①②④⑤

C.②③⑤⑥　　D.①③⑤⑥

41.在船舶机动航行时,现代大型船舶主机操作中首要的工作是________。

A.换用轻柴油

B.保证启动空气瓶及控制空气瓶有足够的空气压力

C.调节冷却水温度

D.保证正常的扫气温度

42.在大型船用柴油机备车过程中对滑油系统预热的常用方法是________。

A.运转滑油分油机进行分油预热　　B.在滑油循环柜中用蒸汽预热

C.在管系中用电加热器预热　　D.在滑油循环柜中用电加热器预热

43.下述在备车中对冷却系统准备的错误操作是________。

A.开启气缸套淡水循环泵　　B.开启海水循环泵

C.开启喷油器冷却泵　　D.开启活塞冷却泵

44.主机暖机可用________加热。

①电;②发电副机循环水;③蒸汽;④火

A.①②④　　B.①②③
C.①②③④　　D.②③④

45.主机完车后润滑油泵继续运行一段时间,主要是为了________。
A.润滑　　B.减磨
C.清洁　　D.冷却

46.主机运行时,各个冷却器海水出口温度不应超过________℃。
A.40~45　　B.45~50
C.50~55　　D.30~40

47.当柴油机缸内有大量滑油燃烧时,排烟的颜色是________。
A.蓝色　　B.白色
C.黑色　　D.灰色

48.关于低速主机的磨合,以下不正确的是________。
A.磨合不良容易拉缸
B.磨合是必需的程序
C.每个航运公司对磨合程度要求都不太相同
D.磨合程度同厂家的机器一样

第二节　主机的运行管理

1.RTA 系列柴油机为定压增压系统,在停增压器运转时应限制柴油机最高输出功率不超过额定功率的________。
A.20%　　B.25%
C.30%　　D.40%

2.按照我国《钢质海船入级规范》的规定,船用主柴油机曲柄箱必须设置防爆门,其主要作用是________。
A.防止曲轴箱内压力过高而爆炸　　B.爆炸前释放曲柄箱内气体
C.避免曲柄箱气体达到着火极限　　D.曲柄箱透气

3.拆除活塞组的封缸运行中,该缸应采取的措施是________。
①封闭活塞冷却系统;②气缸冷却液保持正常工作;③封住活塞杆填料函孔;④将排气阀锁住在开启位置;⑤十字头、连杆大端正常供油;⑥单缸停止供油
A.①③④⑤⑥　　B.①③⑤⑥
C.①②⑤⑥　　D.②③④⑥

4.柴油机发生机械敲缸的原因有________。
①运动部件中心线不正;②该缸超负荷运转;③轴承间隙过大;④超负荷;⑤曲柄箱轴承的偏磨
A.①②④　　B.②④⑤
C.①③⑤　　D.②③④

5.柴油机发生扫气箱着火,必须具备________条件。
①扫气箱内聚集大量可燃物;②高温火源

A.①　　B.②

C.①或②　　D.①和②

6.柴油机发生扫气箱着火时的现象包括________。

①柴油机转速下降；②扫气温度升高；③安全阀起跳；④排气温度降低；⑤增压器发生喘振；⑥烟囱冒黑烟

A.①②⑤⑥　　B.①②③④⑤

C.①④⑤⑥　　D.②③④⑥

7.柴油机发生扫气箱着火时的现象是________。

A.单缸排温升高，转速升高，增压器喘振

B.单缸排温下降，扫气压力升高，增压器喘振

C.曲轴箱防爆门跳开

D.单缸排温上升，转速下降，增压器喘振

8.柴油机冒黑烟的主要原因是________。

A.燃油的预热温度过高　　B.喷油提前角过大

C.喷油器漏油　　D.速燃期过长

9.柴油机曲轴箱爆炸的决定因素是________。

A.曲轴箱内油气浓度　　B.曲轴箱内的空气

C.曲轴箱内存在高温热点　　D.柴油机高转速

10.柴油机曲轴箱防爆门的作用是________。

A.防止曲轴箱爆炸

B.在曲轴箱爆炸时能够泄放压力，阻止火焰通过

C.在曲轴箱爆炸前开启，防止爆炸

D.在曲轴箱爆炸后释放油雾

11.柴油机全负荷运转时紧急停车，不能立即打开曲轴箱门的主要原因是________。

A.机器太热，不便打开　　B.防止曲轴箱内滑油溢出

C.防止异物进入曲轴箱　　D.防止曲轴箱爆炸

12.柴油机全负荷运转时如发现曲轴箱发热或透气管冒出大量油气，正确的操作是________。

A.立即停车　　B.立即减速

C.立即停车并开启曲轴箱门检查　　D.立即打开曲轴箱门透气

13.柴油机扫气箱灭火后，在机器尚未冷却之前，不能立即开启扫气箱门的主要原因是________。

A.防止扫气箱结垢　　B.防止扫气箱过冷

C.防止扫气箱变形　　D.防止扫气箱发生二次着火

14.柴油机扫气箱着火的原因是________。

A.滑油压力下降，轴承发热

B.活塞发热，活塞环漏气

C.严重后燃，扫气压力过低

D.活塞发热，活塞环漏气，严重后燃，扫气压力过低

15.柴油机扫气箱着火的原因有________。

①滑油压力下降;②冷却水不足,气缸过热;③喷油器雾化不良;④喷油定时过迟;⑤扫气箱污垢过多;⑥喷油器滴漏

A.②④⑤⑥　　B.③④⑤⑥

C.①②③④　　D.①④⑤⑥

16.柴油机停增压器运行时如果用专用工具将增压器转子锁住,可能产生的不良后果有________。

A.转子轴因两端温度不同而承受过大的热应力

B.转子轴承润滑不足

C.转子轴弯曲

D.涡轮端轴承过热

17.柴油机停增压器运转后,应使________。

A.冷却水继续流通,仍保持滑油的循环

B.冷却水和滑油均停掉

C.冷却水继续流通,滑油停掉

D.冷却水停掉,滑油仍继续循环

18.柴油机运转中的正常管理工作主要是________。

A.热力检查和机械检查

B.热负荷检查

C.缸内压缩压力与最高爆发压力检查

D.各系统检查、排温检查

19.柴油机运转中在气缸上部发生机械敲缸,不可能的原因是________。

A.喷油器压缩弹簧断裂

B.曲柄销轴承偏磨

C.活塞环碰到气缸套上部磨台

D.活塞连杆中心线与曲轴中心线不垂直

20.柴油机转速从标定工况降低,在整个转速范围内其最大功率________。

A.受等转矩限制特性所限制　　B.受等排烟温度限制特性所限制

C.在转速下降初期为 A,后期为 B　　D.在转速下降初期为 B,后期为 A

21.柴油机装设油雾探测器的目的是________。

A.探测轴承温度　　B.检测活塞环漏气

C.检测曲轴箱门漏气　　D.检测曲轴箱内油气浓度的变化

22.船舶柴油机封缸运行时,柴油机转速________。

A.保持额定转速　　B.与封缸运行前的转速保持一致

C.因功率下降可适当提高　　D.适当降低

23.船舶柴油机曲柄箱防爆门的作用是________。

A.检查曲柄箱　　B.保护轮机人员及主机周边设备

C.防止曲柄箱爆炸造成过度破坏　　D.曲柄箱透气

24.船舶柴油机扫气箱着火的预防措施有________。

①避免长期低速运转;②避免超负荷运转;③保证气缸密封性;④加大气缸注油量;⑤气缸注油量按下限值合理调整;⑥扫气箱加强放残

A.①③④　　B.②⑤⑥

C.①②③⑤⑥　　D.②③④⑤⑥

25.船舶二冲程主柴油机发生曲轴箱爆炸事故的原因有________。

①气缸注油量太大;②燃油漏入曲轴箱滑油;③气缸密封性太差;④主轴承过热;⑤十字头轴承过热;⑥活塞杆填料函密封性太差

A.①③⑥　　B.②③④

C.②④⑤⑥　　D.①②③④⑤⑥

26.船舶发电柴油机发生曲轴箱爆炸事故的原因有________。

①气缸注油量太大;②燃油漏入曲轴箱;③气缸密封性太差;④主轴承过热;⑤十字头轴承过热;⑥活塞杆填料函密封性太差

A.①③⑥　　B.②③④

C.①②④⑤⑥　　D.①②③④⑤⑥

27.船舶在航行过程中,主机增压器发生故障需要停增压器,此时要对主机采取________措施。

①降速;②固定使其无明显振动;③控制排气温度不能太高

A.②③　　B.①③

C.①②　　D.①②③

28.船舶主机曲柄箱防爆门弹开时,有大量的油雾喷出,下列相关措施中正确的是________。

A.立即停车,报告驾驶员及相关人员

B.立即启动风机排出烟雾

C.检查防爆门密封性,防止烟雾继续外溢

D.对主机进行降负荷运行

29.船舶主机曲柄箱防爆门的开启压力一般________。

A.为十个大气压　　B.低于大气压

C.约等于大气压　　D.略高于大气压

30.大风浪中航行,为防止主机飞车或超负荷,应采取________的方法,适当降低转速。

A.操车手柄关小油门开度

B.高压油泵进油量减小

C.调速器调小设定转速

D.操车手柄关小油门开度或调速器调小设定转速

31.大型低速主机封缸运行的情况有________。

①单缸停油;②拆除活塞组件;③拆除活塞、十字头和连杆;④拆除排气阀

A.①②③　　B.①③④

C.①②③④　　D.②③④

32.大型低速主机需要拆除活塞、十字头和连杆进行封缸运行时,下列操作中错误的是________。

A.单缸停油　　B.封闭十字头滑油供应管

C.闭锁气缸启动阀　　D.封闭曲柄销轴径油孔

33.当柴油机发生________时,须停止增压器运转。

A.增压器发生喘振无法排除　　B.增压器冷却腔裂纹向外渗水

C.空气滤器污损　　D.增压器轴承损坏

34.当柴油机曲轴箱过热或透气管冒出大量油气时,正确的处理措施是________。

A.立即停车、停泵并打开曲轴箱门检查

B.立即降速,不允许停车后立即打开曲轴箱门检查

C.立即停车并加强冷却

D.立即停车、停泵,待冷却后打开曲轴箱门检查

35.当柴油机在运转中淡水温度偏高时,应________。

A.开大淡水冷却器淡水旁通阀　　B.关小淡水冷却器淡水旁通阀

C.增补膨胀水箱水位　　D.关小海水阀

36.当柴油主机烟囱冒火发生的是油雾燃烧形式的火花时,应急措施是________。

A.立即降负荷或缓慢停车查原因　　B.保持高负荷运转

C.保持高负荷运转,加强吹灰　　D.立即用二氧化碳灭火系统灭火

37.当船舶避碰而要求低速柴油主机采用紧急刹车时,其刹车原理是________。

A.使用轴系制动器

B.换向后使用启动空气对主机进行能耗制动

C.换向后使用启动空气对主机进行强制制动

D.换向后使用启动空气对主机进行制动并反转

38.当船舶航速较高或主机转速较高,进行紧急刹车时,正确的操作是________。

A.保证压缩空气压力

B.保证换向机构可靠

C.启动手柄在启动位置长时间停留以提高刹车效果

D.启动手柄间断性进行刹车动作

39.当船舶紧急刹车时,主柴油机虽已倒转,但由于船舶还在前进,螺旋桨产生的负推力________,负转矩________,所以最大转速仅能达20%~25%标定转速。

A.使螺旋桨转速增加;对船舶起制动作用

B.对船舶起制动作用;使螺旋桨转速降低

C.使船舶实现倒航;对船舶起制动作用

D.对船舶起制动作用;是螺旋桨倒转的阻力矩

40.当船舶在机动航行时,主机增压器发生严重损坏,此时应________。

A.报告驾驶台要求停车拆检增压器　　B.降低主机负荷、维持航行

C.立即停车拆除增压器　　D.立即停车锁住转子

41.当船舶正在全速前进时,若需要紧急刹车,应在________进行主柴油机倒车启动供油操作。

A.推力为零以后　　B.扭矩为零以后

C.转速降至最低稳定转速以后　　D.转速为零以后

42.当船舶主机扫气箱着火时,应采取的措施是________。

A.立即停车,打开扫气箱灭火

B.继续正常航行，无须关注

C.使用 CO_2 灭火

D.降低转速，切断着火气缸的燃油，通知驾驶台

43.当船舶主机增压器________时，需要采取停增压器运行的措施。

A.进口温度超过限定值　　B.增压压力下降

C.发生轻微喘振　　D.轴承烧损

44.当船用大型主柴油机因封缸不能启动时，应采取________的措施。

A.提高启动空气压力值　　B.提高滑油温度

C.打开应急鼓风机　　D.反向启动一下再正向启动

45.当大型低速主机需要拆除活塞、十字头和连杆进行封缸运行时，要进行的操作有________。

①单缸停油；②封闭填料函；③封闭十字头滑油供应管；④封闭曲柄销油孔

A.①②③④　　B.①③④

C.①②③　　D.②③④

46.当大型低速主机需要拆除活塞组进行封缸运行时，要进行的操作有________。

①单缸停油；②封闭填料函；③排气阀固定在开启位置；④停止气缸注油

A.①②③④　　B.①③④

C.①②④　　D.②③④

47.当发现柴油机个别气缸过热而未拉缸时的处理方法是________。

A.立即停车，加强冷却

B.立即降速，单缸停油，加强活塞冷却和气缸润滑

C.立即降速，单缸停油，加强气缸冷却和气缸润滑

D.立即降速，单缸停油，加强活塞与气缸冷却

48.当发现扫气箱着火时，如火势不严重，正确的处理措施是________。

A.使用 CO_2 灭火　　B.停车

C.使用蒸汽灭火　　D.降速

49.当发现透气管冒出大量油气，有曲轴箱爆炸预兆时，采取的措施中不正确的是________。

A.立即降速　　B.加强气缸润滑

C.关闭冷却水泵　　D.降速并加强气缸冷却

50.导致柴油机曲轴爆炸的根本原因是________。

A.曲轴箱内油气达到了爆炸浓度范围

B.曲轴箱内有油气

C.曲轴箱内透气管不通畅

D.曲轴箱出现了高温热源

51.对于油雾燃烧产生的烟囱冒火，应采取的措施是________。

A.立即停车

B.立即降低柴油机负荷

C.尽量使柴油机保持较高的负荷运行

D.在环境允许的条件下应让其继续“喷冒”，使排气系统内的油性沉积物尽量吹掉、烧尽

52.发现拉缸后如活塞咬死，可采取的措施包括________。
①加强活塞冷却；②向缸内注入煤油；③活塞冷却后盘车；④不能盘车时，采取适当措施吊出活塞
A.①②③④　　B.②③
C.①②④　　D.③④

53.封缸后主机运行中会使________，扫气压力明显波动。
A.轴承过度磨损　　B.扫气压力增高
C.滑油温度增高　　D.增压器喘振

54.封缸运行措施的种类不包括________。
A.单缸停止供油
B.拆除活塞组的封缸运行
C.拆除活塞、十字头、连杆的封缸运行
D.拆除增压器运行

55.根据我国有关规定，船舶柴油机曲轴箱防爆门的开启压力应不大于（表压力）________。
A.0.05 MPa　　B.0.1 MPa
C.0.01 MPa　　D.0.5 MPa

56.根据我国有关规定，关于封缸运行，下述中错误的是________。
A.缸数小于 7 或以下者允许封 1 个缸
B.缸数大于 7 者允许封 2 个缸
C.不允许连续发火的 2 个缸同时封缸
D.封缸后应降速运转

57.关于柴油机机械敲缸的叙述中，不正确的是________。
A.机械敲缸也叫冷敲缸
B.机械敲缸发生地点不限于上下止点附近
C.气缸套严重磨损引起的机械敲缸在气缸上部出现敲击声
D.单缸停油法是判断机械敲缸的最简易而可靠的方法

58.关于船舶主柴油机定速前负荷程序的说法中，错误的是________。
A.负荷程序要求高负荷时缓慢加速
B.负荷程序不可取消
C.紧急情况下可不执行
D.负荷程序主要是为了避免热负荷过高

59.关于船舶主柴油机定速前负荷程序的说法中，正确的是________。
A.负荷程序要求低负荷时缓慢加速
B.负荷程序可在集控室操纵台上予以取消
C.机旁应急操纵时遥控系统的负荷程序依然发挥作用
D.设定的负荷程序通常持续 15 min

60.曲柄箱防爆门开启压力一般为________ kPa。
A.5～8　　B.2～4

C.4~6　　D.8~10

61.曲轴箱爆炸的基本条件是________。

A.曲轴箱内油雾浓度达到可爆炸限　　B.油泥残炭太多

C.新鲜空气进入　　D.温度过高

62.曲轴箱防爆门的阻燃器的作用是________。

A.曲轴箱爆炸时防止曲轴箱内部发生燃烧

B.曲轴箱爆炸时防止油雾发生燃烧

C.曲轴箱爆炸时防止火焰通过,避免机舱发生火灾和爆炸

D.曲轴箱爆炸时泄放压力

63.曲轴箱检查时不能检查的项目是________。

A.各螺栓紧固情况　　B.导板工作面的状态

C.滑块工作面的状态　　D.各润滑部位油流情况

64.扫气口检查时应开动的设备有________。

①活塞冷却水(或油)泵;②气缸套冷却水泵;③辅助鼓风机;④盘车机;⑤海水泵

A.③④　　B.①②④

C.①②⑤　　D.③⑤

65.以下关于扫气箱着火的现象中,不正确的是________。

A.扫气箱外部油漆脱落　　B.增压空气压力增大

C.增压器喘振　　D.排烟温度升高

66.扫气箱着火的主要原因是扫气箱内________等。

①积累可燃物;②有高温火源;③有新鲜空气

A.①②　　B.①③

C.②③　　D.①②③

67.四冲程柴油机停增压器运行后,依靠________实现换气。

A.活塞的吸排作用　　B.应急鼓风机

C.电动辅助鼓风机　　D.使用辅助扫气泵从机舱吸入空气

68.四冲程柴油机在采取拆除活塞、连杆进行封缸运行时,一定要将________用专用工具封堵。

A.主轴颈上的滑油孔　　B.气缸套上的注油孔

C.曲柄销上的滑油孔　　D.摇臂轴润滑油孔

69.停增压器运行时柴油机的允许负荷和转速应根据________来控制。

A.柴油机的最高爆发压力和运转情况

B.柴油机的曲轴扭矩和运转情况

C.柴油机的排气温度、颜色和运转情况

D.柴油机的振动和运转情况

70.通常在封缸运行时,应采取的必不可少的应急措施和考虑的因素是________。

①抬起喷油泵滚轮;②关闭喷油泵的进、出口阀;③考虑柴油机振动;④考虑增压器喘振;⑤考虑排气温度;⑥考虑排气颜色

A.①②③④⑤　　B.①③④⑤

C.①③④⑤⑥　　D.①②③④⑤⑥

71.通常在封缸运行时应降速运转,其可维持的运转速度应考虑的因素是________。

①各缸排温不超过标定值;②排烟颜色;③柴油机振动;④增压器喘振

A.①②③　　B.②③④

C.①③④　　D.①②④

72.为防止曲轴箱爆炸时火焰通过,要在防爆门上安装________。

A.阻燃器　　B.膜片

C.弹簧　　D.防火网

73.下列关于柴油机曲轴箱防爆门的说法中,错误的是________。

A.在曲轴箱发生爆炸时,防爆门能够泄放压力

B.曲轴箱爆炸后防爆门快速开启,随后关闭,防止空气涌入

C.在曲轴箱发生爆炸时,防爆门能够防止油雾进入机舱

D.十字头式柴油机曲轴箱防爆门安装在机架上

74.下列关于船舶主机停增压器运行的说法中,错误的是________。

A.如条件不允许停车,可以暂时带着有故障的增压器运行

B.采取拆除增压器的措施,停增压器运行时,只需将增压器转子拆除,此外不需要其他特别措施

C.允许短期停车的情况下,要采取锁转子的措施停增压器

D.停增压器后,要注意主机不超负荷、没有严重问题

75.下列关于单缸停止供油的封缸运行的说法中,不正确的是________。

A.单缸停止供油的同时,还应降速、降负荷

B.单缸停止供油可采用关闭喷油器进油阀的方法

C.单缸停止供油可采用将喷油泵下方滚轮抬起并固定的方法

D.单缸停止供油可采用打开喷油器的回油阀的方法

76.下列关于曲轴箱透气管的说法中,正确的是________。

①出口布置有防火网;②堵塞会导致曲轴箱油雾浓度高;③出口布置在主甲板层;④需要保持通畅

A.①②③④　　B.②③④

C.①③④　　D.①②④

77.现代二冲程柴油机的扫气箱采用________放残方式,以防止积聚物过多。

A.连续　　B.周期

C.程控　　D.间歇

78.一般船舶主机扫气箱的放残管上装有________。

A.节流孔板　　B.单向阀

C.单向止回阀　　D.滤网

79.有关二冲程柴油机扫气箱中可燃物积聚的正确说法是________。

A.使用超长行程可避免扫气箱中积聚可燃物

B.扫气箱中积聚可燃物不可避免

C.使用电控气缸油注油器可避免扫气箱中积聚可燃物

D.优化气缸油注油器喷嘴的位置可避免扫气箱中积聚可燃物

80.在柴油机进行紧急刹车操纵中，避免在刹车中同时向气缸喷油的联锁设备是________。

A.换向联锁　　B.盘车机联锁

C.车钟联锁　　D.运转方向联锁

81.柴油机运转管理中的热力检查应通过检测________参数进行判断。

①排气温度；②各缸压缩压力；③各缸最高爆发压力；④排气颜色；⑤示功图计算；⑥燃油耗量

A.①②④⑤⑥　　B.①②③④⑤

C.①③④⑤⑥　　D.①②③⑤⑥

82.在柴油机运转中进行热力检查的主要途径是________。

A.测量排气温度、滑油温度与冷却水温度

B.测压缩压力与各缸爆发压力

C.测量排气温度与各缸示功图并计算平均指示压力

D.测量排气温度与各缸最高爆发压力

83.在柴油机运转中进行热力检查时必须测量的运转参数是________。

A.各缸最高爆发压力　　B.扫气压力与温度

C.各缸喷油泵供油刻度　　D.各缸排气温度

84.在船舶失电时，为保证迅速启动副机，由应急发电机供电运行的设备是________。

A.循环泵　　B.供给泵

C.增压泵　　D.加热器

85.在对柴油主机进行紧急刹车操纵时，需要选择时机进行操纵的动作是________。

A.换向　　B.刹车

C.停油　　D.回车钟

86.在扫气箱发生严重火情时，通知驾驶台并执行停车指令后，应利用扫气箱安装的灭火装置扑灭明火，必要时可用________对扫气箱外壳进行降温。

A.热水　　B.淡盐水

C.蒸汽　　D.冷水

87.早期发现拉缸时，可采取的措施包括________。

①加强气缸套冷却；②加强活塞冷却；③加大注油量；④降速；⑤单缸停油

A.①②③④⑤　　B.①③④

C.②③④　　D.③④⑤

88.造成二冲程柴油机扫气箱中可燃物增多的可能原因包括________。

①喷油提前，燃烧相位前移；②扫气箱放残管堵塞；③后燃严重；④气缸长时间漏气

A.①②④　　B.①②③④

C.①③④　　D.②③④

89.增压二冲程柴油机当增压器损坏无法使用而使用辅助或应急鼓风机时，其运转功率与转速的降低程度主要应考虑的因素是________。

①排气温度；②柴油机振动；③排气颜色；④柴油机运转状态

A.①②③　　B.①③④

C.②③④　　D.①②④

90.增压四冲程柴油机当停增压器运转时,可做的调整工作是________。

A.适当减小气阀重叠角　　B.适当增大气阀重叠角

C.适当增大气阀间隙　　D.适当减小气阀间隙

91.正车运行的柴油机,需要紧急换向,当停油后需能耗制动时,缸内压缩空气排出必须在________时刻排出气缸。

①正车压缩冲程之末;②倒车膨胀冲程之初;③正车膨胀冲程之末;④倒车压缩冲程之初;⑤倒车压缩冲程之末;⑥正车膨胀冲程之初

A.①②　　B.①④

C.③⑥　　D.⑤⑥

92.值班轮机员接到"紧急刹车"指令时,首先采取的操作是________。

A.回车钟　　B.倒车

C.换向　　D.刹车

93.主机单缸停止供油做封缸运行时,不当的措施是________。

A.将排气阀锁住在开启位置

B.适当减少该缸滑油和冷却水的供给量

C.打开示功阀

D.封闭活塞冷却系统

94.主机停增压器运行时,应________。

①降速;②无明显振动;③排温不超规定值

A.②③　　B.①③

C.①②　　D.①②③

95.主机运行时,排气温度过高的原因包括________等。

①喷油定时过晚;②燃油雾化质量差;③排气阀漏气;④供油量太大

A.①②④　　B.②③④

C.①②③　　D.①②③④

96.主机转换为定速航行时,可关闭________。

A.分油机　　B.空压机

C.空气瓶进口阀　　D.空气瓶出口阀

参考答案

第一节 主机备车、机动操纵及完车

1.D 2.D 3.C 4.B 5.D 6.A 7.A 8.B 9.A 10.C
11.B 12.D 13.D 14.C 15.B 16.C 17.D 18.D 19.A 20.C
21.B 22.D 23.A 24.C 25.A 26.B 27.A 28.A 29.B 30.A
31.C 32.D 33.C 34.A 35.D 36.B 37.A 38.C 39.C 40.B
41.B 42.A 43.B 44.B 45.D 46.C 47.A 48.D

第二节 主机的运行管理

1.B 2.A 3.B 4.C 5.D 6.A 7.D 8.C 9.C 10.B
11.D 12.B 13.D 14.D 15.B 16.C 17.A 18.A 19.A 20.C
21.D 22.D 23.C 24.C 25.C 26.B 27.D 28.A 29.D 30.D
31.A 32.D 33.D 34.B 35.B 36.A 37.D 38.D 39.D 40.B
41.D 42.D 43.D 44.D 45.A 46.C 47.B 48.D 49.C 50.B
51.B 52.A 53.D 54.D 55.C 56.C 57.C 58.B 59.B 60.B
61.A 62.C 63.C 64.B 65.B 66.D 67.A 68.C 69.C 70.B
71.C 72.A 73.B 74.B 75.B 76.D 77.A 78.A 79.D 80.D
81.C 82.C 83.D 84.C 85.B 86.C 87.C 88.D 89.B 90.A
91.A 92.A 93.D 94.D 95.D 96.D

第十五章 轮机工程材料

第一节　材料特性与参数、金属冶炼及热处理

1.柴油机轴承合金裂纹的主要原因是________。

A.机械疲劳　　B.应力疲劳

C.热疲劳　　D.机械冲击

2.冲压中的构件所受的载荷为________。

A.静载荷　　B.动载荷

C.交变载荷　　D.冲击载荷

3.根据额定功率用力学公式计算出作用在构件上的载荷为________。

A.静载荷　　B.动载荷

C.名义载荷　　D.计算载荷

4.下列有关杆件安全系数的说法中，错误的是________。

A.安全系数取得越小，则构件用料越少

B.安全系数取得越小，则许用应力越远离危险应力

C.安全系数取得越小，则许用应力越接近于危险应力

D.安全系数取得越小，则构件将偏于危险

5.下列有关杆件安全系数的说法中，正确的是________。

A.安全系数取得越小，则许用应力越接近于危险应力

B.安全系数取得越大，则许用应力越接近于危险应力

C.安全系数取得越小，则构件用料越多

D.安全系数取得越大，则构件将偏于危险

6.下列有关杆件安全系数的说法中，正确的是________。

A.一般来说，静载荷下，塑性材料的安全系数较脆性材料的安全系数大

B.在构件安全系数选择方面，安全性和经济性是统一的

C.一般来说，脆性材料的安全系数大小与塑性材料的安全系数大小无法比较

D.一般来说，静载荷下，脆性材料的安全系数较塑性材料的安全系数大

7.________是构件在平稳工作条件下所受到的载荷。

A.交变载荷　　B.冲击载荷
C.名义载荷　　D.计算载荷

8.工作中的四冲程柴油机连杆所受载荷为________。
A.名义载荷　　B.计算载荷
C.交变载荷　　D.冲击载荷

9.________表示材料在________过程中________的能力。
A.延展性;弹性变形和破裂;吸收能量
B.塑性;弹性变形和破裂;释放能量
C.脆性;塑性变形和破裂;释放能量
D.韧性;塑性变形和破裂;吸收能量

10.________的工艺路线较复杂。
A.金属材料　　B.高分子材料
C.陶瓷材料　　D.复合材料

11.________具有超级的低温强度和韧性。
A.镍合金　　B.铬合金
C.钼合金　　D.钒合金

12.________能消除尺寸的影响,可作为衡量材料强度的标准。
A.内力　　B.外力
C.应力　　D.分子力

13.________是脆性材料的危险应力。
A.比例极限　　B.弹性极限
C.屈服极限　　D.强度极限

14.材料经过冷作硬化后,________相对减小。
A.比例极限　　B.屈服极限
C.脆性　　D.塑性变形

15.材料在弹性范围内的最大应力是________。
A.强度极限　　B.屈服极限
C.弹性极限　　D.比例极限

16.低碳钢材料在卸载后,不产生塑性变形的极限应力是________。
A.屈服极限　　B.比例极限
C.弹性极限　　D.强度极限

17.低碳钢在拉伸时,屈服阶段中最低点的应力称为材料的________。
A.弹性极限　　B.比例极限
C.屈服极限　　D.强度极限

18.工程中一般是以________指标来区分塑性材料和脆性材料的。
A.弹性模量　　B.强度极限
C.比例极限　　D.延伸率

19.塑性材料的危险应力是________。

A.屈服极限　　B.强度极限

C.比例极限　　D.弹性极限

20.工程上常按材料________的大小,把材料分为塑性材料和脆性材料。

A.应变　　B.延伸率

C.弹性极限　　D.屈服极限

21.钢经淬火和中温回火后可提高________。

A.疲劳极限　　B.强度极限

C.屈服极限　　D.蠕变极限

22.高温下金属材料抵抗塑性变形的能力称为________。

A.疲劳极限　　B.蠕变极限

C.屈服极限　　D.持久极限

23.________是将金属熔化成液体后浇入模具里,经冷却凝固、清理后获得所需形状的铸件的加工方法,能制成形状复杂的各类物件。

A.热轧　　B.锻造

C.铸造　　D.冷轧

24.________是金属材料在外力作用下抵抗塑性变形的能力。

A.刚度　　B.塑性

C.屈服强度　　D.抗拉强度

25.________是金属材料在外力作用下抵抗塑性变形和断裂的能力。

A.刚度　　B.强度

C.屈服强度　　D.抗拉强度

26.________是物质的一种机械性质,表示材料在受力而产生破裂之前,其________的能力。

A.延展性;塑性变形　　B.强度;塑性变形

C.刚度;塑性变形　　D.刚度;弹性变形

27.________是指工程材料抵抗________的力学性能之一。

A.刚度;塑性变形　　B.刚度;弹性变形

C.强度;塑性变形　　D.强度;断裂和过度变形

28.________以热轧钢卷为原料,经________进行冷连轧,其成品为轧硬卷。由于连续冷变形引起的冷作硬化使轧硬卷的强度、硬度上升,韧塑指标下降,因此其冲压性能将恶化,只能用于简单变形的零件。

A.铸造;酸洗去除氧化皮前　　B.铸造;酸洗去除氧化皮后

C.热轧;酸洗去除氧化皮前　　D.冷轧;酸洗去除氧化皮后

29.________致使杆件直角六面体变成平行六面体。

A.轴向拉伸　　B.剪切变形

C.弯曲变形　　D.扭转变形

30.H 型钢与普通工字钢相比________。

A.H 型钢的上下翼缘板窄于工字钢

B.相同用钢量的情况下 H 型钢抗弯性能优于工字钢

C.H 型钢重量大
D.两者都可以是热轧或焊接

31.安全系数取得越小，则________越接近于危险应力。
A.最小应力　B.最大应力
C.平均应力　D.许用应力

32.材料 a、b、c 的应力-应变曲线如图所示，弹性最好的材料是________。

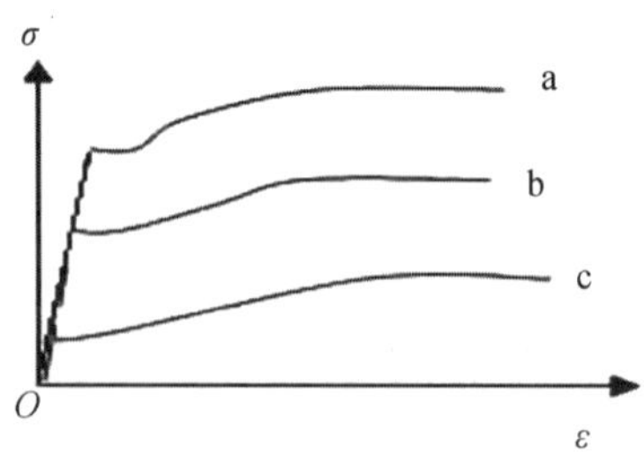

A.a　B.b
C.c　D.无法确定

33.材料 a、b、c 的应力-应变曲线如图所示，强度最好的材料是________。

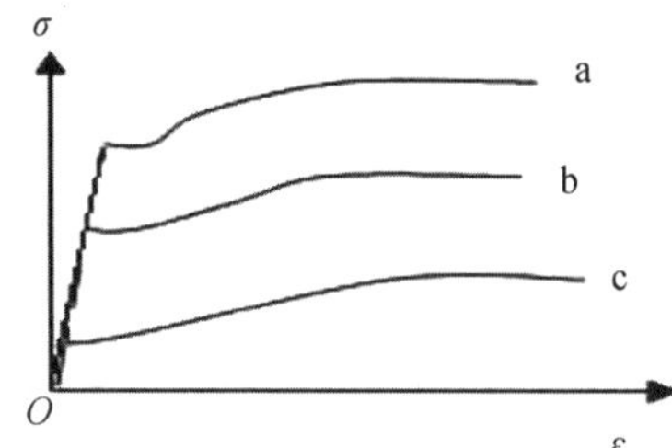

A.a　B.b
C.c　D.无法确定

34.材料的________和________越大，则其塑性越好。
A.延伸率；冲击韧性　B.屈服强度；断面收缩率
C.延伸率；蠕变极限　D.延伸率；断面收缩率

35.材料的拉压试验表明，最适合做机器底座的是________。
A.低碳钢　B.铝
C.铸铁　D.塑性材料

36.材料拉压时，进入屈服阶段后，材料发生________变形。
A.塑性　B.弹塑性
C.弹性　D.线弹性

37.材料力学研究的变形主要是________，即材料在弹性阶段的变形。
A.塑性　B.弹性变形
C.塑性变形　D.弹性

38.材料在高温下的机械性能指标主要有________。

A.蠕变极限、屈服极限　　B.持久强度、抗拉强度

C.疲劳强度、热硬性　　D.热强度、热硬性

39.柴油机连杆受轴向压缩时,受力特点为________,变形特点为________。

A.外力作用线沿着杆件的轴线;杆件沿着轴线方向缩短

B.外力作用线沿着杆件的轴线;轴线由原来的直线变成曲线

C.活塞杆受到与其轴线垂直的外力的作用;杆件沿着轴线方向缩短

D.活塞杆受到作用面过其轴线的力偶的作用;杆件沿着轴线方向缩短

40.把钢加热到临界点以上某一温度,保温一定时间,然后速冷,这一工艺称为________。

A.退火　　B.正火

C.回火　　D.淬火

41.把金属或合金加热到给定温度并保持一段时间,然后用选定的速度和方法使之冷却,以________的操作工艺,被称为热处理。

A.得到所需要的显微组织和性能　　B.得到稳定的结构

C.得到稳定的成分　　D.得到稳定的组分

42.表面淬火回火热处理后的零件,当硬度层较浅时,为避免破坏零件表面,应选择________来检测硬度。

A.布氏硬度计　　B.洛氏硬度计

C.莫氏硬度计　　D.维氏硬度计

43.表面淬火可使零件表面获得的性能是________。

A.硬度高、耐磨性好　　B.耐蚀性好

C.强度高　　D.耐热性好

44.表面激光淬火是利用高功率密度的激光束扫描工件表面,将其迅速加热到________温度以上,然后自激快速冷却获得马氏体。

A.相变　　B.再结晶

C.重结晶　　D.熔点

45.柴油机曲轴一般采用先淬火再________。

A.低温回火　　B.中温回火

C.高温回火　　D.回火

46.柴油机上的气缸套、曲轴等零件表面常采用________。

A.渗硼　　B.渗碳

C.渗氮　　D.碳氮共渗

47.柴油机上的十字头销、活塞销、凸轮等零件为了获得高的强度、硬度和耐磨的表面性能,常采用________。

A.渗硼　　B.渗碳

C.渗氮　　D.碳氮共渗

48.脆性材料的零件疲劳断裂后,其断口上的最后断裂区________较大,与发暗的裂纹扩展区显著不同。

A.纤维　　B.晶粒

C.面积　　D.尺寸

49.淬火钢重新加热至150~250 ℃,保温后在空气中冷却的操作称为________。

A.高温回火　　B.软化回火

C.低温回火　　D.中温回火

50.淬火钢重新加热至350~500 ℃,保温后在空气中冷却的操作称为________。

A.低温回火　　B.中温回火

C.高温回火　　D.软化回火

51.淬火钢重新加热至500~600 ℃,保温后在空气中冷却的操作称为________。

A.高温回火　　B.软化回火

C.低温回火　　D.中温回火

52.工业上通常将钢件________的操作称为调质处理。

A.淬火后低温回火　　B.淬火后冷处理

C.淬火后高温回火　　D.淬火后中温回火

53.关于回火脆性,正确的选择是________。

A.低温回火脆性是可逆的　　B.没有办法避免

C.高温回火脆性是不可逆的　　D.应避免发生

54.气阀弹簧常采用的热处理工艺为________。

A.淬火后高温回火　　B.淬火后中温回火

C.淬火后低温回火　　D.正火

55.淬火时为了获得100%的马氏体,冷却的选择是________。

A.深冷　　B.空冷

C.速冷　　D.缓冷

56.淬火与高温回火结合起来称为________。

A.球化处理　　B.冷处理

C.孕育处理　　D.调质处理

57.除镍铝青铜外,其他材料的螺旋桨焊补后均应进行消除应力的________处理。

A.退火　　B.淬火+低温回火

C.淬火+高温回火　　D.正火

58.当活塞销选用20钢制作时,应进行的热处理是________。

A.淬火　　B.淬火+低温回火

C.渗碳+淬火+低温回火　　D.渗碳+正火

59.连杆螺栓受力复杂,需要进行________以增加其耐磨性及韧性。

A.调质处理　　B.高频回火

C.表面淬火　　D.深冷处理

60.柴油机燃油系统的精密偶件常采用的关键热处理是________。

A.淬火+冷处理+低温回火　　B.淬火+高温回火

C.渗碳+淬火+低温回火　　D.淬火+低温回火

61.连杆螺栓一般需要________处理。

A.淬火+低温回火　　B.淬火+中温回火
C.淬火+高温回火　　D.回火

62.当要求活塞销、十字头等具有表面耐磨芯部强韧时,应选择________。
A.淬火　　B.淬火+低温回火
C.渗碳+淬火+低温回火　　D.渗碳+正火

63.制作活塞销一般需要________。
A.淬火+中温回火　　B.退火
C.渗碳+淬火+低温回火　　D.淬火+高温回火

64.连杆螺栓应选用的关键热处理工艺为________。
A.正火　　B.淬火+低温回火
C.退火　　D.调质

65.十字头销、活塞销、凸轮等零件渗碳后应立即进行________。
A.淬火　　B.低温回火
C.淬火+低温回火　　D.调质

66.用 45 钢生产的贯穿螺栓,其关键热处理是________。
A.正火　　B.淬火+低温回火
C.回火　　D.退火

67.对 45 钢曲轴锻造进行正火处理是为了________。
A.代替退火处理　　B.代替调质处理
C.降低硬度以便于加工　　D.获得屈氏体

68.在所受压力达到某一临界值后,杆件发生突然弯曲,丧失工作能力,这种现象称为________。
A.塑性变形　　B.弹性变形
C.失稳　　D.蠕变

69.当载荷不超过某一范围时,多数材料在去除载荷后能恢复原有的形状和尺寸,材料的这种性质称为________。
A.弹性　　B.弹性变形
C.塑性　　D.塑性变形

70.当载荷不超过某一范围时,多数材料在去除载荷后能恢复原有的形状和尺寸,材料的这种性质称为________;去除载荷后能够消失的变形称为________。
A.弹性;弹性变形　　B.塑性;塑性变形
C.弹性;塑性变形　　D.塑性;弹性变形

71.当载荷不超过某一范围时,多数材料在去除载荷后能恢复原有的形状和尺寸,去除载荷后能够消失的变形称为________。
A.弹性　　B.弹性变形
C.塑性　　D.塑性变形

72.当载荷超过某一范围时,在去除载荷后,变形只能部分恢复而残留一部分不能消失,不能复原而残留下来的变形称为________。
A.弹性　　B.弹性变形

C.塑性　　D.塑性变形

73.当载荷超过某一范围时，在去除载荷后，变形只能部分恢复而残留一部分不能消失，材料的这种性质称为________；不能复原而残留下来的变形称为________。

A.弹性；弹性变形　　B.塑性；塑性变形

C.弹性；塑性变形　　D.塑性；弹性变形

74.等截面直杆受轴向拉力作用时，在弹性范围内，其绝对变形与________成正比。

A.所受拉力　　B.横截面直径

C.横截面面积　　D.弹性模量

75.低碳钢材料经拉伸强化后，其比例极限和屈服极限显著提高，而塑性变形相对减少的现象称为________。

A.强化现象　　B.脆化现象

C.冷作硬化　　D.脆性硬化

76.低碳钢的碳的质量分数小于________%。

A.0.15　　B.0.10

C.0.20　　D.0.25

77.低碳钢需要进行表面硬化的原因是________。

A.提高耐蚀性　　B.提高韧性

C.提高耐磨性　　D.提高塑性

78.低碳钢正火处理是为了________。

A.提高硬度，便于切削　　B.提高塑性，降低硬度

C.提高强度，提高塑性　　D.降低强度，提高塑性

79.低温退火的目的是消除________。

A.脆性　　B.残余内应力

C.网状二次渗碳体　　D.组织缺陷

80.电化学腐蚀与化学腐蚀的本质区别在于________。

A.腐蚀速度　　B.腐蚀介质

C.腐蚀过程中是否产生电流　　D.腐蚀能量

81.为使合金钢曲轴锻件综合机械性能好，应进行________。

A.完全退火　　B.低温退火

C.正火　　D.调质

82.对于两根材料相同、截面不同的杆件，当轴力相等时，________的就易破坏。

A.强度高　　B.强度低

C.截面大　　D.截面小

83.杆件在受到外力作用后，产生的塑性变形实际上就是________。

A.超出弹性范围的变形

B.外力去除后不能消失而残留下来的变形

C.因外力去除而产生的变形

D.使自身形状、尺寸发生改变的变形

84.关于外力和载荷,下列说法中,哪一个是正确的?

A.外力可以是力,但不可以是力偶

B.外力包括载荷,但不包括约束反力

C.载荷包括分布载荷

D.载荷只能是静载荷,不能是动载荷

85.外力可分为两大类,即________。

A.内力和应力　　B.主动力和反作用力

C.主动力和载荷　　D.力和力偶

86.为保证构件在外力作用下有足够的抵抗塑性变形和断裂破坏的能力,构件应具有足够的________。

A.刚度　　B.硬度

C.强度　　D.韧性

87.受一对大小相等、方向相反、相距很近的横向力作用,杆件两截面沿外力作用力方向发生相对错动变形,称为________。

A.扭转　　B.剪切

C.挤压　　D.弯曲

88.支座反力属于________。

A.内力　　B.外力

C.主动力　　D.都不对

89.关于外力,________是错误的。

A.支座的约束反力属于外力　　B.外力是外界作用在物体上的力

C.运动杆件的惯性力不属于外力　　D.杆件的自重属于外力

90.关于外力,________是错误的。

A.外力是外界作用在物体上的力　　B.杆件的自重不属于外力

C.支座的约束反力属于外力　　D.运动杆件的惯性力属于外力

91.对于圆柱状连接件,计算挤压面积是________。

A.半个直径平面　　B.整个圆柱面

C.直径平面　　D.半个圆柱面

92.杆件________时横截面上正应力按等值分布。

A.轴向拉伸　　B.剪切

C.扭转　　D.弯曲

93.杆件拉伸和压缩时的平面假设,是建立在________基础上的。

A.轴向拉伸和压缩　　B.非轴向拉伸和压缩

C.所有的拉伸和压缩　　D.没有具体要求

94.杆件受到剪切时,其变形特点是两力之间的截面产生相对错动,由矩形变为________。

A.长方形　　B.多边形

C.平行四边形　　D.正六角形

95.杆件在弹性范围内,应力与应变________。

A.成正比　　B.成反比
C.相等　　D.视杆件变形情况而定

96.杆件在截面突变的区域,尽可能选用圆角、倒角或渐变结构,其主要目的是________。
A.增强抗压能力　　B.增大应力集中
C.减小应力集中　　D.增强抗拉能力

97.下列关于杆件在拉伸时的力学性质说法中,不正确的是________。
A.屈服阶段杆件所受拉力与变形成正比
B.屈服极限是杆件的重要强度指标
C.低碳钢拉伸试验存在弹性阶段、屈服阶段、强化阶段和缩颈断裂阶段
D.强度极限是杆件承受的最大应力

98.杆件轴向拉伸时,横截面上不可能存在________。
A.拉应力　　B.压应力
C.剪应力　　D.拉应力和压应力

99.杆件轴向压缩时,纵向线应变和横向线应变的符号________。
A.相同　　B.相反
C.有时相同,有时相反　　D.根据材料的性质而定

100.钢经淬火后,为消除脆性,应进行________。
A.回火　　B.正火
C.退火　　D.调质

101.钢经退火处理后,可使其硬度________,塑性________。
A.降低;提高　　B.提高;降低
C.降低;降低　　D.提高;提高

102.高炉炼铁是利用________与氧气反应的产物把铁从铁矿石中还原出来的。
A.废钢　　B.石灰石
C.氧化钙　　D.焦炭

103.根据材料的剪切强度,可以解决________问题。
①强度校核;②截面设计;③确定材料的剪切弹性模量;④确定许用载荷
A.①②③④　　B.②③④
C.①③④　　D.①②④

104.根据杆件拉压时的强度条件,可以解决________问题。
①强度校核;②选择截面尺寸;③确定许用载荷
A.①②　　B.①③
C.②③　　D.①②③

105.工业炼铁的设备是________。
A.高炉　　B.转炉
C.平炉　　D.电炉

106.构件的剪应力在剪切面上按________分布。
A.等值　　B.线形

C.曲线　　D.抛物线

107.在固溶体中,能保留住晶格结构含量较多的元素称为________,而晶格结构消失的元素称为________。

A.化合物;固溶体　　B.固溶体;化合物

C.溶剂;溶质　　D.溶质;溶剂

108.下列关于巴氏合金的叙述,不正确的是________。

A.软基体组织上分布着硬质点

B.摩擦系数小,具有良好的导热性和抗蚀性

C.疲劳强度低

D.无偏析现象

109.下列关于杆件受轴力作用而发生拉压破坏的描述,正确的是________。

A.只与内力的大小有关

B.只与杆件截面的大小有关

C.既与内力的大小有关,又与截面的大小有关

D.既与内力的大小无关,也与截面的大小无关

110.关于高碳钢的弹簧回火处理过程,正确的选择是________。

A.可获得良好的耐磨性　　B.可获得良好的耐蚀性

C.可获得良好的弹性　　D.可获得良好的综合机械性

111.关于高碳钢的弹簧热处理过程,正确的选择是________。

A.可获得良好的耐磨性　　B.可获得良好的耐蚀性

C.可获得良好的弹性　　D.可获得良好的综合机械性

112.关于高碳钢的回火处理过程,正确的选择是________。

A.淬火+中回　　B.可用退火替代

C.淬火+低回　　D.淬火+高回

113.关于激光表面淬火的特点,不正确的是________。

A.加热速度快　　B.零件变形小

C.能处理复杂形状的零件　　D.在表面产生较大的拉应力

114.关于金属材料的机械性能,下列叙述不正确的是________。

A.持久强度、蠕变极限、疲劳强度是高温下的机械性能指标

B.冲击韧性可以反映脆性转变过程

C.屈强比大、弹性好

D.断面收缩率可以更准确地反映塑性

115.关于金属材料的机械性能,下列叙述不正确的是________。

A.通过拉伸试验可以测试强度、塑性、刚度

B.通过摆锤试验可以测试冲击韧性、脆性

C.通过硬度试验可以测试 HBW、HRC、HV

D.通过疲劳试验可以测试疲劳强度

116.关于金属疲劳破坏的说法中,正确的是________。

A.交变应力作用频率增加,金属疲劳极限则会降低
B.同种材料零件的尺寸越大,其疲劳强度越大
C.金属零件在腐蚀介质中具有“条件疲劳极限”
D.零件表面越粗糙,疲劳极限越高

117.关于冷处理的叙述,正确的是________。
A.必须采用缓慢冷却方式
B.深冷至 Ms 以下
C.获得 100%的 M
D.既可作为预先热处理,也可以作为最终热处理

118.关于冷却速度,正确的是________。
A.正火需要快速冷却　　B.回火需要快速冷却
C.淬火需要快速冷却　　D.退火需要快速冷却

119.关于普通碳钢所适用的热处理,不正确的是________。
A.退火是为了降低硬度、提高塑性、改善基体组织
B.淬火是为了获得 M
C.回火与淬火配合,以获得所需的性能
D.正火是正常化的缓冷过程

120.关于热处理,下列叙述不正确的是________。
A.有普通热处理和表面热处理之分
B.钢淬火后必须回火才能获得马氏体
C.普通热处理分为退火、正火、淬火、回火
D.表面热处理分为表面淬火、表面化学热处理

121.关于碳钢,描述不正确的是________。
A.随着含碳量的增加,铸造性改善　　B.随着含碳量的增加,硬度增大
C.含碳量 0.9%的强度最高　　D.随着含碳量的增加,塑性降低

122.关于退火的目的,正确的叙述是________。
A.降低硬度,提高塑性,改善切削加工性能
B.提高弹性,降低硬度
C.消除组织缺陷,提高强度
D.提高强度,防止变形

123.关于应力的说法中,________是错误的。
A.应力分为三种,即正应力、剪应力和切应力
B.同一截面上的剪应力不一定相互平行
C.同一截面上,正应力与剪应力一定相互垂直
D.同一截面上的正应力不一定大小相等、方向相同

124.关于应力的说法中,________是正确的。
A.应力分为三种,即正应力、剪应力和切应力
B.同一截面上的正应力一定大小相等、方向相同

C.同一截面上,正应力与剪应力不一定相互垂直

D.同一截面上的剪应力不一定相互平行

125.关于应力的说法中,错误的是________。

A.应力必大于内力

B.应力分为两种,即正应力和剪应力

C.同一截面上,正应力与剪应力一定相互垂直

D.应力是内力的集度

126.关于轴向拉伸或轴向压缩的特点,叙述有误的是________。

A.外力或合外力的作用线沿杆件的轴线

B.杆件沿轴线方向伸长或缩短

C.杆件变形前后的横截面均为平面

D.杆件变形前的横截面是平面,变形后的横截面不是平面

127.关于铸铁,描述不正确的是________。

A.铸造性比钢好　　B.含碳量大于 2.11%

C.碳主要以石墨形式存在　　D.抗拉而不抗压

128.关于转炉炼钢的特点,叙述错误的是________。

A.广泛采用氧气顶吹转炉或顶底复吹转炉

B.质量好

C.可炼合金钢

D.生产效率低

129.滚动轴承钢中主要加入的合金元素是________。

A.锰(Mn)　　B.铬(Cr)

C.硅(Si)　　D.钒(V)

130.锅炉中的水蒸气对锅炉体的作用力为________。

A.集中载荷　　B.体载荷

C.面载荷　　D.线载荷

131.含________较高的合金铸铁耐磨性好,可用于中、高速柴油机气缸套。

A.磷　　B.氮

C.硅　　D.铝

132.焊接结构的船机零部件,宜选用________材料。

A.铸铁　　B.工具钢

C.高碳钢　　D.低碳钢

133.衡量高温强度的性能指标主要有________。

A.屈服极限、抗拉强度　　B.蠕变极限、持久强度

C.屈服极限、持久强度　　D.蠕变极限、抗拉强度

134.化学反应膜适用于________的工作条件。

A.常温、低速、轻载　　B.中等的负荷、速度和温度

C.重载、高速、高温　　D.常温、高温,中速

135.黄铜产生的季裂和脱锌的实质都是________。

A.腐蚀　　B.化学腐蚀

C.电化学腐蚀　　D.穴蚀

136.剪切弹性模量表示材料抵抗剪切________的能力。

A.载荷　　B.内力

C.应力　　D.变形

137.将________加入钢中,通常用于增强耐腐蚀性和耐氧化性、提高淬硬性、改善其高温强度或增强碳成分钢的耐磨料磨损性。

A.镍　　B.钒

C.铬　　D.钼

138.将零件放在一定的加热介质中加热,达到一定温度后使介质中的某种活性原子渗入零件表层的工艺,称为________。

A.热处理　　B.表面热处理

C.表面化学热处理　　D.表面淬火

139.将液态金属浇入与零件相适应的型腔中,待其冷却凝固,获得毛坯或零件的工艺是________。

A.铸造　　B.锻造

C.热处理　　D.冲压

140.金属材料的机械性能也可称为金属材料的________。

A.物理性能　　B.工艺性能

C.力学性能　　D.理化性能

141.金属材料在常温下的机械性能包括刚度、强度、硬度、疲劳极限、冲击韧性和________。

A.塑性　　B.弹性

C.脆性　　D.热硬性

142.金属材料在室温下的机械性能指标是通过________四个试验测定的。

A.拉伸试验、强度试验、冲击试验、弯曲试验

B.拉伸试验、硬度试验、冲击试验、疲劳试验

C.强度试验、硬度试验、疲劳试验、再结晶试验

D.硬度试验、强度试验、弯曲试验、再结晶试验

143.金属的高温氧化开始阶段属于________腐蚀。

A.化学　　B.电化学腐蚀

C.微观　　D.宏观

144.金属腐蚀是金属与外部介质作用发生在金属________的破坏。

A.表面　　B.内部

C.与介质之间　　D.表面并向内部扩展

145.金属零件材料能否承受住压应力、弯曲应力等,取决于材料本身的________。

A.物理性能　　B.化学性能

C.工艺性能　　D.机械性能

146.经表面淬火热处理后的成品零件需要进行________测试。

A.零件尺寸　　B.表面硬度

C.成分　　D.有效淬硬层深度

147.可锻铸铁是在钢的基体上分布的石墨呈________的一种铸铁。

A.粗片状　　B.细片状

C.团絮状　　D.球粒状

148.炼钢常用的脱氧方法是向钢中增加适量的________。

A.硅铁　　B.氧化钙

C.碳酸钙　　D.氧化镁

149.炼钢过程实质上是生铁的________过程。

A.还原　　B.氧化

C.增碳　　D.造渣

150.炼钢生铁中碳是以 Fe_3C 形式存在的,断面呈________。

A.银白色　　B.灰色

C.褐色　　D.浅黄色

151.零件表面渗碳后可获得的组织相当于________。

A.低碳钢　　B.中碳钢

C.高碳钢　　D.合金钢

152.零件氮化处理后可以提高零件表面的________。

A.硬度　　B.综合机械性能

C.刚度　　D.高温强度

153.零件在工作状态中承受载荷作用不会发生破坏,且不允许产生过量的弹性变形的衡量指标是________。

A.硬度　　B.塑性

C.强度　　D.刚度

154.洛氏硬度的代表符号是________。

A.HB　　B.HR

C.HM　　D.HV

155.铝基轴承合金主要包括低锡铝合金、铝锑镁轴承合金和________。

A.铝合金　　B.铝硅合金

C.高锡铝合金　　D.中锡铝合金

156.名义载荷并没有考虑载荷随时间作用的不均匀性、载荷分布的不均匀性等因素。这些因素的综合影响,常用________来考虑估算。

A.影响系数　　B.载荷系数

C.名义系数　　D.计算系数

157.模具宜选用________材料制造。

A.低碳钢　　B.工具钢

C.铸铁　　D.结构钢

158.扭转变形的圆形截面轴，横截面某点处的剪应变与该点到轴线的距离________。

A.成正比　　B.相等

C.成反比　　D.无关

159.普通热处理是通过加热、保温和冷却来改变钢的________。

A.成分　　B.温度

C.组织　　D.组元

160.铅基巴氏合金中添加 Sn 的主要目的是________。

A.形成化合物 PbSn　　B.减轻比重偏析

C.形成硬质点相　　D.降低硬度

161.对球墨铸铁曲轴的轴颈表面要求高时，可以采用的工艺是________。

A.高频回火　　B.低频回火

C.低频淬火　　D.高频淬火

162.球墨铸铁是在钢的基体上分布着________。

A.细片状石墨　　B.团絮状石墨

C.粗片状石墨　　D.球粒状石墨

163.曲轴、气缸套常采用________。

A.整体淬火　　B.局部淬火

C.表面淬火　　D.等温淬火

164.热轧钢是在________温度以上进行轧制的。

A.再结晶　　B.重结晶

C.熔点　　D.相变

165.韧性材料在拉应力作用下断裂的断口呈________。

A.杯锥状　　B.贝纹状

C.粗糙晶粒状　　D.细晶粒状

166.渗碳工艺适用于________。

A.低碳钢　　B.中碳钢

C.高碳钢　　D.铸铁

167.碳素工具钢的牌号用“T”加数字表示，数字表示钢中平均含碳量的________。

A.十分数　　B.百分数

C.千分数　　D.万分数

168.碳素工具钢是________。

A.中碳钢　　B.特种钢

C.低碳钢　　D.高碳钢

169.碳在铸铁中主要以化合态 Fe_3C 形式存在，断口呈银白色的称为________。

A.白口铸铁　　B.灰口铸铁

C.麻口铸铁　　D.铁碳合金

170.退火冷却的选择是________。

A.速冷　　B.深冷

C.缓冷　　D.空冷

171.完全退火的目的之一是________。

A.降低硬度　　B.降低韧性

C.降低塑性　　D.降低脆性

172.危险截面是________所在的截面。

A.最小面积　　B.最大面积

C.最大应力　　D.最大内力

173.为保证零件在弹性变形范围内工作,零件工作时的应力不应超过材料的________。

A.屈服强度　　B.抗拉强度

C.疲劳强度　　D.抗弯强度

174.为了获得均匀一致的良好综合机械性能,热处理的选择是________。

A.淬火+低回　　B.采用低碳钢

C.淬火+高回　　D.淬火+中回

175.为了获得良好弹性,正确的选择是________。

A.淬火+低回　　B.淬火+中回

C.淬火+高回　　D.采用高碳钢

176.为了获得全部马氏体,正确的操作是________。

A.采取等温冷却　　B.采取深冷处理

C.采取缓慢冷却　　D.采取快速冷却

177.为了提高柴油机曲轴、连杆的综合机械性能,一般先进行淬火,然后立即进行________。

A.高温回火　　B.中温回火

C.低温回火　　D.等温回火

178.为消除淬火钢的脆性,保持强度和硬度,必须进行________。

A.低温退火　　B.低温回火

C.正火　　D.完全退火

179.锡青铜中加入少量的合金元素可以进一步提高和改善锡青铜的性能,其中加入磷是________。

A.用以提高耐磨性、流动性和脱氧等

B.可细化组织、提高机械性能

C.用以提高耐磨性和改善切削加工性

D.能够缩小结晶温度范围,改善铸造性

180.下列材料中,塑性最好的材料是________。

A.铸铁　　B.低碳钢

C.高碳钢　　D.中碳钢

181.下列工程实例中,不属于稳定性问题的是________。

A.起货机吊杆因压力过大而弯曲

B.千斤顶螺杆因压力过大而变弯

C.因齿轮轴变形过大而使轴上的齿轮啮合不良

D.液压装置的活塞杆因压力过大而弯曲

182.以下轮机工程实例中，________主要是材料刚度不够导致的。

A.千斤顶螺杆因压力过大而变弯　　B.起重钢索被重物拉断

C.车床主轴变形过大　　D.齿轮轮齿被破坏

183.以下轮机工程实例中，________主要是材料稳定性不够导致的。

A.空气压缩机的活塞杆在工作中，在载荷反复作用下折断

B.起重钢索被重物拉断

C.因齿轮轴变形过大而使轴上的齿轮啮合不良

D.千斤顶螺杆因压力过大而变弯

184.下列关于材料的剪切弹性模量的说法中，错误的是________。

A.它是表示材料抵抗剪切变形能力的量

B.它的量纲与应力相同

C.当剪应力不变时，剪切弹性模量值越大，剪应变就越小

D.它与剪应力大小成正比

185.关于热处理，论述正确的是________。

A.将淬火钢件重新加热到A1以上，以一定温度保温后在静止空气中冷却的热处理工艺叫作回火

B.将亚共析钢加热到Ac3+30~50℃、共析钢加热到Ac1+30~50℃、过共析钢加热到Accm+30~50℃，在静止空气中冷却的热处理工艺叫作退火

C.将钢加热到一定温度，保温后缓慢冷却的热处理工艺叫作正火

D.将钢加热到临界点以上，保温后急速冷却的热处理工艺叫作淬火

186.下列关于应变的说法中，不正确的是________。

A.拉压会产生正应变　　B.应变分为角应变和线应变

C.剪切会产生角应变　　D.应变单位为m

187.下列金属材料中属于脆性材料的是________。

A.低碳钢　　B.铸铁

C.锰钢　　D.铜

188.下列属于机械性能指标的是________。

A.热处理性　　B.热膨胀性

C.热硬性　　D.抗氧化性

189.下列有关杆件在拉伸时的强度的说法中，正确的是________。

A.对脆性材料，当应力达到强度极限时，就会对构件构成危险

B.对塑性材料，当应力达到强度极限时，就会对构件构成危险

C.对脆性材料，当应力达到屈服极限时，就会对构件构成危险

D.无论是脆性材料还是塑性材料，当应力达到屈服极限时，都会对构件构成危险

190.下列有关杆件在拉伸时的强度的说法中，正确的是________。

A.对塑性材料，当应力达到屈服极限时，就会对构件构成危险

B.对塑性材料，当应力达到强度极限时，就会对构件构成危险

C.对脆性材料,当应力达到屈服极限时,就会对构件构成危险

D.无论是脆性材料还是塑性材料,当应力达到屈服极限时,都会对构件构成危险

191.下列指标中,________是最能准确反映金属材料塑性的指标。

A.纵向绝对伸长(Δt)　　B.截面收缩率(φ)

C.弹性模量(E)　　D.横向绝对伸缩(Δb)

192.现有钢、铸铁两种杆材,其直径相同。从承载能力和经济效益两方面考虑,图示结构中的两杆的合理选材方案是________。

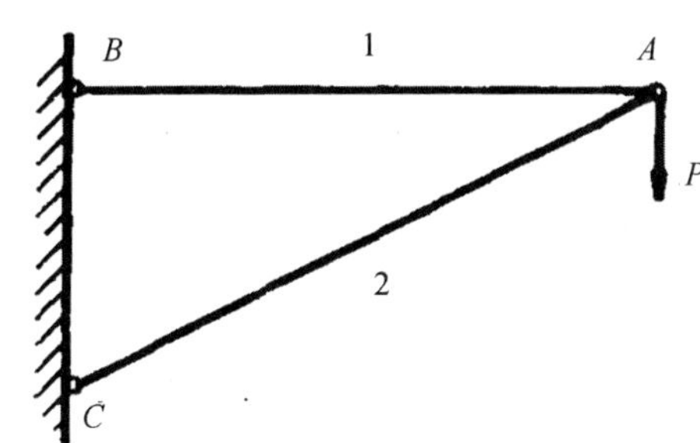

A.1 杆为钢,2 杆为铸铁　　B.1 杆为铸铁,2 杆为钢

C.两杆均为钢　　D.两杆均为铸铁

193.消除金属塑性变形后产生的残余应力,应采取的措施是________。

A.回火　　B.退火

C.正火　　D.淬火

194.对于形状比较复杂,尤其是有复杂内腔的零件,为便于制造,宜选用________材料。

A.铸铁　　B.工具钢

C.结构钢　　D.特殊性能钢

195.延伸率________的材料称为塑性材料。

A.大于 1%　　B.小于 1%

C.大于 5%　　D.小于 5%

196.一般________的强度很高,普遍用于切削、钻孔、车床、铣床等硬度要求高的环境中。

A.合金钢　　B.低碳钢

C.中碳钢　　D.高碳钢

197.一空心圆杆受轴向拉伸时,________。

A.外径和壁厚都增大　　B.外径减小,壁厚增大

C.外径和壁厚都减小　　D.外径增大,壁厚减小

198.一圆截面直杆,两端承受拉力作用。若将其半径增加 1 倍,则杆的抗拉刚度将是原来的________倍。

A.2　　B.4

C.6　　D.8

199.已知________,可以校核构件是否安全。

①构件的材料;②受剪面面积;③比例极限;④所受的载荷

A.①②④　　B.①②③
C.①③④　　D.②③④

200.应力________是由杆件截面尺寸有突然改变而引起的。
A.集中分布　　B.线形分布
C.曲线分布　　D.重新均匀分布

201.应力的单位是________。
A.N/m　　B.Pa
C.N · m　　D.N

202.由 A(奥氏体)转变为 P(珠光体)属于________。
A.同素异构转变　　B.共析转变
C.共晶转变　　D.匀晶转变

203.与碳钢相比,关于合金钢的性能,描述不正确的是________。
A.耐热性提高　　B.具有特殊性能
C.淬透性降低　　D.强度提高

204.________是无相变的热处理工艺。
A.完全退火　　B.不完全退火
C.球化退火　　D.低温退火

205.经冷变形的钢板要求消除加工硬度、提高塑性,应进行________。
A.低温退火　　B.完全退火
C.不完全退火　　D.再结晶退火

206.在船上,用喷灯将用过的紫铜垫加热至 600 ℃左右后,再放在水中冷却,这种操作属于________。
A.淬火　　B.再结晶退火
C.低温退火　　D.完全退火

207.受剪切变形的杆件,各剪切面上的内力为________。
A.剪力　　B.剪应力
C.弯矩　　D.扭矩

208.受剪切变形的杆件,各截面上的应力为________。
A.正应力　　B.剪应力
C.拉力　　D.扭矩

209.受拉压变形的杆件,各截面上的应力为________。
A.正应力　　B.剪应力
C.轴力　　D.横力

210.向下压一竖杆,沿着各横截面的应力称作________。
A.拉应力　　B.压应力
C.剪应力　　D.弯曲力矩

211.有应力集中时的________与无应力集中时的应力之比,称为应力集中系数。
A.应力变化　　B.最大应力

C.最小应力　　D.平均应力

212.在弹性范围内,材料的剪应变与剪应力成________,与材料的性质________。

A.正比;有关　　B.正比;无关

C.反比;有关　　D.反比;无关

213.在弹性范围内,材料的正应力与正应变成________,与材料的性质________。

A.正比;有关　　B.正比;无关

C.反比;有关　　D.反比;无关

214.在弹性范围内,等截面直杆受拉力作用,其伸长量与________成正比,与________成反比。

A.截面积;长度　　B.所受拉力;截面积

C.长度;所受拉力　　D.截面积;所受拉力

215.在弹性范围内,等截面直杆受拉力作用,其伸长量与________、________成正比。

A.截面积;长度　　B.所受拉力;截面积

C.长度;所受拉力　　D.截面积;所受正应力

216.在弹性范围内,甲乙两杆的横截面面积、材料、轴力均相等,而长度不等,则它们的________和________均相等。

A.应力;应变　　B.剪力;变形

C.应力;变形　　D.变形;应变

217.在弹性范围内,甲乙两杆的横截面面积、材料、轴力均相等,而长度不等,则它们的________相等,________不等。

A.应力;应变　　B.应力;变形

C.变形;应变　　D.应变;应力

218.在弹性范围内,甲乙两杆的几何尺寸相同,轴向拉力不同,材料相同,则它们的________。

A.变形和应变都相同　　B.变形相同,应变不同

C.变形和应变都不同　　D.变形不同,应变相同

219.在弹性范围内,甲乙两杆的几何尺寸相同,轴向拉力相同,材料相同,则它们的________。

A.应力和应变都相同　　B.应力相同,应变不同

C.应力和应变都不同　　D.应力不同,应变相同

220.在弹性范围内,拉压杆件的纵向变形与杆件截面积成________,与杆长成________。

A.正比;正比　　B.反比;正比

C.正比;反比　　D.反比;反比

221.在低碳钢拉伸试验中,经过________阶段后,材料开始产生________变形。

A.屈服;塑性　　B.疲劳;弹性

C.屈服;弹性　　D.颈缩;塑性

222.在剪切面上的________称为剪力。

A.外力　　B.载荷

C.内力　　D.应力

223.在截面法中,假想地把构件截开分成两部分,任取一部分分析,在截面上用来代替另一部分对留下部分的作用的是________。

A.内力　　B.外力
C.变形　　D.都不对

224.在普遍使用的轴承材料中,耐疲劳性最好的是________。
A.铅基白合金　　B.高锡铝合金
C.锡基白合金　　D.铜铅合金

225.在其他条件相同时,金属材料的抗拉强度和屈服强度越高,其________也越高。
A.疲劳强度　　B.蠕变极限
C.热硬度　　D.持久强度

226.在热处理过程中,加热温度________、保温时间________,材料内部的晶粒体长的越大。
A.越高;越短　　B.越高;越长
C.越低;越短　　D.越低;越长

227.铁碳合金相图能反映平衡条件下铁碳合金的成分、________之间的关系。
A.温度和组织　　B.压力和塑性
C.压力和组织　　D.温度和硬度

228.横截面上某点的正应力与剪应力的矢量和即为该点的________。
A.内力　　B.应力和
C.总内力　　D.总应力

229.在一定的应力作用下,金属材料的刚度越大,其变形量________。
A.越大　　B.越小
C.不变　　D.不一定

230.载荷是作用于构件和机件上的________。
A.主动力　　B.被动力
C.约束力　　D.反作用力

231.直接反映柴油机机械负荷的是________。
A.最高爆发压力　　B.进气压力
C.排气压力　　D.安装预紧力

232.轴瓦工作表面的裂纹不可以采用________检查。
A.着色探伤　　B.磁粉探伤
C.煤油白粉法　　D.荧光探伤

233.铸铁的抗拉强度、塑性和韧性要比碳钢________,适用于制造形状复杂或壁薄的________。
A.低;锻件　　B.高;铸件
C.高;锻件　　D.低;铸件

234.铸造生铁中碳是以石墨形式存在的,断面呈________。
A.银白色　　B.灰色
C.褐色　　D.浅黄色

235.铸造性好的金属材料除流动性好、收缩性小外,还应具有________小的性能。
A.气孔　　B.残余应力
C.疏松　　D.偏析

236.转炉炼钢中铁水预处理工艺技术的“三脱”不包括________。

A.脱硫　　B.脱铝

C.脱硅　　D.脱磷

237.组成合金的元素，在固态下互相溶解形成的均匀单一的固相称为________。

A.晶体　　B.共晶体

C.固溶体　　D.化合物

238.组成合金的最简单、最基本、能够独立存在的物质叫________。

A.化合物　　B.固溶体

C.元素　　D.组元

239.为保证工作安全，要求螺栓受剪面上的剪应力不超过材料的________。

A.危险应力　　B.屈服极限

C.许用应力　　D.许用剪应力

第二节　有色金属及合金

1.________的硬度低、塑性好，它具有良好的导电性，常用于制造电线、电缆等导电器材。

A.紫铜　　B.普通黄铜

C.锡青铜　　D.无锡青铜

2.白铜的组元除了 Cu 外，还包括________。

A.Sn　　B.Ni

C.Pb　　D.Al

3.常用的巴氏轴承合金分为________和________两类。

A.锡基；铝基　　B.铅基；铜基

C.铅基；铝基　　D.锡基；铅基

4.常用的有色金属不包括________。

A.轴承钢　　B.铜合金

C.铝合金　　D.钛合金

5.关于白合金，下列叙述不正确的是________。

A.40 高锡铝合金可以替代锡基巴氏合金

B.铅基白合金可以替代锡基巴氏合金

C.铅青铜用于中、高速柴油机主轴承

D.锡基巴氏合金耐疲劳强度低

6.关于合金，以下说法中，错误的是________。

A.合金的组元通常是纯元素

B.合金的组元可以是混合物

C.合金的组元可以是稳定的化合物

D.合金的相结构有固溶体和金属化合物

7.关于合金钢，不正确的叙述是________。

A.加入 Cr 可以提高淬透性　　B.加入 Mn 可以提高淬透性
C.加入 Mo 可以提高淬透性　　D.加入 Ni 可以提高淬透性

8.关于黄铜的叙述,不正确的是________。
A.黄铜是铜锌合金
B.黄铜零件在大气、海水或有氨的介质中容易发生季裂
C.黄铜易发生脱锌
D.单相黄铜强度高

9.关于轮机金属材料的选择因素,不正确的叙述是________。
A.考虑工艺性能　　B.考虑修理性能
C.考虑塑性、韧性　　D.考虑强度、硬度

10.关于青铜,下列叙述不正确的是________。
A.铝青铜强度和耐磨性均低于锡青铜,可生产涡轮
B.铝青铜用于中速柴油机主轴承
C.锡青铜铸造性和耐磨性好,可生产轴承或衬套
D.铝青铜用于高速柴油机主轴承

11.关于有色金属及其合金的性能,不正确的叙述是________。
A.钛合金热强度高
B.钛合金耐蚀性好
C.钛合金用于板式换热器
D.钛合金高温与其他材料的化学反应性好

12.关于有色金属及其合金的性能,不正确的叙述是________。
A.20 高锡铝基轴承合金用于低速柴油机
B.白合金轴承应用广泛
C.40 高锡铝基轴承合金可以替代巴氏合金
D.铜基轴承合金性能最好

13.合金钢中的主加元素不包括________。
A.Cr　　B.Mn
C.Si　　D.Sn

14.合金钢中的主加元素不包括________。
A.Mn　　B.Cr
C.Si　　D.N

15.黑色金属不包括________。
A.铁碳合金　　B.巴氏合金
C.不锈钢　　D.球墨铸铁

16.青铜不包含的组元是________。
A.Sn　　B.Mn
C.Pb　　D.Al

17.硬铝合金中铜和镁的作用是________。

A.提高塑性　　B.提高抗蚀能力

C.形成强化相　　D.提高淬透性

18.有色金属合金按合金的系统分为________。

A.变形合金、铸造合金、轴承合金、硬质合金、中间合金

B.变形合金、铸造合金、轴承合金、印刷合金

C.硬质合金、焊料、中间合金

D.重有色金属合金、轻有色金属合金、贵有色金属合金、稀有色金属合金

19.有色金属及其合金的主要成分不包含________。

A.Cu　　B.Al

C.Fe　　D.Ti

第三节　船用材料的选用

1.________常用于制造轻载传动齿轮、耐腐蚀的设备与零件和密封元件等。

A.金属材料　　B.高分子材料

C.陶瓷材料　　D.复合材料

2.________用于制造耐高温、耐腐蚀和耐磨损的零件。

A.高分子材料　　B.复合材料

C.金属材料　　D.陶瓷材料

3.白合金艉轴承最突出的优点是________。

A.耐磨性好　　B.抗压强度高、散热快

C.制造修理方便　　D.用海水润滑冷却价廉

4.不属于滚柱轴承特点的是________。

A.径向承载能力大

B.对轴或座孔加工精度要求较高

C.内圈或外圈可分离，便于轴承的安装和拆卸

D.不可轴向移动

5.柴油机滑油系统选用的管路材料通常为________。

A.钢管　　B.塑料管

C.铸铁管　　D.有色金属管

6.柴油机燃油系统选用的管路材料通常为________。

A.钢管　　B.有色金属管

C.铸铁管　　D.塑料管

7.船舶淡水冷却系统选用的管路材料通常为________。

A.钢管　　B.有色金属管

C.铸铁管　　D.塑料管

8.船舶蒸汽系统选用的管路材料通常为________。

A.钢管　　B.有色金属管

C.铸铁管　　D.塑料管

9.柴油机进气阀采用________材料生产。

A.不锈钢　　B.合金调质钢

C.耐热钢　　D.高速钢

10.柴油机排气阀常用的材料是________。

A.耐热钢　　B.不锈钢

C.球墨铸铁　　D.合金调质钢

11.柴油机气阀常采用________材料。

A.合金铸铁　　B.耐磨合金钢

C.耐热合金钢　　D.耐热合金铸铁

12.柴油机轴承在使用中，轴承减磨合金常见的损坏形式有________。

①过度磨损；②裂纹与剥落；③变形；④腐蚀与穴蚀；⑤烧熔；⑥划伤

A.①②③⑤⑥　　B.①②④⑤⑥

C.②③④⑤⑥　　D.①②③④⑥

13.船舶螺旋桨上涂塑料的主要目的是________。

A.隔热　　B.防止化学腐蚀

C.防止电化学腐蚀　　D.提高机械性能

14.大型低速二冲程柴油机的活塞一般选用________。

①耐热合金钢；②合金铸铁；③铝合金；④铜合金；⑤球墨铸铁；⑥优质碳钢

A.②③④⑤　　B.②③⑤⑥

C.②④⑤⑥　　D.①②⑤⑥

15.单层轴瓦和双层轴瓦的主要区别是________。

A.双层轴瓦额外镀一层材料以增强性能

B.厚度不一样

C.单层是整体铸造

D.单层是整体铸造，双层是锻造

16.以下关于三层轴瓦的特点，不对的是________。

A.镀层采用三种不同性能的复合材料

B.满足多种性能

C.别名是三合金轴瓦

D.可以整体铸造

17.以下关于一层轴瓦的特点，不对的是________。

A.满足多种性能

B.可以整体铸造

C.别名是一合金轴瓦

D.镀层采用一种不同性能的复合材料

18.当前重载柴油机，采用多层合金轴承的表面有一薄镀层的目的是________。

A.提高疲劳强度　　B.提高磨合性能

C.提高承载能力　　D.提高表面嵌藏性

19.低速滚动轴承的润滑方式通常选用________。

A.静压润滑　　B.飞溅润滑

C.滴油润滑　　D.脂润滑

20.高温阀座常采用________。

①合金铸铁;②合金铸钢;③耐热合金钢

A.①②　　B.①③

C.②③　　D.①②③

21.高锡铝基轴承合金中 Sn 的主要作用是________。

A.形成软质点　　B.形成硬质点

C.降低塑性　　D.与 Al 形成固溶体

22.根据工作条件要求,更适合用作大型低速柴油机气缸盖材料的是________。

A.铸铁　　B.铸钢

C.锻钢　　D.铸铝

23.根据有关统计资料,连杆螺栓断裂的部位大多是________。

A.螺杆与螺栓头部连接处　　B.螺纹部分

C.凸台圆角处　　D.螺栓开口销孔处

24.关于柴油机气缸套的选材,正确的是________。

A.低速柴油机选用白口铸铁　　B.选用灰口铸铁

C.低速柴油机选用可锻铸铁　　D.中、高速柴油机选用球墨铸铁

25.关于柴油机气缸套选材,正确的是________。

A.需要比活塞环的硬度高 10HBW~20HBW

B.需要比活塞环的硬度低 5HBW~10HBW

C.需要比活塞环的硬度低 10HBW~20HBW

D.需要比活塞环的硬度高 5HBW~10HBW

26.关于滑动轴承的性能,不正确的描述是________。

A.良好的机械性能　　B.优良的表面性质

C.良好的经济性能　　D.良好的工艺性能

27.关于四冲程柴油机零件的选材,正确的是________。

A.灰口铸铁气缸套 + 灰口铸铁活塞环

B.可锻铸铁气缸套 + 灰口铸铁活塞环

C.球墨铸铁气缸套 + 灰口铸铁活塞环

D.孕育铸铁气缸套 + 孕育铸铁镀铬活塞环

28.关于轴承合金疲劳强度,不正确的说法是________。

A.与浇注质量有关

B.合金层越厚疲劳强度越高

C.与合金层厚度有关,合金层越薄疲劳强度越高

D.与合金材料有关,白合金疲劳强度差

29.关于主轴承材料,说法不正确的是________。

A.锡基白合金和锡铝合金都可作为主轴承轴瓦材料

B.锡基白合金的嵌入性比锡铝合金好

C.锡铝合金的承载能力比锡基白合金好

D.锡基白合金比锡铝合金耐高温

30.龟裂多发生在________轴承的白合金厚壁轴瓦上。

A.主　　B.连杆大端

C.十字头　　D.连杆小端

31.滚珠轴承的优点是________。

A.噪声小　　B.价格低

C.径向轴承能力大　　D.属于点接触,故激活运转很容易

32.厚壁轴瓦表面划伤或有腐蚀硬壳时,应采用________的方式修理。

A.修刮　　B.换新

C.重浇轴承合金　　D.车削

33.厚壁轴瓦发生脱壳与大面积剥落时,通常采用________的方式修复。

A.修刮　　B.换新

C.重浇轴承合金　　D.焊补

34.厚壁轴瓦在交变应力的作用下最易发生________的失效形式。

A.疲劳裂纹　　B.龟裂

C.剥落　　D.腐蚀

35.机舱防滑钢板宜选用________。

A.扁钢　　B.马口铁

C.花纹板　　D.镀锌板

36.机械零件材料的选用应遵循________的原则。

A.使用性能、工艺性能和经济性　　B.安全性、可靠性、维修性

C.强度、硬度、塑性和韧性　　D.经济性和使用性能

37.炼钢的生产原料中没有________。

A.废钢　　B.生铁

C.石墨　　D.铁矿石

38.两半式薄壁轴瓦的特点是________。

①壁薄;②刚性差;③互换性好;④疲劳强度高;⑤不可修理

A.①③④　　B.①②⑤

C.②③⑤　　D.②⑤

39.零件选材时,首先应考虑的是________。

A.材料的价格是否低　　B.材料的机械性能是否满足要求

C.零件加工是否容易　　D.材料的供应是否便利

40.排气阀常采用耐热________材料。

A.铸铁　　B.铸钢

C.锻钢　　D.合金钢

41.四冲程柴油机整体气缸盖采用________材料生产。

A.合金钢　　B.低碳钢

C.球墨铸铁　　D.高碳钢

42.为满足零件的使用性能，必须________。

①分析零件的工作条件；②判断主要失效形式；③合理选用材料的力学性能指标；④综合考虑多种因素；⑤合理利用材料的淬透性；⑥根据性能数据的可靠性和使用范围来选材

A.①②③⑤⑥　　B.④⑤⑥

C.①②③④⑤⑥　　D.②③④

43.一般气缸套采用________。

A.灰铸铁　　B.低碳钢

C.中碳钢　　D.高碳钢

44.气缸套常采用________等。

①灰铸铁；②耐磨合金铸铁；③球墨铸铁；④白合金

A.①②④　　B.①②③

C.②③④　　D.①②③④

45.以下船机零件中通常选用有色金属制造的是________。

A.滑动轴承　　B.艉轴

C.连杆　　D.气缸套

46.以下零件中通常选用黑色金属制造的是________。

A.滑动轴承　　B.艉轴

C.电缆　　D.冷凝管

47.用不同材料制造的活塞有不同的特点，下列叙述正确的是________。

①球墨铸铁活塞耐磨性最好；②普通碳钢活塞耐磨性最好；③铝合金活塞易发生冷车启动困难；④球墨铸铁活塞易发生冷车启动困难；⑤铝合金活塞导热性最好；⑥合金钢活塞导热性最好

A.①③⑤　　B.②③⑤

C.③④⑥　　D.③⑤⑥

48.油船上，灰铸铁管、阀和附件可用于________。

A.货油舱内的货油管

B.Ⅱ级管系

C.Ⅰ级管系

D.露天甲板上压力大于1.6 MPa的货油管

49.在轴承合金的诸元素里，对滑油中有机酸最敏感的金属元素是________。

A.锡　　B.铜

C.铅　　D.铝

50.制造滑动轴承的材料，不包括________。

A.铅基巴氏合金　　B.铅基轴承合金

C.锡基巴氏合金　　D.铝合金

51.中、小型柴油机气缸盖的材料一般采用________。

A.铸铜　　B.铸铝

C.铸铁　　D.35号钢

52.紫铜作为垫料在船上得到广泛应用的原因是其具有良好的________。

A.强度　　B.塑性

C.密封性　　D.重复使用性

第四节　非金属材料

1.工业塑料在船舶上的应用包括________。

①制作船舶构件;②制作船机零件;③防腐;④防热

A.①②④　　B.①②③④

C.②③④　　D.①②③

2.按用途,一般将通用高分子材料分为________类,即________。

A.3;塑料、橡胶、纤维

B.4;塑料、纤维、涂料和黏合剂

C.5;塑料、橡胶、纤维、涂料和黏合剂

D.3;橡胶、纤维、涂料

3.高分子材料主要有________。

①合成树脂;②合成橡胶;③合成纤维;④复合材料

A.①②④　　B.①②③④

C.②③④　　D.①②③

4.人工合成高分子材料有________。

A.陶瓷　　B.玻璃

C.合成纤维　　D.玻璃陶瓷

5.人工合成高分子材料有________。

A.合成树脂　　B.玻璃陶瓷

C.玻璃　　D.陶瓷

6.玻璃钢属于纤维增强聚合物基复合材料,其中的增强纤维是________。

A.碳纤维　　B.SiC纤维

C.硼纤维　　D.玻璃纤维

7.玻璃纤维是一种性能优异的无机非金属材料,种类繁多,优点是绝缘性好、耐热性好、抗腐蚀性好、机械强度高,但缺点是________。

A.性软、耐磨性较差　　B.性脆、耐磨性较差

C.性脆、耐磨性较好　　D.性软、耐磨性较好

8.常用的有机胶黏剂是________。

A.合成纤维　　B.合成材料

C.复合材料　　D.热塑性玻璃钢

9.非金属材料包括________。

A.高分子材料、陶瓷材料
B.高分子材料、复合材料
C.复合材料、陶瓷材料
D.高分子材料、陶瓷材料、复合材料

10.非金属材料不包括________。

A.高分子材料　　B.陶瓷材料
C.复合材料　　D.玻璃材料

11.工程非金属材料在船舶领域的应用有________。

A.制作船舶构件　　B.制作增压器叶片
C.制作曲轴　　D.制作连杆

12.环氧树脂在船舶领域的应用有________。

A.制作增压器叶片　　B.制作曲轴
C.制作机座垫块　　D.制作连杆

13.合成橡胶材料在船舶领域的应用最普遍的是________。

A.制作船舶构件　　B.制作密封圈
C.制作曲轴　　D.制作连杆

14.工程塑料属于________。

A.陶瓷材料　　B.复合材料
C.高分子材料　　D.金属材料

15.工业上主要利用黑云母的________,以及抗酸性、抗碱性、抗压和剥分性,将其用作电气设备和电工器材的绝缘材料。

A.导电性和耐蚀性　　B.绝缘性和耐热性
C.透光性和耐酸性　　D.导磁性和耐磨性

16.塑料是以________为主要成分,再加入一些用来改善其使用性能和工艺性能的添加剂,在一定温度、压力下加工所制成的材料。

A.合成纤维　　B.合成树脂
C.合成橡胶　　D.合成乙烯

17.在机舱里,在常温下工作均采用________,在高温下工作则采用________。

A.丁腈橡胶;氟橡胶或硅橡胶　　B.氟橡胶;顺丁橡胶或硅橡胶
C.丁苯橡胶;氟橡胶和硅橡胶　　D.硅橡胶;丁苯橡胶或硅橡胶

18.合成橡胶在船上使用广泛,关于其性能特点,不正确的是________。

A.弹性高　　B.绝缘性好
C.储能性小　　D.耐磨性好

19.________可替代锡基巴氏合金,用于船用大型低速柴油机的十字头轴承。

A.低锡铝合金　　B.锡青铜
C.40 高锡铝合金　　D.20 高锡铝合金

第五节 船舶重要部件和设备建造

1. Ⅰ级管系的管子可以采用________。
①有缝钢管；②无缝钢管；③无缝铜管；④灰铸铁管
A.①② B.②③
C.①③ D.③④

2.柴油机气缸套、气缸盖和船舶螺旋桨大多采用________成型制造。
A.锻造 B.轧制
C.焊接 D.铸造

3.关于柴油机精密偶件的选材，正确的是________。
A.合金调质钢 B.铸钢
C.滚动轴承钢 D.不锈钢

4.机舱各种液流系统中的仪表传压管选用的材料通常为________。
A.有色金属管 B.塑料管
C.钢管 D.铸铁管

5.下列________不是薄壁轴承的优点。
A.加工精细 B.拆装更换方便
C.刚性好 D.互换性好

6.制造船用大型螺旋桨的材料通常为________。
A.青铜 B.玻璃钢
C.铸铁 D.不锈钢

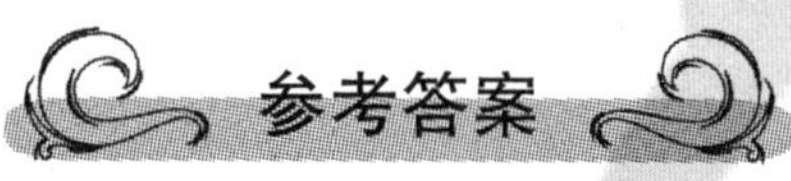
参考答案

第一节 材料特性与参数、金属冶炼及热处理

1.A	2.D	3.C	4.B	5.A	6.D	7.C	8.C	9.D	10.A
11.A	12.C	13.D	14.D	15.C	16.C	17.C	18.D	19.A	20.B
21.C	22.B	23.C	24.C	25.B	26.A	27.D	28.D	29.B	30.B
31.D	32.A	33.A	34.D	35.C	36.A	37.B	38.D	39.C	40.A
41.A	42.B	43.A	44.A	45.C	46.C	47.B	48.B	49.C	50.B
51.A	52.C	53.D	54.B	55.A	56.D	57.A	58.C	59.A	60.A
61.C	62.C	63.C	64.D	65.C	66.A	67.B	68.C	69.A	70.A
71.B	72.D	73.B	74.D	75.C	76.D	77.C	78.A	79.B	80.C
81.D	82.D	83.B	84.C	85.B	86.C	87.B	88.B	89.C	90.B
91.C	92.A	93.A	94.C	95.A	96.C	97.A	98.C	99.B	100.A

101.A 102.D 103.D 104.D 105.A 106.A 107.C 108.D 109.C 110.D
111.D 112.C 113.D 114.A 115.B 116.C 117.B 118.C 119.D 120.B
121.A 122.A 123.A 124.D 125.A 126.D 127.D 128.D 129.B 130.C
131.A 132.D 133.B 134.C 135.C 136.D 137.C 138.C 139.A 140.C
141.A 142.B 143.B 144.D 145.D 146.B 147.C 148.A 149.B 150.A
151.C 152.A 153.D 154.B 155.C 156.B 157.B 158.A 159.C 160.C
161.D 162.D 163.C 164.A 165.A 166.A 167.C 168.D 169.A 170.C
171.A 172.C 173.A 174.C 175.B 176.B 177.A 178.B 179.A 180.B
181.C 182.C 183.D 184.D 185.D 186.D 187.B 188.C 189.A 190.A
191.B 192.A 193.B 194.A 195.C 196.D 197.C 198.B 199.A 200.A
201.B 202.B 203.C 204.D 205.D 206.B 207.A 208.B 209.A 210.B
211.B 212.A 213.A 214.A 215.C 216.A 217.A 218.C 219.A 220.B
221.A 222.C 223.A 224.B 225.A 226.B 227.A 228.D 229.B 230.A
231.A 232.B 233.D 234.B 235.D 236.B 237.C 238.D 239.D

第二节 有色金属及合金

1.A 2.B 3.D 4.A 5.C 6.B 7.C 8.D 9.B 10.A
11.D 12.D 13.D 14.D 15.B 16.B 17.C 18.D 19.C

第三节 船用材料的选用

1.B 2.D 3.A 4.D 5.A 6.A 7.A 8.A 9.B 10.A
11.C 12.B 13.C 14.D 15.A 16.D 17.D 18.B 19.D 20.B
21.A 22.C 23.B 24.B 25.C 26.C 27.C 28.B 29.D 30.C
31.D 32.A 33.C 34.A 35.C 36.A 37.C 38.C 39.B 40.D
41.B 42.C 43.A 44.B 45.A 46.B 47.A 48.A 49.C 50.D
51.C 52.B

第四节 非金属材料

1.D 2.C 3.D 4.C 5.A 6.D 7.B 8.B 9.D 10.D
11.A 12.C 13.B 14.C 15.B 16.B 17.A 18.C 19.C

第五节　船舶重要部件和设备建造

1.B　2.D　3.C　4.A　5.C　6.A